Alexander Stroh
Erfolgsbedingungen politischer Parteien im
frankophonen Afrika

D1725743

Parteien in Theorie und Empirie

herausgegeben von
Prof. Dr. Uwe Jun

Band 5

Alexander Stroh

Erfolgsbedingungen politischer Parteien im frankophonen Afrika

Benin und Burkina Faso seit der Rückkehr zum Mehrparteiensystem

Verlag Barbara Budrich
Opladen • Berlin • Toronto 2014

Bibliografische Information der Deutschen Nationalbibliothek
Die Deutsche Nationalbibliothek verzeichnet diese Publikation in der Deutschen
Nationalbibliografie; detaillierte bibliografische Daten sind im Internet über
http://dnb.d-nb.de abrufbar.

Gedruckt auf säurefreiem und alterungsbeständigem Papier.

ISBN   **978-3-8474-0118-6 (Paperback)**
eISBN   978-3-8474-0488-0 (eBook)

Umschlaggestaltung: disegno visuelle kommunikation, Wuppertal – www.disenjo.de
Typographisches Lektorat: Ulrike Weingärtner, Gründau
Druck: paper & tinta, Warschau
Printed in Europe

Inhalt

Abkürzungsverzeichnis

AB	Afrobarometer
ABC	Amis de Blaise Compaoré (Freundeskreis von Blaise Compaoré)
ADD	Alliance pour une Dynamique Démocratique
ADF/RDA	Alliance pour la démocratie et la fédération/ Rassemblement démocratique africain
AEC	Alliance Ensemble pour le Changement
AEC	Alliance Ensemble pour le Changement
ANC	African National Congress
AOF	Afrique occidentale française (Französisch Westafrika)
APRM	African Peer Review Mechanism
ARC	Alliance pour le Renouveau Civic
BCB	Banque Commerciale du Bénin
BJP	Bharatiya Janata Party
BTI	Bertelsmann Transformation Index
CDI	Centrist Democrat International
CDP	Congrès pour la démocratie et le progrès
CDR	Comités pour la Défense de la Révolution
CDU	Christlich Demokratische Union Deutschlands
CFA	Communauté financière africaine (Afrikanische Finanzgemeinschaft)
CFR	Convention des forces républicaines
CGTB	Confédération Général du Travail du Burkina
CNR	Conseil National de la Révolution
Collectif	Collectif des organisations démocratiques de masse et de partis politiques
CPJ	Committee to Protect Journalists
CSB	Confédération Syndicale Burkinabè
DCC	Décision de la Cour Constitutionnelle (Entscheidung des Verfassungsgerichts)
DP	Democratic Party
EIU	Economist Intelligence Unit
ELF	Ethnoliguistische Fragmentierung
EVP	Europäische Volkspartei
FARD	Front d'action pour le renouveau et le développement–Alafia
FCBE	Forces Cauris pour un Bénin Émergent
FEDAP/BC	Fédération associative pour la paix et le progrès avec Blaise Compaoré
FES	Friedrich Ebert Stiftung
FJJ	Fondation Jean Jaurès
FP	Front Populaire (Volksfront)

FPI	Front Populaire Ivoirien
FPV	Front Progressiste Voltaïque
G14	Gruppe des 14. Februar
HAAC	Haute Autorité de l'Audiovisuel et de la Communication
HDI	Human Development Index
IDU	International Democrat Union
IPD	Impulsion pour le progrès et le développement
IREEP	Institut de Recherche Empirique en Economie Politique
KAS	Konrad-Adenauer-Stiftung
LDC	Least Developed Country
LI	Liberale Internationale
LIPAD	Ligue Patriotique pour le Développement
MADEP	Mouvement africain pour la démocratie et le progrès
MAP	Mouvement pour une Alternative du Peuple
MBDHP	Mouvement Burkinabè des Droit de l'Homme et des Peuples
MDP	Mouvement des Démocrates Progressistes
MDSD	Most Different Systems Design
MLN	Mouvement de Libération Nationale
MMC	Mouvement for Multiparty Democracy
MPLA	Movimento Popular de Libertação de Angola (Volksbewegung zur Befreiung Angolas)
MRG	Manifesto Research Group
MSSD	Most Similiar Systems Design
NCC	Notre Cause Commun
NDI	National Democratic Institute for International Affairs
NGO	Non-Governmental Organization (Nicht-Regierungsorganisation)
NPP	New Patriotic Party
ODP/MT	Organisation pour la Démocratie Populaire/Mouvement du Travail
OLS	Ordinary Least Square
PAI	Parti africain de l'indépendance
PCD	Parti communiste du Dahomey
PDCI	Parti démocratique de Côte d'Ivoire
PDG	Parti démocratique de Guinée
PDP/PS	Parti pour la démocratie et le progrès/Parti socialiste
PDS	Parti pour la démocratie et le socialisme
PNE	Parti National Ensemble
PPD	Parti pour le Progrès et la Démocratie
PRD	Parti du renouveau démocratique
PRPB	Parti de la Révolution Populaire du Bénin
PSB	Parti Socialiste Burkinabè
PSD	Parti social démocrate
QCA	Qualitative Comparative Analysis
QPZ	Hilfsindex zur Qualität der Parteizentralen

QPZ	Index zur Bestimmung der Qualität von Parteizentralen
RB	Renaissance du Bénin
RDA	Rassemblement démocratique africain
RDB	Rassemblement pour le Développement du Burkina
RPR	Rassemblement pour la République
RSF	Reporters sans Frontières
RSP	Régiment de Sécurité Présidentielle
RTB	Radio Télévision du Burkina
SEP	Société de la Presse Privée
SI	Sozialistische Internationale
SPD	Sozialdemokratischen Partei Deutschlands
TBC	Tanties de Blaise Compaoré (Tantchen für Blaise Compaoré)
UBF	Union pour le Bénin du Futur
UDR	Union pour la Défense de la République
UDS	Union pour la démocratie et la solidarité nationale
ULC	Union des Luttes Communistes
UMP	Union pour un Mouvement Populaire
UN	Union fait la Nation
UNDD	Union nationale pour la démocratie et le développement
UNDP	Union Nationale pour la Démocratie et le Progrès
UNDP	United Nations Development Programme
UNIR/MS	Union pour la renaissance/Mouvement sankariste
UNSD	Union Nationale pour la Solidarité et le Développement
UPADD	Union des Partis Africains pour la Démocratie et le Développement
UPR-BF	Union pour la République/Parti libéral (Burkina Faso)
UPR-BJ	Union pour la relève (Bénin)
UPV	Union Progressiste Voltaïque
ZAR	Zentralafrikanische Republik

Vorwort

Westafrika ist dynamisch. Es ist bunt, oft laut, meistens hektisch und trotzdem gelassen. Es ist schön warm oder elend heiß. Es kann einen zur Verzweiflung treiben und wunderbare Momente bereiten. Es hat klaffende Wunden der Armut und große Hoffnung auf eine bessere Zukunft. Die gegenwärtige Dynamik speist diese Hoffnung, aber auch manche Sorge. Westafrikanische Parteien können auch sehr dynamisch sein. Zeigt man Interesse an ihrer Arbeit, kann man unerwartete Offenheit erleben und die Bereitschaft, viel Zeit in Gespräche zu investieren. Es ist eine große Bereicherung, in einem solchen Umfeld forschen zu dürfen.

Um in dieser immer etwas widersprüchlichen Dynamik nicht verloren zu gehen, ist die Hilfe von Menschen vor Ort unerlässlich. Mein größter Dank gilt deshalb den vielen Menschen in Benin und Burkina Faso, die meine Forschung vor Ort durch ihre Gesprächsbereitschaft, ihren Rat und ihre herzliche Unterstützung in zahllosen organisatorischen Fragen erleichtert haben. Ich kann nicht alle namentlich aufführen, aber ohne die fortwährende Hilfsbereitschaft von Yacouba Banhoro, Rufin Godjo und Mathias Hounkpe wäre Vieles nicht möglich gewesen. Mit Augustin Loada und Kochikpa Olodo habe ich mit Freude zusammengearbeitet. Joël Atayi-Guédégbè hat noch nie einen Gesprächstermin abgesagt und immer viel Zeit investiert, mir Benin näher zu bringen. Hawa Tall hat mir sehr geholfen, Burkina Faso besser zu verstehen. Natürlich haben mir auch viele Vertreter ausländischer Einrichtungen, allen voran der deutschen politischen Stiftungen, mit Rat und Tat zur Seite gestanden. Allen gilt mein herzlicher Dank.

Dieses Buch ist eine leicht veränderte Fassung meiner Dissertation, die im Mai 2012 an der Universität Hamburg angenommen wurde. Der politikwissenschaftlichen Ausbildung an der Universität Heidelberg verdanke ich viel davon, was in dieser Arbeit zur Anwendung kommen konnte. Mehr noch verdanke ich der intensiven Schulung in wissenschaftlicher Praxis am GIGA Institut für Afrika-Studien in Hamburg. Dort ist diese Arbeit mit ihrer eigenständigen Fragestellung in Anlehnung an ein DFG-gefördertes Projekt zu politischen Parteien und Parteiensystemen im frankophonen Afrika entstanden. Matthias Basedau hat das Projekt geleitet und mir zugleich ermöglicht, diese Dissertation auch durch Durststrecken hindurch erfolgreich zu Ende zu bringen. Er hatte großen Einfluss auf mein wissenschaftliches Denken und Arbeiten. Die zahlreichen Diskussionen mit vielen andere Kolleginnen und Kollegen am GIGA – ob mit oder ohne direkten Bezug zu meinem Vorhaben – hatten ebenfalls ihren Anteil.

Erstgutachter der Arbeit war Cord Jakobeit, dessen Rat mir stets geholfen hat, in die am besten geeignete Richtung zu steuern. Gero Erdmann gilt mein besonderer Dank für sein Engagement bei der Bewältigung letzter Hürden und natürlich für seine Bereitschaft als Zweigutachter dieser Arbeit zu fungieren. Johannes Vüllers, Sebastian Elischer und Stefan Wurster haben sich der Mühe unterzogen, große Teile der Arbeit zu lesen. Sie haben zu wichtigen Verbesserungen beigetragen.

Meine Eltern haben mir früh vermittelt, wie wichtig es ist, über den eigenen Tellerrand zu schauen und sich auch für die politischen und gesellschaftlichen Bedingungen zu interessieren, unter denen Menschen in anderen Weltregionen leben. Sie haben mein Interesse an politischen Entwicklungen jenseits Westeuropas geweckt und immer bedingungslos gefördert. Das war nicht selbstverständlich. Meine Eltern haben nicht damit gerechnet, dass ihre Erziehung zu prüfendem und weltoffenen Denken in eine politikwissenschaftliche Doktorarbeit münden würde. Aber ihre Freude darüber macht mich glücklich und sehr dankbar.

Hamburg, im Juli 2012

1. Einleitung

Seit den politischen Transformationsprozessen vor rund zwei Jahrzehnten beschäftigt der afrikanische Kontinent die Politikwissenschaft mit seiner Vielfalt politischer Regime, die von persistenten Diktaturen bis hin zu sich konsolidierenden Demokratien reicht (van de Walle 2002). Obwohl die Tiefe der tatsächlichen politischen Veränderungen nicht unumstritten ist (Ngoma-Binda 2010; Chabal 2009: 104-105; N'Diaye et al. 2005) und bei weitem nicht alle Staaten Afrikas erfolgreiche Transitionen zur Demokratie durchlaufen haben, hatten die Demokratisierungsprozesse der „Dritten Welle" (Huntington 1991) in Afrika südlich der Sahara mindestens eine besonders offensichtliche Folge: Nahezu alle Einparteiregime sind zusammengebrochen und Parteienpluralismus wurde wieder oder erstmals zugelassen. Nun machen die Existenz von mehreren Parteien und die Durchführung von Wahlen noch lange keine Demokratie (Zakaria 1997; Tetzlaff 1997; Levitsky/ Way 2002; van de Walle 2002; Lindberg 2009). Jedoch kann Demokratie in Massengesellschaften nicht ohne Mehrparteiensysteme und Wahlen funktionieren (Dahl 1971; 2005: 190). Politische Parteien sind die erprobtesten Akteure, um pluralistischen politischen Wettbewerb zu organisieren und werden deshalb als unabkömmlich für eine moderne Demokratie angesehen (Lipset 2000). Als zentrale Organisationen des demokratischen Wettbewerbs sind sie höchst relevante Forschungsgegenstände der Transitions- und Demokratisierungsforschung in allen Weltregionen.

Die vorliegende Arbeit widmet sich daher einer Fragestellung an der Schnittstelle, erstens, der Area-Forschung zum frankophonen Afrika, die Spezifika dieser Region sachgerecht einbezieht, zweitens, der Demokratisierungsforschung, insbesondere in Form der Rückwirkungsforschung auf zentrale Akteure des demokratischen Wettbewerbs, und, drittens, der sogenannten allgemeinen Parteienforschung, die sich weitgehend auf Konzepte stützt, die in der Area-Forschung zu Westeuropa entstanden sind: Welchen Einfluss haben Merkmale einzelner politischer Parteien im frankophonen Afrika auf deren Wahlerfolg und wie intervenieren dabei nationale Faktoren?

Trotz der breiteren politikwissenschaftlichen Relevanz ist die Parteienforschung zu Subsahara-Afrika bisher maßgeblich eine Parteiensystemforschung geblieben. Dabei ist die wissenschaftliche und politisch-praktische Relevanz von systematischen Analysen auf Einzelparteienebene unverkennbar. Die Parteiensystemforschung, die sich für das Zusammenspiel der politischen Parteien und die sich daraus ergebenden Strukturen und Konsequenzen für andere Teile des politischen oder gesellschaftlichen Systems interessiert, muss auf Informationen zu den das Parteiensystem konstituierenden Einzelorganisationen aufbauen. Die sorgfältige Analyse individueller Parteien wurde jedoch aus verschiedenen Gründen vernachlässigt. Diese

Gründe sind eng mit der praktischen Relevanz des Themas verbunden. Die wenigsten politischen Systeme südlich der Sahara können als konsolidiert oder nachhaltig stabil gelten. Auch auf der Ebene des Parteienwettbewerbs hat Lindberg (2007) hinterfragt, ob überhaupt von einer Stabilisierung afrikanischer Parteiensysteme gesprochen werden kann. Selbst dominante Parteiensysteme, die auf dem Kontinent recht häufig vorkommen (Bogaards 2004; Erdmann/ Basedau 2008), bauen oft auf einer eher schwachen Wahlunterstützung gemessen an der Gesamtbevölkerung auf (Elischer/ Stroh 2010). Gerade in einer solchen, auch nach zwei Dekaden praktischer Anwendung fluiden Situation, sollte die Frage, welche konkreten politischen Organisationen in den spezifischen Wettbewerbssituationen afrikanischer Staaten unter welchen Bedingungen auf- oder absteigen, also an politischem Einfluss gewinnen oder verlieren können, eine große Bedeutung einnehmen.

Zudem rücken rund zwei Dekaden nach der Transitionswelle zunehmend personelle Nachfolgefragen und parteipolitischer Machtwechsel in zahlreichen afrikanischen Ländern auf die aktuelle Agenda. Nachdem Kontinuität über lange Zeit die Machtverhältnisse geprägt hat, wird es mithin immer interessanter, welche politischen Gruppierungen sich im Wettbewerb besser durchsetzen können. Nicht zuletzt dürfte es auch für die politischen Parteien selbst – und ihre externen Förderer (siehe Erdmann 2010) – interessant sein, aus einem systematischen Vergleich ihrer Merkmalsprofile zusätzliche Informationen über die Möglichkeiten der eigenen Einflussnahme auf ihre Erfolgsbilanz zu gewinnen.

Die bisherige Forschung zu afrikanischen Parteien hat durchaus eine längere Tradition, auf die teilweise aufgebaut werden kann. Sie ist aber insbesondere durch starke Brüche und eine verhältnismäßig dünne empirische Datenlage gekennzeichnet. Afrikanische Parteien und Parteiensysteme hatten bereits in den Tagen der Unabhängigkeit in den 1960er Jahren eine gewisse politikwissenschaftliche Aufmerksamkeit auf sich gezogen (Hodgkin 1961; Morgenthau 1964; Coleman 1956; Coleman/ Rosberg 1964b). Die ersten demokratischen Experimente unabhängiger afrikanischer Staaten waren jedoch im Allgemeinen nicht von langer Dauer, so dass sich das Interesse an afrikanischen Parteien anschließend noch kurzzeitig auf die zahlreich entstehenden Einheitsparteien verlagerte (Wallerstein 1966; Ziemer 1978b), bevor die Parteienforschung zu Subsahara-Afrika fast vollständig verschwand. Diese Entwicklung muss angesichts mindestens zweier Faktoren nicht verwundern. Einerseits waren die Forschungsmöglichkeiten auf dem afrikanischen Kontinent formal und infrastrukturell stark eingeschränkt. Andererseits kam das Forschungsobjekt weitgehend abhanden. In den 1980er Jahren hatten in den 48 unabhängigen Staaten südlich der Sahara gerade noch neun Mehrparteiensysteme überlebt – und dies vorwiegend in bevölkerungsschwachen Ländern wie Botswana oder Gambia.

Diese Situation hat sich in den vergangenen 20 Jahren wesentlich verändert. Das Verhältnis von Staaten ohne und mit Mehrparteienwahlen hat sich in den frühen 1990er Jahren praktisch umgekehrt. Heute verzichten südlich der Sahara nur noch Swaziland, Eritrea und Somalia auf Parteienpluralismus. Mit einiger Verzögerung wurde deshalb die Parteienforschung Ende der 1990er Jahre für Afrika wiederentdeckt (Erdmann 1999). Der Schwerpunkt der Forschung liegt seither auf der Ebene der Parteiensysteme und wurde von der Transitionsforschung nur am Rande behandelt (van de Walle/ Butler 1999). Forschung auf Einzelparteiebene fand zunächst nur in besonders prominenten Fällen mit herausragender Bedeutung für die Transitionsprozesse statt. Dies gilt in besonderem Maße für den südafrikanischen *African National Congress* (ANC; Darracq 2008; Butler 2005; Lodge 2004).

Zudem blieb die markanteste historische Teilung Subsahara-Afrikas weitgehend unberücksichtigt. Die Parteienforschung konzentrierte sich maßgeblich auf die ehemaligen Kolonien des *British Empires* sowie anglophone Staaten mit komplexerer Historie wie beispielsweise Südafrika und Namibia. Die 25 franko- und lusophonen Staaten, darunter allein 17 ehemalige französische Kolonien, wurden kaum untersucht, obwohl vom abweichenden kolonialen Kontext ein wichtiger Einfluss auf die Gestalt der unabhängigen Staaten ausging (dazu Gazibo 2006; Fomunyoh 2001). Neuere vergleichende Studien, die frankophone Fälle berücksichtigen, sind weiterhin selten (Carey 2002; Doorenspleet 2003; Creevey et al. 2005; Ishiyama 2005; Ferree 2010; Fleischhacker 2010; Basedau/ Stroh 2012).

Ferner entstand eine Diskrepanz zwischen drei Typen von Arbeiten: Erstens, Fallstudien zu einzelnen Parteiensystemen, die häufig wichtige deskriptive oder tagespolitisch bedeutende Fragestellungen behandelt haben (Baudais/ Chauzal 2006; Bierschenk 2006; Marty 2002; Nugent 2001; Santiso/ Loada 2003), aber ohne einen systematischen Vergleich weder die Bedeutung der nationalen Kontexte noch regional übergreifende Phänomene identifizieren konnten. Zweitens, theorieprüfende Studien, die auf stark aggregierter Ebene arbeiten, um möglichst stark generalisierbare Aussagen über die ganze Area treffen zu können (Bogaards 2004; Ishiyama/ Quinn 2006; Basedau 2007; Kuenzi/ Lambright 2005; Lindberg 2007; Mozaffar et al. 2003). Diese Studien schenken dem Vergleich von Parteiensystemen eine große Aufmerksamkeit, kümmern sich jedoch weniger um die Genauigkeit und Aussagekraft der verwendeten Informationen zu Einzelparteien. Nicht zuletzt sind Studien zu nennen, die zur Theorieentwicklung beigetragen haben, indem sie konzeptionelle Probleme behandeln, ohne zugleich eine tiefgehende empirische Überprüfung leisten zu können (Erdmann 2004a; Randall/ Svåsand 2002b; Manning 2005). Häufig ist die Ausrichtung der generalisierenden Forschung zudem nachfrageorientiert, richtet sich also vornehmlich an den gesellschaftlichen Bedingungen des Parteienwettbewerbs aus und vernachlässigt die Angebotsseite, also die individuellen Parteiorganisationen (Burnell 2007: 80). Dies geschieht nicht zuletzt, weil die Datenlage bescheiden und die Datenerhebung zu Einzelparteien für vergleichende Studien mit großer Länderfallzahl sehr aufwendig ist.

In dieser Arbeit soll deshalb ein systematischer Vergleich mit mittlerer Fallzahl durchgeführt werden. Die Fälle des Vergleichs sind die relevanten politischen Parteien in zwei systematisch ausgewählten politischen Systemen, die durch einen gemeinsamen historischen und sozioökonomischen Kontext verbunden sind, sich aber zugleich in bestimmten nationalen Eigenschaften unterscheiden: Benin und Burkina Faso. Ein solches Forschungsdesign ist besonders geeignet, um Kausalzusammenhänge aufzudecken, ohne dabei die Tiefe des empirischen Einzelfalls aus dem Auge zu verlieren.

Insbesondere liegt es noch weit im Dunkeln, warum *bestimmte* Parteien nach rund zwanzig Jahren Mehrparteienwettbewerb erfolgreicher sind als andere; was eine Partei also selbst „mitbringen" oder anbieten kann und möglicherweise muss, um eine positive Erfolgsbilanz aufzuweisen. Dabei liegt es auf der Hand, dass die Merkmale von politischen Parteien in ihrem systemischen Kontext angesichts der Ausdifferenzierung afrikanischer politischer Systeme sehr unterschiedlich sein können. Nach zwei Dekaden Mehrparteienwettbewerb sollten Lern- und Rückwirkungseffekte der Demokratisierung auf den Parteienwettbewerb erwartet werden, die bisher ebenfalls wenig untersucht geblieben sind.

Die Fragestellung erfordert eine methodologische Grundentscheidung. Entweder schlägt man einen stärker deduktiven Pfad ein, indem bestimmte theoretische Vorstellungen geprüft werden. Diese Herangehensweise müsste der Area-spezifischen Forschung zu Subsahara-Afrika folgen, was die Gefahr birgt, sich in einer zu eng geführten und sich selbst reproduzierenden Area-Debatte zu verlieren, die sich zugleich zunehmend selbst in Frage stellt (Erdmann 2007d; Brambor et al. 2007; Lindberg/ Morrison 2008; Basedau/ Stroh 2012; Stroh 2010b; etc.). Es spricht also einiges dafür, einen Schritt zurück zu treten und die Debatte neu zu eröffnen. Dazu bietet sich ein alternativer Weg an, namentlich eine stärker explorativ-induktive Herangehensweise, die offen für die Einbeziehung allgemeiner Konzepte der Parteienforschung und die Entwicklung neuer oder zumindest modifizierter Forschungsthesen ist.

Ein entsprechendes Forschungsdesign wird im ersten Teil dieser Arbeit entwickelt und mit den einschlägigen theoretischen Ansätzen verknüpft, denen sich auch eine tendenziell induktive Studie bedienen sollte. Das methodisch-theoretische Kapitel beinhaltet ferner eine ausführlicher begründete Herleitung der Fragestellung und leitet eine Liste parteieigener Merkmale her, die der Untersuchung als unabhängige Variablen dienen, also als diejenigen Faktoren, die einen Beitrag zur Erklärung des Wahlerfolgs – methodologisch der abhängigen Variable – leisten sollen. Die Fragestellung wird daraufhin in drei Schritten inhaltlich bearbeitet. Zunächst werden die nationalen Bedingungen – methodologisch die intervenierenden Variablen – dargestellt, die für alle Parteien eines Landes gleich ausgeprägt sind, aber nicht unbedingt gleich wirken. Im Zentrum des Interesses stehen die Auswirkungen unterschiedlicher Demokratisierungsgrade der politischen Systeme, aber freilich werden auch die traditionellen Ansätze der Parteiensystemforschung eingebracht, die anhand institutioneller Bedingungen und historisch-sozialstruktureller Besonderheiten versucht haben, das Kräfteverhältnis im Parteiensystem zu erklären (nicht aber den individuellen Erfolg bestimmter Parteien). In Kapitel vier folgt die präzise Operationalisierung und empirische Messung der Merkmalsausprägungen. Sie ist der aufwendigste Schritt der Arbeit und legt die breite Datengrundlage für die schließlich in Kapitel fünf vorgenommene vergleichende Kausalanalyse. Die unabhängigen und intervenierenden Variablen werden systematisch in Beziehung zur abhängigen Variable des Parteierfolgs gesetzt, um Thesen zur spezifischen Kausalbeziehung bei politischen Parteien des frankophonen Afrika zu generieren.

Die dabei erkennbare Varianz und Vielfalt von Merkmalsprofilen, deren unterschiedliche und komplex eingebundene Wirkung auf die Erfolgsbilanz der Parteien sowie die notwendig werdende Ausdifferenzierung des Erfolgsbegriffs für unterschiedliche Parteien zählen zu den zentralen übergreifenden Ergebnissen, die in den Schlussbetrachtungen zusammengefasst werden. Daneben wird abschließend skizziert, welche Konsequenzen aus der umfangreichen Merkmalsanalyse für die künftige Parteienforschung zu Subsahara-Afrika gezogen werden können. Die makrostrukturellen Voraussetzungen des Parteienwettbewerbs – insbesondere diejenigen der in der Forschung dominierenden ethno-regionalistischen Ansätze – scheinen in ihrer Erklärungskraft ausgereizt. Eine systematisch vergleichende Wahlkampfforschung, die auf einer genauen Kenntnis der variablen Wirkung von Merkmalsprofilen aufbaut, scheint hingegen wegweisend für die Weiterentwicklung der Parteienforschung zur Area Subsahara-Afrika.

2. Theoretische und konzeptionelle Grundlagen

2.1 Parteienforschung zu Afrika: Konjunktur und Stand eines vernachlässigten Forschungsfeldes

Die Konjunktur der Parteienforschung zu Afrika verlief bisher weitgehend parallel zu allgemeinen politischen Entwicklungen auf dem Kontinent. Wiseman (1997) hat grob drei politische Phasen benannt, die die meisten unabhängigen afrikanischen Staaten in ihrer jungen eigenstaatlichen Geschichte durchlaufen haben. Diese Phaseneinteilung wird mindestens implizit vom Mainstream der Politikwissenschaft geteilt, wenn auch mit unterschiedlichen Nuancen in der Bewertung.[1]

Die spätkoloniale und frühe postkoloniale Phase hat erstmals zu unabhängigen afrikanischen Staaten mit Mehrparteiensystemen geführt. Mit nur langsam weniger werdender paternalistischer Attitüde haben die Kolonialmächte spätestens nach dem Zweiten Weltkrieg begonnen, eine Transformation der politischen Systeme ihrer Kolonien, Protektorate und Treuhandgebiete vorzunehmen. In institutioneller Hinsicht bewiesen sich die Kolonialmächte dabei als tatsächliche „Mutterländer", deren „Zöglinge" ihnen in weiten Teilen ähnlich sein sollten. Dementsprechend wurden demokratische Verfassungen erlassen, die Mehrparteienwettbewerb vorsahen, der mehr oder weniger bereits vor der Unabhängigkeit eingeübt werden sollte. Die ersten Mehrparteiensysteme afrikanischer Länder sind also zumeist etwas älter als die zugehörigen unabhängigen Staaten. Die Erwartungshaltung in Afrika, nun Demokratien entstehen zu sehen, zog freilich auch wissenschaftliches Interesse auf sich. Eine gewisse, wenn auch bescheidene Aufmerksamkeit kam auch der politikwissenschaftlichen Erforschung der neuen Parteien und Parteiensysteme zu (Coleman 1956; Hodgkin 1961; Morgenthau 1964; Coleman/ Rosberg 1964b; Emerson 1966).

Die frühe Phase wurde jedoch rasch beendet. Die meisten demokratischen Versuche scheiterten. Militärdiktaturen und Einparteisysteme sollten die nach Wiseman „mittlere Phase" prägen, die etwa auf Mitte der 1960er bis Ende der 1980er Jahre datiert werden kann. Anfangs gab es spärliche Versuche, die neuen Einheitsparteien zu untersuchen (Schachter 1961; Wallerstein 1966; Zolberg 1966; Bienen 1970; Ziemer 1978b), bevor die Parteienforschung zu Afrika fast ganz eingestellt wurde. Angesichts der schwieriger werdenden Forschungsbedingungen und der Tatsache, dass bis in die späten

---

[1] Vergleiche stellvertretend für viele andere die Lehrbuchaussagen von Tetzlaff und Jakobeit (2005: 119-121 und 153-160).

1980er Jahren südlich der Sahara gerade noch neun Mehrparteiensysteme überlebten, die sich vorwiegend auf bevölkerungsschwache Länder konzentrierten (vgl. van de Walle 2002), muss diese Feststellung nicht verwundern.

Erst mit der dritten Phase Wisemans rücken Parteien und Parteiensysteme in Afrika wieder zunehmend ins Blickfeld der Politikwissenschaft. Trotz der ambivalenten Ergebnisse der politischen Transitionen zu Beginn der 1990er Jahre (siehe Bratton/ van de Walle 1997; Basedau 2003; Villalón/ VonDoepp 2005), hat sich eine fundamentale Verschiebung der formalen Herrschaftsorganisation ergeben. Das Verhältnis von Ländern mit und ohne Mehrparteiensysteme hat sich mehr als umgekehrt. Im Jahr 2010 haben nur noch drei afrikanische Staaten völlig auf ein Mehrparteiensystem mit nationalen Wahlen verzichtet (Eritrea, Somalia, Swaziland). Zahlreiche Staaten sind bis heute jedoch weit davon entfernt, glaubwürdige, freie und faire oder auch nur regelmäßige Mehrparteienwahlen abzuhalten. Das Grundprinzip des pluralistischen Parteienwettbewerbs ist jedoch – im Gegensatz zu den Regimen der mittleren Phase – fast überall konstitutionell verankert. Die neue Parteienforschung zu Afrika hat sich freilich zunächst auf den Beitrag von Parteien und Parteiensystemen zur Demokratisierung konzentriert, obgleich von einer originären Parteienforschung in diesem Zusammenhang erst seit gut einem Jahrzehnt gesprochen werden kann (Erdmann 1999).

Zusammengefasst können also zwei Hauptphasen der Parteienforschung zu Afrika identifiziert werden: die frühe Parteienforschung der Unabhängigkeitsepoche und die Renaissance der Parteienforschung seit den späten 1990er Jahren. Die relevanten Erkenntnisse beider Phasen werden nachfolgend ausführlicher dargelegt.

2.1.1 Frühe Parteienforschung in Afrika

Das Ende des Zweite Weltkriegs hat tiefgreifende machtpolitische Veränderungen von globalem Ausmaß hinterlassen. Die Unabhängigkeitsbewegungen in den Kolonien wurden stärker. Indiens Unabhängigkeit 1947 wurde zum wichtigen Präzedenzfall im britischen Imperium. Die einseitigen Unabhängigkeitserklärungen in Indochina stellten schon 1949 die neu geschaffene Union Française wieder in Frage, mit der Frankreich seine Kolonien weiter fest an sich zu binden suchte. Im Zuge dieser Entwicklungen rückte auch die Zukunft der afrikanischen Kolonien auf die politische Agenda. Erst jetzt setzte sich die Zielvorstellung durch, die afrikanischen Kolonien allmählich in die Unabhängigkeit zu entlassen. Die Vorbereitung der neu zu schaffenden Staaten auf eine selbstbestimmte und demokratische Zukunft erfolgte reichlich spät und unterschied sich abhängig von Kolonialmacht und Kontext:

„In fact, it was not until very late in the colonial experience – in the final decade or two for the British and French colonies, at the last minute for the Belgian (if that), and not at all for the Portugese – that Africans began to be prepared for taking over the legislature, executive, and bureaucratic organs of the colonial state" (Diamond 1988: 7; ähnlich Munslow 1983: 224-225).

Spät, aber doch ein bis zwei Jahrzehnte vor den ersten Unabhängigkeitsfeiern, wurden immer mehr kompetitive Wahlen durchgeführt (siehe Nuscheler/ Ziemer 1978). Freilich waren diese Prozesse stark von den Kolonialmächten gesteuert und führten meist erst zu den letzten Parlamentswahlen vor der Unabhängigkeit das allgemeine Wahlrecht ein. Die Kolonialmächte exportierten in dieser Zeit nicht nur das Konzept nationaler Wahlen und die damit verbundenen Institutionen und administrativen Organisationen, sondern übten auch großen Einfluss auf die Entstehung politischer Parteien aus (Nohlen et al. 1999: 2).

Infolge des Zweiten Weltkrieges räumte die vierte französische Republik ihren Kolonien deutlich mehr Rechte ein. Unter anderem wurden Parlamentssitze für die Kolonien geschaffen. Der Wahlwettbewerb um diese Sitze zog die Gründung erster Wahlvereine und politischer Parteien nach sich, die im frankophonen Afrika vor allem von französisch erzogenen Mitgliedern der kleinen afrikanischen Elite dominiert wurden (siehe am Beispiel Benins: Glèlè 1969: 75-97). Die koloniale Steuerung war jedoch keineswegs umfassend. In den meisten afrikanischen Ländern hatten sich längst politische Vereine gebildet, die nun als politische Parteien aktiv werden konnten.

Schattschneider (1942; vgl. Stokes 1999) folgend betrachtete auch die zeitgenössische Politikwissenschaft die Bildung von politischen Parteien zunächst als Nukleus für demokratische Herrschaft. Ihnen wurde die Kraft zugeschrieben, die Massen[2] in die Politik zu integrieren:

„The emergence of a political party clearly implies that the masses must be taken into account by the political elite, either out of a commitment to the ideological notion that the masses have a right to participate in the determination of public policy or the selection of leadership, or out of the realization that even a rigidly dictatorial elite must find the organizational means of assuring stable conformance and control" (LaPalombara/ Weiner 1966: 4).

Für Afrika wurde dieser theoretische Ansatz zwar grundsätzlich übernommen. Mit den ersten empirischen Studien kamen aber bald Zweifel an der tatsächlichen Bedeutung des Mehrparteienwettbewerbs für die Politikentwicklung südlich der Sahara auf.[3] Aufgrund der infrastrukturellen

---

2   Der damals beliebte Massenbegriff, der sich auch in den Parteityp der „Massenpartei" übersetzt hat, wurde im Gegensatz zu den Eliten benutzt. Er wird später genauer besprochen.

3   Schachter Morgenthau (1961) begründete optimistisch, warum sie Demokratie unter Einparteisystemen für möglich hält. Wallerstein (1966; 1967) sah eher die Gefahr, dass Mehr-

Bedingungen lagen zunächst nur wenige erschließbare Informationen über die neuen politischen Organisationen vor, so dass einige Autoren Pionierarbeit leisten mussten. Mithin entstanden in den 1960er Jahren zahlreiche Aufsätze zu einzelnen Parteien mit stark beschreibenden Charakter (z.B. Charles 1962).[4] Zugleich erlangten auch Abhandlungen mit geringer empirischer Basis einen nachhaltigen wissenschaftlichen Einfluss. An erster Stelle ist Hodgkins *African Political Parties* zu nennen, das er selbst als „einleitenden Essay" (Hodgkin 1961: 13) bezeichnete, für einen Versuch in Ermangelung genauerer Studien aber sehr häufig zitiert wurde. Vor allem seine dichotome Typologie von Eliten- und Massenparteien wurde in vielen frühen Studien übernommen. Hodgkin hatte diese Unterscheidung von Duverger (1951) übernommen, der ein Jahrzehnt zuvor von Massen- und Kaderparteien gesprochen hatte. Hodgkins Beitrag steht im Kontext der Modernisierungstheorie (Apter 1965; Huntington 1968), unterschätzt dabei die nachhaltige Wirkung traditioneller Faktoren (Hodgkin 1961: 25-34) und überschätzt durch eine optimistische Bewertung der Massenmobilisierung indirekt die Fähigkeit der neuen afrikanischen Staaten ein eigenes Demokratiemodell ohne Mehrheitsentscheidung auf der Grundlage großer Einheitsparteien aufzubauen (Hodgkin 1961: 155-160).

Auch Coleman und Rosberg (1964b) haben eine dichotome Typologie verwendet, stehen aber sowohl der automatisierten Modernisierung der Gesellschaften als auch dem angeblich demokratietragenden Einparteisystemen sehr viel kritischer gegenüber als Hodgkin. In ihrer Typologie schwingt die zeitgenössische Bipolarisierung der Welt noch deutlicher mit als in der ebenfalls in diese Richtung deutenden Unterteilung in tendenziell sozialistische Massenparteien und möglicherweise stärker kapitalistisch ausgerichteter Elitenparteien. Coleman und Rosberg (1964b: 4-5) haben eine Einteilung der sich immer weiter ausbreitenden Einheitsparteien vorgeschlagen und trennen dazu pragmatisch-pluralistische Parteien, die an liberale Kosten-Nutzen-Modelle erinnern, von revolutionär-zentralisierenden Parteien, die im Afrika ihrer Epoche zum linken politischen Spektrum zu zählen waren.

---

parteienwettbewerb in den jungen Staaten Afrikas, mit ihren – seiner Ansicht nach – prämodernen Gesellschaften ethno-regionale Konflikte befördern können.

4   Anders als heute intuitiv zu erwarten wäre sind tatsächlich eine erstaunlich große Zahl an Beiträgen erschienen. Eine damals führende Zeitschrift der französischen Afrikaforschung machte es sich sogar zur Aufgabe über elf Jahre hinweg insgesamt 13 Ausgaben dem Thema der afrikanischen politischen Parteien zu widmen (Revue française d'études politiques africaines, Nr. 28, 45, 65, 66, 86, 89, 94, 95, 98, 107, 111, 125 und 160 aus den Jahren 1968-1979). Die dadurch verfügbaren Daten sind ein Verdienst. Die eklektische Vorgehensweise hat jedoch einen substanziellen Beitrag zur vergleichenden Parteienforschung verhindert. Nicht nur in diesem Fall muss ausdrücklich auf den stark deskriptiven Charakter der allermeisten Darstellungen hingewiesen werden, der das Potential zur gewinnbringenden Nutzung in heutigen Arbeiten absenkt.

Wichtiger als ihre Typenbildung ist jedoch der von Bienen (1970; 1971), Wallerstein (1966; 1967) und Zolberg (1966) geteilte Standpunkt, dass den traditionellen Strukturen bei der Analyse politischer Parteien mehr Aufmerksamkeit zukommen muss. Coleman und Rosberg (1964b: 1) sprechen Parteien die zentrale Rolle in der Politik der neuen afrikanischen Staaten zu, heben in ihren Schlussfolgerungen jedoch auch die nachhaltige Wirkung von Ethnizität deutlich hervor, in der sie einen destabilisierenden Faktor sehen. Dem Gegensatz von ethnischer Interessenvertretung (als traditionellem Hemmschuh für Modernisierung und Quell des Separatismus) und nationaler Integration (als Bestandteil von Modernisierung und Entwicklung) wird in der Literatur der 1960er Jahre allenfalls partiell widersprochen.

Am deutlichsten hat es Emerson (1966: 267) ausgedrückt, der nationale Integration oder *Nation-Building* in Afrika als schwieriger aber auch notwendiger als in jeder anderen Weltregion betrachtet. Er stützt seine Argumentation empirisch auf die kongolesische Katanga-Erfahrung[5] und die sich abzeichnende Sezessionsbewegungen in Nigeria, die ein Jahr nach dem Erscheinen seines Beitrag zur vorübergehenden Abspaltung Biafras führte, sowie ein empirisch nicht bestätigtes Zitat Wallersteins.[6] Diese Beispiele haben trotz ihres Ausnahmecharakters eine normative Haltung geprägt, die Emerson besonders radikal vertritt und die bis heute nachwirkt (Tull 2011). Heute verbieten die meisten afrikanischen Staaten regionale oder ethnische Parteien und negieren dabei einen wichtigen Teil der Realität (Moroff 2010).

Coleman und Rosberg bremsen kurzfristige Erwartungen an die Etablierung und bereite Akzeptanz moderner staatlicher Institutionen: „Still the lesson of history is that these major transformations in loyalties and attachments are complex and long-term phenomena." (1964a: 691). Wallerstein macht diesen Punkt in seinem Beitrag zu Lipset und Rokkans (1967b) berühmten Sammelband „Party Systems and Voter Alignment" noch deutlicher, indem er den national orientierten Massenparteien explizit ethno-regionale Parteien gegenüberstellt und letzteren eine starke strukturierende Kraft zuspricht; vor allem im von kolonialen Modernisierungseffekten weniger berührten Hinterland. Während Emerson (1966: 296) in nationalen Einpartei-Diktaturen den einzig erfolgversprechenden Weg zur Entwicklung der jungen Staaten sieht und sich um den Partizipationsaspekt nicht weiter kümmert, solange nur keine tribalistisch-partikularistischen Kräfte gestärkt werden, zweifelt Wallerstein (1967) den substanziellen Massencharakter der Parteien

---

5   Die südkongolesische Provinz versuchte unmittelbar nach der Unabhängigkeit des Kongo von Belgien im Jahre 1960, sich vom restlichen Territorium loszusagen und als eigenständiger Staat anerkannt zu werden. Die Sezession wurde von der UNO mit militärischen Mitteln bekämpft und scheiterte nach rund zweieinhalb Jahren (siehe Islam 1985).

6   Emerson zitiert Wallerstein mit den Worten „every African nation, large or small, has its Katanga. Once the logic of secession is admitted, there is no end except in anarchy" (Wallerstein 1961: 88, zit. in Emerson 1966: 271).

– aber auch anderer Organisationen wie beispielsweise der Gewerkschaften – mit nationalem Vertretungsanspruch an, indem er auf die dominierende Stellung von Personen mit hohem traditionellen Status hinweist. Nur diese traditionelle Elite habe bislang Zugang zu Bildung gehabt und verfüge über ausreichenden materiellen Ressourcen, um Funktionärsposten einnehmen zu können. Auch Bienen (1971) hat die nationale Integrationsfunktion von Staatsparteien kritisch betrachtet. Er sieht in ihnen eher politische Wettbewerbsmaschinen als Instrumente der politischen Massenmobilisierung. Er bezweifelt die Fähigkeit und den Willen zu breitenwirksamer politischer Bildung. Zugleich stellt Bienen die politische Bindewirkung von ethnischen Identitäten infrage. Er vermutet, das parochiale Interessen in agrarischen Gesellschaften mit Grundbedürfnisorientierung im Vordergrund stehen; die Orientierung der Wähler also eher konkret prochial als abstrakt tribal sei (Bienen 1971: 200). Zolberg (1966) plädiert für mehr Differenzierung unter den einzelnen Einparteiregimes, gelangt aber zu keinem überzeugenden Ergebnis. Von Bedeutung ist allenfalls sein Hinweis auf die Überbewertung der Einteilung in Massen-, Kader- und Patronageparteien und die Relativierung der kommunistisch-ideologischen Ausrichtung mancher Einheitsparteien.

Im Gebiet des damaligen Überseeterritoriums Französisch Westafrika (*Afrique occidentale française*, AOF) hatten sich in den 1940er und 1950er Jahren zahlreiche panterritoriale und lokale politischen Gruppierungen gebildet, die Ruth Schachter Morgenthau (1964) erstmals umfassend wissenschaftlich untersucht hat. Auch Morgenthau hat die Unterscheidung von Massen- und Patronageparteien aufgegriffen und lässt einen gewissen Optimismus über Partizipationsmöglichkeiten in Massenparteien erkennen. Sie weist aber ebenfalls bereits klar auf den Zusammenbruch der ersten demokratischen Gehversuche hin, insbesondere wenn diese als Mehrparteiendemokratie verstanden werden soll. Ihr besonderes Verdienst ist jedoch die erste systematisch-empirische Gesamtdarstellung zum frankophonen Afrika. Sie bietet die empirisch reichste Fundstelle für ein besseres Verständnis der historischen Wurzeln politischer Parteien in AOF. Das Werk ist mithin für die historisch fundierte vergleichende Parteienforschung zum frankophonen Afrika von größter Bedeutung.

Wie später zu zeigen sein wird, rekurrieren noch heute zahlreiche Parteien in der Region auf die gemeinsame Vergangenheit, wenngleich die Bedeutung dieser Zeit für den gegenwärtigen politischen Wettbewerb zu relativieren sein wird. Die bereits diskutierte zeitgenössische Kritik an der weitgehend positiven Grundhaltung gegenüber mutmaßlich basisgelenkten Massenparteien gilt auch gegenüber Morgenthau.[7] Die Kritiker sind vom

---

7   Bei genauer Lektüre fällt bereits auf, wie die Autorin selbst mit der dichotomen Typologie hadert. Insbesondere die Zuordnung der *Parti Démocratique de la Côte d'Ivoire* (PDCI) als Massenpartei will angesichts des enormen Einflusses und eindeutig elitär führenden Stils

24

historischen Verlauf bestätigt worden (vgl. Nuscheler/ Ziemer 1978: 102-115; Erdmann 1999: 376-377).

In Hinblick auf eine nachhaltige, national integrierende Demokratieentwicklung zeigt die frühe Parteienforschung zu Afrika und insbesondere zum frankophonen Afrika zwei Geburtsfehler politischer Parteien auf: (1) den schwierigen Bedeutungswandel einstiger Unabhängigkeitsbewegungen nach dem Erreichen ihres Primärziels (staatliche Unabhängigkeit) und dem Wegfallen des politischen Hauptgegners, also der Kolonialmacht (siehe erneut Coleman/ Rosberg 1964a: 673), und (2) die Ausnutzung von ethno-regionalen Mobilisierungspotentialen durch politische Unternehmer zur Durchsetzung persönlicher Interessen und – seltener – durch konservative Traditionalisten zur Durchsetzung kultureller und ökonomischer Selbstbestimmung. Insbesondere die Interessen von politischen „Big Men"[8], die sich maßgeblich auf ethno-regionale Klientelstrukturen stützen, ist der Debatte bis heute erhalten geblieben.

Das Phänomen Massenpartei wurde hingegen weitgehend verworfen. Unbenommen der Möglichkeit, dass im Einzelfall ein tatsächlicher Einfluss einer breiteren Mitgliederbasis nachgewiesen werden kann, hat eine neue historische Studie am häufig modellhaft bemühten Beispiel der *Parti démocratique de Guinée* (PDG, spätere Einheitspartei des autokratisch herrschenden Präsidenten Sékou Touré) den bedeutenden Einfluss der mittleren Führungsebene auf die Parteispitze belegen können (Schmidt 2007). Von einer tatsächlichen Massenbeteiligung kann im Fall der PDG nicht die Rede sein. Die von Morgenthau dokumentierten und zu Recht als bemerkenswert bezeichneten Mitgliederzahlen einiger Parteien lassen mithin noch nicht auf eine partizipative Massenpartei schließen:

„Mass parties generally sought the adherence of every single individual. [... They] counted their members in hundreds of thousands. As early as 1950 the Parti Démocratique de la Côte d'Ivoire claimed 850,000 and in 1955 the Parti Démocratique de Guinée claimed 300,000 paid up members. [...] In view of the small money income of most Africans it was remarkable that in some years mass parties sold hundreds of thousands of [membership] cards costing roughly 100 francs cfa each" (Morgenthau 1964: 337-338).[9]

Schon Charles (1962: 315) hat die verfügbaren Mitgliederangaben – wenn auch zögerlich – angezweifelt. Darüber hinaus bleibt völlig unklar, was sich

---

des wohlhabenden Aristokraten Felix Houphouët-Boigny nicht recht gelingen (Morgenthau 1964: 336-341).

8   Zum Konzept des Big Man siehe Médard 1992 oder Erdmann/ Engel 2007 und zu seiner Anwendung in verschiedenen Areas siehe beispielsweise Price 1974, Mines/ Gourishankar 1990, Soest 2007 oder Hennings 2007.

9   100 F CFA entsprachen 1960 zwei neuen französischen Francs, die gemessen an der Kaufkraft im Jahr 2009 einen Wert von rund drei Euro gehabt hätten (vgl. INSEE 2010, http://www.insee.fr/fr/themes/indicateur.asp?id=29&type=1&page=achatfranc.htm, letzter Zugriff am 21.10.2010).

die zahlreichen Mitglieder von ihrer Parteiangehörigkeit versprochen haben: Partizipation oder Patronage?

Erdmann hat die Unangemessenheit der frühen Typenbildung zu Beginn der „Renaissancephase" der afrikabezogenen Parteienforschung scharf angegriffen. Die behauptete Massenbasis einiger späterer Einheitsparteien habe sich spätestens mit den widerstandslosen Putschen als „Chimäre" erwiesen (Erdmann 1999: 376). In der generalisierenden Form ist dieser Schlussfolgerung zuzustimmen. Sie übersieht allerdings die auch schon in den 1960er Jahren beschriebene Varianz der Parteientwicklungen. Nicht alle Parteien wurden als Massenparteien bezeichnet. Nicht alle Parteien der frühen Epoche sind völlig verschwunden. Nicht alle Einheitsparteien wurden weggeputscht.

Eine exemplarische Langzeitüberlebende im frankophonen Afrika ist die ivorische Staatspartei *Parti Démocratique de la Côte d'Ivoire* (PDCI; vgl. Hartmann 1999b; Jakobeit 1998). Andere Parteien, die in der Zeit der Unabhängigkeitsbewegung entstanden sind, haben sich im Untergrund oder im Exil halten können und spielen heute teilweise wieder eine Rolle. Wieder andere versuchen bewusst an historische Parteien anzuknüpfen, vornehmlich durch ihre Namensgebung. Warum und mit welcher Wirkung dies geschieht wird später zu klären sein. Für den Moment bleibt festzuhalten, dass die Literatur der 1960er Jahre zwar keinen besonderen konzeptionellen Wert hinterlassen, aber doch zentrale Probleme (u.a. Ethnizität, Mitgliedschaftsvorstellungen, Elitensteuerung, Prädominanz einzelner Parteien) aufgedeckt hat und als beachtenswerte historische Ressource für die Analyse heutiger Parteien nicht übersehen werden sollte.

2.1.2 Renaissance der Parteienforschung zu Afrika

Während sich die „allgemeine Parteienforschung"[10] in den letzten 50 Jahren immer stärker ausdifferenziert hat, hat Forschung über afrikanische Parteien ab den 1970er Jahren bis Ende der 1990er Jahre kaum stattgefunden (Erdmann 1999). Natürlich ist die Parteienforschung zu Afrika nie vollständig verschwunden. Allerdings haben der politische Kontext und die Forschungsbedingungen dafür gesorgt, dass afrikanische Parteien nur noch selten und dann nicht mehr als zentraler Untersuchungsgegenstand erforscht wurden. Es kam zu einer Schwerpunktverlagerung zugunsten der Konflikt- und (eingeschränkt) der Wahlforschung.

---

10 Es wird später zu diskutieren sein, dass die hier so genannte allgemeine Parteienforschung eigentlich eine politikwissenschaftliche Teildisziplin der Area-Forschung zu Westeuropa und Nordamerika ist (vgl. Erdmann 2004a). Diese Einschränkung sollte immer mitgedacht werden, wenn hier vereinfachend von der „allgemeinen Parteienforschung" gesprochen wird.

Neben den Ansätzen der allgemeinen Parteienforschung, haben besonders Konfliktforscher die wiedererwachende Parteienforschung der späten 1990er Jahre beeinflusst (Horowitz 1985; Calhoun 1993; Glickman 1995). Horowitz' Buch „Ethnic Groups in Conflict" (1985) hat die frühen Befürchtungen der Parteienforschung zu Afrika in Erinnerung gehalten, obwohl der Teil seines Buches, der sich mit ethnischen Parteien befasst, ein Fallbeispiel aus Lateinamerika (Trinidad und Tobago) zum Kronzeugen macht. Die wenigen Studien zu semi-kompetitiven Wahlen in Afrika (Barkan/ Okumu 1978; Chikulo 1988) fanden nach der Demokratisierungswelle der frühen 1990er Jahre kaum noch Aufmerksamkeit, obwohl sie einen wichtigen Beitrag zum politischen Wettbewerbsverhalten geleistet haben. Zur Parteienforschung im engeren Sinne des Mehrparteienwettbewerbs haben sie freilich nur indirekt beitragen können, da sie Einparteisysteme untersucht haben. Die Einheitspartei bot lediglich den organisatorischen Raum, in dem sich ein begrenzter personenbezogener Wettbewerb entfalten durfte. Theorien und Konzepte für einen Neustart der Parteienforschung in der Area Subsahara-Afrika mussten also aus der allgemeinen Parteienforschung oder der Konfliktforschung übernommen oder neu entwickelt werden.

In der Renaissance der Parteienforschung zu Afrika setzte sich zunächst der ethno-regionale Fokus durch. Die Fragestellungen der Forschung konzentrierten sich also auf die Entstehung ethnischer Parteiensysteme, in denen ethnische Konfliktlinien dominieren und die ethnische Demographie eine wesentliche Determinante der Parteiensystemstruktur ist (Erdmann/ Weiland 2001; Erdmann 2004a). Dieser Schwerpunkt garantierte Anschlussfähigkeit an die bestehende Debatte und umging zugleich die Herausforderungen, die mit einer breiteren Anwendung anderer Kategorien der etablierten Parteienforschung verbunden sind. Ethno-regionale Parteien wurden bereits in den 1960er Jahren als wichtige Form der politischen Organisation in Afrika erkannt (Morgenthau 1964; Wallerstein 1967). Zolberg hatte in ethno-regionaler Opposition sogar die einzige Möglichkeit gesehen, den jakobinischen Einheitsparteien etwas entgegen zu setzten (Zolberg 1966: 70-71). Nach dem Zusammenbruch der autoritären Einheitsparteien lag es mithin nahe, erneut den makrosoziologischen Konfliktlinienansatz (Lipset/ Rokkan 1967a) mit ethnisch heterogenen Gesellschaften zu verknüpfen, um daraus kombiniert mit wenigen, nicht selten unsystematischen Beobachtungen zu schließen, dass sich Parteien und Parteiensysteme im Kontext von politischem Pluralismus maßgeblich ethno-regional ausrichten würden (Kaspin 1995; Sandbrook 1996; Widner 1997; van de Walle/ Butler 1999; Ottaway 1999; Carey 2002; Marty 2002; Mustapha 2004; Manning 2005; Scarritt 2006). Mit der Parteientypologie von Gunther und Diamond (2001; 2003) wurde der Fokus auf ethnische Parteien zusätzlich gefördert. Die Autoren verwenden fast ausschließlich afrikanische Beispiele zur Illustration der Gruppe ethnizitätsbasierter Parteien. Die Darstellung impliziert eine

Liaison zwischen exotischeren Regionen mit jungen Demokratisierungs-
bemühungen und ethnischen Parteien in Ermangelung programmatisch
wirkender Ideologie. Sie lässt dabei völlig außer Betracht, dass einige der am
sorgfältigsten ausgearbeiteten Konzepte von ethno-regionalen Parteien dem
europäischen Kontext entstammen (De Winter/ Türsan 1998; De Winter/
Gomez-Reino Cachafeiro 2002).

Mit der Empirie stieg die Skepsis an einem reinen ethno-regionalen Erklärungsansatz (Erdmann 2007d). Studien mit größerer Fallzahl, die auf Afrobarometer-Umfragen basieren, haben den Einfluss von Ethnizität nachgewiesen, aber zugleich relativiert (Norris/ Mattes 2003; Cheeseman/ Ford
2007; Cho 2007; Dowd/ Driessen 2007). Einzelfallstudien betonen die Bedeutung von Ethnizität sehr unterschiedlich. Für Ghana gibt die Literatur
Aussagen von „clientelistic and ethnic predisposed voting are minor features"
(Lindberg/ Morrison 2008: 34; siehe auch Osei 2006) bis „ethnicity is an
extremely significant although not deciding factor" (Fridy 2007: 302) her.
Zahlreiche afrikanische Mehrparteiensysteme haben zudem dominante Parteien hervorgebracht (Bogaards 2004; Bogaards 2008; Mozaffar/ Scarritt
2005; Erdmann/ Basedau 2008), deren schiere Größe in ethnisch heterogenen
Gesellschaften bereits auf eine gewisse Integrationsnotwendigkeit hinweisen.
Ob dominante Parteien sinnvoll als „ethnischer Kongress" (Gunther/
Diamond 2003: 184-185; Erdmann 2004a) oder doch besser ohne Verwendung der ethnischen Dimension konzeptionalisiert werden (Doorenspleet
2003; van Cranenburgh 2003), ist seither eine umstritte Frage geblieben.
Jüngste Analysen, die auf Bevölkerungsumfragen beruhen, weisen eher
darauf hin, dass dominante Parteiensysteme die Bedeutung von Ethnizität
mindern, da die dominante Partei ihre Stellung im Parteiensystem meist nur
durch eine breite Integration möglichst aller Gesellschaftsgruppen gewährleisten kann. Ethnizität als Determinante der Wahlabsicht beschränkt sich auf
kleine Parteien (Basedau et al. 2011). Es gibt jedoch keinen guten Grund
auszuschließen, dass beides empirisch gegeben sein könnte: prädominante
ethnische Kongressparteien und andere prädominante Parteien. Elischers
vergleichende Studie zu Namibia, Kenia und Ghana stellt für Ghana sogar
eine programmatische Komponente fest (Elischer 2012). Er deutet damit an,
dass Modernisierungstheoretiker in bestimmten Fällen recht behalten könnten, die behauptet haben, dass sich Parteien im Kontext fortschreitender Entwicklung und Modernisierung von parochialen, klientelistischen Orientierun-
gen zunehmend lösen und programmatischer werden (Huntington 1968: 71,
405-406; Kitschelt 2000: 856).

Ein zweiter wichtiger Trend erfasste die Demokratisierungs- und Parteienforschung zu Afrika etwa gleichzeitig: Die Problematisierung des weiten
Feldes von Korruption, Klientelismus und Patrimonialismus im Kontext
moderner, pluralistisch organisierter Staaten. Auch dieses Thema ist keineswegs eine Innovation der 1990er Jahre, sondern Teil der Renaissance älterer

Konzepte. Diese Debatte knüpft aber weniger an die Ethnizitätsfrage als an den Gedanken von afrikanischen Parteien als klientelistische Wahlmaschinen an (Bienen 1971). Auf den ersten Blick erscheinen beide Phänomene leicht miteinander verknüpfbar, so dass zahlreiche Autoren sowohl von ethnischen Parteien als auch von elitengesteuerten Machtvehikeln gesprochen haben (Sandbrook 1996; Manning 2005; Scarritt 2006). Für eine differenzierte Betrachtung von Einzelparteien, sollten die Phänomene jedoch auseinander-gehalten werden. Versteht man ethnische Parteien als Repräsentationsorgane von ethnischen Gemeinschaftsinteressen, konfliktiert dieses Verständnis mit der Auffassung, dass afrikanische Parteien allein Machtvehikel von Einzel-personen aus der Elite – oder mit Chabal und Daloz' Worten „extensions of individual politicians" (Chabal/ Daloz 1999: 151) – seien, die damit vor-nehmlich ihre persönlichen Interessen verfolgen (so Monga 1999; Sandbrook 1996; Randall 2006; vgl. auch Vittin 1992; Lindberg 2003; zur unklaren Verwendung des Ethnizitätsansatzes Randall 2007: 89-92). Marcus und Ratsimbaharison (2005) haben auf den konfligierenden Gehalt der Ansätze reagiert, ohne ihn explizit zu thematisieren, indem sie für den Fall Mada-gaskar die Parteitypen von Gunther und Diamond heranziehen, Ethnizität als einen beachtenswerten Faktor ansehen, letztlich aber die Parteitypen *catch-all* und *elite-personalistic* zur Klassifizierung ihrer Untersuchungsfälle bevorzu-gen.

Der klientelistische Ansatz teilt mit seinem ethnischen Gegenstück, dass sich zahlreiche Konzepte vermischen und immer wieder Definitionsdefizite sichtbar werden. Rein personalistische Ansätze werden mit elitär gesteuerten sozialen Netzwerken verbunden (Daloz 1999; Mwenda 2007), die wiederum wahlweise auf kultureller Prädisposition (vgl. Chabal/ Daloz 2006; Price 1974) oder rational-materieller Nutzenmaximierung für das Individuum beruhen dürfen (Monga 1999; siehe auch McMahon 2004). Als Klientelismus wird aus letztgenannter Perspektive vor allem die mehr oder weniger kor-rupte Umverteilung von staatlichen Ressourcen angesehen, auf die Inhaber politischer Ämter in privatwirtschaftlich wenig entwickelten Umfeldern einen privilegierten Zugang haben (Vittin 1992; Lindberg 2003; Médard 2007). Die Begriffe Patronage, Klientelismus und Neopatrimonialismus werden dabei regelmäßig gar nicht definiert oder an das jeweils punktuelle Verständnis des Autors angepasst. Insbesondere die bürokratische Komponente des Neo-patrimonialismus bleibt dabei häufig auf der Strecke.[11]

Die Renaissance der Parteienforschung zu Afrika war somit vor allem eine Renaissance der Konzepte „parteipolitische Ethnizität" und „parteipolitischer Klientelismus". Empirische Untersuchungen haben sich dabei vorwiegend für

---

11 Neopatrimonialismus definiert sich explizit als Mischphänomen aus den Weber'schen Kategorien der patrimonialen und der bürokratisch-legalen Herrschaft. Neopatrimonialis-mus beinhaltet also zwingend immer beide Komponenten der Herrschaftsausübung (Erdmann/ Engel 2007: 104).

die Parteiensystemebene interessiert. Diese Ebene ist dann besonders bedeutsam, wenn nach dem Beitrag von Parteien zur politischen Entwicklung von Ländern geht; sei es hinsichtlich ihrer Konfliktanfälligkeit, ihrer politischen Stabilität oder ihrer Demokratisierung (Basedau 2002; Basedau et al. 2007; Basedau/ Stroh 2011; Bogaards 2000; Elischer 2008; Emminghaus 2003; Goeke 2010; Kuenzi/ Lambright 2005). Dabei wurden auch grundsätzliche Zweifel daran erneuert, ob Parteien überhaupt geeignet seien, Demokratie in Afrika zu organisieren und friedlich zu strukturieren (Makinda 1996; Wiredu 1998). Die meisten Autoren haben die unerlässliche Notwendigkeit von politischen Parteien für moderne Demokratien (Schattschneider 1942; Lipset 2000) jedoch anerkannt und sich spezifischen Fragen der Beschreibung und Typologisierung von Parteiensystemen gewidmet. Insbesondere wurde nach den Ursachen der Fragmentierung und – in geringerem Maße – der Institutionalisierung afrikanischer Parteiensysteme geforscht (Erdmann/ Basedau 2008; Brambor/ Clark/ Golder 2007; Mozaffar/ Scarritt 2005; Bogaards 2008; Kuenzi/ Lambright 2001; Lindberg 2007). Randall und Svåsand (2002b) haben nachdrücklich darauf ausmerksam gemacht, das in dieser Institutionalisierungsdebatte die Systemebene häufig mit der Einzelparteiebene vermischt wurde, ohne exakte Studien zu Einzelfällen vorzulegen. Empirisch beherzigt wurde diese systematische Trennung zwischen System- und Parteiebene bislang nur vereinzelt (so Basedau et al. 2006; Basedau/ Stroh 2008). Einzelne afrikanische Parteien wurden selten als Organisationen mit den Instrumenten der Parteienforschung genauer untersucht. Dabei haben nur wenige Parteien von herausragender Bedeutung die Aufmerksamkeit mehrerer politikwissenschaftlicher Studien angezogen, insbesondere der südafrikanische *African National Congres* (Darracq 2008; Butler 2005; Lodge 2004). Zumeist bleiben die Parteien aber „*black boxes*" deren funktionaler Beitrag zum System und deren generalisierungsfähigen Gemeinsamkeiten herausgearbeitet werden, während ihre Unterscheidungsmerkmale nur selten Beachtung finden.

Zudem ist in der politikwissenschaftlichen Literatur eine eklatante Forschungsschieflage zugunsten anglophoner Staaten zu beobachten. Selbst ohne eine systematische Erhebung vorzunehmen wird schnell deutlich, dass die einflussreichsten Erkenntnisse zu Parteien und Parteiensystemen in Afrika in den vergangenen zehn bis zwanzig Jahren von wenigen ehemaligen britischen Kolonien abgeleitet wurden; namentlich vorrangig Ghana, Kenia und Sambia (z.B. Posner 2005; siehe dazu auch Basedau/ Stroh 2012). Mithin muss es nicht überraschen, dass sich die meisten Kommentatoren zum Forschungsstand zu afrikanischen Parteien vor allem darin einig sind, dass trotz wachsender Literaturbestände weiterhin ein großer Mangel an systematischer empirischer Forschung besteht (Carbone 2006; Randall 2007: 101). Für das frankophone Afrika (Gazibo 2006) und für den Vergleich von Einzelparteien (Ishiyama 2009: 322) ist dieses Defizit besonders groß.

2.1.3 Forschungsbedarf und Fragestellung

Aus dem insgesamt lückenhaften und im Gesamtumfang nach wie vor bescheidenen Forschungsstand ergeben sich zwei Konsequenzen. Erstens wird ein starker Forschungsbedarf zu politischen Parteien als Organisationen im frankophonen Afrika deutlich. Die Merkmale von Parteien in ihrem systemischen Kontext können angesichts der zunehmenden Ausdifferenzierung afrikanischer Systeme (spätestens) seit den frühen 1990er Jahren sehr unterschiedlich sein und wurden bislang kaum untersucht. Es liegt weitgehend im Dunkeln, wie sich politische Parteien unterscheiden und warum bestimmte Parteien erfolgreicher sind als andere; was eine Partei also selbst „mitbringen" oder anbieten muss, um mehr oder weniger Wahlerfolg zu haben. Der Wahlerfolg soll in der Arena gemessen werden, in der Parteiorganisationen am bedeutendsten werden: bei den Parlamentswahlen. Als maßgebliche Kennzahlen für die Erfolgsbilanz sollen die Stimmenanteile und die gewonnenen Sitze der Parteien seit der Rückkehr zum Mehrparteienwettbewerb herangezogen werden.

Um nicht ausschließlich singuläre Fallerkenntnisse zu produzieren,[12] sondern differenzierende und generalisierende Aussagen für weitere Forschung herausarbeiten zu können, bietet sich eine vergleichende Perspektive an. Zudem sollte zwei Dekaden nachdem die „Dritte Welle der Demokratisierung" (Huntington 1991) Subsahara-Afrika erreicht hat nicht alleine gefragt werden, wie sich Parteiensysteme auf die politische Regimeentwicklung auswirken, zumal diese Fragestellung in den fluiden Parteiensystemen vieler afrikanischer Staaten auf diverse Probleme stößt (siehe Sartori 1976; Erdmann 2004a; Erdmann/ Basedau 2008; Fleischhacker 2010): die unklare Richtung des Kausalzusammenhangs, die kurze Dauer der Einwirkungsmöglichkeit und die zweifelhafte Aussagekraft etablierter Indikatoren sind die wichtigsten. Es sollte auch die Rückwirkung der Regimeentwicklung auf Einzelparteien betrachtet werden. Die zentrale Fragestellung der Arbeit lautet deshalb: *Welchen Einfluss haben Parteimerkmale auf den Erfolg einzelner politischer Parteien im frankophonen Afrika? Wie intervenieren dabei nationale Faktoren, insbesondere der Stand der Demokratisierung und weitere institutionelle Variablen?*

---

12 Natürlich können auch systematische Einzelfallstudien einen großen Wert für die vergleichende Parteienforschung entfalten, wenn Sie an allgemeine Theoriedebatten anknüpfen können und beispielsweise „abweichende Fälle" (*deviant cases*) zur Weiterentwicklung der Theorie untersuchen oder wenn Forschungsfelder völlig neu erschlossen werden (vgl. George/ Bennett 2005). Wie gezeigt wurde, treffen beide Situationen auf die Parteienforschung zu Afrika jedoch nicht zu. *Large-N*-Studien leiden hingegen unter geringer Fallkenntnis. Doch zugleich können Einzelfallstudien angesichts der großen (und fluiden) Grundgesamtheit kaum mehr ohne die Vergleichsdimension zur Theoriebildung beitragen, wenn sie über den gegenwärtigen Kenntnisstand zu Ethnizität, Klientelismus oder Organisationsschwäche afrikanischer Parteien hinausgehen wollen.

Zweitens macht der Forschungsstand eine methodologische Grundentscheidung notwendig. Entweder schlägt man einen stärker deduktiven Pfad ein, um vorliegende theoretische Vorstellungen zu prüfen, oder man wählt ein stärker induktives Vorgehen, das den Schwerpunkt auf die empirische Analyse legt. Die deduktive Variante müsste der Area-spezifischen Debatte zum subsaharischen Afrika folgen, die sich – wie oben verdeutlicht – maßgeblich auf die Begriffe Ethnizität und Klientelismus reduzieren lässt. Die oben beschriebenen Unsicherheiten hinsichtlich der Bedeutung, Wechselwirkung und Vereinbarkeit von sozialrepräsentativen Ansätzen zur Ethnizität, kultureller oder ökonomisch-rationaler Klientelismustheorie sowie des um den bürokratisch-institutionalistischen Aspekt erweiterten Neopatrimonialismus lassen jedoch befürchten, dass eine stärker deduktive Methodologie in eine doppelte Fall geraten kann: Einerseits steht die Gefahr einer sich selbst reproduzierenden und zugleich selbst immer stärker relativierenden Area-Debatte im Raum und andererseits ist damit eng die Gefahr verbunden Innovationspotential zu mindern. Dem könnte mit der Prüfung von Theorien aus anderen Areas begegnet werden. Hier drängt sich vornehmlich die westliche Parteienforschung auf – gegebenenfalls ergänzt um Erkenntnisse aus der eng an ihr orientierten Forschung zu Lateinamerika. Die neueren Konzepte der inzwischen sehr stark ausdifferenzierte Parteienforschung zu Westeuropa und Nordamerika wurde häufig explizit Area-spezifisch formuliert (Wolinetz 2002: 138). Ihre Übertragung auf neue Demokratien in wirtschaftlich weniger entwickelten Regionen ist sicherlich nur teilweise möglich. Grundideen sollten dennoch auf ihre Anpassungsfähigkeit geprüft werden. Außerdem können ältere Ansätze wie das Konfliktlinienmodell (Lipset/ Rokkan 1967a) oder institutionelle Theorien zur Parteiensystemfragmentierung (Duverger 1951) immer noch interessante Anregungen liefern. Zugleich steht selbst die eurozentrische Parteienforschung – vielleicht aus einer übertriebenen Erwartungshaltung heraus – noch immer in dem Ruf theoretisch relativ schwach aufgestellt zu sein (Montero/ Gunther 2002: 8; Wiesendahl 1998: 11) und schon die US-amerikanische Parteienforschung wird als „exceptionell" betrachtet; mithin als schwer mit dem Forschungsinstrumentarium für Westeuropa zu fassen.[13] Wiesendahl (1998: 11) plädierte mit festem Blick auf Deutschland und Westeuropa noch 1998 für mehr induktiv-empirische Forschung zum Zwecke der Theoriebildung. Diesem Weg soll auch in dieser Arbeit gefolgt werden.

Die stärker induktive Variante impliziert keinesfalls ein atheoretisches Vorgehen. Während Vertreter holistischer Ansätze die Trennung von Theoriebildung und empirischem Test gänzlich ablehnen (siehe Rueschemeyer/ Stephens 1997: 67; Abbott 1990: 144), wird auch von Vertretern variablen-

---

13 Alleine im viel beachteten „Handbook of Party Politics" von Katz und Crotty (2006) finden sich acht Aufsätze, die sich mit den Besonderheiten der USA befassen. Zwei davon machen den „exceptionalism" der USA schon in der Überschrift explizit (Rae 2006; Ware 2006).

orientierter Forschung der strenge Anspruch metatheoretischer Wissen-
schaftslogiken für die konkrete sozialwissenschaftliche Forschung relativiert.
Die Theorien und Prämissen der deduktiven Ansätze beruhen in der Politikwissenschaft immer (auch) auf den Erfahrungen und Beobachtungen, also
empirischem Wissen, der Theoretiker. Zudem neigt die Deduktion zu
statischen Betrachtungsweisen, die schnell politischen Dynamiken, abweichenden Kontexten und Kontingenzen sozialer Prozesse zum Opfer fallen
können: „Im Prozess der politikwissenschaftlichen Theoriebildung führt
[deshalb] kein Weg an der ständigen Abgleichung theoretischer Aussagen an
der beobachteten und zu erklären gesuchten Wirklichkeit vorbei" (Nohlen
2004b). In der Realität der Wissenschaft ist induktive Logik auch in Bereichen präsent, die streng formale Tests von Theorien durchführen. So „hat
sich die Methode des statistischen Schließens der Empirischen Sozialforschung an dem quantitativen Bestätigungsbegriff orientiert" und schließt
ganz selbstverständlich von Stichproben auf die Grundgesamtheit (Nohlen
2004c). Andere empirische Ansätze haben vor allem unter Anwendung der
Vergleichenden Methode zeigen können, dass sich „die keineswegs theorie-
lose induktive Vorgehensweise" in vielen komplexen und dynamischen
Sachzusammenhängen der Politikwissenschaft bewährt hat:

„Angesichts dieser Sachverhalte erübrigt sich eine gelegentlich vernehmbare Polemik
gegen die Induktion, welche offensichtlich auf der Annahme fußt, induktives Vorgehen
werde noch durch den naiven empiristischen Induktivismus regiert" (Nohlen 2004c).

Kurzum; wo keine vielversprechende Theorie, da auch kein Zwang zu
deduktiver Prüfung. Gerade in Situationen der theoretischen und empirischen
Unsicherheit bietet es sich an, ein theorie- und erfahrungsgeleitetes Analyseraster zu entwerfen und breit anzulegen, um die Betrachtung des Unter-
suchungsgegenstandes nicht zu früh auf einen Blickwinkel festzulegen. Die
Studie nimmt damit einen vornehmlich explorativen Charakter an. Sie ist
jedoch zugleich in der Lage, universalistische Ansätze mit spezifischen Desi-
deraten der Parteienforschung zu verbinden und dadurch sowohl an die allgemeine als auch an die Area-spezifische Debatte anschlussfähig zu bleiben.
Freilich ergeben sich aus dieser weicheren Anwendung einer von
theoretischen Teilerkenntnissen geleiteten, stärker explorativ-induktiven
Forschungslogik auch Herausforderungen. Zwei zentrale Probleme müssen
bei der weiteren Entwicklung des Forschungsdesigns und des Analyserahmens sowie der Umsetzung in empirische Messungen besondere Beachtung finden. Erstens, die Herausforderungen des Konzepttransfers und, zweitens, die Gefahr des theoretischen Eklektizismus.
    Die Übertragung von Konzepten in fremde historische, kulturelle und
politische Kontexte erfordert in jedem empirisch-komparativen Forschungsdesign besondere Achtsamkeit, „especially when the concepts travel a very
long distance, for example from Anglo-Saxon North America to French
Central Africa" (Peters 1998: 86). Sartori hat nachdrücklich darauf hinge-

wiesen, dass das *travelling problem* nicht zur übertriebenen Ausdehung von Konzepten führen darf (*conceptual streching*), um den Nutzen des Vergleichs nicht leer laufen zu lassen (Sartori 1970; 1991). Im Intra-Area-Vergleich[14] wird das *travelling problem* zwar reduziert, muss aber stets auf seine Sinnhaftigkeit hin überprüft werden. Konzepte müssen also stets darauf geprüft werden, ob sie tatsächlich die gewünschte Differenzierung messen. Auf den konkreten Umgang mit der Übertragbarkeit von Konzepten wird sowohl im konzeptionellen als auch im empirischen Teil wiederholt eingegangen werden.

Das zweite Problem ergibt sich durch den Forschungsstand. In Ermangelung eines umfassenden universalistischen Analysemodells zur Untersuchung von Einzelparteien und deren Erfolgschancen muss auf geeignete Teile des Theoriebestandes zurückgegriffen werden. Der in gewissem Maße eklektischen Suche nach nützlichen theoretischen Teilelementen kann kaum ausgewichen werden, will man sich nicht auf die Area-spezifische Kerndiskussion beschränken. Theoretischer Beliebigkeit kann durch eine in ihren Einzelteilen stets begründete Auswahl und maximale Transparenz bei der Operationalisierung von Konzepten vermieden werden. Wenn diese Probleme angemessen berücksichtigt werden, können explorativ-empirische Studien wichtige Impulse für die weitere Forschung setzten, indem sie eine Neuordnung theoretischer Elemente vorschlagen oder bisher vernachlässigte Erklärungsfaktoren hervorheben.

2.2 Anwendung der Vergleichenden Methode und Forschungsdesign

2.2.1 Der Vergleich als Methode

Die Vergleichende Politikwissenschaft hat kein einheitliches Methodengerüst. Ihr Repertoire reicht von systematischen Fallstudien, die meist auf qualitativen Forschungsinstrumenten wie semi-strukturierte Interviews und Dokumentenanalyse beruhen, bis zu makro-quantitativen Analysen, die mit dem Werkzeugkasten der Statistik arbeiten (siehe Jahn 2006; George/ Bennett 2005). Die gelegentlich hitzig geführte Debatte zwischen quantitativ ausgerichteten Forschern (Berg-Schlosser 1997: 87), die möglichst große Fallzahlen anstreben, und den Verfechtern tiefgehender qualitativer Vergleichsstudien mit wenigen Fällen hat sich in jüngerer Zeit glücklicherweise einer konstruktiven Synthese angenähert (Brady/ Collier 2010; Munck/

---

14 Zum weitgehend synonymen Begriff der *intra-regional comparison* und seiner Abgrenzung zu *cross-regional* und *inter-regional comparisons* siehe Basedau/ Köllner 2007.

Snyder 2007; Mahoney/ Goertz 2006; Lieberman 2005). Im Bereich mittlerer Fallzahlen haben sich die makro-qualitative vergleichende Analyse (QCA, siehe Ragin 1987; Berg-Schlosser 1997; Schneider/ Wagemann 2007) und die Vergleichende Methode im engeren Sinne (Nohlen 2004d; Sartori 1994) etabliert. Die Vergleichende Methode ist für die Untersuchung kleiner und mittlerer, QCA für höhere mittlere Fallzahlen besonders geeignet. Die Grenzen sind fließend, allerdings wird QCA erst im Bereich von 30-60 Fällen wirklich interessant (Schneider/ Wagemann 2009: 397).

Zentral für die gewählte Fragestellung ist der systematische Umgang mit mittleren Fallzahlen. Die Berücksichtigung einer großen Fallzahl (sehr viele Parteien in vielen Ländern) scheitert an einem häufigen Problem vergleichender Untersuchungen: Die Messbarkeit ist häufig durch die Verfügbarkeit und Qualität von Daten erheblich eingeschränkt (Bollen et al. 1993). Dieses Problem tritt in der Area Afrika verstärkt auf und führt dazu, dass empirische Untersuchungen meist die diffizile Datenerhebungsarbeit und die Auswertung der Daten leisten müssen, um nicht auf einer rein deskriptiven Ebene stehen zu bleiben. Aus diesem Grund beschränken sich zahlreiche Studien – auch die vorliegende – auf eine höchstens mittlere Fallzahl. Für diese Arbeit wurden schließlich 18 Parteien aus zwei Ländern untersucht, die einerseits eine für den Vergleich wichtige Varianz bei den Erfolgsbilanzen abbilden, ohne völlig irrelevante Parteien aufzunehmen, und andererseits einen kontrastiven Vergleich zwischen Ländern erlauben, die einander in vielen Kontextbedingungen ähnlich sind, aber sich in mutmaßlich wichtigen intervenierenden Variablen – wie etwa dem Demokratisierungsniveau – wünschenswert unterscheiden. Aufgrund des induktiv-explorativen Charakters der Studie bietet sich für die vorliegende Fragestellung insbesondere die Vergleichende Methode im engeren Sinne an. QCA kann die relativ breite Palette möglicher Einflussfaktoren nicht adäquat verarbeiten.[15]

Auch der Begriff „Methode" selbst wird in der Vergleichenden Politikwissenschaft uneinheitlich verwendet. Ein Teil der konzeptionellen Literatur befasst sich vor allem mit den Voraussetzungen für eine valide vergleichende Forschungsarbeit. Im Zentrum der Überlegungen steht also das Forschungsdesign (Nohlen 2004d, Sartori 1991, Przeworski/ Teune 1982). Ein anderer Teil der Literatur hat stärker die Methoden im engeren Sinne im Blick, die im Weiteren als Forschungsinstrumente bezeichnet werden sollen, um termino-

---

15 In einer QCA-Studie sollte die Zahl der Untersuchungsfälle idealerweise mindestens in einem exponentiellen Verhältnis zur Anzahl der unabhängigen Varibalen ansteigen. Wenn N die Fallzahl und U die Zahl der erklärenden Faktoren ist, gilt die Formel $N \geq 2^U$ zur Berechung der idealen Mindestfallzahl. Im Umkehrschluss sollten bei 18 Fällen maximal vier Merkmale berücksichtigt werden. Zudem müsste hinsichtlich der abhängigen Variable (auch bei Fuzzy Set QCA) eine Dichotomisierung der Erfolgsbilanz vorgenommen werden. Der graduelle Charakter des Wahlerfolgs könnte nicht beibehalten werden.

logische Klarheit zu bewahren (z.B. Alemann/ Forndran 2002, Schnell et al. 2005).

Das Forschungsdesign ist der Angelpunkt der Vergleichenden Methode im engeren Sinne. Die Konstruktion des Forschungsdesign umfasst vor allem die von der Fragestellung geleitete Auswahl und Ordnung der Variablen und die Vorgehensweise bei der Fallauswahl. Das Forschungsdesign bestimmt sodann die Auswahl der Forschungsinstrumente zur Datenerhebung und – auswertung. Diesbezüglich ist die Vergleichende Methode flexibler als andere Ansätze (*Large-N* oder Fallstudien). Die Flexibilität verleiht ihr eine besondere Stärke. Sie kann unterschiedliche Daten verarbeiten, ohne an restriktive Bedingungen gebunden zu sein, die beispielsweise nicht selten die Validität statistischer Untersuchungen gefährden. Large-N-Studien messen häufig in erster Linie das, was numerisch gemessen werden *kann*, und dabei nicht immer das, was theoretisch gemessen werden *soll*, da die verarbeitbaren Daten eine bestimmte mathematische Qualität aufweisen müssen. Bei Einzelfallstudien ist die Herstellung numerischer Trends hingegen ausgeschlossen. Es können nur Aussagen über den einen untersuchten Fall getroffen werden. Die Ergebnisse sind nicht generalisierbar. Der Vergleich mit mittlerer Fallzahl kann zwar häufig keine statistisch robusten Ergebnisse liefern, aber qualitative Erkenntnisse zumindest mittels solcher Trends überprüfen oder durch abbildbare Trends auf qualitativ zu bewertende Erkenntnisse stoßen. Dadurch können Generalisierungen gewagt werden, deren Reichweite jedoch vom Forschungsdesign variabel begrenzt wird. Kurzum, die Wahl der Forschungsinstrumente kann bei mittleren Fallzahlen recht flexibel an die Erfordernisse der Fragestellung angepasst werden.

2.2.2   Vergleichsstrategien

Die Vergleichende Methode im engeren Sinne umfasst mehrere Forschungsstrategien. Ein bedeutender Vorteil ist die Flexibilität und Freiheit des Forschers bei der Auswahl eines angemessenen Forschungsdesigns (Nohlen 2004d), das zuvorderst den Anforderungen der Fragestellung folgen kann. Erst nachdem das Erkenntnisinteresse identifiziert, der Forschungsstand eruiert und die Datenlagen kursorisch überblickt wurden, wird die Fragestellung in ein passendes Grunddesign transformiert. Das Grunddesign legt zunächst die Variablenordnung fest, also das Beziehungsgerüst, das die Fragestellung in ein zu erklärendes Phänomen (abhängige Variable) und mutmaßlich zur Erklärung beitragende Faktoren (unabhängige Variablen) unterteilt. Zusätzlich können davon intervenierende Variablen unterschieden werden, die logisch zu den Erklärungsfaktoren gehören, deren theoretische Stellung in der Variablenordnung jedoch unsicher erscheint, da sie entweder auf die anderen unabhängigen oder direkt auf die abhängige Variable oder auf beide gleichzeitig einen Einfluss haben könnten. Die Variablenordnung spiegelt die Fragestellung wieder und bildet die Grundlage für eine systematische Auswahl der Vergleichsfälle sowie für die Wahl der Forschungsinstrumente im Zuge der Operationalisierung der Variablen.

Neben den operativen Variablen ist jedoch auch der Kontext zu berücksichtigen. Konzentriert sich das Forschungsinteresse darauf, die genaue Wirkung begründet ausgewählter Erklärungsfaktoren, deren jeweilige Bedeutung und ihr Zusammenspiel zu untersuchen, empfiehlt es sich, die relevanten Kontextbedingungen möglichst homogen zu halten, also ein Most Similar Systems Design (MSSD, auch Most Similar Cases Design) anzuwenden (Przeworski/ Teune 1982). Gleichen sich die Kontexte mehrerer Fälle mit einer unterschiedlichen Ausprägung des zu untersuchenden Phänomens, bleiben in logischer Konsequenz nur die unabhängigen Variablen als Ursachen übrig. Da politikwissenschaftliche Analysen nur in seltenen Ausnahmefällen unter Laborbedingungen durchgeführt werden können,[16] kann der Kontext freilich immer nur näherungsweise homogen sein (Lauth/ Winkler 2002: 61).

Insgesamt sind bei der Annäherung an ein MSSD eine Reihe von Schwächen zu beachten. So könnte (a) eine geringe Varianz im Kontext stärkere Auswirkungen auf das zu erklärende Phänomen haben könnte als die identifizierten unabhängigen Variablen; (b) eine wichtige Variable gar nicht erkannt werden und daher unberücksichtigt bleiben; (c) eine gezielte Suche nach disjunkten Gemeinsamkeiten solcher Fälle mit ähnlicher Ausprägung der abhängigen Variable unberücksichtigt lassen, dass verschiedene Ursachen zum gleichen Ergebnis führen können.[17] Angesichts des „many variables, small N"-Problems (Lijphart 1971: 686) hat Lijphart (1975) argumentiert, dass Forschungsdesign mit Kontexthomogenität gegenüber anderen Small-N-Designs vorzuziehen seien. Die Zahl der Beobachtungen kann in der Politikwissenschaft nicht beliebig erhöht werden, während die fehlenden Laborbedingungen häufig dazu führen, dass sich eine große Zahl an möglichen Erklärungsfaktoren anbietet. Viele empirisch interessante und relevante Phänomene treten zu selten auf, um statistisch valide Auswirkungsforschung zu betreiben. Sollte sich die Datenlage jedoch verbessern, lässt sich die *Comparable Cases Strategy* – wie Lijphart das MSSD nennt - besser mit quantitativ-statistischen Verfahren verbinden, die stärkere Generalisierungen ermöglichen (King et al. 1994).

---

16 Erfolgreiche, innovative und höchst aufschlussreiche Quasi-Experimente beschränken sich im hier einschlägigen Forschungsbereich auf die Individualdatenebene (Posner 2004b; Dunning/ Harrison 2010). Auf der Angebotsebene sind sie mit erheblichen Eingriffen in den politischen Prozess verbunden, die an die ethnischen Grenzen der Forschung stoßen, da sie willentlich die demokratische Meinungsbildung manipulieren müssen (Wantchékon 2003).

17 Zum Äquifinalitätsproblem siehe Geddes 1990.

Der möglichst homogene Kontext ermöglicht im MSSD eine systematische Reduktion der erdrückenden Komplexität sozialer und politischer Beziehungen jenseits der statischen Zufallsstichprobe und der alleinstehenden Einzelfalluntersuchung. Es handelt sich also um eine besondere Stärke dieser Forschungsstrategie, dass die Homogenität des Kontextes und die Varianz derjenigen Variable, der das Hauptforschungsinteresse gilt, die zentralen Kriterien der Fallauswahl sind, während für alle anderen operativen Variablen die begründete Vermutung einer Varianz ausreicht. Dies gilt sowohl für Studien, die nach den Auswirkungen des Hauptuntersuchungsgegenstandes (dann unabhängige Variable) fragen, als auch für solche, die nach den Ursachen suchen (dann abhängige Variable). Anderenfalls wäre die Studie mit der Fallauswahl praktisch beendet, da alle relevanten Informationen zu allen operativen Variablen vorliegen müssten (Geddes 1990). Sie würde dann stets die Grundgesamtheit umfassen müssen – bzw. forschungspraktisch frühzeitig scheitern. Ein anwendungsorientiertes Fazit kann daher nur lauten, dass das Design in angemessener Form an die Fragestellung anzupassen ist, ohne dabei die Grundregeln logischer Zusammenhangsvermutungen aus dem Blick zu verlieren.

2.2.3   Von der Fragestellung zur Variablenordnung

Wenn die Fragestellung als Präzisierung des Forschungsinteresses verstanden wird, ist auf der Basis des Forschungsstandes eine Grundentscheidung zu treffen, die den wissenschaftstheoretischen Streit zwischen Deduktion und Induktion berührt. Wie zuvor dargelegt (Abschnitt 2.1.2) gibt es gute Gründe für die untersuchte Fragestellung ein stärker induktiv-exploratives Vorgehen zu wählen. Werden induktive Studien theoriegeleitet konzipiert, können sie wertvolle Erkenntnisse für die Entwicklung komplexerer Theorien liefern, die durch ihr empirisches Fundament weniger anfällig für den Vorwurf der Realitätsferne sind (Nohlen 2004c). Die Möglichkeit zur Falsifikation bleibt freilich uneingeschränkt erhalten.

Berg-Schlosser hat überzeugend betont, dass der wissenschaftstheoretische Streit um den besseren Forschungsweg nicht mehr viel mit der Forschungspraxis zu tun hat, da keine Theorie ohne eine empirisch zumindest plausible – und damit induktiv gewonnene – Grundlage und keine induktiv-empirische Studie ohne theoriegeleitete Konzeptionalisierungen auskommt:

„Jede Art von naivem Induktionismus kann heute als widerlegt gelten. Es wurde überzeugend dargelegt, dass jede theoretisch bedeutsame Operation gewisse zumindest minimale deduktive Schritte und Annahmen voraussetzt. Ebenso müssen wissenschaftliche Ergebnisse immer als vorläufig gelten, letzten Endes sind immer nur Falsifizierungen und keine dauerhaften Verifizierungen möglich."

Trotzdem solle man auch „gewisse gesicherte Wissenstatbestände" anerkennen und das praktische Erkenntnisinteresse nicht aus den Augen verlieren. „In dieser Hinsicht weisen makro-qualitative Methoden eine größere Nähe zur „analytischen Induktion" auf", was vor allem zu Theorien mittlerer Reichweite führt (Berg-Schlosser 1997: 86; vgl. a. Nohlen 2004d). Im Bereich der Parteienforschung zum frankophonen Afrika herrscht ein Mangel an Theorien, die geprüft werden könnten. Es stehen zwar reichhaltige Annahmen aus der Forschung zu westlichen Parteien und Parteiensystemen zur Verfügung, diese beschränken ihren Gültigkeitsanspruch jedoch in aller Regel auf die etablierten Demokratien. Die Konfrontation mit dem *„travelling problem"* (Sartori 1970; 1991; Peters 1998: 86-93) ist daher so ausgeprägt, dass eine reine Überprüfung der westlichen Parteientheorie an afrikanischen Fällen nicht in Frage kommt.

Die Aufgabe, geeignete Elemente der theoretischen Annahmen über westliche Parteien für die Analyse afrikanischer Parteien zu isolieren, wurde noch nicht vollständig erfüllt. Die afrikabezogenen Untersuchungen beschränken sich zumeist auf die Ebene der Parteiensysteme und arbeiten sich dabei zu großen Teilen an der kulturell hergeleiteten Annahme ab, Afrikas Parteienlandschaften seien vom ethnischen Wahlverhalten dominiert und stellten bei einem besonderen Aufflammen dieses sozialstrukturell determinierten Charakteristikums eine substantielles Gewaltrisiko und ein Demokratiehindernis dar (Widner 1997; van de Walle/ Butler 1999; Ottaway 1999; Mustapha 2004; meist ausgehend von Horowitz 1985). Ohne den Gehalt dieser Überlegungen grundsätzlich in Frage stellen zu wollen, fällt auf, dass in der großen Mehrzahl der Fälle von einer gewissen Gleichförmigkeit der relevanten Parteien in den untersuchten Parteien ausgegangen wird (kritisch dazu Basedau/ Stroh 2012).

Die strukturdeterministischen Studien sind erstaunlich akteursfern angelegt und scheinen auch für die Möglichkeiten institutioneller Steuerung nur begrenzt zugänglich. Dabei kommen die relativ wenigen individualdatenbasierten Studien zum Wahlverhalten in Afrika in der Regel zu relativierenden Aussagen (Erdmann 2007c; McLaughlin 2007; Posner 2007: 1309-1316; Lindberg/ Morrison 2008; Basedau/ Erdmann/ Lay/ Stroh 2011; Basedau/ Stroh 2012; Lindberg 2012; Hoffmann/ Long 2013). Eine unmittelbare Übersetzung des ethnisch-demographischen Kräfteverhältnisses in Stimmenanteile im Sinne eines ‚ethnischen Zensus' wie ihn beispielsweise Donald Horowitz (2000: 326-327) für ethnisch gespaltene Gesellschaften befürchtet ist allenfalls die Ausnahme. Als allgemeiner Konsens scheint sich heraus zu kristallisieren, dass Ethnizität zwar ein wichtiger Faktor für die Struktur afrikanischer Parteiensysteme ist, aber eben nicht der einzige. Aufgrund der hohen Anforderungen statistischer Verfahren an die Datenqualität gelingt es aber selbst solchen Studien höchst selten, Aussagen über die Wählerschaft von mehr als der jeweils größten oder der zwei größten Partei der untersuchten Länder zu machen (Norris/ Mattes 2003; Erdmann 2007c).

Die genannten Studien haben gemeinsam, dass sie bei nachfrage-orientierten Erklärungsmustern stehen bleiben und sich – wenn überhaupt – kaum für das bestehende Angebot interessieren. Einzelnen Parteien wurde bislang kaum Aufmerksam geschenkt.[18] Inhaltlich ist dies aus mindestens zwei Gründen erstaunlich. An erster Stelle ist die bereits erwähnte Häufung dominanter Parteiensysteme im subsaharischen Afrika zu nennen (Bogaards 2004; Bogaards 2008; Erdmann/ Basedau 2008)[19], die nur selten dazu geführt hat, dass die Qualität der dominanten Parteien genauer untersucht wurde. Die oft postulierte hohe Personalisierung der afrikanischen Parteien wiederum impliziert eine große Abhängigkeit von willkürlichen Entscheidungen einzel-ner Personen (Chabal/ Daloz 1999: 151; Monga 1999; Manning 2005; Sand-brook 1996; Randall 2006). Allerdings wurde noch kaum untersucht, welche Handlungsstrategien diese offenbar sehr mächtigen Parteieliten oder -vorsitzenden verfolgen, ob diese voneinander abweichen und welche Er-scheinungsformen im Wettbewerb erfolgreicher sind. Es bleibt weitgehend offen, warum *bestimmte* Parteien erfolgreicher sind als andere.

Es fehlen systematisch vergleichende Studien zur Varianz dieser und weiterer parteieigener Merkmale in Afrika. Erst durch eine systematische Messung kann bestimmt werden, wie sich diese Varianz auf den Erfolg der Parteien auswirkt. Um begrenzt generalisierungsfähige Aussagen über eine Area treffen zu können, die durch einen relativ homogenen Kontext ver-bunden ist, sollten mehrere Parteiensysteme – also Länder – in die Unter-suchung einbezogen werden (vgl. Nohlen 2004a). Dieses Vorgehen schärft den Blick für die Erklärung unterschiedlicher Erfolge durch die Möglichkeit, gleichförmige Tendenzen über nationale Kontexte hinweg zu entdecken, ohne die Bedeutung nationaler Unterschiede zu vernachlässigen und in die Gefahr schwer verallgemeinerbarer Einzelfallaussagen einer *country case study* zu geraten.

Zudem sollen Aspekte der Demokratisierung aus der Transitions-forschung einbezogen werden. Bei der Untersuchung individueller Parteien können zwar kaum Aussagen über die Auswirkungen auf die Demokrati-sierung gemacht werden, da diese in erster Linie über das Parteiensystem vermittelt werden. Allerdings hat man es bei jeder vergleichenden Unter-suchung mit dem methodischen Problem der Wechselwirkung von unab-

---

18 Eine wichtige Ausnahme ist Elischers (2013) Untersuchung zur Bedeutung von Ethnizität für ausgewählte Parteien in Afrika.

19 Dies ist doppelt erstaunlich, da im Kontext der Ethnizitätsdebatte dominante Parteiensyste-me eigentlich nur dort auftreten dürften, wo auch eine dominierende Ethnie vorherrscht. Das ist allerdings nicht der Fall (siehe Mali vor 2002 oder Tansania). In anderen Fällen konnte gezeigt werden, dass gerade dominante Parteien über alle ethnischen Gruppen hin-weg deutlich stärkste Kraft sein können (Basedau/ Stroh 2012).

hängigen und abhängigen Variablen (Nohlen/ Kasapovic 1996: 35) zu tun, so dass der Stand der Demokratisierung sich zumindest indirekt auf die Erfolgsbilanz politischer Parteien auswirken kann. Neben dem Demokratieniveau können freilich noch weitere nationale Faktoren auf den Erfolg einzelner Parteien einwirken. Die über Ländergrenzen hinweg wirkende parteieigene Merkmale bleiben für die Untersuchung jedoch von besonderem Interesse. Das Forschungsdesign folgt daher einer zweigeteilten Grundhypothese:

1. Politische Parteien im frankophonen Afrika weisen messbare Unterschiede in selbstverantworteten und strategisch steuerbaren Merkmalen auf.
2. Diese angebotsseitige Varianz hat einen Einfluss auf den Wahlerfolg.

Der wenig erforschte Untersuchungsgegenstand begründet, dass die Untersuchung eher induktiv angelegt ist. Damit ist sie grundsätzlich für jedes logisch mögliche Ergebnis offen. Letztlich würde auch die Feststellung, dass die angebotsseitigen Merkmale völlig unbedeutend sind, dem Erkenntnisfortschritt dienen, da dann Parteieigenschaften (weiterhin) verzichtbare Analysegegenstände wären. Die Ergebnisse dieser Studie machen es der weiteren Forschung freilich nicht ganz so einfach. Sie wird zeigen, dass ein Einfluss besteht und dabei herausarbeiten, inwieweit die angebotsseitigen Faktoren wirken und welche Merkmale besonders hervorstechen.

Der Untersuchungsaufbau folgt näherungsweise den Anforderungen eines MSSD folgt. Als abhängige Variable fungiert der Wahlerfolg der Parteien. Als zentrale Kennzahlen des Erfolgs werden die Stimmenanteile und die gewonnen Mandate bei Parlamentswahlen verwendet. Bei nationalen Parlamentswahlen sind Parteiorganisationen als kollektive Akteure am präsentesten. Darüber hinaus sind freilich auch andere Erfolgsdefinitionen denkbar, die nicht zuletzt von der Zielbestimmung der Parteien selbst und ihrem relativen Gewicht im Parteiensystem abhängig sein können. Solche alternativen Erfolgsmaße werden bei der Kausalanalyse ausführlich diskutiert. Präsidentschaftswahlen bleiben unberücksichtigt, um Endogenitätsprobleme zu vermeiden. Sie sind viel stärker auf die Kandidaten zugeschnitten und hängen in höherem Maße von deren Persönlichkeit ab als Parlamentswahlen. Die Eigenschaften des Spitzenpersonals einer Parteien sind jedoch zugleich hochinteressante Angebotsmerkmale. Diffuser Einfluss auf die Politikgestaltung im Lande, der auch als Parteierfolg gewertet werden könnte, lässt sich wiederum nicht gut messen. Letztlich sind Parlamentswahlergebnisse in Stimmen und Sitzen sowie deren Trendentwicklung seit der Rückkehr zum Mehrparteiensystem am geeignetsten.

Ein inklusives Set parteieigener Merkmale liefert zahlreiche unabhängige Variablen. Der relevante Kontext soll durch die Fallauswahl weitgehend homogen gehalten werden, um die Wirkung des Angebots besser analysieren zu können. Der Fallauswahl soll außerdem ein transnationaler Vergleich zur Auflage gemacht werden, um die Generalisierbarkeit der Ergebnisse zu erhöhen. Um diesen Effekt potentiell zu verstärken soll das Demokratieniveau bewusst von der Homogenität des Kontextes ausgenommen werden und als intervenierende Variable in die Grundordnung des Designs aufgenommen werden. Zudem gleicht unterhalb bestimmter Grobkriterien kaum ein institutionelles Arrangement in allen Teilen einem Zweiten. Gleiches gilt freilich für historische und sozialstrukturelle Besonderheiten. Da Laborbedingungen fehlen, muss das Design mithin offen sein für intervenierende nationale Faktoren unterhalb der erfassbaren Homogenitätsschwelle der Fallauswahl. Abbildung 2.1 verdeutlicht den Untersuchungsaufbau graphisch.

Abbildung 2.1: Untersuchungsdesign

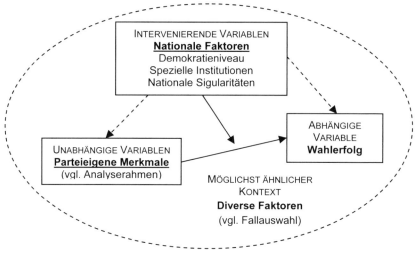

Quelle: eigene Darstellung

Dieses Design ist mit systematischen methodischen Herausforderungen konfrontiert, die aus arbeitsökonomischen Gründen in Kauf genommen, aber bei der Interpretation der Ergebnisse unbedingt berücksichtigt werden müssen. Insbesondere zwei Einschränkungen sollten beachtet werden. Erstens, das Design lässt die Zeitdimension zwar grundsätzlich unberührt, könnte also diachron oder synchron Anwendung finden. De facto ist die Fragestellung jedoch auf einen bestimmten Zeitpunkt der Datenerhebung ausgerichtet. Dieser kann situativen Verallgemeinerungsbeschränkungen unterliegen, so lange keine rückwirkende Anwendung des gleichen Designs zu unterschiedlichen Zeitpunkten möglich ist. Dies gilt in Hinblick auf die intervenierende Variable des Demokratieniveaus, da es sich um eine potentiell sehr dynamische Variable handelt. Dieses Defizit kann aber bei der Fallauswahl hilfsweise dadurch aufgefangen werden, dass Fälle mit unterschiedlichem Demokratieniveau ausgewählt werden. Die Synchronität des Vergleichs ist dem Anspruch an die möglichst hohe Inklusivität des unabhängigen Varibalensets geschuldet. Je breiter die Informationserfordernis, desto geringer ist die Chance unter hochgradig defizitären Bedingungen der Daten- verfügbarkeit rückblickend valide Messungen durchzuführen. Allerdings könnten die Ergebnisse zu späteren Zeitpunkten geprüft werden.

Zweitens kann nie ausgeschlossen werden, dass unterschätzte oder über- sehene Kontextfaktoren das Ergebnis stärker prägen als die gewählten unab- hängigen Variablen. Deshalb bleibt die Kontextbegrenzung in der graphischen Darstellung durchlässig (Abb. 2.1). Einerseits wird dieser Gefahr durch die relative Offenheit der intervenierenden Variablen begegnet. Andererseits schließt das Design einen Einfluss der Kontextfaktoren auf die Strukturierung des Parteiensystems nicht aus. Ausgehend von der Erkenntnis, dass sich soziale Strukturen nicht eins zu eins in Stimmenanteile umsetzen, kann mit ihnen aber nicht erklärt werden, wie es dazu kommt, dass *bestimmte* Parteien erfolgreicher sind als andere.

2.2.4 Fallauswahl

Die Untersuchungsfälle dieser Studie sind politische Parteien, nicht politische Systeme. Dennoch spielt die Länderebene eine wichtige Rolle bei der Fallauswahl. Einerseits soll der nationale Kontext überwiegend homogen gehalten werden. Andererseits erfordert das Interesse am intervenierenden Einfluss der Variable ‚Demokratieniveau' eine gezielte Varianz in diesem Bereich. Mithin wurden die Fälle in einem zweistufigen Verfahren ausge- wählt.

Auswahl der Länder
Der Auswahl der Länder geht die geographische Grundentscheidung für das frankophone Afrika[20] – also für einen intra-regionalen Vergleich (Basedau/ Köllner 2007) – voraus. Der sogenannte *area approach* in der Vergleichen- den Politikwissenschaft (Nohlen 2004a) unterstellt einer bestimmten Area größere Gemeinsamkeiten als man sie ohne geographische Eingrenzung fin- den würde. Noch stärker als in ehemaligen britischen Kolonien verfügen die Parteien in ehemals französischen Kolonien über einen gemeinsamen histori- schen und institutionellen Referenzrahmen, namentlich das auf kulturelle

---

20 Afrika meint hier stets das subsaharische Afrika ohne die arabisch geprägten Staaten Nord- afrikas.

Assimilation ausgerichtete französische Kolonialwesen und das politische System Frankreichs. Zudem bietet sich eine Untersuchung des frankophonen Afrika aufgrund der stark defizitären Forschungslage (Gazibo 2006; Basedau/ Stroh 2012) und des wissenschaftlichen Bias zugunsten anglophoner Staaten in der Parteienforschung an. Weitere Kontextfaktoren dienten als Filter zur Auswahl einer kleinen Länderzahl dienen, während die Varianz der operativen Variablen erst bei der konkreten Auswahl der Parteien berücksichtigt werden kann.

Als relevante nationale Kontextbedingungen wurden zunächst einschlägige sozialstrukturelle Variablen (grundlegend Lipset/ Rokkan 1967a) berücksichtigt. Benin und Burkina Faso verbindet eine dominant ländlich geprägte und ethnisch ähnlich diversifiziert Gesellschaft. Zweitens wurden zentrale institutionelle Ausprägungen ähnlich gehalten (grundlegend Duverger 1951). Darunter fallen das Regierungssystem und das Wahlsystem in ihren Grundentscheidungen. Parteien gelten in präsidentielle Regierungssysteme, die in Afrika vorherrschen, insgesamt als schwächer (Samuels 2002). Benin und Burkina Faso verfügen nach Shugart und Carey (1992) jeweils über präsidentielle Regierungssysteme und nutzen jeweils Verhältniswahlsysteme in vorwiegend kleinen bis mittleren Wahlkreisen.

Um modernisierungstheoretischen Annahmen Rechnung zu tragen (Lipset 1959; Apter 1965; Huntington 1968: 397-461; Przeworski/ Limongi 1997), wurde die ökonomische Situation berücksichtigt. Benin und Burkina Faso zählen zur Gruppe der am wenigsten entwickelten Ländern der Welt (Least Developed Countries, LDC) und gelten als Länder mit geringem menschlichen Entwicklungsstand (low Human Development Index, HDI). Da für besonders kleine politische Systeme hinsichtlich der Herrschaftsorganisation spezielle Mechanismen greifen (Dahl/ Tufte 1973; Anckar 1997; Anckar/ Anckar 2000), wurden Länder unter einer Million Einwohner ausgeschlossen. Um die Varianz der abhängigen Variable von einer statischen Momentaufnahme zu lösen, kamen schließlich nur solche Länder in Frage, die seit der Rückkehr zum Mehrparteiensystem zumindest drei Wahlen abgehalten haben. Um eine direkte intervenierende Wirkung des Regimetyps auf den Wahlerfolg – z.B. durch massiven Ergebnisbetrug – zu minimieren (gestrichelter Pfeil in Abb. 2.1), wurden diktatorische Regime ausgeschlossen. Benin und Burkina Faso gelten sowohl bei Freedom House als auch im Polity IV Project als mindestens „partly free" bzw. „hybride Regime". Die erwünschte Varianz ergibt sich aus dem deutlich besseren Abschneiden Benins. Tabelle 2.1 fasst die Auswahlkriterien zusammen.

Insgesamt erfüllten fünf Länder im frankophonen Afrika die Homogenitätsansprüche an den Kontext. Neben Benin und Burkina Faso waren dies Mali, Niger und Senegal. Verschiedene Gründe und forschungspraktische Erwägungen führten zum Ausschluss der drei letztgenannten. Mali hat mit der absoluten Mehrheitswahl in unterschiedlich großen Mehrpersonenwahlkreisen ein Wahlsystem, das deutlich von den anderen Ländern abweicht, und erhebliche Schwierigkeit bei der Erhebung des Erfolgs von Einzelparteien bereitet. Senegal gehört nicht zu den Ländern, die sich erst nach dem Ende des Kalten Krieges politisch liberalisierten. Das Land kehrt schon Anfang der 1980er Jahre zum unbegrenzten Mehrparteienwettbewerb zurück. Niger wiederum erlebte 1996 einen Militärputsch, der die Demokratisierung des Landes für knapp drei Jahre aussetzte.[21]

Tabelle 2.1: Kontextvariablen, Indikatoren und Homogenitätskriterien

Kontextvariable	Indikator	Homogenitäts-kriterium	Benin	Burkina Faso
Dominant ländliche Gesellschaft	Anteil städtischer Bevölkerung (‚Urban Population', UNDP 2005: 232-235)	Urban Population < 50%	44,6%	17,8%
Ethnische Diversität	Ethnoliguistische Fragmentierung (ELF[22], zit. in Posner 2004a: 856) und Ethnische Fragmentierung (Alesina et al. 2003)[23]	geringe Differenz der Werte (Δ<0,2) auf hohem Niveau (> 0,5)	0,62 0,79 Δ0,17	0,68 0,72 Δ0,04
Regierungssystem	Präsidentialismus (nach Shugart/ Carey 1992)	Gegeben	Ja	Ja
Wahlsystem	Wahlsystemtyp (nach Nohlen 2007; Kombinationen (+) möglich)	sehr ähnlich oder identisch	V(k+m)	V(m) +NZL
Ökonomisches Entwicklungsniveau	Status als ‚Least Developed Country' (LDC, Zuordnung der UN)	Gegeben	LDC	LDC
Gesamtentwicklungsstand	‚Human Development Index' (HDI, UNDP 2005: 219-222)	Low Human Development (HDI < 0,5)	0,431	0,317
Kontinuität formaler Parlamentswahlen	Anzahl der Wahlen seit der Einführung oder Rückkehr zum Mehrparteiensystem	≥ 3	4	3
Demokratieniveau	Freedom House (FH, 2006) und Polity IV (POLITY2, 2003)	FH ≠ ‚not free'; POLITY2 ≥ 0	free 6	p/f 0

Anmerkung: Alle Indikatoren wurden zum Zeitpunkt der Fallauswahl erhoben und entsprechen damit nicht immer dem zwischenzeitlich aktuellen Stand. Die Fallauswahl erfolgte im Jahr 2006.

Wahlsystemtypen: Typ A(1, n): absolute Mehrheitswahl in Einer- (1) oder Mehrpersonenwahlkreisen (n) / Typ M(1, n): relative Mehrheitswahl in Einer- (1; ‚first past the post') oder Mehrpersonenwahlkreisen (n) / Typ NZL: Nationale Zusatzliste / Typ V(k, m, g): Verhältniswahl in kleinen (k), mittleren (m) und/oder großen (g) Mehrpersonenwahlkreisen

Quelle: eigene Darstellung; alle Vergleichdaten zum frankophonenen Afrika in Anhang 1.

---

21 Die Fallauswahl bezieht sich auf die Situation im Jahr 2006, weshalb die Putsche in Niger (2010) und Mali (2012) unberücksichtigt bleiben.
22 Dieser Index basiert auf dem sowjetischen *Atlas Narodov Mira* aus dem Jahre 1964.
23 Die Messung basiert hauptsächlich auf den zum Veröffentlichungszeitpunkt aktuellen Angaben der *Encyclopedia Britannica*.

Auswahl der Untersuchungsfälle

Im zweiten Schritt erfolgt die eigentliche Auswahl der Untersuchungsfälle. Eine Bearbeitung der formalen Grundgesamtheit wäre weder leistbar noch zielführend gewesen. In Benin und in Burkina Faso sind jeweils mehr als 100 politische Parteien registriert (BF 2005a; RB 2007). Das Sample berücksichtigt daher nur die politisch relevanten Parteien zu einem festgelegten Zeitpunkt. Dabei muss beachtet werden, dass nicht einfach alle im Parlament vertretenen Parteien als relevant gelten können. Einerseits erschweren Allianzen die Identifizierung aller Kleinstparteien, die oft nur eine Legislaturperiode mit einem Sitz im Parlament vertreten sind. Andererseits sorgen zahlreiche Fraktions- und Parteiwechsel während der Legislaturperiode (Fomunyoh 2001: 48; Awoudo 2004; Young 2012) – das sogenannte *floor-crossing* oder *transhumance politique* – für Verschiebungen, die innerhalb einer Legislaturperiode relevante neue Parteien entstehen lassen können. Beides zusammen genommen führt dazu, dass teilweise Informationen über die genaue Parteizugehörigkeit einzelner Abgeordnete in der Vergangenheit völlig fehlen. Die Auswahl der Parteien erfolgte deshalb anhand von drei Kriterien, von denen mindestens eines erfüllt sein musste:

1. Relevanter Stimmenanteil bei der im Jahr 2006 letzten Parlamentswahl
2. Eine führende Rolle im Parlament zum Auswahlzeitpunkt
3. Relevanter Stimmenanteil bei der ersten Runde der letzten Präsidentschaftswahl

Die ersten beiden Kriterien bemessen eine parlamentarische Mindestrelevanz der Parteien. Sie beziehen sich also auf den Aktionsraum, in dem politische Parteien als kollektive Organisationen am wichtigsten und sichtbarsten sind. Für die Messung des Parteierfolgs soll zwar der parlamentarische Wettbewerb herangezogen werden. Das dritte Kriterium soll gewährleisten, dass relevante neue oder stark personalisierte Parteien nicht unberücksichtigt bleiben. Diese Kriterien sind pragmatische Antworten auf das bekannte Dilemma der Fallauswahl: Gerade der Mangel an bestimmten Informationen, die für die Fallauswahl bereits nützlich wären, begründet das Forschungsinteresse (vgl. Peters 1998: 85). So liegen keine sicheren Erkenntnisse darüber vor, welcher Stimmenanteil und welche Stellung im Parlament eine Partei tatsächlich relevant werden lassen.

Um den systematischen Charakter der Fallauswahl zu erhalten, wurde hilfsweise auf die Bestimmung der effektiven Parteienzahl (Laakso/ Taagepera 1979) zurückgegriffen. Die ausgewählten Parteien gehören also zu den n stimmenstärksten Parteien, wobei n die aufgerundete Zahl der effektiven Parteien ist. Dies gilt für die Parlaments- und Präsidentschaftswahlen

(Kriterien 1 und 3). Um die mathematischen Schwächen[24] dieses Verfahrens auszugleichen, bringt Kriterium 2 ein qualitatives Element in die Auswahl ein. Die führende Rolle im Parlament wurde über die Führungsrolle in einer Fraktion operationalisiert.[25] In beiden Ländern sind Fraktionsgemeinschaften üblich. Die jeweils dominierenden – in unklaren Fällen die zwei sitzstärksten – Parteien wurden in die Auswahl aufgenommen. Dadurch ist auch gewährleistet, dass neue aufstrebende Parteien Eingang in die Fallauswahl finden konnten. Letztlich haben zahlreiche Parteien mehrere Kriterien erfüllt und somit bereits einen vorläufigen Hinweis auf die Bedeutung der Fälle gegeben. Andererseits ist die Untersuchung auf eine Erfolgsvarianz angewiesen, da die Logik des Untersuchungsdesigns eine Analyse der Erfolgsbedingungen anhand ausschließlich besonders erfolgreicher Parteien verbietet. Ebenso wenig erscheint es hilfreich, völlig irrelevante Parteien auf ihre Misserfolge hin zu beleuchten. Der hier verwendete systematische Mittelweg gewährleistet ein Mindestmaß an Relevanz und Varianz.

So wurden zehn beninische und acht burkinische Parteien als Untersuchungsfälle identifiziert (siehe Tab. 2.2).[26] Daraus ergibt sich eine Fallzahl von 18 Parteien, die zum Zeitpunkt der Feldforschung ein systematisch begründetes Sample der relevantesten Parteien beider nationalen Parteiensysteme darstellten. Allein bezogen auf die vorausgegangenen Parlamentswahlen variierte der Stimmenerfolg dieser Parteien von 1,7 bis 49,5 Prozent der Stimmen. Drei Parteien sind Nachwahlgründungen.

---

24 Dominante Parteiensysteme mit einer stark fragmentierten Opposition können beispielsweise zu ähnlichen Werten führen wie weitgehend symmetrische Zweiparteiensysteme.

25 Als Führungsrolle wird anerkannt, wenn eine Partei über eine eigene Parlamentsfraktion verfügt, der ausschließlich eigene Parteimitglieder angehören, oder wenn eine Partei in einer Fraktionsgemeinschaft mit mehreren Parteien die überwiegende Mehrheit der Abgeordneten stellt oder den Fraktionsvorsitz inne hat.

26 Die Fallauswahlen für beide Länder sind in Anhang 1 dokumentiert. Einige konkrete Parteien konnten anfangs nur theoretisch identifiziert werden. So war in Benin zunächst nicht ersichtlich, wie sich die Fraktionen im Parlament zusammensetzten. Auch die Unterscheidung zwischen Wahlallianzen und Individualparteien wird in beiden Ländern nicht so dokumentiert, dass sie aus der Ferne mit letzter Sicherheit bestimmbar wäre. Angaben in der Literatur sind besonders im Falle Benins nicht selten fehlerhaft. Die Wahlallianz UBF wurde beispielsweise mehrfach als politische Partei bezeichnet (Carbone 2007; Ishiyama/ Quinn 2006). Die Fallauswahl wurde mithin im Laufe der Feldforschung präzisiert. Die beninische UPR konnte erst vor Ort als führende Kraft der Fraktion *UBF Relève de qualité* bestimmt werden. In Burkina Faso wurde erst vor Ort ein Rechtsstreit um die Partei PAI bekannt, die eine teilweise Berücksichtigung der Partei PDS notwendig werden ließ, in der sich eine Streitpartei der PAI hilfsweise organisiert hat.

Tabelle 2.2: Fallauswahl (Parteien)

Partei	Kriterien			Name der Partei
	1	2	3	
Benin				
FARD	X	X		Front d'action pour le renouveau et le développement–Alafia (auch FARD-Alafia)
IPD	X			Impulsion pour le progrès et le développement
MADEP	X	X	X	Mouvement africain pour la démocratie et le progrès
MAP	X	X		Mouvement pour une Alternative du Peuple
PRD	X	X	X	Parti du renouveau démocratique
PSD	X	X	X	Parti social démocrate
RB	X	X	X	Renaissance du Bénin
RPR	X			Rassemblement pour la République
UDS		X		Union pour la démocratie et la solidarité nationale
UPR-BJ		X		Union pour la relève (Bénin)*
Burkina Faso				
ADF/RDA	X	X		Alliance pour la démocratie et la fédération/Rassemblement démocratique africain
CDP	X	X	X	Congrès pour la démocratie et le progrès
PAI	X	X		Parti africain de l'indépendance
PDP/PS	X	X		Parti pour la démocratie et le progrès/Parti socialiste
PDS [PAI]				Parti pour la démocratie et le socialisme
UNDD		X		Union nationale pour la démocratie et le développement
UNIR/MS			X	Union pour la renaissance/Mouvement sankariste
UPR-BF		X		Union pour la République/Parti libéral (Burkina Faso)*

* Die Zusätze BJ und BF wurden ergänzt, um die beninsche UPR von der UPR in Burkina Faso im weiteren Text unterscheiden zu können. Sie sind kein offizieller Namensbestandteil.

Quelle: eigene Auswertung der Kriterien

2.3 Theoretische Ansätze und Generierung eines Analyserasters

Die Auswertung des spezifischen Forschungsstandes zu Parteien in Afrika hat gezeigt, dass ein Bedarf an stärker induktiv-explorativen Studien besteht, die zur Erneuerung und Erweiterung der theoretischen Ansätze beitragen können. Dies gilt insbesondere für die vergleichende Untersuchung einzelner Parteien in ihrem spezifischen Kontext und hinsichtlich ihres eigenen Profils im Wettbewerb der immer noch jungen Mehrparteiensysteme.

Das komparative Forschungsdesign dieser Untersuchung gibt die Grundordnung vor, verlangt aber eine genauere Bestimmung der operativen

Variablen. Am Ende soll ein möglichst inklusives Analyseraster stehen, das erstens nicht zu einseitig von den als defizitär angesehenen Ansätzen der Parteienforschung zu Afrika dominiert, zweitens nicht mit zu anspruchsvollen Theorien aus der westlichen Parteienforschung überfordert, aber drittens auch nicht wahllos mit Ad-hoc-Überlegungen angefüllt werden soll. Obgleich methodologisch kein Theorietest angestrebt wird, bietet es sich mithin an, die hauptsächlichen Theoriestränge der westlichen Parteienforschung ebenso wie die – letztlich daraus hervorgegangenen – Area-spezifischen Ansätze nach relevanten Anregungen und analytischen Konzepten zu durchforsten und daraus das Analyseraster zu generieren.

Der große Umfang der westlichen Parteienliteratur (siehe Montero/ Gunther 2002: 2-3) erzwingt freilich eine Konzentration auf die meistdiskutierten Beiträge. Diese Konzentration soll – neben der Bedeutung der Beiträge – im Sinne der Fragestellung von zwei Maßgaben geleitet werden: Der erste Punkt ist die Konzentration auf parteieigene Merkmale. Die Untersuchung fokussiert solche unabhängige Variablen, die das parteipolitische Angebot erfassen, und zielt damit bewusst auf eine Ergänzung der nachfrageorientierten Mainstream-Forschung zu afrikanischen Parteien. Deshalb sind nur solche Theorieelemente für das Analyseraster interessant, die auf Eigenschaften der politischen Parteien blicken; idealerweise solche, die mindestens indirekt vom Anbieter, also der entsprechenden Partei, gesteuert werden können. Zweitens müssen die Konzepte grundsätzlich zur vergleichenden Messung von Parteimerkmalen in Afrika geeignet sein. Die Bestandteile des Analyserasters müssen also einerseits operationalisierbar sein und dürfen deshalb nicht zu abstrakt bleiben. Andererseits dürfen sie nicht zu stark konkretisiert sein, weil sie sonst entweder nicht „nach Afrika reisen" können, da sie in zu großer Abhängigkeit von westlichen Kontexten formuliert wurden, oder weil jeder Vergleich über den afrikanischen Kontext hinaus unmöglich ist, da sie in zu großer Abhängigkeit von afrikanischen Kontexten formuliert wurden. Beides gilt es zu vermeiden, indem – in den Bildern Sartoris gesprochen – die „richtige Stufe" auf der Abstraktionsleiter gewählt wird. Das Analyseraster liefert dabei zunächst den Rahmen für die im empirischen Teil folgende Operationalisierung und Messung.

Lawson (1976) hat schon Mitte der 1970er Jahre den Versuch unternommen, Parteien aus sehr unterschiedlichen nationalen Kontexten (Frankreich, Guinea und USA) systematisch zu vergleichen. Sie hat dazu ein inklusives Analyseraster entwickelt, das bis heute eine gute Orientierung bieten kann. Lawson hat zunächst die vielfältigen theoretischen Ansätze der Parteienforschung in fünf Gruppen kategorisiert. Diese häufig aufgegriffene Systematisierung (Ware 1996; Montero/ Gunther 2002: 9) unterscheidet historische, strukturelle, behaviorale, systemisch-funktionale und ideologische Ansätze und extrahiert daraus sechs Aspekte zur empirischen Untersuchung politischer Parteien:

1. Wie und warum ist die Partei entstanden?
2. Wie ist die Partei intern organisiert?
3. Welche Eigenschaften repräsentieren die Mitglieder und Funktionäre der Partei?
4. Wie wird das Führungspersonal der Partei ausgewählt?
5. Wie formuliert die Partei ihre Themen, Ziele und gegebenenfalls ihre Programmatik? Damit verbunden ist die Frage nach den Inhalten, die die Partei vermitteln möchte und wie sie die Vermittlung betreibt.
6. Schließlich soll auch die Stellung der Partei im Parteiensystem und allgemeiner im politischen System berücksichtigt werden. Hiermit verbunden ist vor allem die Unterscheidung zwischen Regierungsparteien und Oppositionsparteien sowie deren Zugriff auf und Nutzung verschiedener materieller und ideeller Ressourcen.

Lawsons Vorschlag ist nützlich, weil er die Stärken und Schwächen eines integrativen Analyserasters im Dickicht der vielfältigen Ansätze der Parteienforschung unterstreicht. Zuvorderst zeigt der Versuch die heute noch gültige Inkohärenz der Parteientheorie. Obgleich eine gewisse Schwäche der Parteientheorie häufig zu Recht beklagt wurde, ist Montero und Gunthers Feststellung zuzustimmen, dass eine falsche Erwartungshaltung mitunter zu übertriebener Theoriekritik geführt hat:

„While we acknowledge the general weakness of theory in this field [party theory], we regard some of these criticisms as excessive, and we do not share their pessimism about the future evolution of this literature" (Montero/ Gunther 2002: 8).

Während die diversen theoretischen Ansätze bei genauerer Betrachtung recht unterschiedliche Untersuchungsinteressen verfolgen, gibt es doch erhebliche Überschneidungen bei den Parteimerkmalen, die für die Analyse verwendet werden. Abhängig vom Forschungsinteresse und der theoretischen Perspektive werden diese unterschiedlich gewichtet, um so unterschiedliche Frage zu beantworten wie die nach den Gründen der Entstehung (neuer) Parteien, die nach den Determinanten der Zahl von Parteien oder die nach den Ursachen der programmatischen Konvergenz oder Divergenz von Parteien. Akzeptiert man nun zusätzlich, dass politische Parteien in unterschiedlichen Kontexten, zu unterschiedlichen Zeitpunkten und in unterschiedlicher Abfolge mit unterschiedlichen Herausforderungen konfrontiert sind, liegt die Frage nahe, ob eine universale Großtheorie der Parteienforschung überhaupt anstrebenswert ist. Vermutlich nicht. Nützlicher erscheint es zur Herausbildung von kohärenten Theorien mittlerer Reichweite beizutragen oder mit Montero und Gunther gesprochen:

„Thus, we believe that the study of parties would benefit from adopting analytical strategies solidly based on the middle ground between the deductive and sometimes excessively simplifying, method-driven and barely empirical approaches, on the one hand, and the empirically driven studies that have occasionally culminated in a cacophony of sometimes compatible but redundant, sometimes incompatible and non-cumulative concepts, typologies, and models, on the other. As Janda (1993: 184) has proposed, 'Our challenge is now to assimilate, develop, and extend existing theory rather than to wait for a general theory to descend on high'" (Montero/ Gunther 2002: 16-17).

Dies führt zum Ausgangspunkt zurück, dass die existierende Literatur genutzt, aber gezielt auf die Fragestellung hin durchsucht werden muss. Die Inklusivität des Analyserasters ermöglicht schließlich, Hinweise darauf zu finden, welche theoretischen Ansätze oder Kombinationen von Ansätzen besonders fruchtbare Antworten darauf versprechen, welche Parteien in Parlamentswahlen des frankophonen Afrikas besonders erfolgreich sein können. Eine solche Prognosefähigkeit gibt es bislang für das frankophone Afrika nicht und wird aufgrund der hohen Kosten, der notwendigen Erfahrungsperiode unter relativ stabilen politischen Verhältnissen und der erforderlichen Vertrauensbasis der Bevölkerung für zuverlässige Umfragen über nachfrageseitige Forschung alleine mittelfristig nicht zu erreichen sein. Dabei ist es gerade in Entwicklungsländern mit großem Reformbedarf, relativ schwachen staatlichen Strukturen und einem Mangel an guter Regierungsführung interessant besser abschätzen zu können, welche Akteure in welchem Ausmaß in der Lage sind, an Einfluss zu gewinnen oder diesen wieder verlieren könnten.

Um dieses Ziel zu erreichen, gründet der hier vorliegende Parteienvergleich in Systemen mit ähnlichen Kontexten auf der gleichen methodisch-theoretischen Grundannahme wie Lawsons Studie vor gut 30 Jahren: Aussagen über Unterschiede, die möglicherweise Kontinente oder Kulturräume trennen, können nur dann sinnvoll getätigt werden, wenn politische Parteien als Organisationen weltweit mit den gleichen abstrakten Merkmalen verglichen werden. Im Unterschied zu Lawson, die nur eine einzige afrikanische Partei in ihre Untersuchung einschließt,[27] sucht diese Studie angesichts der Gleichzeitigkeit zweier widersprüchlicher Trends, die erfolgsrelevanten Unterschiede unter afrikanischen Parteien herausarbeitet. Der erste Trend ist die oben beschriebene Neigung, alle afrikanische Parteien möglichst uniform einzuordnen: vorrangig als ethnisch oder klientelistisch. Diese Neigung findet sich im Übrigen auch in der westlichen Parteienliteratur (Erdmann 2010). Der gegenläufige Trend betont Dynamiken und Prozesse der Ausdifferenzierung auf dem afrikanischen Kontinent.[28] Die Annahme, diese Ausdifferenzierungsdynamik würde die Parteiensysteme nicht betreffen, erscheint ohne empirische Prüfung nicht sonderlich plausibel.[29] Dazu fehlen

---

27 Lawson (1976) vergleicht die afrikanische PDG, Guinea (Conakry), mit der gaullistischen *Union pour la Défense de la République* (UDR) aus Frankreich und den US-amerikanischen Demokraten.

28 Für den politischen Bereich sei hier nur exemplarisch auf van de Walle (2002) und Erdmann (2007b) verwiesen.

29 Erdmann schreibt sogar: „nothing could be more misleading" (Erdmann 2010: 1288).

jedoch insbesondere systematisch vergleichbare Daten. Damit wiegen die Gefahren des Eklektizismus leichter als der Nutzen aus der Analyse eines theorieinspirierten, transparent und plausibel hergeleiteten und jederzeit erweiterbaren Merkmalskatalogs. Mit anderen Worten ist in gering erschlossenen Forschungsfeldern das Variablenfeld nur durch ein breites Literaturstudium stückweise zusammentragbar, obwohl selbst die Durchsicht des *state of the art* zur jeweiligen Problemstellung gewisse relevante Faktoren übersehen mag (Berg-Schlosser 1997: 72).

Die folgende Durchsicht teilt die Parteiforschungsansätze in Anlehnung an Lawson in sozialstrukturelle, institutionelle, systemtheoretische, organisationstheoretische, ökonomische und typologische Ansätze auf. Dabei steht nicht die stringente Katalogisierung der relevanten Literatur, sondern die Bestimmung untersuchungsrelevanter Parteimerkmale im Vordergrund. Diese Merkmale werden im vorletzten Abschnitt dieses Kapitels zum Analyseraster zusammengeführt. Im letzten Abschnitt werden dann noch die verfügbaren Forschungsinstrumente benannt, die zur Datenerhebung zur Verfügung gestanden haben.

2.3.1   Sozialstrukturelle Ansätze

Die sozialstrukturellen Ansätze der Parteienforschung rekurrieren in aller Regel auf das soziologische Konfliktlinienmodell von Lipset und Rokkan (1967a). Bei genauerer Betrachtung wird eine verkürzte sozialstrukturelle Interpretation des Konfliktlinienmodells der ursprünglichen Theorie jedoch nur bedingt gerecht. Lipset und Rokkan haben keineswegs angenommen, dass sich gesellschaftliche Konfliktlinien (*cleavages*) automatisch in das Parteiensystem übersetzen (siehe auch Eith 2008). Konfessionelle Unterschiede müssen sich beispielsweise nicht zwingend in konfessionelle Parteien übersetzten. Die Theorie differenziert zunächst zwischen gesellschaftlichen Grundkonflikten, um dann kontextspezifische Interessenlagen zu identifizieren, die auf gesellschaftspolitischen Konfliktlinien beruhen. Die Gesellschaftsstruktur bestimmt mithin „nur" die Qualität des Bodens, aus dem politische Interessen und entsprechend mobilisierbare Wählergruppen erwachsen, was sich letztlich im Parteiensystem widerspiegeln kann. Die Grundkonflikte haben Lipset und Rokkan auf zwei reduziert: gesellschaftliche Exklusion und ideologische Distanz. Die erste soziologische Differenz wird auf der Peripherie-Zentrums-Achse abgetragen und meint den exklusiven Appell an Wir-Gruppen-Gefühle, die beispielsweise ethno-linguistisch definiert sein können.[30] Die zweite soziologische Differenz wird auf der

---

30   Lipset und Rokkan (1967a: 13-14) sprechen auch von „territorial-kulturellen Konflikten" und benennen neben Asien und Afrika auch Belgien, Finnland, Spanien und Kanada als einschlägige Fälle.

funktionalen Achse abgetragen und meint ideologisch-rationale Interessengegensätze.

Für Westeuropa wurde im spezifischen Kontext der industriellen und nationalen Revolutionen damit vier entscheidende *cleavages* identifiziert: (1) nationale Leitkultur vs. periphere Bevölkerungsgruppen, die ethnisch, linguistisch oder religiös definiert sein können; (2) säkularer Nationalstaat vs. Kirchenprivilegien, die von traditionalistisch-religiösen Gruppen verteidigt werden; (3) progressiv orientierte Industrieunternehmer vs. konservative Landinteressen; und (4) Arbeitgeber vs. Arbeitnehmer, also der „klassische" Klassenkonflikt im Kapitalismus. Da die westeuropäischen Parteiensysteme, gemäß dieses Modells, entlang dieser Konfliktlinien entstanden sind ist ohne einen Wandel der makrosoziologisch eingebetteten Interessenstrukturen auch ein Wandel der Parteienlandschaft unwahrscheinlich: Es kommt zum „Einfrieren" des Parteiensystems (*freezing theory*). Ein solcher Wandel ist freilich möglich und wurde für Westeuropa auch beschrieben (Beyme 1984). Für andere Kontexte, insbesondere in jüngeren Staaten, gehen Lipset und Rokkan jedoch davon aus, dass die funktionale Achse einen geringen Einfluss auf das Parteiensystem hat:

„[P]articularistic, kin-centered, 'ins-outs' oppositions are common in the early phases of nation-building: the electoral clienteles are small, undifferentiated, and easily controlled, and the stakes to be gained or lost in public life tend to be personal and concrete rather than collective and general. [...Thus, e]arly democratization will not necessarily generate clearcut divisions on functional lines" (Lipset/ Rokkan 1967a: 11-12).

Die Verkürzung auf die kulturell-identitäre Sozialstruktur wurde insbesondere in der Parteienforschung zu Afrika prominent aufgegriffen und hauptsächlich mit der Politisierung von ethno-regionaler Demographie gleichgesetzt. Wie oben besprochen dominiert dieser Ansatz auch bis heute (Wallerstein 1967; Erdmann/ Weiland 2001; Mozaffar/ Scarritt/ Galaich 2003; Posner 2004b; Cheeseman/ Ford 2007; Erdmann 2007d; Dunning/ Harrison 2010). Freilich relativieren viele Untersuchungen zum sozialstrukturellen Einfluss von Ethnizität dessen Wirkung auf die afrikanischen Parteiensysteme (siehe auch Norris/ Mattes 2003; McLaughlin 2007) oder stellen sie in komplexere Wirkzusammenhängen mit anderen sozialstrukturellen und institutionellen Faktoren (Mozaffar/ Scarritt/ Galaich 2003; Posner 2007). Während die Erweiterung um institutionelle Faktoren bereits eine deutliche Ausdehnung der Perspektive bedeutet, bleibt doch stets der Wähler im Zentrum des Interesses. Deshalb ist Eith zuzustimmen, wenn er bemerkt, dass es insbesondere an der systematischen Untersuchung der Umsetzung makrosoziologischer Unterscheidungsmerkmale durch Parteien als Akteure mangelt:

„Deutlich wird, dass gesellschaftliche Konflikte nur dann eine Institutionalisierung im politischen Wettbewerb erfahren, wenn politische Akteure sie aufgreifen, in die öffentliche Diskussion tragen und entsprechende Unterstützung mobilisieren. Allerdings thematisieren makrosoziologische Unter-suchungen kaum explizit die Handlungslogiken von Parteien oder politischen Eliten" (Eith 2008: 27).

Die Verbindung von Wählernachfrage und Parteiangebot wird bei den mikrosoziologischen Ansätzen der Wahlforschung noch deutlicher als bei den makrosoziologischen Annahmen zur Gruppenrepräsentation (Columbia School: Lazarsfeld et al. 1968; siehe auch Roth 1998: 24-26). Sie legen im Bereich der identitären Sozialstruktur nahe, dass der Wähler das Angebot der Parteien mit der eigenen Identität abgleicht, um so zu seiner Wahlentscheidung zu kommen. Der Ansatz bleibt dadurch nachfrageorientiert, dass er implizit voraussetzt, dass eine Nachfrage auch das entsprechende Angebot kreiert. Auch von Beyme nimmt für Westeuropa an, dass sich mangelnde Repräsentation relativ zeitnah in eine neue Parteifamilie, also in einen parteipolitisch mobilisierten gesellschaftlichen *cleavage* übersetzt (Beyme 1984).

Dadurch könnte jedoch unterschätzt werden, ob gerade in den jüngeren Mehrparteiensystemen von Entwicklungsländern der Wähler seine sozialstrukturellen Präferenzen im Angebot der existierenden Parteien überhaupt wiederfindet. Ein oft erheblicher Nichtwähleranteil, unübersehbare Dynamiken in den Parteiensystemen und die Gleichzeitigkeit diverser Transformationsprozesse (politisch, ökonomisch, gesellschaftlich; vgl. Randall 2001: 255) in Afrika sollten ausreichende Alarmzeichen sein, um sozialstrukturellen Determinismus gründlich zu hinterfragen; und zwar angebots- also parteiseitig.

Dies kann insbesondere durch die systematische Messung von Repräsentationsmerkmalen auf Einzelparteiebene erfolgen. Mit Repräsentationsmerkmalen sind solche Merkmale gemeint, die unmittelbare zur Bestimmung der nach außen erkennbaren Position der Partei beitragen. Klassischerweise wäre hier zunächst an das Parteiprogramm zu denken. Die Position kann aber auch über die Entstehungsgeschichte der Partei deutlich werden. Sie würde dann in Beymes Sinne die Trägerin einer historisch entstandenen Konfliktlinie sein. Die Positionierung kann ebenso eine nicht-genetische ideologische oder programmatische sein, muss es aber nicht. Ebenso können auch kulturellidentitäre Merkmale der wesentlichen Repräsentanten der Partei eine wichtige Rolle spielen. Für das Analyseraster lassen sich also die Hauptmerkmale „Genese", „Programmatik" und „Personal" ableiten.

2.3.2   Institutionelle Ansätze

Institutionelle Theorien der Parteienforschung sind sehr stark auf die Parteiensystemebene fixiert. Die Debatte konzentriert sich maßgeblich auf die Wirkung von Wahlsystemen auf die Fragmentierung des Parteiensystems. Duverger formulierte 1951 „soziologische Gesetze", die von einer stark konzentrierenden Wirkung einfacher Mehrheitswahlsysteme ausgehen, die typischerweise zu einem Zweiparteiensystem führt, und zugleich den Verhältniswahlsystemen eine stark pluralisierende Wirkung zuschreiben, wurden inzwischen nicht nur von Duverger selbst relativiert (1951; 1986; Janda/ King 1985; Sartori 1986; Benoit 2002; Nohlen 2007: 395-403; Norris 2004; für Afrika siehe Basedau 2002; Bogaards 2000; 2007: 169). Nichtsdestotrotz erfreuen sich die vermeintlich gesetzmäßigen Zusammenhänge nach wie vor großer Beliebtheit in Politikberatung und Wissenschaft (Diwakar 2007; Singer/ Stephenson 2009). Insgesamt ist die Debatte zu komplexeren Betrachtungsweisen übergegangen, in denen nicht nur feinere technische Elemente des Wahlrechts, insbesondere die Wahlkreisgröße, sondern auch andere institutionelle Elemente sowie sozialstrukturelle Bedingungen berücksichtigt werden (Grotz 2000; Nohlen 2007; Geys 2006). Der Fokus richtet sich dabei immer auf das Parteiensystem, weil Institutionen in demokratischen Zusammenhängen natürlich für alle Parteien in gleicher Weise gelten. Das schließt eine aktive Manipulation von Institutionen zur Blockade oppositioneller Kräfte natürlich nicht aus (Schedler 2002). Dennoch geht es bei institutionellen Ansätzen zunächst nicht darum, welche Partei gewählt wird, sondern in erster Linie darum, wie viele Parteien die parlamentarische Arbeit bestimmen und damit auf die Effizienz des Regierens einwirken.

Die stark ausdifferenzierte Debatte zur Institutionengestaltung in heterogenen Gesellschaften (*institutional design for divided societies*), in der die Wahlregulierung unter dem Stichwort *electoral engineering* eine bedeutende Rolle einnimmt, berücksichtigt freilich auch die inhaltliche und behaviorale Ausrichtung der Parteien (Horowitz 1991; Lijphart 2004; Stroh 2007: 450-455). Ziel der „Institutionendesigner" ist in der Regel eine Situation, in der moderates Verhalten – also politischer Ausgleich statt blockierende Konfrontation oder gar sicherheitsrelevanter Eskalation – institutionell belohnt wird. Dazu muss die Polarisierung des Parteiensystems zur Kenntnis genommen werden und zwar über die ideologischen Entfernungsbeziehungen hinaus auch auf der Verhaltensebene (Sartori 1976: 116-192; Basedau 2007; Basedau/ Stroh 2011). Zudem macht die Einschränkung auf *divided societies* deutlich, dass der sozialstrukturelle Kontext mitzudenken ist.

Jenseits des Wahlsystems sind ist die Regulierung von Parteienverboten ein formal besonders starkes institutionelles Steuerungsinstrument. Sofern die Verbotsregulierung zuverlässig implementiert wird, zwingt sie Parteien bestimmte inhaltliche oder organisatorische Auflagen zu erfüllen, um Zugang zum Wahlwettbewerb zu erlangen. Parteienverbote zielen mithin auf eine Homogenisierung der Parteienmerkmale – insbesondere durch den Ausschluss unterschiedlicher Formen von Radikalität – und sind dementsprechend ebenfalls als intervenierende Variable zu berücksichtigen. Allerdings wurde bereits empirisch festgestellt, dass zwar sehr viele afrikanische Staaten die gesetzliche Möglichkeit zum Parteienverbot kennen, das

Instrument jedoch insbesondere in demokratischeren Regimen nur selten angewendet wird (Bogaards et al. 2010).

Die Vorstellungen darüber, mit welchen institutionellen Vorkehrungen die politische Stabilisierung gespaltener Gesellschaften am besten erreicht oder zumindest unterstützt werden kann, gehen allerdings weit auseinander, wie nicht nur die scharfe Auseinandersetzung zwischen Fraenkel/Grofman und Horowitz über den Nutzen von *alternative vote* für die Prävention und Entspannung ethnischer Konfliktlinien exemplarisch zeigt (Fraenkel/Grofman 2007; Horowitz 2007). Allerdings entstehen Institutionen nicht am politikwissenschaftlichen Reißbrett, sondern in politischen Entscheidungsprozessen und unterliegen damit nicht ausschließlich funktionalen Auswahlkriterien (Krennerich/ Lauga 1996; Stroh 2007). Zudem ist das Angebot politischer Parteien nicht unbegrenzt variabel. Häufig existieren diese bereits vor den ersten Wahlen und haben durch einige Merkmale ihre Erfolgsaussichten teilweise prädeterminiert. Institutionelle Reformen können also nur teilweise auf das Parteiensystem einwirken. Sie können insbesondere die Eintrittshürden für neue Parteien in das Parteiensystem niedrig halten oder erhöhen.

Für die Analyse parteieigener Merkmale kann zweierlei abgeleitet werden: Einerseits müssen Parteien auf das institutionelle Umfeld reagieren und ihre Merkmale anpassen, wenn sie erfolgreich an Wahlen teilnehmen wollen. Also können Institutionen den Erfolgskorridor der Parteien als intervenierende Variable beeinflussen. Dieser Effekt wird zwar durch die systematisch gewählte Ähnlichkeit der Wahlsysteme der Untersuchungsländer gemindert, es ist aber auf technische Detailunterschiede zu achten.

Zweitens gilt das nationale Wahlrecht zwar für alle Parteien eines Landes gleichermaßen, muss aber nicht auf alle Parteien gleich wirken. Es ist sogar anzunehmen, dass parteieigene Merkmale wie die organisatorische Größe oder die Dauer der Regierungsbeteiligung durch institutionelle Einflüsse in ihrer Erfolgsrelevanz verstärkt oder gemindert werden. Die institutionellen Ansätze implizieren auch, dass Verhaltensaspekte der Parteien hinsichtlich ihrer Bündnisstrategie und geographischen Konzentration von Aktivitäten in den Merkmalskatalog aufgenommen werden sollten. Mit Bündnissen und territorialer Ressourcenallokation können Parteien am geeignetsten aktiv auf das Wahlsystem reagieren.

2.3.3 Systemtheoretisch-funktionalistische Ansätze

Die systemtheoretisch-funktionalistische Parteienforschung beginnt spätestens mit Max Weber. Seine theoretischen Überlegungen zu Parteien sind funktional auf die legal-bürokratische Herrschaft in Massengesellschaften ausgerichtet. Weber sieht politische Parteien als notwendige Folge der funktionalen Erfordernisse des sozialen und politischen Systems. Die modernen Formen der Parteienorganisation seien „Kinder der Demokratie, des Massenwahlrechts, der Notwendigkeit der Massenwerbung und Massenorganisation, der Entwicklung höchster Einheit der Leitung und strengster Disziplin" (Weber 2005 [1922]: 1070). Vielleicht abgesehen von der strengsten Disziplin ist sowohl diese funktionale Erklärung der Notwendigkeit von Parteien in seiner abstrakten Form bis heute sehr gut universell anwendbar als auch Webers allgemeine Parteiendefinition:

„Parteien sollen heißen auf (formal) freier Werbung beruhende Vergesellschaftungen mit dem Zweck, ihren Leitern innerhalb eines Verbandes Macht und ihren aktiven Teilnehmern dadurch (ideelle oder materielle) Chancen (der Durchsetzung von sachlichen Zielen oder der Erlangung von persönlichen Vorteilen oder beides) zuzuwenden" (Weber 2005 [1922]: 211).

Darüber hinaus bleibt Webers Verdienst die idealtypische Trennung von Parteien, die sich primär an konkreten sachlichen Zwecken und abstrakten politischen Zielen orientieren oder primär auf die Besetzung öffentlicher Funktionen mit eigenem Personal ausgerichtet sind. Funktionalistisch stellt er aber die intermediäre Position von Parteien im politischen System in den Vordergrund. Parteien organisieren und strukturieren, ja ermöglichen den friedlichen politischen Wettbewerb in modernen Massengesellschaften erst. Weber gab damit wichtige Impulse für die vergleichende funktionalistische Parteienforschung in der zweiten Hälfte des zwanzigsten Jahrhunderts (z.B. Neumann 1956).

Das allgemeine Ziel funktionalistischer Ansätze ist die Einbettung der Parteienforschung in die Systemtheorie und damit den Beitrag von Parteien, die in ihrem eigenen Untersystem agieren, zum Funktionieren des Gesellschaftssystems bzw. zumindest des politischen Teilsystems zu evaluieren. Die Ausdifferenzierung von Parsons' Ursprungsmodell für den Teilbereich des politischen Systems durch Almond (2001) enthält auch die Kernfunktionen politischer Parteien. Zu ihnen zählen diese vier durchgängig in der Literatur verwendeten Funktionen (Beyme 1984; Erdmann 2004a; Gunther/ Diamond 2001; Randall/ Svåsand 2002a):[31]

1. Interessenartikulation und besonders -aggregation
2. Rekrutierung von politischem Personal
3. soziale Mobilisierung
4. politische Zielfindung

---

31 Freilich ist nicht unumstritten, ob es zur Erfüllung der genannten Funktionen überhaupt politischer Parteien bedarf (vgl. Schmitter 1999; Wiredu 1998). Diese Frage ist hier jedoch nicht von Bedeutung, da von der Tatsache ausgegangen wird, dass es in den allermeisten afrikanischen Ländern politische Akteure gibt, die politische Parteien heißen und häufig eine verfassungsmäßige Rolle zugewiesen bekommen.

Das stärkere Interesse der Parteienforschung zu nicht-westlichen Regionen an der Parteiensystemebene lässt sich funktionalistisch erklären. Die System-ebene wird als entscheidende Instanz für den Zusammenhang mit der demokratischen Entwicklung des Landes angesehen, da von bestimmten Ausprägungen der Parteiensysteme angenommen wird, dass sie den demo-kratischen Prozess funktional besser unterstützen können als andere. In grober Zusammenfassung kann gesagt werden, dass moderat fragmentierte, moderat polarisierte und hoch institutionalisierte Parteiensysteme die theore-tisch besten Voraussetzungen für einen gut funktionsfähigen demokratischen Wettbewerb darstellen (Basedau 2007; Basedau/ Stroh 2011). Zu stark fragmentierte, polarisierte oder überinstitutionalisierte[32] Systeme können zu Entscheidungsineffizienz und Politikblockaden führen, während dominante Parteiensysteme – also solche mit einer dauerhaft majoritären Einzelpartei – als Gefahr für den demokratischen Wettbewerb gesehen werden, da sie keine Machtwechsel ermöglichen und zu autokratischen Einparteisysteme degenerieren könnten.[33]

Allerdings hat sich in der Anwendung auf afrikanische Systeme bereits bei der Untersuchung relativ gut strukturierter Parteiensysteme in den zwei fortgeschritten demokratischen Ländern Botswana und Namibia gezeigt, dass allenfalls Regierungsparteien die normativ abgeleiteten Funktionen im Wesentlichen erfüllen (Emminghaus 2003: 233-239). Das könnte zwar darauf hin deuten, dass eine bessere Funktionalität der Parteien auch zu größerem Erfolg führt, da die Regierungsparteien beider Länder ihre jeweiligen Partei-ensysteme stark dominieren. Ein systematischer Vergleich wurde in dieser Hinsicht jedoch nicht unternommen. Stattdessen stand die Leistungserbrin-gung für die Konsolidierung der Demokratie im legitimen Vordergrund der zitierten Studie, denn darauf ist der systemtheoretische Ansatz ausgerichtet.

Obgleich auch der funktional-systemische Ansatz auf die Parteien-systemebene fokussiert ist, eignet er sich als heuristischer Fundus für den Aufbau eines einzelparteiorientierten Analyserasters. So kann aus den Funk-tionen der Artikulation und Aggregation gesellschaftlicher Interessen und der politischen Zielfindung abgeleitet werden, dass programmatische Inhalte und politische Positionen der Partei einbezogen werden sollten. Diese bringen zum Ausdruck, welche Zielvorstellungen entwickelt wurden und geben Auskunft darüber, welche Interessen Eingang in die politische Debatte ge-funden haben. Das Problem des funktionalistischen Ansatzes ist dabei, dass

---

32 Zum Thema „Überinstitutionalisierung" siehe Kesselman (1970) und Schedler (1995).
33 Dominante Parteiensysteme sind in Afrika recht häufig zu beobachten (Bogaards 2004; Erdmann/ Basedau 2008). Afrobarometer-Umfragen haben zudem ergeben, dass alternie-rende Regierungen den Zuspruch zur Demokratie stärken (Afrobarometer 2004). Anderer-seits findet man mit Botswana, Namibia und Südafrika Beispiele für dominante Parteien-systeme in afrikanischen Ländern, die zu den demokratischsten Regimen südlich der Sahara zählen.

er Informationen darüber benötigt, welche Interessen insgesamt in der Gesellschaft existieren. Wenn diese Daten fehlen, kann auch nicht gesagt werden, ob die politisch aggregierten Interessen tatsächlich die gesellschaftlichen Interessen widerspiegeln. Die angebotsorientierte Erfolgsuntersuchung entgeht dieser Problematik, da sie allgemein nach der Rolle von Programmatik für den Erfolg politischer Parteien fragt.

Da die Rekrutierungsfunktion im funktionalen Sinne auf die Bereitstellung von Personal für politische Mandate und Ämter[34] zielt, steht auch hier nicht die Einzelpartei, sondern das System im Vordergrund. Indirekt kommen jedoch parteiinterne Machtdynamiken ins Spiel, insbesondere die Frage der Kandidatenaufstellung und des Verhältnisses zwischen der Partei und ihren Mandats- und Amtsträgern. Die soziale Mobilisierungsfunktion kann insgesamt als Merkmal politischer Parteien übernommen werden, indem ihr parteiindividueller Kern als Mobilisierungsstrategie verstanden wird. Dabei müssen sowohl die Mobilisierung bei Wahlen als auch die Aktivität zwischen Wahlen berücksichtigt werden. Eine besondere Form der Mobilisierung ist die Parteimitgliedschaft, so dass indirekt auch auf die Bedeutung dieses Merkmals hingewiesen wird. Des Weiteren wäre an die organisatorischen Voraussetzungen für soziale Mobilisierung und ihre Reichweite zu denken. Da diese jedoch in den Kernbereich der organisationstheoretischen Ansätze gehören, sollen sie dort diskutiert werden.

2.3.4 Organisationstheoretische Ansätze

Die organisationstheoretischen Ansätze der Parteienforschung befassen sich – neben den typologischen Ansätzen – am stärksten mit der Ebene der Einzelparteien. Sie widmen dem Innenleben der Parteien besondere Aufmerksamkeit und haben diese Ebene in verschiedenen Formen mit der Außenwirkung der Parteien in Verbindung gestellt. Die frühen Standardwerke der Parteienforschung von Moisej Ostrogorskij und Robert Michels waren noch sehr normativ ausgerichtet. Spätere Parteienorganisationsforscher wie Maurice Duverger und Elmar Wiesendahl haben sich stark auf die Rolle von Substrukturen und Mitgliedern ausgerichtet. Ihr Interesse gilt dabei mindestens implizit der Funktions- und Wettbewerbsfähigkeit der Parteien, einer offenbaren Voraussetzung für Erfolg. Die jüngere Debatte um die Institutionalisierung politischer Parteien, die mehr umfasst als Organisationscharakteristika, kehrt wiederum zur normativen Anbindung an die Demokratieforschung zurück, indem sie unter anderem nach dem Maß innerparteilicher Demokratie fragt.

---

34 Üblicherweise wird zwischen dem Mandat eines Parlamentsabgeordneten und dem Amt eines Regierungsangehörigen unterschieden (Schüttemeyer 2004a, 2004b).

Ostrogorskij (1903) untersuchte zur vorletzten Jahrhundertwende die Parteien der Vereinigten Staaten und des Vereinigten Königreichs. Er nahm sich somit die zwei wichtigsten anglophonen Demokratien seiner Zeit vor. Beide hatten bereits relativ inklusive Repräsentationssysteme entwickelt und jeweils zwei maßgebliche Parteien mit der Chance zur Regierungsübernahme herausgebildet. Gerade dieses etablierte Zweiparteiensystem stößt auf Ostrogorskijs Kritik. Er sieht in der Herausbildung von funktionalen, wahlerfolgsorientierten Parteimaschinen die Gefahr der institutionalisierten Verantwortungslosigkeit des einzelnen Politikers. Die Rückkoppelung des politischen Repräsentanten an die Bevölkerung leide unter der Möglichkeit, sich auf die abstrakte Anonymität der Parteiorganisationen zurückzuziehen. Losere Parteiorganisationen und größerer Pluralismus im Parteiensystem könnten dem entgegenwirken.

Dieser Einschätzung setzt Michels (1970 [1911]) seine Analyse der Sozialdemokratischen Partei Deutschlands im späten Kaiserreich gegenüber, die vom negativ wirkenden Verhalten der Parteieliten selbst ausgeht. Er beschreibt die Herausbildung einer dominierenden und damit von innerparteilicher Demokratie abgekoppelten Funktionärselite als Gesetz für alle politischen Organisationen. Der Automatismus sei allein aus der Größe der Organisation (in Verbindung mit dem Machtstreben des Einzelnen) zu erklären und damit geradezu unvermeidlich. Dennoch sieht Michels anders als Ostrogorski keine Alternative zu Parteien, um den politischen Klassenkampf friedlich zu organisieren.

Beide Klassiker der Parteienforschung werden bis in die Gegenwart regelmäßig rezipiert (Emminghaus 2003: 42-45; Sartori 1976: 21; Wiesendahl 2004; Senigaglia 1995). Sie sind für die heutige Parteienforschung deshalb interessant, weil sie heute geläufige Annahmen über die positive Wirkung von höherer Institutionalisierung politischer Parteien und – zumindest im Fall Ostrogorskis – eines stabilen Zweiparteiensystems relativieren. Entscheidungsprozesse in modernen Parteien sind zwar komplexer als von Michels angenommen, der Einfluss von kleinen Oligarchenzirkeln in Wettbewerbssystemen mit der Größe der Partei nimmt eher ab als anzusteigen (Medding 1970) und gerade linke Parteien weisen den höchsten Grad an innerer Demokratie auf (Gibson/ Harmel 1998), aber Afrikas Parteien sind in der Regel kleiner und ihre Anhänger verfügen über weit weniger Informationen als diejenigen Parteien, die als Datengrundlage der gerade zitierten Ergebnisse dienen. Obgleich ein generell anwendbares „ehernes Gesetz der Oligarchie" wohl nicht existiert, sind diese Thesen für die afrikabezogene Parteienforschung doch instruktiv, weil man vermuten könnte, dass die sozialen Bedingungen zu Beginn des zwanzigstens Jahrhunderts in Westeuropa den heutigen Bedingungen in vielen Ländern Afrikas näher kommen mögen (Armut, Bildungsstand, politische Partizipationsmöglichkeiten) als die europäischen Bedingungen der Gegenwart (vgl. van de Walle 2010). Jedenfalls indizieren sie, dass Merkmale der innerparteilichen Organisation in einen inklusiven Analyserahmen einfließen sollten. Duverger (1951) hat vor allem zwei Formen der innerparteilichen Organisation unterschieden. Seine Auseinandersetzung mit direkten und indirekten Organisationsformen politischer Parteien wurde freilich weit weniger rezipiert als seine Annahmen über die gesetzmäßigen Wirkungen verschiedener Wahlsysteme, die im gleichen Werk entworfen wurde. Letztlich wollte Duverger systematisch-deskriptiv zwischen Parteien unterscheiden, die eher zentralistisch gesteuert werden, und solchen, die aus ihren dezentralen Einheiten heraus kontrolliert werden. In den Worten jüngerer Parteientheoretiker, die zur westeuropäischen Area arbeiten, baut Duvergers Betrachtung letztlich „auf einem elementaren gemeinsamen Nenner, der ganz gezielt auf den Begriff der Mitgliederpartei gebracht werden kann. [...] Die moderne Erscheinungsform von Partei ist, wie schon der Name sagt, ohne Mitglieder nicht denkbar" (Wiesendahl 1998: 14). Wiesendahl hat diesen Satz zwar nicht über Duverger, sondern zur Skizzierung seiner eigenen Arbeitsgrundlage geschrieben. Er bleibt aber auf Duverger anwendbar und offenbart einen eurozentrischen Blickwinkel, der selbst im etabliert demokratischen Kontext der USA in Frage gestellt werden darf. Crotty maß die US-Parteiaktivitäten noch in den 1960er Jahren über die einfache Anzahl aktiver Bezirksgruppen („number of precincts in a county activly organized", Crotty 1971: 444) – eine Maßzahl, die auch von afrikanischen Parteienvertretern gerne zitiert wird, wie im empirischen Teil ausgeführt werden wird – und Schlesinger (1984: 370) konstatierte zum selben Zeitraum; „most state parties had no permanent office and unpaid chairs". Ob alle afrikanischen Parteien an diesen Standards gemessen tatsächlich pauschal als schwach organisiert gelten dürfen wie nicht nur Monga (1999) pointiert lanciert hat, sollte mithin jedenfalls geprüft werden. Der potentielle Einfluss von organisatorischen Elementen so wie innerparteilicher Strukturen, der bürokratischen Stärke, der organisatorischen Präsenz, der Mitgliederbindung und des Aktivitätsniveaus in und zwischen Wahlkämpfen auf den Erfolg der Partei wurde zudem nicht nur für westliche Länder (Crotty 1971, Müller/ Steininger 1994), sondern auch für neue Mehrparteiensysteme (Golosov 1998) und im weltweiten Vergleich (Janda/ Colman 1998) gezeigt. Hofferbert weist ergänzend darauf hin, dass Organisationsstrukturen nicht ahistorisch betrachtet werden dürfen, da ihr Effekt sonst überschätzt werden könnte (Hofferbert 1998: 425). Die Organisationshistorie der Partei wird mithin als relevantes Merkmal angesehen.

Aufbauend auf organisationssoziologischen Studien hat Janda in den 1970er Jahren den bis heute umfangreichsten Datensatz zu Parteien als politische Organisationen zusammengestellt (Janda 1980). Die Erhebung erfasst alle wesentlichen Parteien aus 53 stratifiziert und randomisiert ausgewählten Ländern und folgt einem universalistischen Ansatz, der einen weltweiten Vergleich möglich machen sollte. Die Auswahl der 111 Indikatoren, die unter zwölf Oberbegriffe gruppiert wurden, zielte auf eine seinerzeit aufkommende computerisierte, quantitative Auswertung. Obwohl der Datensatz später nicht mehr (umfassend) aktualisiert werden konnte, kann er noch immer als wertvolle historische Datenquelle gelten.[35] Für die Konzeption des Analyserasters sind die Oberbegriffe, die auch als Parteimerkmale verstanden werden können, von besonderem Interesse. Acht Oberbegriffe beschreiben die Außenbeziehungen politischer Parteien: Institutionalisierung, Regierungsbeteiligung, drei Merkmale der sozialen Einbettung,[36] Inhalte, Ziele und Autonomie der Partei. Die verbleibenden vier Begriffe beschreiben die interne Organisation der Parteien: bürokratische Komplexität der Organisationsstrukturen, Machtzentralisierung, Kohärenz und Partizipationsmöglichkeiten (Janda 1983).

Im Bereich der Institutionalisierung politischer Parteien, der eigentlich mehr erfasst als der Oberbegriff Jandas (siehe Basedau/ Stroh 2008), kommt es zu Überschneidungen der organisationstheoretischen Parteienforschung und der funktional orientierten Parteiensystemforschung. Allerdings vernachlässigen die funktionalen Ansätze in aller Regel die wichtige Unterscheidung zwischen Einzelparteien und dem Parteiensystem (Randall/ Svåsand 2002b). Auch Jandas Inkorporierung von sozialstrukturellen Variablen deutet auf die Verknüpfbarkeit der Ansätze hin, die in der Regel lediglich unterschiedliche Perspektiven einnehmen und verschiedene Elemente stärker hervorheben als andere.

2.3.5 Ökonomische Ansätze

Ökonomische Kosten-Nutzen-Ansätze sehen in der Organisation und Programmatik politischer Parteien zuvorderst ein Instrument zur Stimmenmaximierung (vgl. Downs 1957, Pomper 1990). Im Austauschverhältnis von Parteien und Wählern auf dem politischen Markt müssen Parteien bestimmte Produkte anbieten (z.B. Kandidaten und Politiken), um dafür die Stimme der Wähler zu erhalten. Ein Kampf um die Mitte, definiert als die Mediankohorte der Wählerschaft, führt zu einer Angleichung der politischen Parteien in Form, Programm und Handeln. Da das Individuum mit seiner Einzelstimme jedoch einen geringen direkten Einfluss auf die späteren Politikergebnisse

---

35 Der komplette Datensatz ist im Internet verfügbar: http://janda.org/ICPP/ (besucht am 04.04.2008).

36 Letztlich handelt es sich bei den drei sozialen Hintergrundmerkmalen um eine Inkorporation sozialstruktureller Variablen. Sie beschreiben damit die Struktur der Anhängerschaft und sind damit keine angebotsorientierten Variablen. Sie geben jedoch einen Hinweis darauf, dass die Attraktivität einer Partei auch von der Zusammensetzung ihrer Anhängerschaft abhängen kann. Es ist jedoch zu vermuten, dass dabei nicht die wenigen objektiven Studien zum Wahlverhalten maßgeblich sind, sondern die Perzeption der Repräsentativität einer Partei.

hat, sind weitere direkte Anreize nötig, um eine effektive Parteiorganisation zu ermöglichen (Schlesinger 1984). Das Marktmodell lenkt den Blick durch seine Argumentation ohne normative Vorbehalte auf die Kompensationsleistung für Parteiunterstützer; aktive Helfer, Mitglieder und einfache Mitglieder. Kurzfristiges Handeln in Wahlkämpfen gewinnt eine besondere Bedeutung für die sonst sehr ähnlichen Parteien der Mitte. Es stellt sich beispielsweise die Frage, ob es allein die Quantität der strukturierten Aktivitäten in Wahlkampfzeiten ist, die eine Rolle spielt (so Pomper 1990), oder ob sich auch das Aktivitätsniveau zwischen Wahlen auf den Parteierfolg auswirkt. Wichtig dürfte auch sein, welche Parteiwerbemittel zum Einsatz kommen. Ist das programmatische Angebot tatsächlich so schwach, wie erneut häufig pauschal und ungeprüft für Afrika angenommen wird? Wie wirkt sich die Ressourcenallokation von Parteien im Wahlkampf aus? Welche Rolle spielt das Patronagepotential der Partei?

Wenn es zutrifft, dass afrikanische Wähler ihrer Entscheidung – im Widerspruch zur sozialstrukturellen Argumentation ethnischer Wahlentscheidungen – besonders parochiale und kurzfristorientierte Kriterien zugrunde legen (Bienen 1971: 200), müsste dem Patronageangebot der Partei ein besonderer Stellenwert zukommen. Dabei muss jedoch beachtet werden, ob diese direkten Kompensationen über die Parteiorganisation oder individuell vermittelt werden. Anders formuliert, der Erfolg der Partei als Organisation könnte auch davon abhängig sein, ob zur Kompensation Parteistrukturen aufgebaut werden (so Bienen 1971) oder unmittelbare, persönliche Leistungen der individuellen Kandidaten im Vordergrund stehen (so Chabal/ Daloz 1999: 151). Es muss jedoch bereits hier einschränkend bemerkt werden, dass diese und die weiteren oben aufgeworfenen Fragen nur vorläufig und tentativ untersucht werden können. Afrikanische Wahlkämpfe wurden bisher kaum systematisch-vergleichend untersucht. Patronage lässt sich aus der Natur des Gegenstandes heraus nur indirekt über die Ausprägung anderer Merkmale erfassen und wird somit zum Querschnittsphänomen.

Die Problematik der Patronagemessung kann kurz empirisch belegt werden: Umfragen zu den hauptsächlichen Grundlagen der Wahlentscheidung, die mit direkten Fragen zu den Wahlmotiven operieren, indizieren eine eher geringe Bedeutung von ethnischen Bindungen und Patronageproxies (persönliche Wahlempfehlungen, Geschenke und Vorteilserwartungen). Nur die unspezifische Vorteilserwartung nach der Wahl, die als Patronageaspiration interpretiert werden könnte, wird von knappen (relativen) Mehrheiten der Befragten als wichtig bezeichnet. Die Befragten einer Umfrage des GIGA Instituts für Afrika-Studien[37] in Benin und Burkina Faso

37 Durchgeführt im zweiten Halbjahr 2006; 1.022 Befragte in Benin, 1.003 Befragte in Burkina. Die Umfragen wurden in Zusammenarbeit mit lokalen Partnerorganisationen unter der Leitung von Professor Léonard Wantchékon und Professor Augustin Loada durchgeführt. Die Gesamtleitung des Projekts am GIGA hatte Matthias Basedau.

gaben an, dass große Mehrheiten das Parteiprogramm und die bisherige Politik der Partei für die Wahlentscheidung als besonders wichtig bezeichnen (vgl. Tab. 2.3). Es gibt zwei Interpretationsmöglichkeiten dieser Zahlen. Entweder stimmen diese Angaben oder es handelt sich um sozial erwünschte Angaben. Da letzteres plausibler erscheint, schließt sich die Feststellung an, dass die Wählerinnen und Wähler die normative Erwünschtheit von Parteiprogrammen kennen. Die tatsächliche Bedeutung der Parteiprogrammatik sollte folglich in den Merkmalsprofilen mitberücksichtigt werden, zumal einschlägige Untersuchungen hierzu nicht vorliegen.

Tabelle 2.3: Befragungsergebnisse zu ausgewählten Einflussfaktoren auf die Wahlentscheidung in Benin (BEN) und Burkina Faso (BFA)*

	wichtig oder sehr wichtig für die Wahlentscheidung			eher unwichtig oder völlig bedeutungslos für die Wahlentscheidung	
	BEN	BFA		BEN	BFA
Parteiprogramm	67,3 %	74,3 %	Geld oder Geschenke	74,4 %	53,8 %
Zufriedenheit mit der bisherigen Politik der Partei	62,6 %	78,7 %	Ethnische Nähe zur Partei	61,6 %	61,1 %
Vorteilserwartung nach der Wahl**	49,8 %	55,6 %	Zugehörigkeit zur ethnischen Gruppe eines wichtigen Parteiführers	64,9 %	61,9 %
			Empfehlung eines traditionellen Chefs	74,3 %	57,5 %
			Empfehlung von Familie/Freunden	76,0 %	69,7 %

* Angegeben sind jeweils die prozentualen Antwortanteile an allen Befragten.

** Im Gegensatz zu allen anderen Faktoren wurde die Vorteilserwartung deutlich seltener als „sehr wichtig" oder analog „völlig bedeutungslos" bezeichnet.

2.3.6 Typologiebildende Ansätze

Der Versuch geeignete Parteientypologien zu bilden, ist so alt wie die Parteienforschung selbst. Max Weber (2005 [1922]) hat moderne Amtspatronageparteien und Weltanschauungsparteien von traditionellen Honoratiorenparteien abgegrenzt. Duverger (1951) hat die Unterscheidung von Eliten- und Massenparteien forciert, bald gefolgt von Kirchheimers *catch-all party* (1966). Mair und Katz haben für Westeuropa einen Evolutionsmechanismus postuliert, der von der Eliten- über die Massen- und die Catch-all- zur Kartellpartei führt (Katz/ Mair 1995; Mair/ Katz 1997). Schließen haben sich Gunther und Diamond (2001; 2003) darum bemüht, die Typologiedebatte zu universalisieren und eine auch jenseits Westeuropas anwendbare Unterteilung in fünf breitere Parteigattungen und 15 Spezien entwickelt.

Die genannten Autoren bilden freilich nur einen kleinen Ausschnitt der umfangreichen Typologiediskussion in der Parteienforschung ab, wenn auch einen sehr einflussreichen und doch nicht unwidersprochenen. Für eine umfassende Betrachtung der Literatur muss dennoch auf andere verwiesen werden (Krouwel 2006; Sartori 2005; Erdmann 2002b; Gunther/ Diamond 2001). Hier soll erneut nur der Nutzen der typologischen Ansätze für die abstrakte Merkmalsidentifizierung extrahiert werden.

Typologische Ansätze sind weitgehend abgekoppelt von Ansätzen, die danach streben, den Erfolg von Parteien zu erklären. Die Debatte um Parteitypen erscheint in ihrem konzeptionellen Diskurs bisweilen fast sich selbst zu genügen. Selten ist erkennbar, für welche Kausalerklärungen der Typenstreit fruchtbar gemacht werden kann. Zudem ist die Formulierung immer neuer Idealtypen, die aber doch wieder selten für die empirische Forschung genutzt werden, von fragwürdigem Nutzen.

Berührungspunkte und Überlappungen mit anderen Strängen der Parteienforschung ergeben sich freilich trotzdem. Beispielsweise kommunizieren die evolutionären Ansätze mit der ökonomischen Parteientheorie. Indem der Wettbewerb Parteien auf rationalem Wege dazu zwingt, ähnliche Organisationsformen zur Mobilisierung des gesellschaftlichen Medianwählers anzunehmen, stützt die ökonomische Theorie den typologischen Evolutionsansatz, der davon ausgeht, dass in bestimmten Phasen alle oder die meisten Parteien eines Systems sich dem gleichen Idealtyp annähern. Am offensichtlichsten sind die Überschneidungen aber mit den organisationstheoretischen Ansätzen. Gerade die evolutionären Organisationstypen der Kader-, Massen-, Catch-all- und Kartellparteien rücken die Organisationsstruktur ins Zentrum, indem sie insbesondere danach fragen, wer die Parteien auf welche Weise steuert. Sie wurden jedoch für ihre Eindimensionalität (Krouwel 2006) und ihre periodenabhängige Generalisierung (Wolinetz 2002) kritisiert.

Krouwel (2006: 253) beklagt, dass Parteientypologien häufig zu reduktionistisch vorgehen: „Instead, parties should be regarded as complex phenomena with multiple attributes or properties that constitute one 'bounded whole'." Er betont mit Panebianco (1988) die Bedeutung des Entstehungsprozesses von Parteien und schlägt schließlich vierdimensionales Klassifikationsschema vor, das insgesamt elf Charakteristika umfasst, die nur teilweise die Partei als Akteur beschreiben, sich teilweise auf die Wählerschaft beziehen und teilweise das Parteiensystem betrachten. Alle Punkte müssten zunächst noch operationalisiert werden (vgl. Tab. 2.4). Hinsichtlich der Typenbildung bleibt er letztlich doch weitgehend den oben genannten Typen treu.

Wolinetz (2002: 145) anerkennt den Beitrag des evolutionär-typologischen Ansatzes zum besseren Verständnis von Wandlungsprozessen politischer Parteiorganisationen im Laufe der Zeit. Er beklagt aber die westeuropäische Fixierung des Ansatzes und die mangelnden Differenzierungs-möglichkeiten innerhalb einer bestimmten Organisationsperiode.

„[W]e would probably classify most Latin American parties as cadre parties. Unfortunate-ly, this would tell us very little either about what kind of cadre parties were the norm, how they varied, or why cadre parties were the dominant form of party organization" (Wolinetz 2002: 163).

Man darf ergänzen, dass typologische Ansätze, deren Hauptinteresse auf die Identifizierung genereller Gemeinsamkeiten von politischen Parteiorganisa-tionen in einer bestimmten Periode gerichtet ist, erstrecht wenig zur Erklärung von Erfolgsunterschieden beitragen können. Wolinetz tritt in Folge seiner Analyse für eine andere Parteientypologie ein, die sich für die Ziele von politischen Parteien interessiert. Strøm (1990) hat Parteien nach unter-schiedlichen Interessen bei Wahlen in drei Kategorien unterteilt: Parteien, deren primäres Ziel die Durchsetzung bestimmter Politikinhalte ist (*policy-seeking*); solche, die auf eine Maximierung ihres Stimmenaufkommens aus-gerichtet sind (*vote-seeking*) und Parteien, deren Hauptinteresse in der Bestel-lung von Personal in öffentliche Ämter liegt (*office-seeking*).

Tabelle 2.4: Vierdimensionales Klassifikationsschema nach Krouwel

genetic origin	electoral dimension	ideological dimension	organizational dimension
	• electoral appeal • social support • social origin of the elite	• basis for party competition • extent of inter-party competition	• importance and status of the mem-bership organization • position of the parliamentary party • party in public office • structure of resources • type of political campaigning

Quelle: Krouwel 2006, 253

Darüber hinaus sind bestimmte typologische Ansätze eng mit den sozial-strukturellen Ansätzen verwoben, die wiederum mit sich wandelnden Interes-senlagen der Wahlbevölkerung verknüpft sind. Hieraus sind insbesondere die Theorien über die Entstehung neuer Parteienfamilien entlang von neuen Kon-fliktlinien entstanden (Beyme 1984; Ware 1996), die in erster Linie davon ausgehen, das Parteien bestimmte ideologische oder sachorientierte Interes-sen aufgreifen, die in der Gesellschaft entstehen und diese repräsentieren. Beispielhaft können post-moderne Interessen in Abgrenzung zu konservativ-anthropozentrischen Interessen genannt werden, die insbesondere in West-europa die Entstehung grüner Parteien gefördert haben. Implizit wird voraus-gesetzt, dass sich jeweils *eine* Partei entlang einer (neuen) Konfliktlinie in einem historischen Moment bildet und das gesamte Wählerpotential für dieses Interesse bindet. Wie groß dieses Potential ist, wie erfolgreich die

Partei also sein kann oder wie viele Wähler sich von den neuen inhaltlichen Angeboten angezogen fühlen, hängt im Sinne dieser Theorie mithin von sozialen Faktoren ab, die regelmäßig nicht weiter untersucht werden (können).

Typologien sind freilich dennoch aus systematischen Gründen sehr nützlich. Vor allem dann, wenn sich ein gewisser typologischer Konsens herausbildet. Dieser ist in der Parteientypenforschung allerdings nicht erkennbar. Wohl aber gibt es ein implizites Einverständnis über zentrale Merkmale politischer Parteien, die untersucht werden sollten, um Typologien zu bilden. Unterschiedliche Typologien unterscheiden sich dabei vor allem nach der Schwerpunktsetzung. Diese scheint historischen Konjunkturen zu folgen und meist zu Unidimensionalität zu neigen, die in aller Regel von realtypischen Beobachtungen aus Westeuropa und allenfalls noch Nordamerika geprägt wurden (Krouwel 2006). Die in der Typologiedebatte entwickelten Parteienmerkmale sind für die abschließende Konstruktion des Analyserasters dieser Arbeit freilich eine große Hilfe.

2.3.7 Analyseraster

Filtert man die zuvor skizzierten Ansätze der Parteienforschung nach relevanten parteieigenen Merkmalen, also nach angebotsbezogenen, unabhängigen Variablen, kann ein dreidimensionales Analyseraster für den systematischen Vergleich der 18 ausgewählten Fälle erstellt werden. Die drei Dimensionen „Organisation", „Repräsentation" und „Verhalten" dienen der abstrakten Ordnung von zwölf Merkmalen.[38] In der ersten Dimension wird nach dem organisatorischen Aufbau der Partei (Merkmal „Parteistruktur"), ihrer materiellen Ausstattung, ihrer Vernetzung mit anderen kollektiven Akteuren und ihrer Mitgliederbasis gefragt. Die zweite Dimension deckt historische, programmatische und personenbezogene Repräsentationselemente ab. Hier wird danach gefragt, ob und in wie weit die Genese, das Programm und das Personalangebot der Partei ein Profil geben, das verdeutlicht, was oder wen die Partei repräsentiert. Die Programmatik wird dabei weit gefasst und soll neben dem Grundsatzprogramm auch prominente Einzelthemen (*single issues*) erfassen. Daneben werden die Gründungsmotive der Partei berücksichtigt und die Personen an der Parteispitze entsprechend ihrer politischen Erfahrung sowie ihrer sozialen Herkunft analysiert. Die dritte und letzte Dimension fasst Merkmale zusammen, die das Verhalten der Parteien beschreiben. Parteiintern werden innerparteiliche Partizipationsprozesse und

---

38 Die Dimensionen dienen ausschließlich als Ordnungsprinzip. Der Ordnungsgedanke folgt grob den drei Politikdimensionen *polity* (Organisation), *policy* (Repräsentation) und *politics* (Verhalten). Den Dimensionen wird jedoch kein eigenständiger Erklärungswert beigemessen.

die Loyalität von Parteipolitikern zu ihrer Organisation bewertet. Im Außenverhalten werden die Regierungsbeteiligungen und das Bündnisverhalten der Parteien hinsichtlich des Zugriffs auf staatliche Ressourcen und Berechenbarkeit im politischen Prozess beurteilt. Zuletzt fließt das Wahlkampfverhalten ein, indem nach der geographischen Konzentration der Wahlkampfaktivitäten gefragt wird.

Ebenso denkbar wäre eine abstrakte Ordnung nach externen und internen Parteimerkmalen der Parteien. Organisationsstruktur, Ausstattung, und interne Machtdynamik können als Merkmale mit einem größeren internen Anteil gesehen werden. Auch Programmatik und Genese haben möglicherweise eine größere Binnen- als Außenwirkung, da sie – obwohl formal eindeutig nach außen gerichtet – außerhalb der Partei wenig bekannt sein könnten. Dennoch bleiben solche internen Merkmale wichtig, denn sie können zur allgemeinen Stärkung der inneren Kohärenz und der Funktionsfähigkeit der Parteiorganisation beitragen, die sich in eine effektivere – aber äußert schwer erfolgsunabhängig messbare – Außenwirkung übersetzen kann. Schwerpunkt der dreidimensionalen Einteilung ist jedoch der Versuch, auf unterschiedliche Ebenen der selbstbestimmten Einflussmöglichkeiten hinzuweisen. Schließlich werden auch deshalb parteieigene Merkmale untersuchte, weil von diesen anzunehmen ist, dass sie leichter wandelbar sind als sozialstrukturelle Bedingungen. Es wird den Parteien also ein Selbstanpassungspotential unterstellt, das ihre Erfolgschancen beeinflussen kann. Freilich werden in den drei Dimensionen unterschiedliche Anpassungsleistungen erforderlich. Strukturelle Änderungen sind stark ressourcenabhängig. Die Änderung von Inhalten und Zielen erfordern in erster Linie interne Entscheidungen und die Anpassung in der dritten Dimension kann nur durch abgestimmte Verhaltensänderungen erreicht werden. Für diese Studie sollen die Parteimerkmale jedoch unabhängige Variablen bleiben.

Die zwölf Merkmale sind als messbare Indikatoren noch zu grob. Sie werden daher mit jeweils zwei bis vier konkretisierten Teilmerkmalen operationalisiert. Einige dieser Teilmerkmale sind über quantitative Indikatoren messbar, andere bedürfen einer stärker qualitativen Einschätzung. Die Merkmalsausprägungen werden möglichst einheitlich vierstufig ordinal entlang der erwartbaren Auswirkung auf den Erfolg der Parteien gruppiert (Gruppen A-D). Es erfolgt dabei bewusst keine numerische Ordnung, um keine mathematische Genauigkeit oder gar Verrechenbarkeit der Messergebnisse zu suggerieren. Alle Einordnungen bedürfen der vergleichenden Interpretation, die in Kapitel fünf geleistet wird. Um eine größere Übersichtlichkeit zu gewinnen, erfolgt die konkrete Operationalisierung der Teilmerkmale im jeweiligen Abschnitt des empirischen Teils (Kapitel 4). Die verwendeten Forschungsinstrumente werden im folgenden Abschnitt in allgemeiner Form vorgestellt. Einen Überblick über alle Merkmale, Indikatoren und – im summarischen Vorgriff auf die Einzelabschnitte – die konkreten Messinstrumente liefert Tabelle 2.5.

Tabelle 2.5: Analyseraster für einen angebotsorientierten Parteienvergleich

Dimension	Hauptmerkmal[39]	Teilmerkmale	Forschungsinstrumente[40]
Organisation	Parteistruktur	Formale Ordnung Formalisierungsgrad	Auswertung der Statuten
	Materielle Ausstattung	Ausstattung der Parteizentralen und dezentralen Parteibüros Finanzmittel	Systematische Beobachtung auf nationaler und dezentraler Ebene
	Vernetzung	Kollateralorganisationen Internationale Kooperation	Mitgliedschaft in internationalen Parteiverbünden
	Mitgliederbasis	Mitgliederzahl Mitgliederorientierung	Umfragen und Hochrechnungen, Statuten
Repräsentation	Genese	Entstehungszeitpunkt Gründungsinteressen	Grundsatzdokumente der Parteien
	Programmatik	Ausführlichkeit und Präzision der Programme Politikfeldschwerpunkte single issues	Auswertung der Grundsatzprogramme nach der Pomper/Lederman-Methode
	Personalangebot	Alter/Generation Politische Erfahrung Ethno-regionale Zuordnung	Personenbezogene Daten des Spitzenpersonals
Verhalten	Innerparteiliche Partizipation	Entscheidung über die Kandidatenauswahl	
	Loyalität zur Organisation	Faktionen Fusionen Abspaltungen	Parlamentsdokumentationen
	Regierungsbeteiligung	Zeitpunkt Verweildauer Bedeutung der Ressorts	Auswertung der Kabinettslisten seit 1990; diverse Quellen zur Zuordnung der Parteizugehörigkeit
	Bündnisverhalten	Elektorale Bündnisse (Wahlallianzen) Parlamentarische Bündnisse (Fraktionsgemeinschaften) Gouvernementale Bündnisse (Koalitionen)	Rekonstruktion aller Bündnisse seit 1990 mit Parlamentsdokumenten und anderen Primärquellen
	Geographische Konzentration	Formale Verfügbarkeit Konzentration des Spitzenpersonals	Systematische Auswertung von Wahlkreiskandidaturen mit Parlaments- und Wahlkommissionsdokumenten

Quelle: eigene Zusammenstellung

---

39 Unabhängige Variablen.
40 Zur Messung aller Teilmerkmale werden einschlägige Sekundärquellen, Interviews und Medienberichte verwendet. Hier werden nur merkmalsspezifische Instrumente benannt.

2.3.8 Forschungsinstrumente

Als konkrete Forschungsinstrumente kommen verschiedene Datenerhebungs-techniken der qualitativen Forschung zum Einsatz. Aus dem Grundkanon der Forschungsinstrumente werden insbesondere die Dokumentenanalyse, die Expertenbefragung und die Sekundärdatenanalyse herangezogen (siehe Jahn 2006: 195-206). Für wenige geeignete Merkmale werden Umfragedaten aus Umfragen des GIGA German Institute of Global and Area Studies sowie von Afrobarometer verwendet, jedoch insbesondere für illustrative Zwecke, da die Arbeit sich ja gerade nicht auf die Nachfrageseite der Parteienforschung – also die Einstellungen und Auffassungen der Wählerinnen und Wähler – konzentriert, sondern auf die parteieigenen Merkmale der Angebotsseite. In Teilen kommt auch die sozialwissenschaftlich-strukturierte Beobachtung zur Anwendung (siehe Schnell/ Hill/ Esser 2005: 390-397).

Im Vordergrund steht die Primärquellenauswertung. Diese erfolgt in weiten Teilen faktenorientiert. Dennoch müssen Primärdokumente freilich immer im Lichte ihrer Herkunft ausgewertet werden. Die Berücksichtigung von Informationen zum Autor und zu den Entstehungsumständen der Quelle ist zwingender Bestandteil ihrer Interpretation. In zahlreichen Fällen hier verwendeter Primärquellen ist diese Schwierigkeit der Quellenforschung jedoch abgemildert, da die schriftlichen Primärquellen in der Regel unmittel-bar dem Untersuchungsgegenstand zugeordnet werden können. So geben Parteiprogramme und Satzungen beispielsweise unmittelbare Aussagen der Parteien wider. Der Bezug vom Autor zum Untersuchungsgegenstand ist damit zumindest klar. Dennoch müssen die Dokumente in der Bewertung kritisch hinterfragt werden. So kommt es beispielsweise in Frage, dass Parteiprogramme unter Anleitung von ausländischen Partnerorganisationen verfasst wurden. Des Weiteren ist immer die Intention der Dokumente zu überprüfen. So ist es beispielsweise denkbar, dass Parteiprogramme alleinig zur Erfüllung der gesetzlichen Anforderungen verfasst wurden, ohne beson-deres Augenmerk auf die innerparteiliche Willensbildung oder die Außen-kommunikation mit dem Wähler zu legen. Die Messinstrumente für die Teilmerkmale müssen entsprechend sorgfältig gewählt werden. Dies verstärkt zudem die Begründung dafür, dass die explorativ ausgerichtete Studie erst im Moment der konkreten inhaltlichen Auseinandersetzung mit dem Merkmal die geeigneten konkreten Messinstrumente entwickelt. So wird gewährleistet, dass die Messmethode einen unmittelbaren Bezug zur Messung behält.

Eine spezielle Form der Primärquelle sind Interviews. Dabei ist es hilf-reich mit Schnell, Hill und Esser (2005: 387-390; siehe auch Patzelt 2004) zwischen Leitfadeninterviews und narrativen Interviews zu unterscheiden. Leitfadeninterviews im Sinne dieser entsprechen im Kontext der angebots-orientierten Parteienforschung dem systematisierenden Experteninterview, wie es von Bogner und Menz (2005: 37-40) beschrieben wurde. Narrative

Interviews sind beispielsweise in der soziologischen Biographieforschung oder in der Ethnologie ein angemessenes Instrument zur möglichst umfassenden Datengewinnung, die Fragenstellungen folgt, die sich insbesondere für die persönliche Situation und das persönliche Erleben des Individuums interessieren. Das leitfragengestützte Gespräch mit Experten, von denen der Forscher aufgrund ihrer beruflichen Stellung oder Funktion annimmt, dass sie relevantes Wissen über einen bestimmten Sachverhalt habe, dient in erster Linie als Quelle für vergleichbares Faktenwissen.[41] Der Experte wird darüber hinaus zum „Ratgeber" für die sachgerechte Interpretation der gewonnen Daten. Auch wenn diese Form des Einsatzes von Experteninterviews das Instrument in seiner Funktionalität nicht ausschöpft (vgl. Bogner/ Menz 2005; Pfadenhauer 2005), ist es doch ein häufig unersetzbarer Zugang zu Fakteninformationen in datenarmen Umgebungen. Im Rahmen des hier verwendeten komparativen Forschungsdesign ist das Experteninterview zudem eines der geeignetsten Mittel, um das Ziel zu erreichen, „im Vergleich mit anderen [Expertenaussagen] das Überindividuell-Gemeinsame herauszuarbeiten" (Meuser/ Nagel 2005: 80).

Die Auswahl der Gesprächspartner folgte einerseits der Notwendigkeit, möglichst alle Untersuchungsfälle abzudecken. Andererseits wurde Wert darauf gelegt, eine möglichst große Zahl von Gesprächspartnern in drei vorstrukturierten Bereichen zu sprechen, um die überindividuellen Gemeinsamkeiten herausfiltern zu können und vor allem Selbstdarstellungen auszubalancieren. Die drei Kategorien sind hohe Parteifunktionäre,[42] nationale Experten[43] und internationale Fachbeobachter.[44] Tabelle 2.6 gibt einen Überblick über die quantitative Verteilung der insgesamt 120 Gesprächspartner in

---

41 Tatsächlich ist die Auswahl der Experten ein sehr zeitaufwendiges und schwer kontrollierbares Unterfangen. Hierarchien in Organisationen können beispielsweise irreführend sein, da sich „auch auf niederen Hierarchieebenen erfolgreich nach Experten suchen lässt. Nicht immer (oder sogar selten) sind Leitende in repräsentativer Position auch die gesuchten Experten" (Bogner/ Menz 2005: 40). Damit sind recht banale forschungspraktische Bedingungen, wie beispielsweise die verfügbare Zeit vor Ort, der Zugang zu und die terminliche Verfügbarkeit von mutmaßlich geeigneten Experten sowie infrastrukturelle Hindernisse – beispielsweise Verspätungen aufgrund verkehrstechnischer Unwägbarkeiten, noch gar nicht berücksichtigt. Zum unvermeidlichen und nicht kalkulierbaren Scheitern von Interviews hat Oettler (2008) eine erhellende *Research Note* verfasst, die dazu beitragen kann, die Grenzen der Objektivität suchenden sozialwissenschaftlichen Forschung aufzuzeigen, ohne dabei deren grundsätzlichen Nutzen in Frage zu stellen.

42 Angestrebt wurde der Kontakt zu den Vorsitzenden oder Generalsekretären. In Einzelfällen musste auf andere Vorstandsmitglieder ausgewichen werden.

43 Dazu sind renommierte politische Journalisten, einheimische Wissenschafter und Mitarbeiter von einschlägigen überparteilichen Einrichtungen zu zählen.

44 In diese Kategorie fallen beispielsweise bedeutenden ausländischen Vertretungen – in aller Regel zählen hierzu aus politischer Sicht die Botschaften der ehemaligen Kolonialmacht, der USA und Deutschlands – sowie entsandte Experten international agierender Fachorganisationen von den deutschen politischen Stiftungen bis zu UNDP.

beiden Ländern, nochmals unterteilt nach der nationalen und der lokalen Ebene.[45]

Tabelle 2.6: Verteilung der Interviewpartner nach Selektionskategorien

Land	Ebene	Partei-funktionäre	nationale Experten	internationale Beobachter	
Benin	national	23	17	4	Σ 44
	lokal	16	1	-	Σ 16
		Σ 38	Σ 18	Σ 4	Σ 60
Burkina Faso	national	22	16	6	Σ 42
	lokal	16	6	-	Σ 18
		Σ 33	Σ 21	Σ 6	Σ 60

Quelle: eigene Darstellung.

Im weiteren Verlauf werden die Merkmale vorzugsweise mit intersubjektiv positiven Daten gemessen. Diese können aus verschiedenen Quellen gewonnen werden. Eine wechselseitige Bestätigung von Sekundärquellen mit Interviewangaben und beispielsweise Informationen aus selektierten Zeitungsartikeln erscheint besonders reliabel (Jahn 2006: 212-214). Geradezu unvermeidlich ist dabei die Möglichkeit unbemerkt auf Zitierschleifen zu stoßen, in denen Informationen lediglich reproduziert werden, ohne unabhängig voneinander erhoben worden zu sein. Obgleich der Forscher mehrmals eine Information unabhängig voneinander aus unterschiedlichen Quellen mit unterschiedlichen Quellen erhoben hat, garantiert dies noch nicht, dass die berichtete Information jeweils originär erfasst wurde. Unsaubere Nachweise der Informationsgeber können dazu führen, dass sich mehrfach identisch erhobene Information letztlich aus einer einzige Sekundärquelle speisen. Diese Gefahr kann in datenarmen Kontexten wie in Subsahara-Afrika nicht vollständig beseitigt werden. Sie kann nur durch eine gewisse Vielfalt der Erhebungsinstrumente gemindert werden.[46]

Die Verwendung von streng standardisierten Indikatoren erhöht die Vergleichbarkeit, insbesondere über Ländergrenzen hinweg, stößt jedoch bei einem breiten qualitativen Analyseraster, dessen Ziel es gerade ist, möglicherweise zu Unrecht eingefahrene Erhebungsmethoden zu hinterfragen und mögliche neue Herangehensweise zu identifizieren, rasch an seine Grenzen.

---

45 Analog zur nationalen Ebene wurden auf lokaler Ebene ebenfalls möglichst höchstrangige Parteifunktionäre angesprochen, z.B. Bezirksvorsitzende.

46 Dass auch vermeintlich rechenfeste quantitative Daten aus hochrangigen und allgemein als zuverlässig geltenden Quellen im afrikanischen Kontext erhebliche Qualitätsprobleme aufweisen können, zeigt ein jüngstes Beispiel aus Ghana. Als die Statistikbehörde im Spätjahr 2010 die Berechnung des Bruttonnationaleinkommens methodisch verbesserte, stieg das kalkulierte BNE um 75% an (EIU Country Report Ghana, December 2010, Chapter on Economic Performance).

Ohne ein Mindestmaß interpretativer Flexibilität, die sich vor allem auf ein fokussiertes Hintergrund- und Kontextwissen stützt, können derartige Vorschläge nicht entwickelt werden. Das etwas diffuse Mittel der „Feldforschung" gehört mithin zu den wichtigen Forschungsinstrumenten dieser Studie. Während die Ethnologie die intensive Beobachtung zu ihrer zentralen, geradezu identitätsbestimmenden Herangehensweise erhoben hat, sind politikwissenschaftliche Feldforschungsaufenthalte in ihrem Anspruch bescheidener, für die Gesamtinterpretation der erhobenen Daten jedoch nicht minder wichtig. Für die vorliegende Arbeit wurden die Untersuchungsländer in den Jahren 2006 und 2007 mehrmals für mehrwöchige Forschungsaufenthalte besucht.[47] Diese Aufenthalte wurden primär zur strukturierten Datengewinnung durch die Erschließung von Primärquellen, Experteninterviews und Beobachtungen genutzt, konnten aber auch einen unerlässlichen Gesamteindruck vermitteln, der die nachträgliche Einordnung und Interpretation der Daten erleichtert.

---

[47]　Die Forschungsaufenthalte konnten im Rahmen eines DFG-geförderten Projektes am *GIGA German Institut of Global and Area Studies* unter der Leitung von Dr. Matthias Basedau durchgeführt werden. Auch nach dem Ende des Untersuchungszeitraums dieser Studie hatte der Autor mehrfach die Gelegenheit zu weiteren Forschungsaufenthalten in Westafrika, was auch den Kontakt in die Untersuchungsländer verstetigen konnte.

3. Nationale Faktoren als intervenierende Variablen

Als Vergleichsfälle dieser Untersuchung dienen individuelle politische Parteien. Diese sind jedoch unweigerlich in nationale Kontexte eingebettet und werden damit in ihrem Handeln und in ihren Erfolgsaussichten von nationalen Faktoren beeinflusst. Da eine wichtige Vergleichskomponente dieser Untersuchung die grenzüberschreitende Auswahl von Parteien aus unterschiedlichen nationalen Kontexten ist, müssen zentrale nationale Faktoren Beachtung finden. In das Forschungsdesign wurden solche nationale Faktoren als intervenierende Variablen integriert. Drei Variablencluster wurden bereits als zentral identifiziert. Es handelt sich dabei um den Stand der Demokratisierung, das parteipolitisch relevante institutionelle Arrangement sowie historische und sozialstrukturelle Partikularitäten, die den Untersuchungsländern eigen sind, denen ein wesentlicher Einfluss auf die politische Entwicklung des Landes zugeschrieben wird und die das Land von allen anderen Länderfällen der Grundgesamtheit abgrenzen.

In keinem der drei Abschnitte zu diesen intervenierenden Variablen wird eine erschöpfende Darstellung angestrebt. Ziel ist es, die wesentlichen Unterscheidungsmerkmale herauszuarbeiten und dabei den Grundbestand an landesspezifischen Informationen und Daten zu liefern, der für die weitere Untersuchung von Bedeutung ist.

3.1 Stand der Demokratisierung

3.1.1 Demokratiekonzept und -messung

Die Demokratietheorie füllt einen ganzen Forschungszweig der Politikwissenschaft und hat nicht wenige unterschiedliche Demokratieverständnisse und Demokratiekonzepte hervorgebracht. Bekanntester Zeuge der unterschiedlichen Abgrenzungsprobleme zwischen Demokratie und anderen Regimetypen ist die Sammlung von hunderten „Demokratien mit Adjektiven" durch Collier und Levitsky (1997). Jedes Adjektiv steht mindestens implizit für den Versuch, die Definition von Demokratie stärker einzugrenzen, wenn beispielsweise von „liberaler", „funktionierender" oder „vollständiger" Demokratie gesprochen wird (Zakaria 1997; Lauth 2004: 116-120; Bratton 2004), oder zu begründen, dass bestimmte Defizite dennoch mit dem Demokratiebegriff vereinbar sind, so beispielsweise in den Fällen der „elektoralen", „defekten" oder „delegativen" Demokratie (Diamond 2002; Merkel 1999; O'Donnell 1994). Auch bezogen auf Afrika wurden verschiedene Abgrenzungen und Modelle von Demokratie diskutiert. Will man die

Debatte knapp zusammenfassen, sollten insbesondere zwei Diskussions-achsen unterschieden wrden: Einerseits variieren die Modelle nach ihrem Inklusivitätsanspruch. Andererseits konkurrieren universalistische mit kulturalistischen Demokratievorstellungen.

Eine Anpassung des Demokratiekonzepts an den kulturellen Kontext Afrikas wird in der Literatur ausführlich diskutiert. Hauptbestandteile der sogenannten „afrikanischen Demokratiemodelle" sind zumeist die stärkere Berücksichtigung kollektiver Interessen zulasten der Individualrechte sowie die Relativierung von Oppositionsaufgaben zugunsten breiter Konsensver-fahren präkolonialer Prägung (Bado 1999; Wamala 2006; Wiredu 1998; siehe auch Lumumba-Kasongo 2005; Chabal 1998). In der politischen Praxis finden kulturalistische Argumente allerdings kaum Anwendung. Jüngere verfassungsgebende Gremien haben es jedenfalls nicht in Erwägung gezogen, sich an Herrschaftsinstitutionen der präkolonialen Phase zu orientieren (Stroh 2007). Allparteienregierungen im Rahmen von Power-Sharing-Arrangements sind in ihrer Funktionsfähigkeit heftig umstritten (Mehler 2009). Andere angeblich tradierte afrikanische Institutionen werden allenfalls zur Recht-fertigung autokratischer Regime herangezogen (Adjovi 1998: 178-180; Tetzlaff 2004). Das ist freilich nicht den Theoretikern anzulasten, bestätigt aber, dass der dominierende Diskussionsstrang in der Demokratisierungs-debatte entlang universalistischer Modelle verläuft und dabei natürlich stark auf historischen Erfahrungen aufbaut, die zu großen Teilen – aber keineswegs ausschließlich – der sogenannten westlichen Welt entstammen.

Die Übertragbarkeit grundlegender Vorstellungen von Demokratie-konzepten mit universellem Anspruch auf Afrika wurde in der Politikwissen-schaft überwiegend bejaht. Dies gilt auch für die Mehrzahl der afrikanischen Fachwissenschaftler (Gyimah-Boadi 1998; Fomunyoh 2001; N'Diaye/ Saine/ Houngnikpo 2005; Nwokedi 1993; siehe auch Basedau 2003: 41-49; Schmidt 1996: 236-237; Anyang' Nyong'o 1992: 91), wird inzwischen auch in Umfragen bestätigt (Afrobarometer 2004; Bratton et al. 2005; Bratton/ Chang 2006; Erdmann 2007a) und zeigt sich nicht zuletzt in der Realität politischer Strukturen. Das soll natürlich nicht heißen, dass es zu einer flächendeckenden Demokratisierung des Kontinents gekommen sei, sondern unterstützt in der Linie die Nützlichkeit universalistischer Konzepte, die auch dazu genutzt werden können, Defizite afrikanischer Demokratisierung zu identifizieren (siehe Erdmann 2007b). Am günstigsten für die empirische Forschung ist daher ein universeller Demokratiebegriff, der sich auf Minimalkriterien stützt und dabei kulturell beeinflusste Wertungen vermeidet. Sehr inklusive Demo-kratiebegriffe, die beispielsweise soziale Output-Leistungen des politischen Systems als definitorischen Bestandteil begreifen, sind wenig nützlich, wenn die Organisation politischer Herrschaft im Zentrum des Interesses steht. Die Erfolgsbedingungen von Parteien sind letztlich ein Bestandteil der Funktion, die bestimmt, wer an der politischen Herrschaft entscheidend beteiligt sein kann. Die Fragestellung betrifft mithin einen wichtigen Teil der demokratischen Herrschaftsorganisation, nicht aber den Leistungsoutput.

Diese Arbeit greift deshalb auf das Dahl'sche Minimalkonzept von Demokratie zurück, das auch den bekanntesten Demokratiemessinstrumenten zu Grunde liegt (z.b. Freedom House, Bertelsmann Transformation Index, EIU Index of Democracy; siehe auch Müller/ Pickel 2007; Lauth 2004; Munck/ Verkuilen 2002). Dahl (1971; 1998) behält sich den Begriff der Demokratie für den idealtypischen Zustand der unerreichten Vollkommenheit von Partizipation und Wettbewerb im politischen System vor. Die real erreichbare Demokratie nennt Dahl Polyarchie. Diese definiert sich im Kern über ein möglichst hohes Maß an Partizipation und freien sowie fairem politischen Wettbewerb. Dahl hat genauere Kriterien aufgestellt, die sich in der partizipatorischen Dimension auf die Teilnahme aller Bürger an Wahlen und Meinungsbildungsprozessen sowie in der Wettbewerbsdimension auf die freie und faire Konkurrenz von Kandidaten, Parteien und Programmen konzentrieren lassen. Wettbewerb und Teilhabe werden freilich durch zentrale bürgerliche Freiheitsrechte (Meinungsfreiheit, Redefreiheit, Versammlungsfreiheit, Vereinigungsfreiheit, Informationsfreiheit) erst ermöglicht. Das entscheidende Kriterium für Demokratie ist mithin die Gewährleistung und Durchführung freier und fairer Wahlen (Merkel et al. 2003: 39-64; Bratton/ van de Walle 1997: 10-13). Dahl propagiert damit nicht die Gleichsetzung von der Abhaltung von Wahlen mit Demokratie. Wichtiger ist die dauerhafte Erfüllung der durchaus anspruchsvollen Attribute freier und fairer Prozesse von Partizipation und Opposition.

Dieser in der Politikwissenschaft vermutlich meistgenutzte universale Ansatz ist von verschiedenen Seiten kritisiert worden. Spart man die kulturalistische und antiuniversalistische Generalkritik aus, wurde das Polyarchie-Konzept vor allem in Hinblick auf seine Dichotomie diskutiert. Die eindeutige Trennung zwischen Demokratie und Diktatur hat viele Vorteile (Lawson 1993). Sie löst seit der „Dritten Welle der Demokratisierung" (Huntington 1991), die ihren Höhepunkt mit dem Zusammenbruch des sozialistischen Ostblocks und fast aller Einparteiregime Afrikas zu Beginn der 1990er Jahre erlebte, jedoch verstärkt Abgrenzungsprobleme aus. Zahlreiche Regime haben sich seither im Graubereich zwischen den beiden Grundtypen angesiedelt (siehe Barkan 2000; Bendel et al. 2002; Bogaards 2009). Die Debatte um die Frage, ob dem Grauzonenphänomen am besten durch die Bildung eines dritten Grundtyps („hybrides Regime", Karl 1995; Erdmann 2002a; Erdmann 2007b; Diamond 2002; Morlino 2009; Zinecker 2009), durch die präzise Definition abgewerteter Subtypen (Merkel 1999; Merkel 2004; Møller/ Skaaning 2010) oder durch eine Analyse auf der konkreten Merkmalsebene unter Umgehung der großen Begriffsfrage (Krennerich 1999: 234) begegnet werden kann, ist nicht beendet. Die anhaltende Debatte, die inzwischen auch aus der Perspektive der Autoritarismusforschung geführt wird (Bunce/ Wolchik 2010; Gandhi/ Lust-Okar 2009; Hadenius/ Teorell 2007; Schedler 2006; Levitsky/ Way 2002; 2010), unterstreicht jedoch, dass die Existenz der Grauzone anerkannt wird und insbesondere die Varianz innerhalb der offenbar robusten Grauzone die Regimeforschung noch lange beschäftigen wird.

Die vorliegende Studie wird aufgrund der umstrittenen Debatte nicht versuchen, die politischen Systeme, in denen die untersuchten Parteien agieren, sauber in die eine oder andere Regimetypologie einzuordnen. Sie beschränkt sich darauf, die zentralen Unterschiede der beiden Untersuchungsländer herauszustellen. Ein minimalistisches Demokratieniveau wird dabei grundsätzlich unterstellt, da in beiden Ländern seit einiger Zeit regelmäßig akzeptable Parlamentswahlen stattgefunden haben. Der Studie kommt entgegen, dass Parteienwettbewerb bei Parlamentswahlen tendenziell freier ist als bei den machtpolitisch bedeutenderen Präsidentschaftswahlen (van de Walle 2003). Das gilt namentlich auch im Falle Burkina Fasos. Dadurch wird für die Zwecke dieser Untersuchung aufgewogen, dass einzelne Studien dazu neigen, dem politischen System Burkina Fasos den minimaldemokratischen Charakter abzusprechen und sich in das unscharfe Konzept des Semi-Autoritarismus zu flüchten (Santiso/ Loada 2003).

Das Demokratieniveau als nationaler Faktor und intervenierende Variable dieser Untersuchung beschränkt sich auf die Erfassung der Herrschaftscharakteristika moderner Staatlichkeit in den Bereichen Partizipation und Opposition. Das schließt einerseits die Frage aus, ob es sich bei der Demokratie um die beste oder geeignetste Herrschaftsform für die untersuchten Gesellschaften handelt. Es schließt andererseits nicht aus, dass Faktoren außerhalb der modernen politischen Arena auf die Akteure einwirken, also auch auf die politischen Parteien. Sprechen wir jedoch von nationalen Faktoren sind damit die staatseinheitlichen Wirkfaktoren gemeint, während die Beziehungen zu traditionellen Systemen besser als variable Merkmale von Einzelparteien betrachtet werden. Je weniger demokratisch das Regime ist, desto größer ist freilich die logische Konsequenz, dass Partizipations- und Oppositionschancen ungleich verteilt sind. Deshalb sollen im Folgenden die beiden zentralen Dahl'schen Dimensionen der Polyarchie für die Untersuchungsländer Benin und Burkina Faso in der notwendigen Kürze vergleichend diskutiert und die unterschiedlichen Demokratieniveaus bewertet werden.

3.1.2 Benin

Die damalige Volksrepublik Benin (bis 1975 Republik Dahomey) wurde Ende der 1980er Jahre zum Vorreiter der Demokratisierungsprozesse im frankophonen Afrika. Das zunächst wirtschaftliche und dann auch politische

Scheitern der marxistisch-leninistisch gefärbten Diktatur unter Staatspräsident Kérékou leitete einen tiefgreifenden und nachhaltigen Regimewechsel ein. Erzwungen wurde die Transition von kommunistischen, gewerkschaftlichen und studentischen Protestbewegungen, die vor allem auf einer schweren Wirtschaftskrise aufbauen konnte (N'Diaye/ Saine/ Houngnikpo 2005: 156-158; Banégas 2003: 112-124). Diese hatte das Regime bereits ab Mitte der 1980er Jahre in große Bedrängnis gebracht (Decalo 1997: 49-55). Getragen wurde die sogenannte „demokratische Renaissance" Benins schließlich aber von starken Exilgruppen und reformbereiten Kräften aus dem Innern des Regimes. Sie vermochten es gemeinsam die erste der großen Nationalkonferenzen auf afrikanischem Boden zu nutzen, um eine friedliche Transition zu einer neuen, demokratischen Verfassungsordnung zu organisieren (Seely 2005).

Es handelte sich dabei in erster Linie um einen innerbeninischen Prozess, der freilich von günstigen internationalen Rahmenbedingungen begleitet wurde (Hartmann 1999c: 113-114). Allein der zeitliche Ablauf verrät aber, dass internationaler Druck, beispielsweise durch die vielzitierte Rede des französischen Staatspräsidenten Mitterrand am 19. Juni 1990 auf dem 16. Frankreich-Afrika-Gipfel in La Baule, nur sehr begrenzt auf die Transition in Benin einwirken konnte. Die beninische Nationalkonferenz lag zum Zeitpunkt des Gipfels bereits vier Monate zurück. Sie hatte vom 19. bis 28. Februar 1990 in Cotonou stattgefunden und bereits für die wichtigsten Weichenstellungen gesorgt.

Bedeutender noch mag es gewesen sein, dass es die Regierung von Staatspräsident Mathieu Kérékou selbst war, die bereits am 8. November 1989 zumindest symbolisch tragende Pfeiler des Regimes einriss, indem sie – nach damals gültiger Rechtslage verfassungswidrig – die Abkehr vom Marxismus-Leninismus und von der Einheitspartei beschlossen hatte (siehe Reynal 1991). Dabei war es hilfreich, dass linke Ideologen nie zahlreich waren, schon in den 1980er Jahren deutlich an Einfluss verloren hatten und Kérékou keinesfalls zu ihnen zu zählen war. Kérékou war angesichts der hoffnungslosen wirtschaftlichen Situation bereit mit Reformern, Vermittlern und Exilkräften zusammenzuarbeiten.[48] Er trug die Einrichtung einer Nationalkonferenz aktiv mit und reklamiert die Idee bisweilen sogar für sich.[49] Obgleich die Transition nicht spannungsfrei verlaufen ist, kann doch

---

48 Einzelne Analysten gehen entgegen der hier vertretenen Auffassung davon aus, dass der politische Druck des französischen Botschafters Guy Azaïs auf Staatspräsident Kérékou entscheidend für die Herstellung einer Verhandlungslösung war (Adamon 1995: 20-24; siehe auch Banégas 1997: 29-32).

49 Banégas, Bierschenk und andere weisen völlig zu Recht darauf hin, dass das Format der Nationalkonferenz als Forum zur Erörterung von Reformbedarf kein gänzlich neues Konzept für Benin war. Bereits im Jahr 1979 hatte Kérékou eine Versammlung einberufen, die dem Unmut von Staatsangestellten begegnen sollte, die sich nicht der Einheitspartei anschließen wollten und die marxistisch-leninistischen Reformen kritisierten. Die damalige

von einem Aushandlungsprozess gesprochen werden, der zu einer für alle Seiten weitgehend akzeptablen Kompromisslösung geführt hat. Dieser Elitenkompromiss fußte auch auf dem festen Willen, aus den politischen Erfahrungen des Landes zu lernen und den Frieden im Land zu erhalten. Benin hat seit der Unabhängigkeit keinen nennenswerten Gewaltkonflikt ausgetragen. Selbst die zahlreichen Putsche und Putschversuche haben nur sehr wenige Todesopfer gefordert.[50] Allerdings wurde die Demokratisierung auch damit erkauft, die autokratische Vergangenheit auf sich beruhen zu lassen, Kérékou Straffreiheit zuzusagen (Seely 2005: 370) und sein Vermögen nicht anzutasten (Daloz 1992: 136).

Für die weitere demokratische Entwicklung des Landes hatte die frühe Kompromissfindung wichtige folgen. Sofort mit der Nationalkonferenz wurde das Dahl'sche Prinzip der Opposition nachhaltig verankert. Die offene Rede wurde als Mittel der Politik praktiziert. Die Presse durfte frei über das Ereignis berichten. Die Nationalkonferenz wurde vollständig live im Radio übertragen wurde. Eine Vielzahl von Zeitungen wurde gegründet (Frère 2000: 70-73). Vereinigungen waren die hauptsächlichen Rekrutierungskanäle für die Nationalkonferenz, darunter zahlreiche politische Organisationen, die sich bald darauf als politische Parteien registrieren durften. Der Wettbewerbscharakter des Regimes wurde mithin schnell und nachhaltig installiert. Die alten Strukturen der Einheitspartei *Parti de la Révolution Populaire du Bénin* (PRPB) zerfielen zeitgleich und ließen entsprechend viel Raum für den neuen politischen Wettbewerb. Im Laufe der Zeit wurden die Freiheitsrechte zusätzlich durch spezielle Institutionen abgesichert, etwa die Möglichkeit zur individuellen Verfassungsbeschwerde in Grundrechtsbelangen vor dem unabhängigen Verfassungsgericht oder die weitgehende Selbstregulierungskompetenz der audiovisuellen Medien durch die *Haute Autorité de l'Audiovisuel et de la Communication* (HAAC).

Der schnelle Zerfall der Einheitspartei und die Einigung darauf, dass hauptsächlich Repräsentanten von anerkannten Organisationen Mitglieder der Nationalkonferenz werden konnten, hatte eine extreme Proliferation von politischen Parteien zur Folge, noch bevor diese formal zugelassen waren. Mehrparteienwahlen waren mithin ein Instrument zur echten Neuordnung. Die geschickt gewählte Sequenz der ersten Wahlen und die Anerkennung seiner eigenen Niederlage durch Staatspräsident Kérékou war der wichtige Auftakt für eine seither regelmäßige Abfolge nicht unumstrittener, aber letzt-

---

Conférence des cadres blieb allerdings strukturell folgenlos (siehe Banégas 2003: 138, Bierschenk 2009: 340; Dossou 1993: 180). Ein indirekter Einfluss auf den in der Folgezeit zurückgehenden Einfluss marxistischer Ideologen kann nicht untermauert werden, ist aber plausibel.

50 Freilich kam es unter der Militärdiktatur zu massiver Repression. Regimegegner wurden gefoltert (ASSANDEP 1990) und tausende ins Exil getrieben. Im Verhältnis zu anderen Diktaturen der Zeit war der betroffene Personenkreis jedoch begrenzter (Ronen 1987: 121; Decalo 1997: 55; Banégas 2003: 47-72).

lich immer von allen relevanten Akteuren anerkannten Wahlen. Die ersten Wahlen wurden so terminiert, dass zunächst Lokalwahlen dafür sorgen konnten, die Funktionäre der revolutionären Einheitspartei zu ersetzen (Allen 1992). Anschließend wurden Parlamentswahlen abgehalten, zu denen die PRPB schon gar nicht mehr angetreten war und in denen reformorientierte Kräfte klar dominierten. Erst danach fanden die Präsidentschaftswahlen statt. Angesichts der sichtbar geschwundenen Machtbasis erkannte Kérékou seine Niederlage gegen Nicéphore Soglo in der Stichwahl umgehend an.

Die nationalen Wahlen 1991 und auch jede Folgewahl sind in unterschiedlicher Intensität kritisiert worden. Einerseits wurde diese Kritik erst durch die demokratischen Fortschritte des Landes möglich und sichtbar, insbesondere durch die Betätigungs- und Äußerungsfreiheit von politischen Parteien, zivilgesellschaftlichen Organisationen und den Medien. Andererseits wurden materiell bedeutende Defizite beklagt, die die bleibende Fragilität demokratischer Prozesse in Benin verdeutlich haben. Im Vorfeld der zweiten Präsidentschaftswahl 1996 ließ der unter massiven Druck geratene Staatspräsident Soglo den transitionskritischen Oberst Kouandété und andere Vertraute Kérékous sowie Pressevertreter verhaften (Banégas 2003: 223-224). Repression als Mittel des Machterhalts drohte im Kontext eines 1994 gescheiterten Putschplans gegen Soglo (Magnusson 2001: 223-224) und dem politischen Wiederaufstieg Kérékous erneut Bestandteil des politischen Spiels zu werden. Die Befürchtungen traten jedoch nicht ein. Stattdessen setzte sich der demokratische Prozess in seinem Kerngehalt durch. Soglo verlor die Präsidentschaftswahl gegen seinen autokratischen Vorgänger Kérékou und überließ seinem Nachfolger reibungslos die mächtigste Position in Staat. Die Rückkehr Kérékous löste Bedenken über die weitere demokratische Entwicklung Benins aus (Mayrargue 1996; Hartmann 1996). Tatsächlich kam es fünf Jahre später bei den Präsidentschaftswahlen 2001 zum Vorwurf von Wahlbetrug, nachdem das Verfassungsgericht die provisorischen Ergebnisse massiv korrigieren musste (Gisselquist 2008: 798-799). Der zweitplazierte Soglo und auch der nachfolgende ehemalige Parlamentspräsident und Premierminister Adrien Houngbédji traten deshalb nicht zur Stichwahl an und riefen zum Boykott auf, was insbesondere in den Hochburgen dieser Kandidaten stark befolgt wurde (Murison/ Englebert 2009a: 106-107). Es blieb jedoch ungeklärt, ob es tatsächlich zu systematischen Unregelmäßigkeiten zugunsten Kérékous oder nur zu technischen Fehlern gekommen war (Amouzouvi 2000: 363-366). Die Wiederwahl Kérékous wurde schließlich auch von den Boykotteuren anerkannt. Kritischer wurde es im Vorfeld der nachfolgenden Präsidentschaftswahl 2006, zu der Kérékou laut der Verfassung aus gleich zwei Gründen nicht mehr antreten durfte: Erstens hatte er das Maximum von zwei Amtszeiten erreicht und zweitens die Al018schöchstgrenze für Präsidentschaftskandidaten von 70 Jahren überschritten. Allerdings begann Kérékou weit vor der Wahl auszuloten, ob er mit einer

Verfassungsänderung durchkommen könnte, die ihm eine dritte demokratische Amtszeit ermöglichen würde. Die Gerüchte lösten eine massive Protestwelle aus, die von zivilgesellschaftlichen Organisationen getragen wurden, die sich nach der Transition aufgrund des effektiven Schutzes demokratischer Grundrechte als Kontrollinstanz der beninschen Politik etablieren konnte. Die von internationalem Druck[51] begleitete Aktion *„Ne touche pas à ma constitution!"*[52] war erfolgreich und veranlasste Kérékou im Juli 2005 öffentlich zu erklären, dass er keine Verfassungsänderung anstrebe (siehe Gisselquist 2008). Der spätere Versuch der Regierung, die Wahlen mit dem Argument zu verzögern, der Staat habe nicht genug Geld für die teure Abhaltung der Wahlen scheiterte an der Bereitschaft der Europäischen Union finanziell einzuspringen. Die Wahl des politischen Außenseiters Thomas Boni Yayi zum neuen Staatspräsidenten erkannte Kérékou ohne Verzögerung an (Mayrargue 2006). Die Amtsübergabe verlief erneut reibungslos.

Zusammenfassend kann also festgehalten werden, dass sich in Benin trotz technischer Defizite und politisch mehrdeutigem Verhaltens seit der Transition demokratische Wahlen als Entscheidungsmechanismus über den Zugang zu zentralen Machtpositionen immer wieder durchgesetzt haben und von den relevanten Akteuren anerkannt wurden. Die zeitlich von den Präsidentschaftswahlen getrennten Parlamentswahlen waren nicht unbelastet (beispielweise durch das mangelhafte Wählerverzeichnis, Stimmenkauf und Mängel im Auszählungsprozess), haben jedoch echten Wettbewerbscharakter bewiesen. Effektive Opposition ist möglich. Systematische Wahlfälschung zugunsten eines politischen Lagers konnte nicht beobachtet werden. Das Verfassungsgericht war stets in der Lage, Streitfälle zu schlichten und Anerkennung für seine Entscheidungen zu finden. Mithin ist dem Bericht des *African Peer Review Mechanism* (APRM) zuzustimmen, der in klaren Worten betont, dass das Verfassungs- und Wahlregime in Benin stark verankert sind und in ihrer Qualität im Laufe der Zeit verbessert wurden sowie dass Regierungswechsel mehrfach reibungslos vollzogen wurden (APRM 2008b: 76-77). Die Debatte um notwendige Verbesserungen des institutionellen Rahmens wird zudem von politischer, zivilgesellschaftlicher und wissenschaftlicher Seite sehr ernsthaft und lebhaft geführt. Partizipationsmöglichkeiten sind durch eine weitgehende Garantie zentraler Freiheitsrechte gegeben.

---

51 Gespräche des Autors mit hochrangigen westlichen Diplomaten in Cotonou im Jahr 2006 haben ergeben, dass Deutschland, Frankreich, die Vereinigten Staaten und die Europäische Union geschlossen und nachdrücklich darauf hingewirkt haben, dass der Staatspräsident keine Verfassungsänderung anstrebt und die Wahlen verfassungsgemäß durchgeführt werden.

52 Zu Deutsch soviel wie „Lass meine Verfassung in Ruhe!" oder „Lass die Finger von meiner Verfassung!" Eine Protagonistin der Aktion hat Ablauf und Erfolg in einem autobiographischen Werk genau beschrieben (Madougou 2008).

3.1.3   Burkina Faso

Nachdem im bis 1984 Obervolta genannten Burkina Faso Ende der 1970er Jahre ein seriöser Demokratisierungsversuch gescheitert war (siehe Englebert 1998: 46-52), erlebte das Land in den 1980er Jahren eine Abfolge von Militärcoups. Diese sorgten spätestens mit dem Putsch unter der Führung von Hauptmann Thomas Sankara am 4. August 1983 für ein völliges Verschwinden der Demokratisierungsagenda sorgten. Präsident Sankaras linkspopulistisches Militärregime hielt sich bis zur Ermordung des Präsidenten im Oktober 1987 (siehe Murison/ Englebert 2009b: 154). Danach übernahm Hauptmann Blaise Compaoré die Macht. Dieser steuerte zwar wirtschaftspolitisch um und erteilte den traditionellen Autoritäten wieder mehr Handlungsspielraum und Anerkennung. Die zentral und autokratisch gelenkte Verwaltungsstruktur mit den sogenannten Revolutionskomitees blieb jedoch zunächst erhalten (Boudon 1997). Aus dieser Struktur ging im März 1988 die Volksfront (*Front Populaire*, FP) hervor, die um ihren linksideologischen Flügel „bereinigt" wurde, um interne Opposition gegen die „Berichtigung der Revolution" zu verdrängen (Loada 1996: 288). Parallel zur Bestrebung, mit der FP eine unitarische Sammlungsbewegung zu erhalten, wurde die Bildung zahlreicher politischer Organisationen geduldet, die sich später zu politischen Parteien wandeln konnten. Unter allen Militärregimes der 1980er Jahre waren Parteien formal verboten. Sofort nach den Liberalisierungsmaßnahmen Compaorés kam es jedoch zu einer starken Proliferation politischer Organisationen, auch jenseits des revolutionsnahen Spektrums (Lejeal 2002: 141). Die Regierung Compaoré beteiligte sich an dieser Parallelentwicklung mit der frühzeitigen Gründung einer eigenen politischen Partei (*Organisation pour la Démocratie Populaire/Mouvement du Travail*, ODP/MT; April 1989; siehe Englebert 1998: 65-66; Kaboré 2002: 233-240), die durch ihre privilegierte Stellung im Gesamtsystem eine hegemoniale Funktion im Sartori'schen Sinne einnehmen konnte. Die Doppelstrategie aus kontrollierter Liberalisierung und neuer parteipolitischer Hegemonie zahlte sich nach der Systemtransformation zum Mehrparteienwettbewerb für Compaoré aus. Die FP verschwand, aber die ODP/MT war bereits als dominante politische Partei zur Stützung der selbstreformierten Elite installiert. Opposition konnte sich unter dem Übergewicht der von der Militärdiktatur geerbten Strukturen nur schwer entfalten (Loada 1996: 294-297). Die von oben gelenkte politische Liberalisierung schritt nur langsam voran und wurde so gestaltet, dass die Staatsführung auf bedrohliche Entwicklungen rechtzeitig reagieren konnte.

Burkina Faso konnte kaum auf demokratischen Vorerfahrungen aufbauen. Wahlen waren als Mechanismus der Regierungsübergabe unbekannt (ausführlicher Stroh 2011). Unter dem selbsternannten Revolutionsregime waren zwar einige kommunistische Gruppen geduldet worden und zum Teil aktiv in die Militärdiktatur eingebunden (Diallo 1996; Kaboré 2002: 240-

243). Sozialdemokratisch oder gar liberal orientierte Politiker waren jedoch ins Exil gezwungen worden. Die wohl prominentesten unter ihnen waren der Geschichtsprofessor Joseph Ki-Zerbo und der erste Staatspräsident Maurice Yaméogo mit seinem Sohn Hermann. Deren Rückkehr wurde Ende der 1980er zwar erlaubt, aber nur um den Preis der Kooptation in das Regime der Volksfront. Oppositionsforderungen wurden in der Transition blockiert, insbesondere diejenige nach einer souveränen Nationalkonferenz (siehe Sawadogo 1996; Loada 1996). Eine Wechselstimmung zur Ablösung von Präsident Compaoré konnte unter so stark kontrollierten Bedingungen nicht aufkommen. Der Vertrauensverlust der Opposition in den Demokratisierungsprozess führte schließlich zum Boykott der ersten beiden Präsidentschaftswahlen (Stroh 2011: 273-274).

In der Außenwirkung kamen Compaorés Reformmaßnahmen früh genug und hoben sich ausreichend vom Status quo ante ab, um externen Forderungen zu genügen. Die La Baule-Rede Mitterrands mag der politischen Liberalisierung allenfalls einen zusätzlichen Schub Richtung unbeschränktem Mehrparteienwettbewerb gegeben haben (vgl. Kaboré 2002: 245). Wichtiger dürfte jedoch die bereits vor La Baule angeschobene ökonomische Transformation gewesen sein. Compaoré hatte bald nach seiner Machtübernahme angekündigt, ein marktwirtschaftliches Wirtschaftssystem einführen zu wollen und Kontakte zu den Bretton-Woods-Organisationen aufgenommen (Boudon 1997). Das relevante internationale Umfeld war Compaoré dadurch wohl gesonnen, anerkannte die signifikanten Veränderungen und übte keinen verstärkten Druck auf eine intensivere politische Liberalisierung aus. Compaoré gewann dadurch wertvolle Zeit, seine Machtbasis zu konsolidieren. Mithin konnte sich in Burkina Faso zum Vorteil der Machthaber ein hybrides oder semi-demokratisches Regime verstetigen.

Die Qualität des Parteienwettbewerbs hat sich unterdessen wellenförmig entwickelt, aber in der Tendenz verbessert. Während die ersten beiden Präsidentschaftswahlen boykottiert wurden, haben sich die Oppositionsparteien an den Parlamentswahlen von Beginn an beteiligt. Trotz der Startvorteile der ODP/MT war die Wettbewerbssituation ab der ersten Parlamentswahl immerhin so frei, dass die Opposition Achtungserfolge erzielen konnte. Nach Stimmen konnte die ODP/MT bereits 1992 keine absolute Mehrheit erzielen. Das Wahlsystem sorgte jedoch für eine klare Mehrheit an Sitzen.[53] Obgleich die staatlichen Medien dominierten, konnten sich zugleich kritische Printmedien etablieren. Aus der Gewerkschaftsbewegung gingen kritische zivilgesellschaftliche Organisationen hervor, darunter die Menschenrechtsorganisation *Mouvement Burkinabè des Droit de l'Homme et des Peuples*

---

53 Das nominell proportionale Wahlsystem operierte überwiegend in sehr kleinen Wahlkreisen. Bei einer fragmentierten Opposition wirken kleine Wahlkreise stark konzentrierend zugunsten einer deutlich größeren Regierungspartei (Bogaards 2000). Eine Übersicht über die Wahlergebnisse findet sich in Anhang 1.

(MBDHP) unter der Führung des ehemaligen Generalsekretärs der Richtergewerkschaft Halidou Ouédraogo. Diese treten seither mit einigem Erfolg für die Stärkung demokratischer Grundrechte ein.

Die Regierung versuchte im Gegenzug das Risiko eines Machtverlustes zu minimieren, indem Kooptation und Patronage dazu genutzt wurden, die parteipolitische Machtbasis zu erweitern. Die Fusion zahlreicher kleinerer Parteien mit der ODP/MT zum *Congrès pour la Démocratie et le Progrès* (CDP) war ein Ausdruck dieser Strategie. Entsprechend kritisch wurde die Entwicklung der Demokratisierung nach den Wahlen 1997 beurteilt (Loada 1998). Zuvor hatte noch Zuversicht überwogen (Boudon 1997).

Ausgelöst durch die Ermordung des kritischen Journalisten Norbert Zongo im Dezember 1998 (siehe Abschnitt 3.3.3) kam es bei der nachfolgenden Parlamentswahl 2002 erneut zu einem Demokratisierungsschub. Der politische Wettbewerb wurde freier und fairer – auch durch eine Wahlsystemreform – und die CDP erreicht erneut nur eine relative Mehrheit der Stimmen und eine knappe Mehrheit der Sitze (Santiso/ Loada 2003). Die Verbesserung der Wettbewerbssituation ging mit verbesserten politischen Freiheitsrechten einher (Loada 1999). Allerdings folgte auch auf den zweiten demokratischen Aufschwung Ernüchterung – jedoch auf höherem demokratischem Niveau. Die Handlungsfreiheit politischer Parteien ist seither größer. Repression mit physischen Mitteln wird nicht mehr systematisch eingesetzt,[54] ebenso wenig wie direkte Intervention in die Arbeit der staatlichen Medien, obgleich Autozensur weitverbreitet sei.[55] Die Arbeit der privaten Medien ist relativ frei, sofern der Staatspräsident nicht unmittelbar persönlich angegriffen wird.[56] Die Ernüchterung begründet sich vor allem aus dem Umgang des Staatspräsidenten mit der Verfassung. Die Amtszeitenbegrenzung für den Präsidenten wurde mehrfach geändert, um Compaoré immer weitere Kandidaturen zu ermöglichen. Zum Zeitpunkt der Referenzwahl dieser Studie im Jahr 2007 war der Staatspräsident seit knapp 20 Jahren im Amt, mit geringer Aussicht auf einen Wechsel vor 2015. Hinzu kommt der faktisch privilegierte Zugriff der von Compaoré abhängigen Staatselite, zu der auch die Funktionäre der CDP zu zählen sind, auf materielle und ideelle Ressourcen.[57]

Die Ernüchterung schlägt sich auch in einer geringen Wahlbeteiligung nieder. Wahlfälschungsvorwürfe der Opposition beziehen sich zumeist auf den ländlichen Raum und die mangelhaften Wählerregister. Im städtischen Umfeld zeigt sich jedoch steigende willentliche Wahlenthaltung (siehe Loada

---

54 Interview mit einem führenden Oppositionsvertreter, Ouagadougou, Oktober 2006.
55 Interview mit einem Journalisten der staatlichen Medien in Leitungsfunktion, Oktober 2006.
56 Interviews mit Pressevertretern privater Medien, Oktober 2006.
57 Der Präsident pflegt enge Beziehungen zur Wirtschaftselite des Landes und nützt die Unterstützung traditioneller Autoritäten sowie religiöser Führer. Da diese Verflechtungen im politischen Wettbewerb insbesondere seiner Partei CDP zugute kommen, werden sie als Parteimerkmale in der späteren Analyse aufgegriffen und genauer diskutiert.

2006), da die Wettbewerbssituation von vielen Menschen mit besserer Ausbildung und besserem Informationszugang als aussichtslos angesehen wird. Die Mehrheitsverhältnisse bei Präsidentschaftswahlen und im Parlament waren seit der Transition zu einseitig.

Obwohl der APRM-Prozess in Burkina Faso als zu wenig partizipativ kritisiert wurde (Natielsé 2009), fand der Bericht treffende und klare Worte für den schleppenden und konfliktiven Demokratisierungsprozess in Burkina Faso, ohne die graduellen Erfolge zu vergessen:

"The electoral system of Burkina Faso is not free of suspicion as regards its ability to ensure fair and equitable competition in the context of free and transparent elections. Discussions with the political and intellectual class as a whole have [demonstrated] the absence of minimum consensus on all the rules of the democratic process, an absence that is undoubtedly related to the particular circumstances associated with the return to multiparty democracy (such as the absence of a national conference or similar forum). What is significant in this sense is that the major advances have occurred after the occurrence of deep crises. All the stakeholders agree, however, that enormous progress has been made with the process of electoral consultation" (APRM 2008a: 100).

Fast alle Bereiche der Herrschaftsorganisation werden vom APRM-Bericht kritisiert. Allerdings stets in gradueller und mithin reformierbarer Form. Besonders betont werden die problematische Verflechtung von Staat und Regierungspartei CDP, die Schwäche der Wahlkommission und die andauernde Implikation zahlreicher Militärs in die Führung der Staatsgeschäfte (APRM 2008a). Die Position Burkina Fasos in der Grauzone zwischen Demokratie und Diktatur ist mithin nicht Ausdruck einzelner gravierender Defekte in einzelnen Teilregimen (vgl. Merkel 2004), sondern gradueller Schwierigkeiten und Ungleichgewichten in vielen Bereichen der Staatsorganisation. Offensichtlich wirkt sich diese Schieflage systematisch verzerrend auf das ganze Parteiensystem aus, verhindert aber Parteienwettbewerb nicht grundsätzlich. Insbesondere bei Parlamentswahlen ist eine akzeptable Wettbewerbssituation gegeben und die demokratischen Grundrechte werden akzeptabel gewahrt.

3.1.4   Varianz der ersten intervenierenden Variable

Am anschaulichsten lässt sich die Varianz der intervenierenden Variable Demokratisierungsniveau mit den Messwerten einschlägiger Indices darstellen. Die bekanntesten Demokratiemessinstrumente bilden Burkina Faso tendenziell in der Grauzone zwischen Autokratie und Demokratie ab und weisen zugleich auf einen für diese Untersuchung besonders interessanten Abstand zum stärker demokratisierten Benin hin (vgl. Tab. 3.1). Der Abstand schwankt jedoch und ist im Bertelsmann Transformation Index (BTI) am geringsten. Eine zusammenfassende Binnendifferenzierung dieser groben

Messinstrumente auf der Grundlage des Vorstehenden kann diese Differenz erläutern.

Tabelle 3.1: Indexwerte verschiedener Messinstrumente

Messinstrument	Referenzjahr	Benin	Burkina Faso	Messskala*
Freedom House	2007	2	4	7 → 1
	2000	2	4	(combined index)
BTI	2007	7,90	6,25	0 → 10
	2005	7,60	6,12	(democracy status)
EIU Index of	2008	6,06	3,60	0 → 10
Democracy	2006	6,16	3,72	(overall score)
Polity IV	2007	7	0	-10 → 10
	2000	6	-3	(Polity2)

* Theoretisch mögliche Werte von maximal autokratisch bis maximal demokratisch.

Anmerkung: Die Referenzjahre wurden – soweit verfügbar, anderenfalls ein verfügbares früheres Jahr – so gewählt, dass das Erfolgsprüfjahr 2007 und das Jahr 2000 abgedeckt wurden.

Quelle: eigene Zusammenstellung auf Grundlage der Angaben der zitierten Einrichtungen auf deren jeweiligen Internetseiten.

Der BTI berücksichtigt im Gegensatz zu den anderen Indices das Kriterium der Staatlichkeit zur Messung des Demokratiestatus. Allerdings ist ein gewisses Maß an Staatlichkeit sowohl für Demokratien als auch für autokratische Regime eine wichtige Voraussetzung. Benin und Burkina Faso erfüllen diese Voraussetzung in einem sehr ähnlichen Maß. Zudem erfasst der BTI Strukturmerkmale des Parteiensystems bei der Messung des Demokratiestatus. Einerseits ist die dahinter stehende Zusammenhangsvermutung zumindest für die Area Subsahara-Afrika fragwürdig, da sich eine hohe Fragmentierung und geringe Institutionalisierung des Parteiensystems offenbar nicht systematisch negativ auf das Demokratieniveau auswirkt (Basedau/ Stroh 2011). Andererseits sollte dieses Kriterium auch aus Endogenitätsgründen herausgenommen werden. Rechnet man folgerichtig das Staatlichkeits- und das Parteiensystemkriterium aus dem BTI für beide Länder heraus, wächst der Abstand bei der jüngsten Messung von 1,65 Punkten auf 2,37 Punkte und rückt damit auf die Höhe der EIU-Messung.[58]

Inhaltlich zeigt sich, dass die Länder im engeren politischen Bereich die stärksten Differenzen aufweisen. Während die Pressefreiheit und – besonders wichtig für diese Studie – die Vereinigungsfreiheit in beiden Ländern weit-

---

58 Benin erhält dann einen Skalenwert von 8,07 und Burkina Faso von 5,70. Die Einzelwerte sind auf der Website des BTI frei verfügbar (www.bertelsmann-transformation-index.de, letzter Zugriff am 15.12.2010).

gehend gewährleistet sind, setzt sich Burkina Faso durch Defizite bei der Rechtsstaatlichkeit und Fragen der wechselseitigen Gewaltenkontrolle von Benin nach unten ab, also gerade in den Bereichen, die Dahl nicht als essentiell für die Klassifizierung als Minimaldemokratie definiert. Von diesen Defiziten ist jedoch indirekt auch der Wahlprozess betroffen, insbesondere wenn es um die juristische Klärung von Wahlanfechtungen geht. Diese Beobachtung muss bei der Vergleichsanalyse besonders stark mitberücksichtigt werden.

3.2   Institutionelles Arrangement

3.2.1   Institutionenbegriff und Auswahl zentraler Institutionen

Das zweite Cluster intervenierender Variablen berücksichtigt relevante institutionelle Unterschiede.[59] Freilich sollen nicht alle möglichen politischen Institutionen einfließen, sondern nur solche, denen regelmäßig ein hauptsächlicher Einfluss auf die Gestalt des Parteiensystem und die Erfolgschancen einzelner Parteien zugeschrieben wird. Als Institutionen werden dabei mit North (1990: 3) die Spielregeln verstanden, die politische Interaktionen von Akteuren formen und in zuverlässige Bahnen lenken. Abweichungen von der Regel werden sanktioniert. Verfassungsrecht und gesetzliche Regulierungen sind im staatsorganisatorischen Bereich mithin von zentraler Bedeutung. Der Institutionenbegriff verlässt sich aber gerade nicht auf den reinen Verfassungstext, sondern berücksichtigt auch die tatsächliche Implementierung. Regeln können auch informell sein. Da informelle Institutionen jedoch deutlich schwieriger zu erfassen und von wiederholtem Verhalten abzugrenzen sind (siehe Helmke/ Levitsky 2006; Erdmann et al. 2011) sollen hier formale Institutionen im Vordergrund stehen.

Die jungen Mehrparteiensysteme von Benin und Burkina Faso stehen nach wie vor im Kontext der Regimedemokratisierung, nicht im Kontext von etablierten Demokratien.[60] Zentrale Institutionen sollten daher aus zwei

---

59   Während bei der Fallauswahl darauf geachtet wurde, dass einige institutionelle Kontextbedingung auf der Ebene allgemeiner Klassifikationen (beispielsweise präsidentielle vs. parlamentarische Regierungssysteme) möglichst homogen gehalten werden, sollen die Institutionen hier genauer betrachtet werden, also beispielsweise die konkrete Ausprägung des präsidentiellen Regierungssystems.

60   Die Schwelle zum Aufstieg in die Kategorie der konsolidierten und etablierten Demokratien ist zwar reichlich nebulös und könnte deshalb zu Recht ausführlich hinterfragt werden. Die Frage nach Konsolidierungsschwellen überschreitet jedoch den Rahmen dieser Arbeit. Sie beschränkt sich deshalb auf die Feststellung, dass es sich in den ausgewählten Fällen um Regime handelt, die seit der Transition Anfang der 1990er Jahre sukzessive einen

Diskussionssträngen abgeleitet werden: (1) der Debatte zum demokratieförderlichsten Institutionendesign und (2) der allgemeinen Debatte zur Wirkung von Institutionen, die unmittelbar dazu geschaffen wurden, auf den Wahlprozess und das Parteiensystem einzuwirken. Während sich die Aufnahme des zweiten Punkts selbst erklärt, sollte zur etwas komplexeren Beziehung zwischen Institutionendesigns, Demokratie und dem Parteienerfolg Nachfolgendes expliziert werden. Den intervenierenden Variablen wird schon forschungslogisch ein nur indirekter Einfluss auf die Erfolgsbilanz politischer Parteien unterstellt, sonst müssten sie als unabhängige Variablen geführt werden. Im Forschungsdesign dieser Studie kontrollieren sie vornehmlich nationale Unterschiede zwischen den Untersuchungsländern. In diesem Zusammenhang ist es freilich auch von Bedeutung, welchen Stellenwert das Parlament im politischen System genau einnimmt, da die Parlamentswahlergebnisse zur Messung des Parteienerfolgs herangezogen werden.

Die allgemeine Debatte zum Zusammenhang zwischen Institutionendesign und Demokratie fokussiert dabei auf drei grundlegende Elemente: (1) die Staatstruktur, also insbesondere die Frage nach Föderalismus oder Zentralstaat, (2) das Regierungssystem und (3) das Wahlsystem (siehe Lijphart 2004; Reynolds 2002; Betz 1997; Horowitz 1993). Da Benin und Burkina Faso Zentralstaaten nach französischem Vorbild sind, in denen Devolution erst seit wenigen Jahren ernsthaft verfolgt wird und an Bedeutung gewinnt, scheidet das erste Element als intervenierende Institution aus. Das Regierungssystem kann in Anlehnung an Thibaut (1997) und Schüttemeyer (2004c) als das wechselseitige Verhältnis von Exekutive und Legislative definiert werden, das durch deren jeweiliges Zustandekommen und die Kompetenzverteilung zwischen den Organen der beiden Staatsgewalten entsteht. Üblicherweise werden zwei oder drei Grundtypen des Regierungssystems unterschieden. Neben der Unterscheidung zwischen präsidentiellen und parlamentarischen Systemen hat sich auch der am französischen Realtyp orientierte Semi-Präsidentialismus (Duverger 1980) begrifflich etabliert.

Aufgrund der Prädominanz präsidentieller Regierungssysteme in Afrika soll die Institutionenvariable Regierungssystem auch relevante Unterschiede unterhalb der Grundtypologie erfassen, um Implikationen für den Mehrparteienwettbewerb nicht zu übersehen.[61] Dazu wäre beispielsweise die effektive Anordnung von *checks and balances* zu zählen.

Der dritte Hauptpunkt der Debatte um das „richtige Design" vereint sich mit dem zweiten allgemeinen Diskussionsstrang, der die direkte Verbindung zwischen Institutionen und Parteien thematisiert. Das Wahlsystem ist

---

Demokratisierungsprozess durchlaufen und dabei unterschiedlich schnell und unterschiedlich weit vorangekommen sind (siehe Abschnitt 3.1).

61 Zur Bedeutung des Präsidentialismus in der westlichen Welt siehe Samuels (2002), der am Beispiel Frankreichs besonders auf die stärkere Personalisierung des Wahlwettbewerbs und die geringere Bedeutung von Programmatik und Parteiorganisation hinweist.

unzweifelhaft eine derjenigen Institutionen, die unmittelbar dazu geschaffen werden, um auf den Wahlprozess und das Parteiensystem einzuwirken. Neben den genaueren Systemunterschieden rücken in diesem Bereich auch spezielle (technische) Vorschriften des Wahlrechts und Bestimmungen des Parteienrechts ins Zentrum des Interesses.[62] Das institutionelle Variablencluster umfasst folglich die relevanten desaggregierten Elemente des Regierungssystems, der Wahlregulierung und der Parteienregulierung.

3.2.2 Benin

Das beninische Regierungssystem wurde 1990 mit viel Bedacht entworfen. Eine der besonders kontrovers geführten Diskussionen betraf die Frage, ob ein rein präsidentielles Regierungssystem mit klarer Gewaltenteilung und einem System der Gegengewichte (*contre-pouvoirs* oder *checks and balances*) geschaffen werden solle oder ein semipräsidentielles System, in dem die Regierung dem Parlament direkt verantwortlich ist. Der Ausschuss für Verfassungsangelegenheiten der Nationalkonferenz sprach sich schließlich für einen reinen Präsidentialismus aus, in dem der direkt gewählte Staatspräsident gleichzeitig Regierungschef und nicht vom unikameralen Parlament abhängig ist (Fondation Friedrich Naumann 1994: 50). Die von der Nationalkonferenz eingesetzte Verfassungskommission, die den konkreten Textentwurf erarbeitete, ist dieser Vorgabe gefolgt. Parlament und Präsident wurden strikt getrennt und als Gegengewichte zueinander konzipiert. Es ist weder dem Präsidenten erlaubt, das Parlament aufzulösen, noch kann das Parlament die Regierung stürzen. Der Präsident kann Gesetze gegen den Willen der Mehrheit des Parlaments nicht blockieren und seine Dekretmacht ist begrenzt. Auch die Wahltermine sind getrennt. Das Parlament wird auf vier, der Präsident auf fünf Jahre gewählt. Als zusätzliches Gegengewicht wurde ein starker Verfassungsgerichtshof installiert, der das intendierte System von *checks and balances* vervollständigt (siehe Glèlè 1993). Die sieben Verfassungsrichter werden alle fünf Jahre vom Präsidenten ernannt (drei) und vom Parlamentspräsidium gewählt (vier). Sie können maximal zwei Wahlperioden amtieren.

„A large number of Beninese nationals believe that the National Assembly is not playing its role of watchdog over government effectively" (APRM 2008b). Mit diesen deutlichen Worten stellt der APRM-Bericht die Effektivität der parlamentarischen Komponente des präsidentiell-gewaltenteiligen Regierungssystems Benins in Frage. Die Darstellung gibt jedoch stärker das „gefühlte Maß" an Einfluss vor dem Eindruck des zuweilen eigensüchtigen, intransparenten, erratischen und unprofessionellen

---

62 Zur häufig unterschätzen oder übersehenen Wirkung von technischen Elementen des Wahl-
    rechts siehe beispielsweise Nohlen (2007: 75-120).

Verhaltens der Parlamentarier wider als das rechtliche Regelwerk. Zwar können korrupte Parlamentarier die Funktion des autonomen Gegenwichts im Regierungssystem untergraben und ausbluten lassen. Das ändert aber nichts an der grundsätzlichen Möglichkeit des Parlaments als unbequeme Kontrollinstanz gegenüber der Exekutive aufzutreten. Letzteres ist in Benin seit 1991 häufig geschehen. Insbesondere dann, wenn der Präsident durch den Zerfall seines Regierungsbündnisses oder durch Neuwahlen die parlamentarische Mehrheit verloren hat. Das daraus erwachsende Blockadepotential, das in den späteren Präsidentschaften Soglos[63] und Yayis[64] besonders öffentlichkeitswirksam genutzt wurde (Murison/ Englebert 2009a), wird jedoch überwiegend als positiv für die demokratische Entwicklung bewertet (Seely 2005: 370; Banégas 2003: 199), ohne dabei Kritik auszulassen:

„Les députés disposent d'une importante marge de manœuvre en matière de contrôle de la gestion du gouvernement. Mais, pour que ce contrôle soit efficace, il faut une culture parlementaire, malheureusement encore faible au Bénin" (Akindès/ Topanou 2005: 17-18).[65]

Das Verfassungsgericht findet als zentrale Instanz der effektiven Streitschlichtung hingegen fast ungeteilte Anerkennung (Reynal 1991; Badet 2000; Banégas 2003: 201; Gisselquist 2008; Rotman 2004). Das Gericht konnte sich schon in den frühen 1990er Jahren mit wichtigen Entscheidungen gegen die Regierung durchsetzen, ohne dabei einseitig im Sinne der Opposition zu agieren (Viljoen 1999; Murison/ Englebert 2009a). Amouzouvi (2000: 363) hat frühzeitig auf Gefahren der institutionellen Konstruktion aufmerksam gemacht, die die überparteiliche Unabhängigkeit der Richter bedrohen. Er meint damit die stets gleichzeitige Wahl aller Richter durch das Parlamentspräsidium und den Staatspräsidenten. Die Regelung kann dazu führen, dass alle Richter dem Präsidentschaftslager angehören, wenn dieses über eine absolute Mehrheit im Präsidium verfügt und beide Organe ohne Einbeziehung der Opposition auswählen. Eine solche Situation ist im Jahr 2008 eingetreten und wurde in der Presse massiv kritisiert. Auch seriöse Kommentatoren aus der Zivilgesellschaft haben seither beklagt, dass das Vertrauen in

---

63 Hier ist insbesondere sogenannte „Haushaltskrieg" des Jahres 1994 hervorzuheben, der mit scharfen medialen Auseinandersetzungen zwischen Parlament und Regierung geführt wurde und erst vom Verfassungsgericht geschlichtet werden konnte (Banégas 2003: 199-201).

64 Der Konflikt in der Amtszeit Yayis hat sich vor allem an Personen und deren Umgang mit Verfahrensregeln entzündet; insbesondere am eher konfrontativ agierenden Parlamentspräsidenten Mathurin Nago. Vergleiche hierzu den Untersuchungsbericht der parlamentarischen Ad hoc-Kommission zum mutmaßlichen Fehlverhalten des Parlamentspräsidenten unter dem Vorsitz des Oppositionsabgeordneten Ismaël Tidjani-Serpos, PRD, vom 29.12.2008 (Commission d'enquête 2008).

65 „Die Abgeordneten verfügen über einen bedeutenden Handlungsspielraum zur Kontrolle der Regierungsaktivitäten. Um diese Kontrolle effektiv zu machen, ist jedoch eine parlamentarische Kultur erforderlich, die in Benin leider noch schwach ausgeprägt ist" (Übersetzung AS).

die Verfassungsrichter gelitten habe.[66] Bei neutraler Betrachtung kann dem Verfassungsgericht jedoch kaum materielle Einseitigkeit nachgewiesen werden.

Als Präsidentschaftswahlsystem nutzt Benin seit der Transition ein absolutes Mehrheitswahlrecht mit der Möglichkeit auch als parteiunabhängiger Kandidat anzutreten. Die Zahl der möglichen Amtszeiten ist auf zwei begrenzt und Präsidentschaftskandidaten dürfen nicht älter als 70 Jahre sein. Die Altersbegrenzung zielte vor allem auf den Ausschluss ehemaliger Staatspräsidenten vom Wahlwettbewerb um das höchste Amt im Staat. Politische Parteien durften die noch nicht verstorbenen Altpräsidenten Hubert Maga, Justin Ahomadegbè und Emile Derlin Zinsou zwar gründen und anführen. Sie durften aber nicht zur Präsidentschaftswahl antreten.

Die Möglichkeit ohne Parteibindung zu Präsidentschaftswahlen anzutreten haben alle erfolgreichen Kandidaten genutzt. Selbst bei Kérékous Wiederwahl stützte dieser sich zwar auf „sein" Parteienbündnis *Union pour le Bénin du Futur* (UBF). Kérékou war jedoch zu keiner Zeit in die Parteiorganisationen eingebunden oder gar Parteifunktionär. Bei allen Präsidentschaftswahlen seit der Transition kam es zu einer zweiten Abstimmungsrunde. 1996 konnte dabei der an zweiter Stelle liegende Kérékou den amtierenden Präsidenten Soglo überholen. Die Zeit zwischen den Wahlgängen bietet Raum für Aushandlungsprozesse mit und unter den gescheiterten Kandidaten und politischen Eliten, die in einer gewissen Analogie zu parlamentarischen Koalitionsverhandlungen gesehen werden können, die der Wähler dann jedoch noch bestätigen muss. So kam es beispielsweise im relativ offenen Rennen des Jahres 2006 zu einer Allianz unterlegener Kandidaten, die sich unter dem Titel *Wologuèdè* für den Erstplazierten Quereinsteiger Boni Yayi und nicht für den langjährigen Präsidentschaftsaspiranten Adrien Houngbédji aussprachen (Mayrargue 2006). Yayi wurde schließlich mit 75% zu 25% im zweiten Durchgang gewählt. Ein einfaches Mehrheitswahlrecht würde diese Aushandlungsprozesse verhindern.

Diese Regeln wirken sich auch auf politische Parteien aus. Letztere werden zwar bei der Kandidatenaufstellung nicht benötigt, aber bei der Organisation von Mehrheiten – spätestens im zweiten Wahlgang. Die zeitliche Trennung von Präsidentschafts- und Parlamentswahlen wiederum lässt die Möglichkeit einer Rückwirkung des Präsidentschaftswahlprozesses auf den Erfolg bestimmter Parteien zu. Hier kann sich eine Abhängigkeit zum Verhalten im zweiten Wahlgang ergeben. Parteiunabhängige Präsidenten brauchen zudem eine Parlamentsmehrheit und können potentiell durch ihr eigenes Nachwahlverhalten die Neuordnung der Parteienlandschaft bewirken.

---

66 Vergleiche beispielsweise das Interview mit Rechtsanwalt Joseph Djogbénou in *La Nouvelle Tribune* (Cotonou) vom 29.07.2008, „Me Joseph Djogbénou à propos de la décision DCC 08-072: ,La Cour constitutionnelle doit encore fournir des preuves de son impartialité et de son indépendance'" (geführt von Ludovic D. Guédénon).

Noch unmittelbarer ist die Vermutung einer intervenierenden Wirkung beim Parlamentswahlsystem und seinen spezifischen Bestimmungen. Benin nutzt seit der Transition ein Verhältniswahlsystem in mehreren überwiegend mittelgroßen Mehrpersonenwahlkreisen. Die konzentrierende Wirkung der Wahlkreisgröße wurde im Laufe der Zeit jedoch stetig erhöht, indem immer mehr Wahlkreise geschaffen, die Sitzzahl aber nur geringfügig vergrößert wurde (siehe Tab. 3.2).[67] Eine nationale Zusatzliste existiert nicht. Ein proportionaler Ausgleich findet mithin nicht statt.

Tabelle 3.2: Wahlsystem Benin

Wahlen	Sitze im Parlament	Wahlkreise	Wahlkreisgröße* (Durchschnitt)	Nationale Zusatzliste
1991	63	6	8-14 (10,5)	--
1995	83	18	3-9 (4,6)	--
1999-2007	83	24	2-5 (3,5)	--

* Die Wahlkreisgröße wird in der Anzahl der Sitze gemessen, die in einem Wahlkreis vergeben werden.

Quelle: eigene Zusammenstellung aufgrund der Gesetzeslage (RB 1990; RB 1995; RB 1999)

Das Wahlgesetz enthält darüber hinaus weitere parteienrelevante Bestimmungen. Parteien sind grundsätzlich und im Gegensatz zu den Präsidentschaftswahlen die einzigen berechtigten Anbieter von Parlamentskandidaturen. Unabhängige Kandidaten sind nicht zugelassen. Zudem sind Parteien verpflichtet, in allen Wahlkreisen Listen mit ausreichend vielen Kandidaten aufzustellen (RB 1995: Artikel 3). Der gleiche Gesetzesartikel weicht die Anforderungen jedoch erheblich auf, indem er zulässt, dass auch „Parteiengruppen" an Wahlen teilnehmen dürfen und gemeinsame Kandidatenlisten aufstellen können. Der Gruppenbegriff ist nicht weiter spezifiziert. Die konzentrierende Wirkung der Klausel geht dadurch weitgehend verloren. Zudem setzen die Zulassungsbedingungen für neue Parteien relativ geringe Hürden, die noch dazu nicht sonderlich streng überprüft werden (Stroh 2008: 77).

Aufgrund der als zu hoch empfundenen Proliferation von politischen Parteien wurde das Parteiengesetz 2003 hinsichtlich der Zulassungsbedingungen verschärft. Es bleibt allerdings nach wie vor in den formalen Ansprüchen bescheiden. Dem Registrierungsersuchen, das bei der Innenbehörde zu stellen ist, müssen das Protokoll der Gründungsversammlung, die Geschäftsordnung, das Grundsatzprogramm (*projet de société*) und

---

67 Zur allgemeinen Wirkung von Wahlkreisgrößen in Verhältniswahlsystemen siehe ausführlich Nohlen (2007: 77-92).

Identitätsnachweise der Gründungsmitglieder beiliegen. Eine neue Partei muss mindestens zehn Gründungsmitglieder in jedem der zwölf Départements nachweisen, in summa also mindestens 120 Personen. Um Karteileichen zu beseitigen mussten sich alle Parteien nach der Anhebung der Registrierungsbedingungen neu anmelden. Dennoch wurde die intendierte Reduktion nicht bewirkt. Die Zahl der registrierten Parteien sank nur kurzfristig. Ende 1998 hatte die zuständige Innenbehörde 115 Parteien gezählt (Afrikinfo.com 2008). Rund vier Jahre nach dem Inkrafttreten der neuen Bestimmungen lag die Zahl der registrierten Parteien bereits wieder bei 106 (RB 2007).

Das Parteiengesetz beschränkt darüber hinaus die inhaltliche Ausrichtung der Parteien. Strukturpartikularistische Interessenvertretungen sind de jure weitgehend untersagt. Zumindest aus Sicht eines westlichen Parteienverständnisses mag dies paradox erscheinen, da schon der Begriff der Partei ausweist, dass es um die Vertretung der Präferenzen oder Interessen eines Teils der Gesellschaft geht. Dennoch untersagt das beninische Gesetz, dass Parteien geschlechtsbasierte, konfessionelle, berufsständische oder ethno-regionale Ziele verfolgen. Arbeiter- oder Frauenrechtsparteien, christliche oder Minderheitenparteien sind nach dieser Einschränkung beispielsweise nicht zulässig. Solche weitreichenden Verbote grenzen ganz offensichtlich die Möglichkeiten der Parteien zur programmatischen Profilgebung erheblich ein.

Maßgeblich motiviert werden derlei Einschränkungen von der Furcht vor ethno-regionalen Konflikten.[68] Benin hat zwar keinen Bürgerkrieg durchlitten, jedoch in der ersten postkolonialen Dekade eine Phase großer politischer Instabilität erlebt, die dadurch mitverursacht wurde, dass sich drei ethno-regional definierte Blöcke in Parteien organisierten und gegenseitig blockierten (siehe Staniland 1973). Vor dem Hintergrund dieser Erfahrungen und der Beobachtung gewalttätiger Konflikte mit ethnischer – in prominenten Einzelfällen auch ethno-separatistischer – Komponente in zahlreichen anderen afrikanischen Ländern konnte eine so restriktive Formulierung Eingang in den Gesetzestext finden. Vor einer strengen Anwendung der Klausel schrecken die Behörden jedoch zurück. Die Gründe mögen einerseits in einer gewissen allgemeinen Nachlässigkeit der Verwaltung liegen (Bertelsmann Stiftung 2009), sind aber andererseits auch stark von den Entscheidungen der Nationalkonferenz geprägt. Diese hatte ein Modell des limitierten Parteienwettbewerbs nach senegalesischem Vorbild geprüft (Vengroff/ Creevey 1997: 206-207; Moegenburg 2002: 30-31),[69] sich aber

---

68   Vergleiche dazu allgemein die Spezialausgabe von *Democratization* zu Parteienverboten (Bogaards/ Basedau/ Hartmann 2010).

69   Senegal hat die Zahl der politischen Parteien zeitweise auf drei begrenzt. Diese sollten nach der Vorstellung von führenden senegalesischen Intellektuellen die drei ideologischen

letztlich nachdrücklich für einen uneingeschränkten Mehrparteienwettbewerb (*multipartisme intégral*) ausgesprochen (Fondation Friedrich Naumann 1994: 51).

3.2.3   Burkina Faso

Die Gestaltung des burkinischen Regierungssystems wurde stark von der amtierenden autoritären Regierung gesteuert. Die Verfassungsgebung des Jahres 1991 ist als wichtiger Baustein in der „von oben" gelenkten Transition von einer linkspopulistischen Militärdiktatur zu einem liberalisierten Mehrparteiensystem zu verstehen. Die Kontrolle über den Prozess gab die Staatsführung nicht aus der Hand. Alle befassten Gremien wurden überwiegend mit regimetreuen Kräften aus der *Front Populaire* gespeist, also aus der Bewegung, die geschaffen wurde, um die Revolutionsbewegung von Thomas Sankara zu korrigieren. Diese Korrekturen sollten anfangs keinesfalls den revolutionären und sozialistischen Charakter des Staates verändern und Demokratisierung wohl eher in einem realsozialistisch geprägten Verständnis umsetzen (Sawadogo 1996: 311-313). Die Eigendynamik des institutionellen Reformprozesses hat zwar schließlich dazu geführt, dass der revolutionär-sozialistische Pfad verlassen wurde. Konsens über die genaue Form und Tiefe der neuen institutionellen Ordnung konnte jedoch nicht erreicht werden (Englebert 1998: 61-72). Sie wurde von der FP bestimmt und umgehend von der Opposition kritisiert.

Im Zentrum der Regierungssystemdebatte standen nicht das Grundsystem, sondern einzelne Ausgestaltungspunkte unterhalb dieser Schwelle. Unter Beachtung der formalen Kritierien Duvergers (1980: 166) handelt es sich um ein semipräsidentielles Regierungssystem, da dem nominellen Regierungschef in Person des Premierministers von Parlament das Vertrauen entzogen werden kann, was den direkt gewählten Staatspräsidenten dazu zwingt, einen neuen Premier zu ernennen. Allerdings erscheint es fraglich, ob die qualitative Komponente von Duvergers drittem Kriterium („a prime minister and ministers who possess executive and governmental power") angesichts der Machtfülle des Staatspräsidenten erfüllt ist. Der Premier ist völlig vom Präsidenten abhängig, der die Leitlinien der Politik bestimmen kann, über sein Präsidialamt auch tagespolitisch eingreifen kann und über relativ weitreichende Dekretierungsrechte verfügt. Zudem ist der Staatspräsident anlassungebunden befugt das Parlament jederzeit aufzulösen und könnte damit auch auf Misstrauensanträge reagieren.[70] Obgleich all diese

---

Hauptrichtungen repräsentieren: Neben einer konservativen, einer linken und liberalen Partei der Mitte sei kein sinnvoller Platz für weitere politische Positionen.

70   Im Jahre 2002 wurde die einzige limitierende Bestimmung aus der Verfassung gestrichen. Bis zu diesem Zeitpunkt hatte das Parlament nach seiner Auflösung durch den Präsidenten

Machtmittel noch nie angewendet wurden, zeigen sie doch, dass eine oppositionelle Parlamentsmehrheit die Regierungsarbeit des Staatspräsidenten nicht nur durch Gesetzesblockaden, sondern auch in Personalfragen stören könnte.

Die starke Stellung des Präsidenten wurde jedoch weit weniger diskutiert als die Fragen seiner Amtsperiode, des Zugangs aller Bürger zum Verfassungsgericht und insbesondere der Einrichtung einer zweiten Parlamentskammer: La constitution „se caractérise par le renforcement des pouvoirs du président du Faso (le Faso étant la forme républicaine de l'État) et par l'érection d'une seconde chambre [parlementaire]" (Sawadogo 1996: 312).[71] Allerdings wurde die zweite Kammer nie tatsächlich installiert und 2002 schließlich wieder aus der Verfassung gestrichen, so dass sie sich nicht auf den Parteienwettbewerb auswirken konnte. Sie hätte angesichts der geplanten korporatistischen – und damit parteienfernen – Zusammensetzung das Potential dazu gehabt. Die Möglichkeit zur Individualklage vor dem Verfassungsgericht wurde zwar von mehreren Gremien mehrheitlich gefordert. Letztlich verhinderten Juristen die Einbringung des Vorschlags mit Argument, die Risiken seien zu groß, da die Justiz erst einige Jahre Erfahrungen mit dem neuen System sammeln müsse (Sawadogo 1996: 318). Ob die Abwehr der Individualklage tatsächlich auf sachlichen Bedenken beruhte oder das benannte Risiko vor allem die Machthabenden hätte treffen können und deshalb vermieden werden sollte, ist nicht überliefert. Im Ergebnis blieb die Verfassungsjustiz in Burkina Faso schwach und kann nicht als effektives Gegengewicht zur starken Exekutive angesehen werden (vgl. APRM 2008a: 108).

Als Präsidentschaftswahlsystem wird in Burkina Faso seit der Transition die absolute Mehrheitswahl verwendet. Ein zweiter Wahlgang war bislang nicht notwendig, da Blaise Compaoré alle Wahlen mit großer Mehrheit der Stimmen gewinnen konnte.[72] Die Kandidaten können von einer oder mehreren Parteien unterstützt werden, sind aber nicht dazu gezwungen (BF 1992: Artikel 78; BF 2001a: Artikel 123). Die Ausübung des Präsidentenamtes ist jedoch unvereinbar mit einer Parteifunktion. Während das Grundsystem im Laufe der Zeit konstant geblieben ist, wurden mehrfach technische Elemente verändert. Die Amtszeit des Präsidenten wurde nach intensiver Diskussion im Verfassungsgebungsprozess (Sawadogo 1996) zunächst auf sieben Jahre festgelegt bei einmaliger Wiederwahlmöglichkeit. Die Begrenzung der Amtsperioden auf zwei wurde jedoch schon 1997 wieder

---

eine einjährige Schonfrist, in der es nicht erneut aufgelöst werden durfte. Seither ist der Präsident in seiner Entscheidung frei, zu welchem Zeitpunkt er das Parlament vorzeitig auflösen will.

71 Die Verfassung „wird von der verstärkten Macht des Staatspräsidenten und von der Einrichtung einer zweiten [Parlaments-]Kammer geprägt" (Übersetzung AS).

72 Demokratisierungsdefizite und Wahlboykotte haben in den Jahren 1991 und 1998 dafür gesorgt, dass Compaoré fast konkurrenzlos antreten konnte.

aufgehoben. Das neue Wahlgesetz von 2002 verkürzte die Amtsperiode auf fünf Jahre und führte die Amtszeitenbegrenzung wieder ein, was Staatspräsident Blaise Compaoré allerdings nicht daran hinderte, im November 2005 ein drittes Mal zur Wahl anzutreten. Die Wiedereinführung der Klausel wurde als Neuregelung ohne Rückwirkung ausgelegt (Loada 2006).[73]

Die burkinischen Parlamentswahlen finden seit 1992 nominell konstant unter Anwendung der Verhältniswahl in mehreren Wahlkreisen statt. Die wichtigsten technische Elemente des Wahlsystems wurden jedoch bei jeder Wahl verändert. Die Anzahl der Wahlkreise und die Wahlkreisgrößen sind einem permanenten Diskussions- und Veränderungsprozess unterworfen (siehe Tab. 3.3). Als Wahlkreise dienten zunächst die Provinzen, deren Zahl zwischenzeitlich anstieg. Im Jahr 2002 wurde auf die übergeordnete Ebene der 14 Verwaltungsregionen gewechselt und eine nationale Zusatzliste eingeführt. Der Wahlkreis der Zusatzliste ist das gesamte nationale Territorium. Die Sitzverteilung erfolgt nach der Summe der landesweit erreichten Stimmen. Der deutlich proportionalere Allokationseffekt dieser Bestimmungen wurde jedoch bereits eine Wahl später wieder verringert, indem erneut die 45 Provinzen als Wahlkreise fungierten. In 15 von ihnen ist nur ein Sitz zu vergeben, so dass dort nicht mehr von einer Verhältniswahl gesprochen werden kann. De facto handelt es sich in diesen Wahlkreisen um ein klassisches *First-past-the-post*-System: Die relative Mehrheitswahl in Einpersonenwahlkreisen.

Tabelle 3.3: Wahlsystem Burkina Faso

Wahlen	Sitze im Parlament	Wahlkreise	Wahlkreisgröße (Durchschnitt)	Nationale Zusatzliste
1992	107	30	2-7 (3,6)	--
1997	111	45	1-11 (2,5)	--
2002	111	14	2-10 (6,4)	21
2007	111	45	1-9 (2,1)	15

Quelle: eigene Zusammenstellung aufgrund der Gesetzeslage (BF 1992; BF 2001a; BF 2002; BF 2004; BF 2005b)

Weitere spezifische Bestimmungen des Wahlgesetzes können sich ebenfalls auf den Parteienwettbewerb auswirken. Zur Wahl sind nur politische Parteien zugelassen. Unabhängige Kandidaten können nicht antreten.[74] Listenver-

---

73 Inzwischen hat die Partei Compaorés die erneute Abschaffung der Beschränkung gefordert. Nach bestehender Rechtslage könnte der seit 1987 amtierende Präsident nach seiner Wiederwahl im Jahr 2010 in der nachfolgenden Wahl 2015 nicht mehr antreten. Eine gute Zusammenfassung des Sachverhalts ist in Africa Confidential erschienen („Burkina Faso: Modesty Blaise", 3. Dezember 2010, vol. 51, no. 24).

74 Aus Mangel an Vertrauen in die parteipolitische Organisationsfähigkeit fordern führende zivilgesellschaftliche Organisationen die Zulassung von unabhängigen Kandidaten, konnten

bindungen sind ebenfalls nicht zulässig. Allerdings sind die Parteien nicht verpflichtet in allen Wahlkreisen anzutreten. Sie können sich auf bestimmte Regionen beziehungsweise Provinzen konzentrieren.

Das Parteiengesetz (BF 2001b) stellt keine hohen Anforderungen an die Gründung einer politischen Partei. Eine Gründungsversammlung muss eine Satzung, eine Geschäftsordnung und ein Parteiprogramm beschließen sowie einen Vorstand wählen. Eine Mindestzahl an Mitgliedern oder Unterstützern der Partei ist nicht festgelegt. Eine polizeilich beglaubigte Abschrift des Protokolls der Gründungsversammlung ist zusammen mit den genannten Unterlagen beim zuständigen Ministerium einzureichen. Dieses muss binnen 60 Tagen über die Zulassung der Partei entscheiden. Eine Ablehnung ist möglich und muss begründet werden. Die burkinische Regierung hat von diesem Recht jedoch noch keinen Gebrauch gemacht (Moroff 2010). Die niedrigen Registrierungshürden und die Aussicht auf einen staatlichen Finanzierungsbeitrag (BF 2000) haben dazu beigetragen, dass die Zahl der zugelassenen Parteien in Burkina Faso auf weit über 100 angewachsen ist (BF 2005a; APRM 2008a: 103), mit weiter steigender Tendenz.

Darüber hinaus beschränkt das burkinische Parteiengesetz die inhaltliche Ausrichtung politischer Organisationen. Partikularistische Interessen von Familienverbünden, Sprachgruppen, regionalen Einheiten oder Glaubensgemeinschaften dürfen nicht vertreten werden. Ebenso verboten sind geschlechtsbasierte, ethnische oder berufsständische Parteien. Mithin wären Arbeiter- oder Frauenparteien, christliche oder ethno-regionale Minderheitenparteien unzulässig. Die Möglichkeiten zur inhaltlichen Positionierung von Parteien sind folglich erheblich begrenzt. Die Motivation für solche weitreichenden Einschränkungen kann in Burkina Faso nur exogen determiniert sein. Ethnische oder sektiererische Konflikte haben politisch in Obervolta und Burkina Faso bislang keine wichtige Rolle gespielt. Ethnische Auseinandersetzungen bleiben lokal begrenzt.[75] Die Erfahrungen einiger Nachbarländer und das vorherrschende Narrativ über die Konfliktanfälligkeit interkommunaler Beziehungen in Afrika führen jedoch augenscheinlich zu einer ausgeprägten Sorge, derartige Konflikte könnten auch in Burkina Faso entstehen.

---

sich damit jedoch nicht durchsetzen (Interview mit Chrysogone Zougmoré, MBDHP, Generalsekretär, Ouagadougou, 19. Oktober 2006).

75 Der APRM Report zu Burkina Faso trennt kommunitäre und politische Konflikte bewusst. Kommunitäre Probleme werden kleinräumig und ökonomisch beschrieben. Dennoch können sie von großer Bedeutung für die lokale Bevölkerung sein, da sich oft um Landverteilungsfragen oder Nutzungskonflikte zwischen Viehzüchtern und Ackerbauern handelt (APRM 2008a: 89-92). Auf lokaler Ebene können diese Konflikte durchaus einen machtpolitischen Charakter annehmen (Hagberg 2006). Auswirkungen auf übergeordnete Ebenen sind jedoch nicht zu beobachten.

3.2.4 Varianz der zweiten intervenierenden Variable

Der Regierungssystemtyp zeigt im Einklang mit der stark überwiegenden Mehrheit aller Regierungssysteme in Subsahara-Afrika keine grundsätzliche Varianz. Benin und Burkina Faso haben präsidentielle Regierungssysteme, die das Machtzentrum beim Staatspräsidenten verorten. Entsprechend minimal ist auch die von Fish und Kroenig (2009) gemessene Varianz im aggregierten *Parliamentary Power Index* (PPI; BEN = 0,56 / BFA = 0,53), der zahlreiche Kompetenzen des Parlaments insbesondere gegenüber der Exekutive berücksichtigt, die in ähnlicher Form auch von quantifizierten Präsidentialismus-Messungen wie beispielsweise von Shugart und Carey (1992; siehe auch Metcalf 2000) verwendet werden. Letztere würden für Benin und Burkina Faso ebenfalls sehr ähnliche Globalwerte messen und beide Regierungssysteme als Präsidentialismus mit besonders starkem Staatspräsidenten verorten. Damit wird die Grundeinschätzung bestätigt, die bereits in den ähnlichen Kontext der Fallauswahlstrategie eingeflossen ist. Desagreggierte Beobachtungen zeichnen jedoch ein differenziertes Bild.

Der wichtigste Unterschied zwischen Benin und Burkina Faso ist die striktere Trennung der Staatsgewalten und vor allem die effektive Ausstattung der nicht-exekutiven Gewalten mit Machtressourcen in Benin. Der burkinische Präsident ist über seinen Premierminister und über die Möglichkeit, das Parlament aufzulösen, sehr viel enger mit der Legislative verbunden als der Amtsinhaber im *Palais de la Marina* von Cotonou. Zudem konnte sich das starke beninische Verfassungsgericht als effektiver Kontrolleur von Exekutive und Legislative etablieren, während die burkinische Justiz weniger Unabhängigkeit und Durchsetzungsfähigkeit bewiesen hat. Ihr fehlt dadurch – in den Worten Eastons (1965) gesprochen – auch die diffuse Unterstützung als Machtressource. Zusammengefasst ist die wechselseitige Abhängigkeit der Staatsgewalten strukturell und faktisch in Burkina Faso höher als in Benin.

Auch beim Wahlsystem gibt es auf der Ebene des Grundmodells Ähnlichkeiten zwischen Benin und Burkina Faso. Beide Länder benutzen ein Verhältniswahlsystem in zahlreichen Mehrpersonenwahlkreisen von unterschiedlicher Größe. Als Wahlkreise dienen administrative Einheiten. Die Varianz liegt auch hinsichtlich des Wahlsystems in den formalen Details und – vor allem – im Umgang mit dem Wahlrecht. Das beninische Wahlsystem blieb seit seiner wenig diskutierten Verabschiedung im Jahr 1990 weitgehend erhalten. Nach der ersten Wahl kam es zu einem leichten Anpassungsprozess, der die geographische Repräsentation aller Landesteile stärken sollte, indem mehr Wahlkreise eingerichtet wurden. Zugleich wurde die Zahl der Abgeordneten erhöht und damit die durchschnittliche Zahl der zu vergebenden Mandate noch im mittleren Bereich mit immer noch ausgeprägt proportionaler Wirkung gehalten. Das burkinische Wahlsystem war hingegen seit der Rückkehr zum Mehrparteiensystem ein politischer Spielball. Keine Wahl hat unter gleichen Bedingungen stattgefunden. Proportionalisierende und konzentrierende Maßnahmen wurden entsprechend der aktuellen Machtarithmetik vorgenommen. Besonders deutlich wird dieses Verhalten bei der Amtszeitenbeschränkung für den Staatspräsidenten. Während in Benin auch Ex-Diktator Kérékou davor zurückschreckte, die Beschränkung auf zwei Amtsperioden aufzuheben, wurde diese Regelung in Burkina Faso mehrfach geändert, um Präsident Compaoré im Amt halten zu können.

Ein technisches Detail der Wahlgesetzgesetzgebung unterscheidet Benin und Burkina Faso mit erheblichen Folgen für die Datenerhebung auf Einzelparteiebene. Benin erlaubt ad hoc Wahlallianzen und Listenverbindungen ohne Angabe der Ursprungspartei. In Burkina Faso sind Wahlallianzen nicht zulässig, dafür sind die Parteien jedoch nicht gezwungen, in allen Wahlkreisen Kandidaten aufzustellen. In Benin hat dies zur Folge, das offizielle Wahldokumente häufig nicht eindeutig auf Einzelparteien schließen lassen, obwohl diese die entscheidenden Organisationen im Parteienwettbewerb sind. Die Parteiengesetze weisen hingegen keine bedeutenden Unterschiede auf.

3.3 Historische und sozialstrukturelle Besonderheiten

3.3.1 Was sind nationale Besonderheiten?

Im dritten Cluster intervenierender Variablen soll auf historische und sozialstrukturelle Besonderheiten aufmerksam gemacht werden, die in Vergleichsanordnungen mit einer kleinen Zahl von untersuchten nationalen Kontexten sehr einflussreich sein können. Als nationale Besonderheiten können dabei historische Ereignisse und sozialstrukturelle Bedingungen gelten, die einerseits distinkt singulär sind oder stark vom regionalen Kontext abweichen und denen andererseits eine weitreichende politische Wirkung zugeschrieben wird. Dazu kann beispielsweise eine durch eine historische Führungspersönlichkeit ermöglichte gesellschaftliche Reform zählen, nicht aber ein in vielen Ländern der Region anzutreffender Putsch in der frühen postkolonialen Phase mit den erwartbaren Autokratisierungsfolgen. Es sind nur solche Besonderheiten interessant, denen aufgrund von überwiegend kongruenten Aussagen in Primär- und Sekundärquellen ein unmittelbarer Einfluss auf den parteipolitischen Wettbewerb seit 1990 plausibel unterstellt werden kann.

3.3.2 Benin

Im Falle Benins sind vor allem drei Besonderheiten zu nennen: erstens, die politische Dreiteilung des Landes in den 1960er Jahren und die damit verbundene Instabilität; zweitens, das verhältnismäßig große Reservoir an gut ausgebildeten Personen; drittens, die Durchführung der ersten afrikanischen Nationalkonferenz (Februar 1990).

Politische Dreiteilung und Instabilität
Nach der Unabhängigkeit der Republik Dahomey (seit 1975 Benin) vom französischen Kolonialgebiet in Westafrika im Jahre 1960 fiel das Land in eine Phase der extremen politischen Instabilität, die ihm den Beinamen „krankes Kind Afrikas" (*„enfant malade de l'Afrique"*) einhandelte. Bis 1972 erlebte das Land sechs erfolgreiche Militärstreiche und mehrere Putschversuche, hatte zehn Staatspräsidenten in zwölf Regierungskonstellationen und gab sich vier Verfassungen. Die Instabilität war Ausdruck einer ausgeprägten Unfähigkeit der politischen Eliten, über drei regionale Blöcke hinweg zu kooperieren, obwohl es die schwierige wirtschaftliche Lage des ressourcenarmen Landes dringend erfordert hätte (Ziemer 1978a: 509).

Die politische Dreiteilung folgte grob den regionalen Hochburgen der wichtigsten zivilen Politiker (siehe Banégas 2003: 32-34; Staniland 1973; Okè 1968), die schon zu Kolonialzeiten in diese Rolle gefunden hatten:[76] Hubert Maga vertrat den unter den Franzosen vernachlässigten Norden,[77] Justin Ahomadégbè repräsentiert den royalen Clan der Fon im zentralen Süden, deren Königreich Dahomey schon präkolonial die Region dominierte, zugleich aber mit einer abgewanderten Fon-Gruppe, die in der Region um die heutige Hauptstadt Porto-Novo ihr eigenes Königreich der Goun etabliert hatte, im Dauerkonflikt lag. Sourou-Migan Apithy nahm für sich in Anspruch diese südöstliche Region zu repräsentieren.[78] Obwohl alle drei Politiker aus der gleichen kolonial geprägten Elite stammten, ging ihre politische Feindschaft soweit, dass Maga und Apithy 1970 sogar mit Sezession drohten (Ronen 1987: 110). Dass alle drei kurz darauf in eine vom Militär vorge-

---

76 In der Kolonialzeit gab es wechselseitige Konkurrenz der drei Personen um die wenigen einflussreichen politischen Posten, insbesondere um den Parlamentssitz Benins in der französischen Nationalversammlung in Paris und den 1959 eingeführten Premierminister der autonomen Republik.

77 Der Norden Benins ist eine ethnisch diversifizierte Region, in der unter anderem Bariba, Ditamari, Peul, Songai und Yom leben. Die Bariba sind zwar die größte Gruppen, jedoch weder dominant, noch auf dem quantitaven Niveau südlicher Gruppen. Diese Zahlenverhältnisse führten zur politischen Konstruktion der nördlichen Regionen (*régions septentrionales*) als einer zusammengehörigen Einheit. Ihr Bevölkerungsanteil wird bis heute auf rund ein Drittel der Gesamtbevölkerung geschätzt.

78 Die zweitgrößte Gruppe dieser Region sind die Yoruba, die häufig auch mit dem Namen der beninischen Untergruppe als Nago bezeichnet werden.

schlagene Troika-Herrschaft[79] eintraten, die noch dazu besser funktionierte als alle zuvor getesteten Modelle, enthüllt wie sehr persönliche Machtinteressen im Vordergrund standen und weniger etwaige ethno-regionale Identitäten.[80]

Dennoch existiert ein gesellschaftlicher Nord-Süd-Konflikt. Obwohl die Putsche mehrheitlich nicht mit ethno-regionalen Interessen, sondern mit den politischen Umständen erklärt werden (Skurnik 1970; Ronen 1987), gab es auch im Militär durch die französische Bevorzugung des Südens eine Art regional aufgeladenen Klassenkonflikt. Die Offiziere waren größtenteils Fon aus dem Süden, die unteren Ränge stammten hingegen hauptsächlich aus dem Norden (Decalo 1997: 45). Als ausschlaggebend für die Putsch-Aktivitäten wird dies jedoch nur vereinzelt gesehen (N'Diaye/ Saine/ Houngnikpo 2005: 143-145). Vielmehr lag der Instabilität wohl die permanente Gemengelage aus schlechter Regierungsführung, persönlichen Machtambitionen, regionalen Vertretungsansprüchen und steigenden Ambitionen jüngerer Militärs zugrunde. Zudem verliefen die meisten Putsche unblutig. Zu größeren Gewaltakten kam es nie. Nichtsdestotrotz wird die chaotische Situation im rückblickenden Diskurs gerne auf die geographische Dreiteilung verkürzt und bleibt durch die Konstruktion eines bedrohlich gewalttätigen Szenarios bis heute wirkmächtig. Politischer Regionalismus, insbesondere in der dreiteiligen Form, die zu den politischen Blockaden der 1960er Jahre stark beigetragen haben, ist seither verpönt. Parteien können sich zumindest nicht mehr offen als Repräsentanten der drei Hauptregionen darstellen.

„Quartier Latin de l'Afrique"

Der frühe Kontakt mit europäischen Händlern und Kolonisatoren an der heute beninischen Küste brachte auch einen Bildungsvorsprung im Vergleich zu den meisten anderen Teilen von AOF mit sich. Schüler von katholischen Missionsschulen in Dahomey wurden neben den Senegalesen besonders häufig als einheimische Beamte in die französische Kolonialverwaltung rekrutiert. Auch waren die sogenannten *évolués* besonders zahlreich, also jene Afrikaner, denen aufgrund ihrer formalen Bildung und ihres Anpassungsgrades an die kulturellen Vorstellungen der Kolonialmacht die volle französische Staatsbürgerschaft zuerkannt wurde (Banégas 2003: 36-43). Insgesamt blieb der Bevölkerungsanteil der Personen mit höherer Schulbildung oder Studium freilich klein, im Verhältnis zu anderen Teilen von

---

79 Die drei politischen Protagonisten bildeten ein Triumvirat, in dem – beginnend mit Maga – die Staatspräsidentschaft zweijährlich rotieren sollte.

80 In der regionalen Dreiteilung sind die kleineren Gruppen aus Zentralbenin und die Adja im Südwesten politisch untergegangen. Darin kann einerseits ein Grund dafür gesehen werden, dass die Ideologen der Kommunistischen Partei Dahomeys stark überproportional aus der zentralbeninischen Gemeinde Savalou stammten, und andererseits dafür, dass die PSD als Partei mit der stärksten Hochburg im Südwesten immer eine starke Bereitschaft zeigte, mit nördlichen Gruppierungen zusammenzuarbeiten, um ihre politische Bedeutung zu stärken.

AOF war die Bildungselite jedoch groß und brachte der Kolonie den positiven Beinamen „Quartier Latin de l'Afrique" ein, benannt nach dem berühmten Pariser Universitätsviertel. Die marxistisch inspirierte Schulreform von Militärdiktator Kérékou verstaatlichte die katholischen Schulen und führte zu einer deutlichen Verschlechterung des Bildungssystems (Allen 1988: 105-108). Dennoch blieb die intellektuelle Reserve des Landes überdurchschnittlich. Im ersten frei gewählten Parlament von 1991 hatte die Mehrheit einen Professorentitel (Fondation Friedrich Naumann 1995). Diese Tradition könnte suggerieren, dass in Benin programmatische Kohärenz und Präzision gefragter wäre als in anderen afrikanischen Gesellschaften.

Erste Nationalkonferenz Afrikas
Jüngst hat der beninische Philologieprofessor, Publizist und Gesellschaftskritiker Roger Gbégnonvi die *Conférence des forces vives de la nation* im Februar 1990 erneut als „das 1789 Benins" bezeichnet.[81] Der Vergleich mit den revolutionären französischen Generalständen ist häufig zu finden und illustriert den gesellschaftlichen Stellenwert, den die erste aller afrikanischen Nationalkonferenzen im postautokratischen Benin einnimmt (Kohnert 1997: 171; Robinson 1994; Heilbrunn 1993). Das geglückte Experiment der rund 500 Teilnehmer zählenden Versammlung, die es vermochte einen Konsens über eine grundlegende Staatsreform zu erreichen, baute zwar auf einer tendenziell verhandlungsfreundlichen Konfliktlösungskultur und einer Vorerfahrung mit der deutlich kleineren *Conférence des cadres* im Jahr 1979 auf, war aber keinesfalls vor einem möglichen Scheitern gefeit.[82] Die Spannung und Ungewissheit während der Verhandlungen, das unmittelbare Erleben der Debatten über die Live-Übertragungen im Radio sowie der erfolgreiche Abschluss der Konferenz haben einen Mythos geschaffen, der seither als festes Fundament für die demokratische staatliche Ordnung dient.[83]

Neben den allgemeinen institutionellen Folgen der Nationalkonferenz ist für die Entwicklung des Parteiensystems vor allem der sogenannte „Quoten-

---

81 Roger Gbégnonvi, „Ma mémoire de la Conférence Nationale", veröffentlicht in seinem Blog „Chroniques" am 4. März 2010, http://chronique.blesshnet.com/index.php?blog=10& p=1018&more=1&c=1&tb=1&pb=1 (zuletzt aufgerufen am 06.01.11).

82 Einige bedeutende Militärs, darunter Oberst Maurice Kouandété, ehemals selbst an mehreren Putschen beteiligt und kurzzeitig Staatspräsident, bezeichneten die Souveränitätserklärung der Nationalkonferenz als „zivilen Putsch" und drohten indirekt mit einem Gegenputsch (Reynal 1991: 8; Decalo 1997: 54). Am 25. Februar 1990 umstellten gepanzerte Fahrzeuge der Armee das Konferenzhotel PLM Alèdjo in Cotonou und wurden erst nach persönlicher Intervention von Staatspräsident Kérékou abgezogen, nachdem dieser von Konferenzpräsident Monsignore Isidore de Souza und Gewerkschaftsführer Léopold Dossou davon überzeugt wurde, dass ein gewaltsames Ende der Konferenz nicht der richtige Weg sein kann (Banégas 2003: 151-152).

83 Zu Erfolg und Bedeutung der beninischen Nationalkonferenz sind zahlreiche Analysen erschienen, darunter Heilbrunn 1993, Nwajiaku 1994, Reynal 1994, Akindès 1996, Kohnert 1997, Houngnikpo 2001 (85-115), Banégas 2003 (135-171) und Seely 2005.

krieg" von Bedeutung. Das Organisationskomitee der Nationalversammlung hatte die diffizile Aufgabe festzulegen, wer als Delegierter zur Konferenz eingeladen wird. Das Komitee unter der Leitung von Juraprofessor Robert Dossou hatte insbesondere mit zwei Schwierigkeiten zu kämpfen.

Erstens stand das Komitee im Verdacht der Parteilichkeit, da es ausschließlich aus Regierungsmitgliedern bestand. Allerdings handelte es sich weitgehend um regimekritische Reformer, die Kérékou erst kurz zuvor aufgrund der politischen Gesamtsituation in die Regierung aufgenommen hatte (Banégas 2003: 140). Dennoch gab es Vorbehalte aus oppositionellen Kreisen.

Zweitens war völlig unklar, welche Organisationen und Gruppen einen legitimen Anspruch auf Teilnahme hatten (Dossou 1993). Die bestehenden Organisationen waren im marxistisch inspirierten System per Definition regimenah. Die Gründung neuer, unabhängiger Organisationen wurde erst seit relativ kurzer Zeit geduldet und war noch stark im Fluss. Um den Eindruck der allzu großen Nähe zur nationalen Herrschaftselite zu verringern und den der territorialen Repräsentation zu stärken, entschied man sich schließlich für die Einladung von Vertretern nachgeordneter Organisationen.[84]

Als bekannt wurde, dass allen politischen Organisationen – auch der PRPB – nur zwei Sitze in der Konferenz zugebilligt würden, versuchten zahlreiche PRPB-Funktionäre über lokale Entwicklungsvereine oder neu gegründete politische oder zivilgesellschaftliche Organisationen Zugang zur Konferenz zu finden. Eine ähnliche Strategie verfolgte die Opposition, der es zudem gelang, ihr wohlgesonnene Bauernvertreter über die eigentlich regimenahen Strukturen in die Konferenz zu bringen (Banégas 2003: 142). All dies beschleunigte einerseits zusätzlich den Auflösungsprozess der Einheitsstrukturen und trug andererseits nachhaltig zur hohen Fragmentierung der Parteienlandschaft bei (Banégas 2003). Der Quotenkrieg muss mithin als wesentlicher Einflussfaktor für die Grundstruktur des Parteienwettbewerbs in Benin mitberücksichtigt werden.

---

84 Statt alle Mitglieder des Zentralkomitees der Einheitspartei PRPB einzuladen, wurden beispielsweise die Bauernverbände in allen Bezirken aufgefordert, Teilnehmer zu entsenden, ebenso die lokalen Entwicklungsvereine (*associations de développement local*), die sich seit 1985 außerhalb der Strukturen der Einheitspartei und Einheitsgewerkschaft in jeder Gemeinde bilden durften. Statt der Einheitsgewerkschaft wurden die Fachgewerkschaften geladen (Dossou 1993: 191). Zudem durften zahlreiche neue Nichtregierungsorganisationen und 51 politische Gruppen – verschlüsselt *sensibilités politiques* genannte spätere Parteien – Delegierte stellen (Banégas 2003: 147), die sich teilweise erst während des Quotenkrieges gebildet hatten.

3.3.3   Burkina Faso

Im Falle Burkina Fasos sind ebenfalls drei Besonderheiten zu nennen, die das Land von anderen in der Region deutlich unterscheiden: erstens, die historisch und kulturell entspannten interethnischen Beziehungen; zweitens, die gesellschaftliche Reformwelle des von Hauptmann Thomas Sankara angeführten Revolutionsregimes (1983-87); drittens, die politischen Auswirkungen der Ermordung von Norbert Zongo (1998).

Entspannte interethnische Beziehungen
Burkina Faso gehört zu den wenigen Staaten Afrikas, in denen ethno-regionale Zuordnungen nicht zu den zentralen Kategorien im gesellschaftlichen und politischen Diskurs zählen.[85] Ethnische Identitäten spielen auch in Burkina Faso eine wichtige gesellschaftliche Rolle, sie wurden aber nie in konfrontativer Weise politisiert. Dazu hat eine wichtige kulturelle Komponente beigetragen: die sogenannte *cousinage*. Sie verbindet Angehörige unterschiedlicher ethnischer Gruppen durch kulturell tradierte Scherzbeziehungen.[86] Es gibt institutionalisierte Witze, die Personen unterschiedlicher ethnischer Herkunft übereinander machen dürfen. Ohne dass sich zwei Angehörige unterschiedlicher Gruppen kennen müssen, haben sie die ritualisierte Möglichkeit, in eine berechenbare und entspannte Kommunikation einzutreten und mögliches Misstrauen abzubauen. Deshalb wurden die Scherzbeziehungen schon ab dem 13. Jahrhundert im Großreich Mali staatlich gefördert. Erklärtes Ziel war nach einschlägigen Quellen die Verteidigung von Frieden und Harmonie in Mali mit den Mitteln der Sprache (Kouyaté 2003: 58, zit. nach Dunning/ Harrison 2010: 23).

Die Scherzbeziehungen sind also kein rein burkinisches Phänomen, sondern erstrecken sich auf alle Länder, die zum mittelalterlichen Mali-Reich gehörten oder enge Kontakte zu diesem pflegten (Dunning/ Harrison 2010: 23-25; siehe auch Augé et al. 2006). Die größte ethnische Gruppe im heutigen Burkina Faso, die Mossi, gehörten dem Mali-Reich nicht an, sondern führten ihr eigenes benachbartes Königreich. Sie übernahmen die Scherzbeziehungen jedoch als Konfliktpräventionsmechanismus in die

---

85   In Burkina Faso leben Angehörige mehrerer Dutzend ethnischer Gruppen, die sich jedoch in acht Obergruppen zusammenfassen lassen. Etwa die Hälfte der Bevölkerung gehört den Mossi an, der größten und einflussreichsten Gruppe. Daneben sind die Gurma (französisch *Gourmantché*), Fulbe (*Peul*), Bobo, Samo, Senufo, Gurunsi, Lobi und Tuareg zu nennen, von denen keine mehr als 10% der Bevölkerung ausmacht. Die Gurma sind hauptsächlich östlich, die Gurunsi südlich des gelegentlich auch *Plateau Mossi* genannten Landeszentrums beheimatet. Fulbe und Tuareg leben vorwiegend im trockeneren Norden, während die anderen genannten Gruppen sich auf den Westen und tropischen Südwesten mit den Grenzgebieten zur Côte d'Ivoire konzentrieren.

86   Deshalb im Französischen auch *parenté à plaisanterie* genannt.

eigenen kulturellen Beziehungen zu anderen ethnischen Gruppen (Badini 1996).

Anders als im modernen Staat Mali und allen anderen Staaten mit Scherzbeziehungen wurden im Laufe der Staatswerdung auf dem Territorium Burkina Fasos keine anderen ethnischen Gruppen in nennenswertem Umfang eingeschlossen, die diesen kulturellen Mechanismus nicht kennen.[87] In Burkina Fasos Geschichte haben auch keine anderen Gründe zu massiven gewaltsamen Auseinandersetzungen zwischen ethnischen oder politisch definierten Gruppen geführt. Die friedlichen interethnischen Beziehungen konnten also durchgängig erhalten bleiben, gestützt auf die Scherzbeziehungen und die positive historische Friedenserfahrung.[88] Die meisten Beobachter und persönlichen Gesprächspartner in Burkina Faso stimmen darin überein, dass diese historisch-kulturelle Kombination die Bedeutung von Ethnizität im Parteienwettbewerb deutlich herabsetzt. Für Mali konnte dies mit einem eindrucksvollen Experiment überzeugend belegt werden (Dunning/ Harrison 2010).

Thomas Sankaras Revolutionsregime

Als zweite nationale Besonderheit von herausragender politischer Bedeutung kann die Herrschaftszeit von Hauptmann Sankara genannt werden. Der charismatische junge Offizier, der Anfang der 1980er Jahre die Eliteeinheit der Fallschirmspringer von Pô kommandierte war an mehreren Putschen beteiligt, die auf die kurze demokratische Phase Ende der 1970er Jahre folgte. Unter Staatspräsident Oberst Saye Zerbo wurde Sankara Informationsminister, trat aber wegen Unzufriedenheit über die Regierungsführung nach kurzer Zeit wieder zurück (Englebert 1998: 56). Nach dem Putsch gegen Zerbo im November 1982, infolgedessen Oberstabsarzt Jean-Baptiste Ouédraogo Staatspräsident wurde, kehrte Sankara als Premierminister in die Regierung zurück. Er vertrat eine Gruppe, die radikalere Reformideen hatte als die etablierte Militärelite, was binnen kürzester Zeit zu scharfen Spannungen mit Ouédraogos älterem Führungszirkel und nur vier Monate nach seiner Ernennung zum Premierminister zu Sankaras Verhaftung wegen Hochverrats führte. Diese Eskalation bewog seinen engen Freund und Kammeraden Hauptmann Blaise Compaoré, die loyalen Fallschirmspringer aus Pô für einen erneuten Staatsstreich am 4. August 1983 zu mobilisieren.

Gute Beziehungen Sankaras und die revolutionär-linkspopulistische Ausrichtung seiner politischen Vorstellungen verschafften ihm die Unterstützung der starken linksideologische Gewerkschaftsorganisation *Ligue Patriotique*

---

87 In Mali kommt es im Norden immer wieder zu Konflikten mit den Tuareg, im Senegal ist der Casamance-Konflikt entstanden und in den Küstenstaaten wie beispielsweise Guinea waren die Küstenbewohner meist nicht in die Scherzbeziehungen eingebunden.

88 Die Scherzbeziehungen konnten freilich nicht verhindern, dass es zu zwei kurzen malisch-burkinischen Grenzkriegen (1974/75 und 1985/86) kam.

pour le Développement (LIPAD), der kommunistischen Partei *Parti Africain de l'Indépendence* (PAI) und der maoistischen *Union des Luttes Communistes* (ULC), deren Vertreter er in der Folgezeit als Staatspräsident in die Regierung aufnahm (Wilkins 1989: 379-382; Lejeal 2002: 117-121). Sankara setzte bei der Herrschaftsausübung jedoch maßgeblich auf die lokalen Komitees zur Verteidigung der Revolution (*Comités pour la Défense de la Révolution*, CDR), die auch die revolutionären Volkstribunale gegen Kontrarevolutionäre und Korruption kontrollierten, und auf einen kleinen inneren Führungszirkel, den Nationalen Revolutionsrat (*Conseil National de la Révolution*, CNR), dem neben Sankara insbesondere die Offiziere Compaoré, Henri Zongo und Jean-Baptiste Boukari Lingani angehörten. Die CDR vertraute Sankara nicht etwa dem Chef der landesweit organisierten und politisch erfahrenen LIPAD, Soumane Touré, an, sondern meist jungen, unerfahrenen und nicht selten arbeitslosen Männern, denen schnell Machtmissbrauch bis hin zur missbräuchlichen Anwendung von Waffengewalt vorgeworfen wurde (Baxter/ Somerville 1988: 249: Lejeal 2002: 121-123).

Obwohl es im Zuge dessen zum Bruch mit LIPAD und zur Radikalisierung[89] des Regimes kam, hatte es Sankara mit Hilfe seines Redetalents (Gakunzi 1991) und zahlreichen symbolischen Handlungen bereits geschafft, das Land tiefgreifend politisch zu prägen. Am plakativsten waren die Umbenennung des Landes von der kolonialen Bezeichnung Obervolta in Burkina Faso[90], die Verlosung des staatlichen Mercedes-Fuhrparks und die ersatzweise Beschaffung von Renault R5 Kleinwagen sowie die Anordnung regelmäßiger sportlicher Betätigung. Sankara gab insbesondere der jungen Generation Hoffnung auf eine bessere Zukunft. Er war ein charismatischer Führer, der linkspopulistische und nationalistische Ziele propagierte und dabei nicht den Konflikt mit den traditionellen Autoritäten und den urbanen Wirtschaftseliten scheute (Skinner 1988).

Seine Ermordung im Oktober 1987 hat ihn zum Mythos gemacht, bevor die Radikalisierung der Herrschaft seine Anhänger nachhaltig verschrecken konnte. Allerdings bildet die Anhängerschaft Sankaras nur die eine Seite des durch die Revolution polarisierten Spektrums. Gegner gab es an verschiedenen Fronten: die gemäßigte Linke betrachtete ihn als zu radikal, die marktwirtschaftlich orientierten Kreise waren als Staatsfeinde verachtet und die traditionellen und religiösen Eliten wollten ihre Entmachtung nicht akzeptieren. Das Verhältnis politischer Gruppen zur Revolution ist bis heute für die

---

89 Zur verstärkten Anwendung von Gewalt, politischer Haft und der Einschränkung der Meinungsfreiheit siehe beispielsweise Lejeal 2002 (126, 129-133).

90 Der Name setzt sich aus Begriffen aus den zwei größten Landessprachen zusammen. „Burkina" bedeutet in der Sprache Mooré so viel wie „redliche und rechtschaffende Person". Das Wort „Faso" steht in der Sprache Dioula für „Vaterland". Die Bezeichnung Republik wird nicht zusätzlich verwendet, da dies mit „Faso" bereits abgedeckt ist. Entsprechend ist die Amtsbezeichnung des Staatspräsidenten „Président du Faso".

Parteienlandschaft Burkina Fasos strukturgebend. Ohne die Ära Sankara ist mithin der Parteienwettbewerb nicht zu verstehen.

Die Ermordung Norbert Zongos
Eine dritte nationale Besonderheit ist mit einer weiteren Persönlichkeit verbunden; dem investigativen Journalisten Norbert Zongo. Seine Leiche wurde am 13. Dezember 1998 mit drei weiteren Insassen in seinem ausgebrannten Fahrzeug nahe des Ortes Sapouy (Provinz Ziro) gefunden. Zongo war als Herausgeber der Wochenzeitung *L'Indépendant* und Verbandspräsident der *Société de la Presse Privée* (SEP) bekannt für Korruptions- und Machtmissbrauchsrecherchen, bei denen er auch nicht vor den höchsten staatlichen Führungsebenen halt machte. Entsprechend schnell wurde der Verdacht laut, Zongo sei aus politischen Motiven ermordet worden.

Da die politische Situation bereits durch die größten Studentenproteste in der Geschichte des Landes und andere Proteste gegen die als zunehmend empfundene Repression der Staatsführung aufgeheizt war (Wise 1998; Loada 1999: 138), konnte die Zongo-Affäre binnen kurzer Zeit eine enorme Protestwelle mobilisieren. Von besonderer parteipolitischer Bedeutung ist der Zusammenschluss der Gruppe des 14. Februar (G14) – eines oppositionellen Parteienbündnisses, das sich nach dem Datum der ersten Zusammenkunft im Frühjahr 1998 benannt hatte – mit zivilgesellschaftlichen Organisationen zum *Collectif des organisations démocratiques et de masses et des partis politiques* (kurz: *Collectif*). Dieses *Collectif* plante und koordinierte fortan zahlreiche Massendemonstrationen und andere Aktionen gegen Machtmissbrauch, für Reformen im Justizsystem und für die Stärkung von demokratischen und Menschenrechten.

Eine unabhängige Untersuchungskommission legte schließlich am 7. Mai 1999 einen Untersuchungsbericht vor, der sechs Soldaten der Präsidentengarde (*Régiment de Sécurité Présidentielle*, RSP) schwer belastete und erklärte, dass die Ermordung Norbert Zongos aus rein politischen Motive erfolgt sei (Kaboré 2002: 294). Der sich lange hinziehende Prozess gegen nur einen der Beschuldigten, Feldwebel Marcel Kafando, stellte das *Collectif* nicht zufrieden. Dieses verlangt im Konzert mit internationalen Journalisten-Organisationen – insbesondere *Reporters sans Frontières* (RSF) und *Committee to Protect Journalists* (CPJ) – bis heute die Wiederaufnahme unter Einbeziehung des Verdachts, die RSP-Soldaten könnten auf Geheiß von François Compaoré, dem Bruder des Staatspräsidenten, gehandelt haben.[91]

Allerdings zog der Untersuchungsbericht weitere politische Reformen nach sich. Staatspräsident Compaoré richtete einen Rat der Weisen (*Collège des Sages*) ein, der allgemeine Empfehlungen aussprechen sollte, welche

---

91 Zongo hatte zum Zeitpunkt seiner Ermordung den Mord am Fahrer François Compaorés, David Ouédraogo, recherchiert. Es besteht der Verdacht fort, François könne in diesen Fahrer-Mord verwickelt sein.

Lehren aus den politischen Gewalttaten seit der Unabhängigkeit zu ziehen seien. Die Empfehlungen umfassten schließlich sehr konkrete Punkte; unter anderem Wahlrechts- und Justizreformen sowie die Bildung einer Regierung der nationalen Einheit mit der Opposition. Über die Frage des Eintritts in die Einheitsregierung kam es daraufhin zu Auseinandersetzungen innerhalb der G14, die eher zur Schwächung der Opposition beigetragen haben. Insgesamt hatte der Journalistenmord mithin einen ungeahnt nachhaltigen Einfluss auf Themen und Struktur des politischen Wettbewerbs in Burkina Faso und muss deshalb als intervenierende Ereignisvariable berücksichtigt werden.

4. Angebotsbezogene Merkmale politischer Parteien in Benin und Burkina Faso

4.1 Analysedimension 1: Organisationsmerkmale

In der ersten Analysedimension werden Merkmale zusammengefasst, die die organisatorischen Grundlagen der Parteien beschreiben. Dazu gehören die formale Parteistruktur, die materielle Ausstattung mit Finanzen und Büros, die strukturelle Vernetzung mit Kollateralorganisationen und internationalen Partnern sowie die Mitgliederbasis.

4.1.1 Parteistruktur

Für die klassische Parteienforschung bedeutete ein organisationstheoretischer Zugang vor allem die Betrachtung formaler Strukturen (siehe Wiesendahl 1998: 84-94).[92] Die spätere Kritik an den formalistischen Ansätzen konnte auf deren Ergebnissen aufbauen, da erst die Untersuchungen der klassischen Strukturalisten Divergenzen zur Organisationswirklichkeit sichtbar machten. Es folgten verstärkt Untersuchungen zum Akteursverhalten („behavioristische Revolution"). Umfragen ermöglichten nun Parteien von ihrem Organisationsaufbau und ihren Statuten losgelöst als Stratarchien zu betrachten (Eldersveld 1964), die maßgeblich von ihrer Umwelt beeinflusst werden. Neoinstitutionalistische Ansätze haben schließlich angeregt, Strukturen und Verhalten zusammenzuführen und nicht unabhängig voneinander zu denken, zumal sich regelhaftes Verhalten informell institutionalisieren kann (Wiesendahl 1998).

Mithin sollten formale Organisationsstrukturen nicht schon im Voraus vernachlässigt werden, weil man Parteien in afrikanischen Parteiensystemen – in weitgehender Unkenntnis der systematischen Empirie – eine grundsätzliche organisatorische Schwäche unterstellt (besonders scharf Monga 1999). Dabei helfen auch keine pauschalen Rückgriffe auf frühere Studien, da diese sich zumeist auf die unmittelbare postkoloniale Phase beziehen (z.B. Ziemer 1978b) und weit davon entfernt sind, den globalen Wandel zu Beginn der 1990er Jahre angemessen zu berücksichtigen.

---

92 Ein klassisches deutschsprachiges Bespiel für die formalistische Herangehensweise ist Ziemer 1978b. Allerdings sind auch in jüngerer Zeit noch ähnlich formalistische Studien erschienen; beispielsweise Diop 2006. Diese sind als Datenfundus häufig sehr hilfreich und decken indirekt auch die Schwächen des Ansatzes auf.

Als Indikatoren für das Merkmal Parteistruktur werden daher die formale Ordnung und der tatsächliche Formalisierungsgrad gewählt. Der formale Organisationsaufbau ist datentechnisch leichter zugänglich. Für seine Untersuchung konnte auf die Statuten (*statuts*) und Geschäftsordnungen (*règlements intérieurs*) der Parteien zurückgegriffen werden.[93] Um diffuse Einschätzungen über Selbstzuschreibungen und Außenbeobachtungen zu vermeiden, wird der Formalisierungsgrad näherungsweise über die regelmäßige Durchführung von Parteitagen bestimmt. Tiefergehende Studien über interne Organisationsabläufe in den Parteien der Region stehen leider nicht zur Verfügung.

Formale Ordnung
Duverger unterscheidet indirekte und direkte Parteien (1951: 47-115).[94] Duverger definiert direkte Parteien als solche, die über eine unabhängige Mitgliederschaft verfügen und ihre Gremien auf der Grundlage individueller Beteiligung bilden. Indirekte Parteien hingegen basieren auf einem korporatistischen Modell, in dem andere Organisationen, beispielsweise Gewerkschaften, unmittelbar vertreten sind. Indirekte Parteien gibt es weder in Benin noch in Burkina Faso. Der formale Aufbau aller Parteien erstreckt sich von der Ortsgruppe (*cellule* in Benin, *comité* in Burkina) bis zum Parteitag (*congrès*).[95]

Dazwischen ist die organisatorische Varianz gering. Beide Länder kennen eine vierstufige Territorialgliederung, die sich in allen Parteistatuten als Gliederungsebenen wiederfinden. Lediglich CDP und PAI verzichten bislang auf die regionale Gliederungsebene und haben sich damit (noch) nicht an die erst 1998 eingerichtete erste substaatliche Verwaltungseinheit Burkina Fasos angepasst. Des Weiteren weicht die beninische MADEP marginal vom Standardaufbau ab und verwendet als erste subnationale Gliederungseinheit die 24 Wahlkreise und nicht die zwölf Departements des Landes.

---

93 Es wird im Folgenden bei allgemein gehaltenen Angaben darauf verzichtet, die jeweilige Satzung oder Geschäftsordnung im Text zu zitieren. Es wurden folgende Satzungen und Geschäftsordnungen in die Analyse einbezogen: ADF/RDA 2005b, ADF/RDA 2005c, CDP 2003a, CDP 2003b, FARD-Alafia 2006a, FARD-Alafia 2006b, IPD 2004a, IPD 2004b, MADEP 1997, MADEP 2004a, MADEP 2004b, MAP 2003b, MAP 2003c, PAI 2001a, PAI 2001b, PDP/PS 2005b, PDP/PS 2005c, PRD 2000a, PRD 2000b, PSD 2000a, PSD 2000b, RB (Parti) 2005a, RB (Parti) 2005b, UDS 1998b, UDS 1998c, UNDD 2003b, UNDD 2003c, UNIR/MS 2002a, UNIR/MS 2002b, UPR-BF 2005a, UPR-BF 2005b, UPR-BJ 2004b und UPR-BJ 2004c. Das sind diejenigen aller Parteien mit Ausnahme der RPR, deren Dokumente trotz zahlreicher Bemühungen vor Ort nicht erhältlich waren.

94 Jüngere Organisationsmodelle, beispielsweise das komplexe Mehrebenenmodell der „lose verkoppelten Anarchie" (Lösche 1993), wurden sehr stark auf den westlichen Kontext zugeschnitten. Es wird daher auf das grundlegende Modell Duvergers zurückgegriffen.

95 Eine Übersicht der Gliederungsebenen befindet sich in Anhang 2.

Die Parteihierarchie folgt in allen Parteien weitestgehend dem französischen Modell (Diop 2006: 361). Das formal höchste Entscheidungsgremium – der Parteitag – setzt sich aus einer nur selten satzungsgemäß festgelegten Zahl von Vertretern aller Territorialgliederungen und dem amtierenden Parteivorstand zusammen.[96] Der Parteitag wählt, in der Regel auf Vorschlag des amtierenden Vorstands oder einer Vorschlagskommission,[97] den Parteivorstand. In fünf kleineren Parteien übernimmt dieser die geschäftsführenden Aufgaben (IPD, PAI, UDS, UNDD und UPR-BF), während in allen anderen Parteien ein geschäftsführender Vorstand aus dem Gesamtvorstand hervorgeht. Zwischen den Parteitagen tagt in der Regel jährlich ein Parteirat (meist *conseil national* genannt), um die Amtsgeschäfte des Vorstandes zu kontrollieren und politische Vorgaben zu erteilen. Der Parteirat setzt sich stets aus dem Vorstand und zusätzlichen Regionalvertretern zusammen. Hinzu kommen etwaige nationale Abgeordnete oder Minister der Partei, sofern diese nicht bereits *ex officio* dem Vorstand angehören.[98]

Dem Vorstand gehören jeweils zahlreiche Fachsekretäre an; auch dies ist ein Strukturmerkmal, das sich in französischen Parteien wiederfindet. Zusätzlich gibt es Fachkommissionen, die üblicherweise mit den Aufgabenbereichen der Fachsekretäre korrespondieren. Potentiell ist diese Struktur gut dazu geeignet ein Schattenkabinett aufzustellen, das eine inhaltliche und personelle Alternative aufzeigt. Ebenfalls durchgängig eingeführt sind Parteiverbände für Jugendliche und Studenten, Frauen sowie Senioren (*anciens* oder *sages* genannt).

Unterschiede werden allenfalls in den Details der technischen Ausgestaltung sichtbar. Sie betreffen in erster Linie die Häufigkeit von ordentlichen Parteitagen, die Größe des Parteivorstands sowie die expliziten Eingriffsbefugnisse des Parteivorstands in Personalentscheidungen. Die Frequenz der Parteitage – und damit die Amtsperiode des Vorstandes – reicht von zwei bis fünf Jahren. Das geschäftsführende Vorstandsgremium hat zwischen neun und 75 Mitglieder (siehe Tab. 4.1). Eingriffsbefugnisse in Personalentscheidungen können Parteifunktionäre oder Wahlkandidaten betreffen. Der Vorstand der CDP verfügt über die umfangreichsten formalen Eingriffsrechte.

---

96 So theoretisch bei der UNIR/MS (2002a: Art. 16), die allerdings noch nicht an der Regierung beteiligt war.

97 In der burkinischen UPR hat der Parteivorsitzende das alleinige Vorschlagsrecht (UPR-BF 2005a: Art. 14).

98 Die genauen Bezeichnungen der Führungsebenen unterscheiden sich und überlappen vor allem nicht selten. So kann die Bezeichnung Politbüro (*bureau politique*) vom Parteirat (z.B. ADF/RDA) bis zum geschäftsführenden Vorstand (z.B. PRD) für ganz unterschiedliche Gremien stehen (Übersicht in Anhang 2). Die Bezeichnung Politbüro darf übrigens keine falschen Assoziationen mit staatssozialistischen Systemen hervorrufen. Sie ist in Frankreich gängig und wird auch für ein Leitungsgremium der rechtsliberalen UMP (*Union pour un Mouvement Populaire*) verwendet.

Ihm steht es explizit zu, alle Funktionsträger der Partei zu lenken und zu kontrollieren (CDP 2003b: Art. 14).

Tabelle 4.1: Organisatorische Kennzahlen und Regelmäßigkeit der Parteitage

Partei	Vorstand*	Frequenz**	Jüngste Parteitage	Gründung	Gruppe
Benin					
FARD-Alafia	33 (13)	3	(4.) 11/2006 in Parakou; (AO) 07/2006 in Kandi; (3.) 02/2004 in Lokossa	1994	(a)
IPD	31 (--)	3	08/2004 in Lokossa	1999	(b)
MADEP	35 (11)	5	(1.) 02/2004 in Cotonou; (AO) 2005	1997	(b)
MAP	≤23 (17)	5	(1.) 11/2003 in Cotonou	1988	(c)
PRD	50 (21)	5	(2.) 12/2006 in Porto Novo; (1.) 04/2000 in Porto Novo	1990	(c)
PSD	≥79 (25)	4	(2.) 01/2000 in Cotonou; (1.) n.v.	1990	(b)
RB	23 (16)	5	gemäß Interview Bada alle 2 Jahre; durch andere Interviews bestätigt	1992	(a)
RPR	43 (n.v.)	n.v.	(1.) 10/2006 in Cotonou	<1999	(c)
UDS	21 (--)	3	(2.) 08/1998 in Ndali; (1.) 12/1993 in Parakou	1990	(c)
UPR-BJ	39 (23)	2	Gründungsparteitag	2004	(c)
Burkina Faso					
ADF/RDA	70 (40)	3	(13.) 01/2006; (AO) 2005; (AO) 2003	1946	(a)
CDP	30 (--)	3	(3.) 11/2006 in Ouaga; (2.) 08/2003 in Ouaga; (1.) n.v.	1996	(a)
PAI	9 (--)	5	(8.) 12/2006; (AO) 2001; (7.) 1998	1957	(b)
PDP/PS	≥65 (≥25)	3	(3.) 02/2005 in Ouaga; (2.) n.v.; (1.) 09/1998 in Ouaga	1996	(a)
UNDD	75 (--)	3	(1.) 02/2007 in Dano	2003	(a)
UNIR/MS	104 (19)	4	(2.) 11/2006 in Ouaga; (1.) 12/2002 in Ouaga	2000	(a)
UPR-BF	32 (--)	2	Gründungsparteitag	2005	(c)

Anmerkungen: * Anzahl der ordentlichen Vorstandsmitglieder; ** vorgesehener Zeitraum zwischen zwei Parteitagen in Jahren; AO = außerordnetlicher Parteitag; n.v. = nicht verfügbar

Quelle: eigene Zusammenstellung auf der Grundlage von Archivmaterial und Interviews

Jedoch wäre eine ungeprüfte Ableitung vom Satzungstext auf die Organisationswirklichkeit unzureichend. Zu oft wurde sowohl in allgemeineren Aussagen zur Funktionsweise politischer Systeme in Afrika (z.B. Chabal/ Daloz 1999; Erdmann/ Engel 2007; Bratton 2007), als auch im spezifischen Bezug auf afrikanische Parteien auf die Schwäche oder zumindest Ambivalenz formaler Institutionen hingewiesen (z.b. Carbone 2006: 22; Monga 1999; McMahon 2004), zu denen die formalen Regeln der parteiinternen Organisation zählen. Berücksichtigt man zudem Aussagen von inländischen Beobachtern, dass es gerade im geschlossenen Organisationsbetrieb politischer Parteien kaum Anreize zu regeltreuem Verhalten gäbe, da Rechenschaftspflichten kaum öffentlich oder intern eingefordert würden,[99] erscheint es zwingend erforderlich, die Verwirklichung der Satzungsvorgaben zu prüfen.

Zu diesem Ergebnis gelangt man auch durch den systematischen Vergleich der Satzungstexte. Vereinzelt berufen sich Parteien beispielsweise auf das Prinzip des „demokratischen Zentralismus" (PAI 2001b: Art. 6; UNIR/MS 2002b: Art. 10); also auf jenes leninistische Parteiorganisationsprinzip, das die Kriterien der Wahl aller Parteifunktionäre mit dem autoritären Gefolgschaftsprinzip verbindet. Allen Entscheidungen dieser gewählten Gremien ist bedingungslos zu folgen (Beyme 1975). Die burkinische UPR beruft sich hingegen auf ein Ordnungsprinzip, das in der Satzung als „demokratische Dezentralisierung" (UPR-BF 2005b: Art. 4) bezeichnet wird. Grundsätzlich gleichen sich alle Parteien in ihrem konkreten Parteiaufbau. Allein die „zentraldemokratische" PAI, die „dezentraldemokratische" UPR und die beninische MADEP heben sich gerade durch die formale *Gemeinsamkeit* von den übrigen Parteien ab. So haben sie dem Parteivorstand die Aufgabe übertragen, die Vorsitzenden der jeweils ersten subnationalen Gliederungseinheiten der Parteien zu ernennen (PAI 2001b: Art. 28; UPR-BF 2005b: Art. 36; MADEP 2004b: Art. 16). Die Nichtwahl der Regionalvorsitzenden lässt sich freilich schwer mit den zuvor benannten Organisationsprinzipien in Einklang bringen. Ganz offenbar müssen folglich Bekenntnisse zu bestimmten formalen Regelungen in Zweifel gezogen werden.[100]

Formalisierungsgrad

Der tatsächliche Formalisierungsgrad der Parteien ist schwieriger zu messen als die formale Ordnung. Zudem kann es bei einer umfassenden Betrachtung der Organisationswirklichkeit leicht zu Überschneidungen mit prozeduralen Merkmalen der Parteien kommen, so dass die Messung hier aus systematischen und datentechnischen Gründen auf die regelmäßige Einhaltung der formal vorgeschriebenen Parteitagsfrequenz beschränkt bleibt. Diese wurde

---

99 Besonders nachdrücklich erfolgte dieser Hinweis im Interview mit Djibril Tamboura, Gewerkschaftssekretär, Ouagadougou, 02.11.2006. Die parteiinternen Mechanismen, die eine solche Einforderung von Rechenschaftspflichten bedingen, werden unter den prozeduralen Merkmalen besprochen.

100 Es ließen sich weitere Beispiele dafür finden, dass die selbstgegebenen Regelwerke der Parteien mit unterschiedlicher Sorgfalt geschrieben wurden. So ist bei der relativ jungen UNDD weder ein personeller noch ein klarer funktionaler Unterschied zwischen dem Parteirat (*Bureau Politique Nationale*) und dem Parteivorstand (*Bureau Exécutif National*) erkennbar.

mittels verfügbarer Parteidokumente, Zeitungsberichte und Interviewangaben rekonstruiert. Teilweise konnte nur ermittelt werden, ob die vorgeschriebenen Parteitagstermine zumindest potentiell eingehalten wurden anhand von plausiblen Zeitabständen. Ergänzt werden die Angaben um Interviewaussagen darüber, welche Parteien als regeltreu handelnd wahrgenommen werden.

Es sollte vorausgeschickt werden, dass die objektive Überprüfung der Einhaltung der selbstgesetzten Parteitagsfrequenz im Schwierigkeitsgrad variiert und auch mit intensiver Feldforschung nicht für alle ausgewählten Parteien möglich war. Zudem sagt die reine Durchführung freilich noch nichts über die Qualität der Veranstaltung aus. Nach dem organisatorischen Kriterium können grob drei Gruppen unterschieden werden (siehe Tab. 4.1).

1. Parteien, die ihre Parteitage regelmäßig abhalten
2. Parteien, die nur moderat von der regelmäßigen Frequenz abweichen
3. Parteien, die keine Regelmäßigkeit erkennen lassen

Die Gruppe (a) der Parteien mit regelmäßigen Parteitagen umfasst sieben Parteien, wenn man in der Gründungsphase der Partei geringfügige Abweichungen von nicht mehr als einem Jahr zulässt. Verlässliche Informationen[101] liegen für die CDP, FARD-Alafia, PDP/PS, UNDD und UNIR/MS vor. Etwas schwächer ist die Datenlage für die Parteien ADF/RDA und RB. Die ADF/RDA hat 2006 bereits ihren 13. Parteitag durchgeführt[102] und wird in zahlreichen Interviews als Partei bezeichnet, die ihre Versammlungen regelmäßig durchführt. Ähnliches gilt für die RB, deren Generalsekretär im Gespräch zu Protokoll gab, dass seine Partei alle zwei Jahre Parteitage abhalten würde.[103] Diese Planübererfüllung – die Satzung sieht eine Fünfjahresfrequenz vor – konnte jedoch nicht eindeutig nachgehalten werden.

Die zweite Gruppe (b) mit moderaten Frequenzabweichungen umfasst die Parteien IPD, MADEP, PAI und PSD. Die IPD wurde in diese Gruppe aufgenommen, da der dokumentierte Parteitagstermin (August 2004, siehe IPD 2004b) nicht mit den Aussagen des Vizepräsidenten der Partei in Einklang standen und von Beobachtern Zweifel angemeldet wurden.[104] Die

---

101 Insbesondere durch diverse Parteitagsdokumente und Pressemitteilungen, die eine fortlaufende Parteitagsnummer tragen und mit Interviewaussagen in Einklang stehen (CDP 2003b; Kiéma 2006b; Pazoté 2006; Interview Pooda (alle zur CDP); FARD-Alafia 2006b; Batoko 2006; Interviews Gbèdo-Sagbo, Koto, Legonou und Sanni (alle zur FARD); Taalé 2004; PDP/PS 2005c; Interviews Lankoandé et al. und Ouangré (alle zur PDP/PS); UNDD 2003c; d'Africk 2007; N'Do 2007; Interview H. Yaméogo (alle zur UNDD); UNIR/MS 2002b; UNIR/MS 2006; Kiéma 2006a; Interview Sankara u.a. (alle zur UNIR/MS)).

102 Die Zählung geht auf die Vorgängerpartei RDA zurück, die bereits vor der Unabhängigkeit Obervoltas gegründet wurde, so dass keine eindeutigen Schlüsse auf die Parteitagsfrequenz seit 1991 gezogen werden können. Belegt durch ADF/RDA 2005c und Kino 2006.

103 Interview mit George Bada, RB, Generalsekretär, Cotonou, 07.08.2006.

104 Interviews mit Francis da Silva, IPD, Vizepräsident, Cotonou, 22.08.2006, und François Legonou, Institut Kilimanjaro, Cotonou, 09.08.2006.

jüngere MADEP hat ihren ersten ordentlichen Parteitag nach der Gründung zwar trotz großzügiger Fünfjahresfrist um zwei Jahre zu spät abgehalten, kann aber als organisatorisch ambitioniert gelten wie aus diversen Interviews und später zu betrachtenden Teilmerkmalen hervorgeht. Immerhin gehörte die MADEP zu den Parteien, die im Vorfeld zur Präsidentschaftswahl 2006 einen Sonderparteitag zur Kandidatenkür abgehalten hat.[105]

Die größten formalen Unregelmäßigkeiten zeigen MAP, PRD, RPR[106] und UDS (Gruppe c). Die Partei MAP, die schon vor der Wiederzulassung des Mehrparteienwettbewerbs im Jahre 1990 als politische Organisation entstanden ist, begnügte sich seither mit einem einzigen Parteitag (MAP 2003c).[107] Einen gewissen Positivtrend weist die größere PRD auf, die zehn Jahre auf den ersten ordentlichen Parteitag warten und damit eine komplette Wahlperiode ausfallen ließ. Der zweite Parteitag fand hingegen nach weiteren sechs Jahren, also mit nur einem Jahr Verspätung statt.[108] Die UDS hingegen fing etwas konstanter an, lässt bei einer Dreijahresvorgabe der Satzung jedoch seit 1998 auf einen dritten ordentlichen Parteitag warten.[109] Als Zeichen ernsthafter Auseinandersetzung mit diesem Defizit kann gewertet werden, dass bereits in den Dokumenten des zweiten Parteitags die vorangegangene Terminsäumigkeit ausdrücklich bedauert und begründet wird (N'Diaye 1998).

Die Beobachtung, das alle besonders unregelmäßig tagenden Parteien in Benin zu finden sind, während fünf von sieben regelmäßig tagenden Parteien in Burkina Faso aktiv sind, zeigt, dass burkinische Parteien die selbst-gesetzten Regeln stringenter befolgen als beninische Parteien. Dieser allgemeine Trend schlägt sich in der Perzeption von Beobachtern in teilweise überspitzter Form nieder. So unterstellten zwei profunde Kenner des beninischen Parteiensystems der PRD, noch nie einen Parteitag organisiert zu haben.[110] Der burkinischen CDP wird hingegen einhellig bestätigt, dass sie

---

105 Bestätigt im Interview mit Kint Aguiar, MADEP, Generalsekretär, Cotonou, 18.08.2006.
106 Bei der RPR muss die Beurteilung vage bleiben, da die Partei insgesamt so schwach orga-nisiert ist, dass Parteidokumente nicht erhältlich waren. Allerdings ist Parteichef Valentin Houdé schon 1999 auf einer gemeinsamen Liste der Parteien RPR und UNSD (*Union Nationale pour la Solidarité et le Développement*) ins Parlament gewählt worden (Auskunft der beninischen Nationalversammlung, *Service de la Documentation et des Archives*, Janu-ar 2007), so dass die Zeitspanne bis zum ersten ordentlichen Parteitag (Oktober 2006, siehe Alokpon 2006) mindestens sieben Jahre Betrug und damit deutlich außerhalb der üblichen Satzungsperioden liegt.
107 Bestätigt im Interview mit Paul Ayémona et al., MAP, Vorstandsmitglieder, Cotonou, 23.08.2006.
108 Zu den PRD-Parteitagen: Interviews mit Ismaël Tidjani-Serpos, PRD, Vizepräsident und Fraktionsvorsitzender, Porto Novo, 14.08.2006, und Timothée Zannou, PRD, General-sekretär, Porto Novo, 31.08.2006, sowie Houngbo 2006 und Kéko 2006.
109 Bestätigt im Interview mit Djibril Débourou, UDS, Cotonou, 08.09.2006.
110 Getrennt geführte Interviews mit wissenschaftlichen Mitarbeitern zweier Politikberatungs-einrichtungen, Cotonou, August 2006.

regelmäßige Gremiensitzungen bis hin zum Parteitag abhält. Sachkundige burkinische Beobachter zeichnen hingegen von den Parteien ADF/RDA und UNIR/MS sowie – mit gewissen Abstrichen aufgrund jüngerer Turbulenzen – PAI und PDP/PS ein satzungstreues Bild.[111]

Die zwei jüngsten Parteien, die beide unter dem Kürzel UPR – einmal in Benin, einmal in Burkina Faso – auftreten, haben im Untersuchungszeitraum lediglich einen Gründungsparteitag durchgeführt, obwohl in beiden Fällen der satzungsmäßige, ambitionierte Zweijahresrhythmus bereits einen ersten ordentlichen Parteitag verlangt hätte. Auch diese beiden Parteien werden daher vorläufig in die Gruppe der unregelmäßig tagenden Parteien einsortiert.

Zusammenfassung der Teilmerkmale

Die zentrale Feststellung hinsichtlich des Merkmals Parteistruktur ist die geringe Varianz. Formal gilt dies für alle Parteien und bezüglich des tatsächlichen Formalisierungsgrades zumindest auf nationaler Ebene innerhalb der beiden untersuchten Länder. Das Merkmal ist mithin nicht ausreichend geeignet, um eine überzeugende Gruppenbildung vorzunehmen, von der ein wichtiger Einfluss auf den Wahlerfolg abgeleitet werden könnte. Im Kern folgen alle Parteien einem organisatorischen Top-down-Ansatz, in dem Parteitage mehr oder weniger regelmäßig abgehalten werden.

Es muss jedoch einschränkend erwähnt werden, dass genaue Untersuchungen zu Nutzen und Auswirkungen von Parteitagen im frankophonen Afrika nicht vorliegen. Ob beispielsweise das regelmäßige Abhalten von Parteitagen, die teilweise mit großen finanziellem Aufwand durchgeführt werden und einen gewissen „Event-Charakter" für die geladenen Teilnehmer haben, eine Belohnungsfunktion für lokale Parteifunktionäre hat und sich dadurch auf die Parteibindung und das Wahlkampfengagement auswirken, ist weitgehend unbekannt und konnte im Rahmen dieser Arbeit nicht näher untersucht werden.

Mangels genauerer Daten wird das Parteistruktur-Merkmal daher als weitgehend homogen in den relevanten Referenzsystemen, also den nationalen Wettbewerbsarenen, angesehen und im Merkmalsvergleich neutralisiert. Eine zusammenfassende Gruppenbildung entfällt.

4.1.2 Materielle Ausstattung

Neben dem formalen Organisationsverfahren ist auch das organisatorische Vermögen bedeutend für die strukturelle Dimension politischer Parteien. Hierunter können beispielsweise Humanressourcen und die Nutzung von

---

111 Interviews mit Zinso Boué, Ouaga 2000, 03.11.2006, Eric Ouangré, Centre Afrika Obota, Ouagadougou, 14.11.2006, und Chrysogone Zougmoré, MDBHP, Ouagadougou, 19.10.2006.

institutionellen Netzwerken mit anderen Organisationen und organisierten Gesellschaftsgruppen gefasst werden. Diese beiden Faktoren werden später in den Merkmalen Mitgliederbasis und Vernetzung aufgenommen. Daneben liegt jedoch auf der Hand, dass die Arbeitsfähigkeit einer Partei auch von ihrer materiellen Ausstattung abhängt.

Die jüngere Literatur zur Area Westeuropa setzt einen zumindest grundlegend funktionierenden Parteiapparat als gegeben voraus, um inzwischen eher über den effizienten Abbau von mutmaßlich schwerfälligen parteieigenen Strukturen zugunsten einer sogenannten „Professionalisierung" des Parteienwettbewerbs in der Mediengesellschaft nachzudenken (siehe Poguntke 2000; Jun 2008: 182-186). Für jüngere Mehrparteiensysteme wurde jedoch unterstrichen, dass das Organisationsniveaus für den Wahlerfolg bedeutend ist (Golosov 1998 zu Russland; Chhibber et al. 2012 zu Indien).

Erhalten blieb das Merkmal der materiellen Ausstattung auch in der Forschung zur Institutionalisierung politischer Parteien (Huntington 1968; Dix 1992; Randall/ Svåsand 2002b; Basedau 2007). Bei den wenigen systematischen Versuchen, die Institutionalisierung von politischen Parteien jenseits Europas anhand jüngerer Feldforschungsergebnisse zu messen, fiel das Gesamturteil meist bescheiden aus und wies damit auf eines der wohl sichtbarsten Defizite von Parteien in nicht-westlichen Ländern gegenüber den lange etablierten Parteien in Westeuropa hin. Betz (2006) konstatierte selbst für die größten Parteien der langjährigen Demokratie Indien, dass die Größe der Parteiapparate nicht nur „überschaubar" sei, sondern konkretisierte am Beispiel der ehemaligen Regierungspartei *Bharatiya Janata Party* (BJP), dass in den unionsstaatlichen Parteibüros maximal 20 festangestellte Mitarbeiter tätig seien. Verwendet man diese Angabe mit Bezug auf Afrika, muss bedacht werden, dass die Mehrzahl der indischen Bundesstaaten, von denen hier die Rede ist, die Einwohnerzahl Benins und Burkinas um ein Vielfaches übersteigt.

Der allgemeine Trend, auf den die Ausführungen von Betz hinweisen, ist zwar auch für Afrika gültig; allerdings zeigt ein Messvorschlag für das Organisationsniveau von 28 Parteien im subsaharischen Afrika, dass unterhalb einer für die neuen Mehrparteiensysteme Afrikas etwas bescheidener gewählten Schwelle schon in relativ groben Messkategorien deutliche Unterschiede zwischen den untersuchten Parteien sichtbar werden (Basedau/ Stroh 2008). Die Institutionalisierung politischer Parteien in Afrika variiert messbar und ist nicht etwa gleichmäßig schlecht und auch innerhalb einzelner Parteiensysteme nicht uniform.

In Anlehnung an die genannten Untersuchungen wird das Merkmal über die Teilmerkmale der Ausstattung von nationalen Parteizentralen, der Dichte und Ausstattung von Parteibüros außerhalb der Hauptstadt und der Parteifinanzierung operationalisiert. Die Ausstattung der nationalen Parteizentralen wird mittels systematisch protokollierter Besuche beurteilt. Ein entsprechendes Vorgehen war im Rahmen der Feldforschung auch für ausgewählte Orte außerhalb der Hauptstadt – in der die meisten Parteizentralen angesiedelt sind – vorgesehen, scheiterte allerdings in aller Regel an der Inexistenz solcher Räumlichkeiten, so dass die Erhebung des zweiten Teilmerkmals über die generelle Verfügbarkeit von Ansprechpartnern der Parteien und Interviewauskünfte erfolgt.

Das heikle Thema Finanzierung kann näherungsweise über Interviewauskünfte evaluiert werden, da Rechenschafts- oder Kassenberichte nicht zugänglich sind, sofern sie überhaupt existieren. Derartige Zahlenangaben wären in beiden Ländern ohnehin mit Vorsicht zu behandeln. Die höchst aufwändigen Messanstrengungen des US-amerikanischen *National Democratic Institute for International Affairs* (NDI) haben gezeigt, wie undurchsichtig und wenig nachvollziehbar Parteienfinanzierung in Afrika funktioniert (Bryan/ Baer 2005). Auch die NDI-Studie musste sich auf Eliteninterviews verlassen, obwohl selbst von führenden Parteifunktionären „nur relativ wenige in der Lage waren, konkrete Zahlenangaben zur Parteifinanzierung zu machen" und häufig nicht einmal Zugang zu den parteieigenen Konten hatten (Bryan/ Baer 2005: 10, Übersetzung AS). Dennoch können im Abgleich mit den wenigen verfügbaren Sekundärquellen vorsichtige Einschätzungen zur Finanzierung der Parteien gemacht werden.

Ausstattung der Parteizentralen
Nicht alle untersuchten Parteien verfügen über eine Parteizentrale, die einzig diesem Zweck zur Verfügung steht. Viele kleinere Parteien haben ihren Sitz (*siège*) am Privatwohnsitz des jeweiligen Parteivorsitzenden.[112] Sie werden im Folgenden als Parteien ohne eigene Parteizentrale geführt. Alle räumlich von Privatwohnsitzen getrennten Parteizentralen wurden im Laufe der Feldforschungsaufenthalte, aufgesucht und nach folgenden Kriterien systematisch beurteilt:

1. Verfügt die Partei über eigene Geschäftsräume, die als nationaler Sitz dienen?
2. Ist die Parteizentrale telefonisch gut erreichbar?
3. Ist die Parteizentrale leicht zu finden (zentrale Lage, gut erkennbar, auf Nachfrage bekannt)?
4. In welchem Zustand befindet sich das Gebäude (außen, innen)?
5. Welchen Eindruck macht die bürotechnische Ausstattung (Einrichtung, Fax, Computer, Internetzugang)?

---

112 Während das beninische Parteiengesetz zwar die Angabe eines Sitzes der Partei verlangt, dazu aber keine weiteren Bedingungen festlegt, geht das burkinische Parteiengesetz explizit auf die Möglichkeit ein, dass private Wohnsitze als Parteizentralen dienen und erklärt diese zu öffentlichen Orten des Privatrechts (RB 2001, BF 2001b: insb. Art. 15).

6. Wie groß sind die Personalressourcen (Zahl und Qualifizierung der ständigen Angestellten)?
7. Welche Bedeutung kommt der Parteizentrale im Wahlkampf zu?[113]

Alle sieben Kriterien zusammengenommen werden genutzt, um einen Index zur Qualität von Parteizentralen (QPZ) zu bilden. Die scheinbare numerische Präzision dient freilich nur zur Veranschaulichung der notwendigen Datenaggregation und sollte nur im Sinne von Tendenzaussagen über die materielle Ausstattung und Arbeitsfähigkeit der Parteizentralen interpretiert werden. Der QPZ-Wert dient als relativer Maßstab zum Vergleich der untersuchten Parteien. Er ist nicht darauf ausgerichtet die Qualität im globalen Vergleich zu bestimmen, obgleich die Einfachheit der gestellten Fragen auch in der Anwendung auf andere Entwicklungsländer hilfreich sein könnte.

In Tabelle 4.2 sind die Parteien nach ihrem QPZ-Wert absteigend geordnet. Dabei wird eine Spitzengruppe (QPZ > 10) aus CDP, ADF/RDA, PDP/PS, IPD und UNIR/MS sichtbar, dicht gefolgt von einem Mittelfeld aus MADEP, RB und PSD (QPZ > 5). Die Parteizentralen der Spitzengruppe verfügen über eine bescheidene, jedoch funktionsfähige Ausstattung. Die Geschäftsräume sind von außen klar gekennzeichnet und dienen ausschließlich der Partei. Sie sind ständig mit Personal besetzt, das auch in der Lage ist Auskunft zu erteilen oder Kontakt zu anderen auskunftsfähigen Personen herzustellen. Die Zentralen dienen als Ort der Koordination und Tagungsort des Vorstandes. Dies gilt für die Zeit des Wahlkampfs wie auch in politisch ruhigeren Zeiten. Allerdings beschäftigt mit Ausnahme der burkinischen CDP keine Partei mehr als eine handvoll ständige Angestellte, so dass die absolute Leistungsfähigkeit eingeschränkt bleibt. Eine systematische Einbeziehung engagierter, freiwilliger Helfer aus dem Kreise der Parteimitglieder gelingt am sichtbarsten der UNIR/MS. Die größte, räumlich und technisch am besten ausgestattete Parteizentrale – vielleicht die einzige, die europäischen Konnotationen mit diesem Begriff gerecht wird – unterhält die CDP. Die Zahl der ständigen, inhaltlich arbeitenden Mitarbeiter ohne Sekretariats- und Servicepersonal wurde vom Direktor der Parteizentrale mit zehn angegeben.[114] Auch dies ist keine besonders beeindruckende, im Vergleich jedoch eine herausgehobene Größenordnung.

Hinter dem Mittelfeld folgen Parteien, die zwar über eigene und erkennbare Geschäftsräume verfügen, allerdings schlecht ausgestattet sind (FARD, MAP[115], PAI[116]). Verhältnismäßig wenige Parteien verfügen über gar keine

---

113 In beiden Ländern wurden die nationalen Zentralen in der Woche unmittelbar vor dem jeweiligen Parlamentswahltermin im Jahre 2007 erneut aufgesucht, um die strukturelle Bedeutung der Parteizentrale für den Wahlkampf einzuschätzen.

114 Interview mit Ollo Anicet Pooda, CDP, Ouagadougou, 30.10.2006.

115 In die Geschäftsräume der MAP wurde nach Angaben von Vorstandmitgliedern wenige Wochen vor der Feldforschung des Verfassers eingebrochen. Ein Besuch in der geplünder-

abgrenzbaren Geschäftsräume (RPR, UDS, UNDD, UPR-BF). Die beiden Parteien ADF/RDA und PSD verfügen über je zwei Gebäude, von denen das jeweils ältere offiziell als Parteizentrale (*siège du parti*) bezeichnet wird, während das jeweils neuere als Wahlkampfzentrale bezeichnet wird. De facto wird die Wahlkampfzentrale aber auch außerhalb des Wahlkampfs als zentrales Parteibüro auf nationaler Ebene genutzt und verfügt über Sitzungsräume für den Vorstand sowie Arbeits- und Empfangsräumlichkeiten für den Parteivorsitzenden.

Tabelle 4.2: Qualität der Parteizentralen

Partei	Parteizentrale	QPZ	Gruppe
CDP	in Ouagadougou	15,0	
ADF/RDA	zwei Mal in Ouagadougou	14,0	(a)
PDP/PS	in Ouagadougou	11,5	Gute Ausstattung
IPD	in Cotonou	11,0	(QPZ > 10)
UNIR/MS	in Ouagadougou	10,5	
MADEP	in Cotonou	9,5	(b)
RB	in Cotonou	8,5	Mittlere Ausstattung
PSD	zwei Mal in Cotonou	7,5	(QPZ > 5)
MAP	in Cotonou	4,0	(c)
PAI (Ouédraogo)	in Ouagadougou	4,0	Schlechte Ausstattung
FARD-Alafia	in Parakou	3,5	(QPZ > 0)
PRD	in Porto Novo	2,0	
RPR	keine eigenen Geschäftsräume	0,0	
UDS	keine eigenen Geschäftsräume	0,0	
UNDD	keine eigenen Geschäftsräume	0,0	(d)
UPR-BF	keine eigenen Geschäftsräume	0,0	Keine Ausstattung
UPR-BJ	unbekannt	0,0	

Quelle: eigene Darstellung; Erläuterung der Wertermittlung und alle Details der Messung in Anhang 3.

Der völlige Verzicht auf eine Parteizentrale beschränkt sich weitgehend auf die kleinsten Parteien. Während UDS und UPR-BF diesen Zustand bedauern,[117] verdeutlicht dies in bestimmten Fällen die Ausrichtung und Abhängigkeit der Partei von Einzelpersonen. In besonderer Weise stechen hier – über die Ländergrenzen hinweg – die PRD unter dem Vorsitz von

---

ten und völlig verwüsteten Parteizentrale hat die Angaben bestätigt. Nach 2007 hat sich die Partei in einem anderen Stadtteil neu eingerichtet.

116 Die langjährige Parteizentrale der PAI wird von der PAI-Gruppe um Phillippe Ouédraogos genutzt. Die PAI-Gruppe Soumane Tourés verfügt über keine eigenen Geschäftsräume.

117 Interviews mit Sacca Lafia, UDS, Parteivorsitzender, Cotonou, 29.08.2006, und Toussaint Abel Coulibaly, UPR, Parteivorsitzender, Ouagadougou, 03.11.2006.

Adrien Houngbédji und die UNDD unter dem Vorsitz von Hermann Yaméogo hervor. Beide Parteien sind durchaus administrativ handlungsfähig und können auf materielle Ressourcen zugreifen, die diejenigen anderer Parteien deutlich übersteigen. Es handelt sich dabei jedoch um private Ressourcen des Parteivorsitzenden, die auch als solche sichtbar bleiben. Während Yaméogos UNDD zum Untersuchungszeitpunkt über gar keine eigenen Geschäftsräume verfügte, unterhält Houngbédji ein unscheinbares Bürogebäude in Porto Novo, das weder von außen als Parteizentrale der PRD erkennbar war (keine Beschilderung), noch über ständiges Personal verfügt.[118] In beiden Fällen finden innerparteiliche Besprechungen, Gespräche mit der Presse und Gästen sowie die administrative Steuerung der Partei in repräsentativen Privathäusern der Parteichefs statt. In beiden Fällen sind dort eigene Besprechungsräume und Sekretariate eingerichtet, die jedoch nicht der Partei, sondern den Privatpersonen Houngbédji und Yaméogo zugeordnet sind.[119]

Die ebenfalls als stark personalisiert geltenden Parteien RB (Familie Soglo) und RPR (Valentin Houdé) sind anders aufgestellt. Die Parteizentrale der RB ist einigermaßen funktionsfähig ausgestattet und innerhalb des Bürogebäudes auch als RB-Geschäftsstelle erkennbar. Sie teilt sich das Gebäude jedoch mit der Nichtregierungsorganisation *Vidolé*, die ebenfalls von der Parteivorsitzenden Rosine Soglo geleitet wird. Von außen ist lediglich die NGO beschildert, das Gebäude ist jedoch als Parteizentrale der RB allgemein bekannt. Die Partei Houdés, RPR, verfügt hingegen nicht über eigene Geschäftsräume. Entsprechend schwierig gestaltet sich auch die Kontaktaufnahme zur RPR. Selbst einschlägige Experten konnten keine Auskünfte über die Strukturen der RPR geben.

Dichte und Ausstattung von Parteibüros außerhalb der Hauptstadt
Mit Ausnahme der beninischen FARD-Alafia haben alle Parteien ihren Sitz am Parlaments- bzw. Regierungssitz des Landes.[120] Doch wie steht es um die materielle Ausstattung der Parteien außerhalb der Hauptstadt? Da keine der Parteien über eine zentrale Immobilienverwaltung verfügt, muss diese Frage

---

118 Eine große Hinweistafel wurde erst nach dem Ende des Untersuchungszeitraums aufgestellt. Ständige Betriebsamkeit konnte auch später nicht festgestellt werden.

119 Auch der Verfasser wurde in den Privathäusern der Herren Houngbédji und Yaméogo in Cotonou und Ouagadougou zum Gespräch empfangen. Es handelt sich dabei nicht um ihre Hauptwohnsitze, die deutlich luxuriöser sind und sich in den Heimatorten Porto Novo bzw. Koudougou befinden. Sucht man in Benin den Kontakt zur PRD wird man nicht etwa an die Parteizentrale in Porto Novo verwiesen, sondern an den Privatsekretär Houngbédjis.

120 In Benin fallen Parlaments- und Regierungssitz auseinander. Offizielle Hauptstadt der Republik Benin ist Porto Novo. Hier sind die Nationalversammlung und der oberste Gerichtshof angesiedelt, während die Regierung und die allermeisten nationalen Behörden sowie der Verfassungsgerichtshof in der größten Stadt des Landes, Cotonou, ihren Sitz haben. In Cotonou befindet sich daher auch die Mehrzahl der Parteizentralen. Im folgenden ist Cotonou in den Begriff „Hauptstadt" inbegriffen.

näherungsweise über Stichproben und Interviewauskünfte beantwortet werden. Jedoch wurde auch bei dieser – gezwungenermaßen – explorativen Vorgehensweise schnell deutlich, dass Parteibüros außerhalb der Hauptstadt allenfalls in Hochburgen und/oder in Wahlkampfzeiten existieren.

Die Parteien selbst und sachkundige Beobachter beschreiben die Organisationsdichte in der Fläche des Landes regelmäßig mit dem Begriff *Implantation*, unter dem nicht die materielle Ausstattung, sondern die ständige Präsenz, Verfügbarkeit und Aktivität von örtlichen Funktionären verstanden wird. Um die Analysedimensionen nicht zu durchbrechen, wird der Aspekt des dezentralen Aktivitätsniveaus in der Verhaltensdimension unter dem Merkmal der geographischen Konzentration untersucht. Die Präsenz von Humanressourcen wird hingegen unter dem Punkt Mitgliederbasis wiederkehren, so dass hier die Fokussierung auf das Organisationsmerkmal der materiellen Ausstattung erhalten bleibt.

Zur Messung wurde eine nicht repräsentative, stichprobenartige Prüfung in je einer größeren und einer kleineren Provinzstadt unternommen. Dabei sollte es sich nicht um extreme Hochburgen einer bestimmten Partei handeln, um die Möglichkeit einer rationalen Strukturschwäche anderer Parteien zu minimieren.

Für die Kurzbesuche wurde daher die drittgrößte Stadt Benins, Parakou, als größere Provinzstadt des Landes ausgewählt. Die Stadt hatte 1999 etwa 125.000 Einwohner und gilt als Zentrum des Nordens, verfügt jedoch aufgrund zahlreicher Inlandsmigranten aus dem südlichen Teil Benins über eine heterogene Bevölkerung (Bierschenk 2006). Als kleinere, infrastrukturell jedoch nicht völlig abseitige Provinzgemeinde wurde Dassa-Zoumé besucht. Die Gesamtgemeinde hatte 1999 ca. 80.000 Einwohner, von denen etwa 16% im semi-urbanen Hauptort Dassa leben. Sie liegt im Departement Collines an der wichtigsten Nord-Süd-Transittrasse etwa auf halbem Weg zwischen der südlichen Küstenregion und den nördlichen Landesteilen.[121]

In Burkina Faso wurde Dédougou besucht. Die Regionalhauptstadt der westlichen Region Boucle du Mouhoun rangiert mit rund 100.000 Einwohnern in einer Gruppe mehrer Städte etwa gleicher Größe, die auf die drittgrößte Stadt des Landes Koudougou (ca. 150.000 Einwohner) folgen. Dédougou ist jedoch infrastrukturell relativ schlecht erschlossen und verfügt als einzige Regionalhauptstadt noch über keine Anbindung an das Teerstraßennetz. Als kleinere Provinzstadt wurde Pô (ca. 50.000 Einwohner)

---

121 Die Einwohnerzahlen sind dem internetgestützten *Atlas monographique des communes du Bénin* entnommen, der von der französischen und deutschen Entwicklungszusammenarbeit gefördert wurde (http://atlasbenin.africa-web.org/index.htm, 07.05.2008). Die allgemeine Bevölkerungsentwicklung Benin würde nahe legen, dass die Bevölkerungszahlen bis zum Untersuchungszeitpunkt um 15-20% angestiegen sind.

gewählt. Ähnlich wie Dassa-Zoumé liegt Pô an einer wichtigen Transitstrecke – der Hauptverbindung nach Ghana.[122] In allen Orten wurden Parteifunktionäre der dort vertretenen Parteien befragt und – sofern existent – Parteibüros aufgesucht. Die in Tabelle 4.3 zusammengefassten Ergebnisse beruhen folglich maßgeblich auf den physisch überprüfbaren Angaben der angetroffenen Parteivertreter vor Ort. Dabei handelte es sich in der großen Mehrzahl der Fälle um die Vorsitzenden der regionalen Untergliederung.[123]

Tabelle 4.3: Ausstattung mit Geschäftsräumen außerhalb der Hauptstadt

	größerer Ort	Wert	kleinerer Ort	Wert	Σ	Gruppe
Benin	**Parakou**		**Dassa**			
FARD-Alafia	ständige Geschäftsräume; deutliche Kennzeichnung; ohne Personal außerhalb des Wahlkampfs	1	keine Geschäftsräume	0	1	**(b)**
IPD	keine Geschäftsräume	0	keine Geschäftsräume	0	0	**(d)**
MADEP	ständige Geschäftsräume; deutliche Kennzeichnung; ohne Personal außerhalb des Wahlkampfs	1	keine Geschäftsräume	0	1	**(b)**
MAP	Geschäftsräume nur im Wahlkampf angemietet	½	keine Geschäftsräume	0	½	**(c)**
PRD	ständige Geschäftsräume; ohne Kennzeichnung; ohne Personal außerhalb des Wahlkampfs	1	keine Geschäftsräume	0	1	**(b)**
PSD	ständige Geschäftsräume; ohne Kennzeichnung; ohne Personal außerhalb des Wahlkampfs	1	keine Geschäftsräume	0	1	**(b)**
RB	Geschäftsräume nur im Wahlkampf angemietet	½	keine Geschäftsräume	0	½	**(c)**
RPR	keine Geschäftsräume	0	keine Geschäftsräume	0	0	**(d)**
UDS	keine Geschäftsräume	0	keine Geschäftsräume	0	0	**(d)**
UPR-BJ	ständige Geschäftsräume; deutliche Kennzeichnung; ohne Personal außerhalb des Wahlkampfs	1	keine Geschäftsräume	0	1	**(b)**

---

122 Einwohnerzahlen für Burkina Faso aus BF 2006 (*Population estimée en décembre 2005*).
123 Die Angaben zur Gemeinde Pô in Burkina Faso beruhen auf Auskünften der lokalen MBDHP-Gruppe, die in kürzeren, nicht als vollwertiges Interview gelisteten Gesprächen mit Parteifunktionären abgeglichen und vor allem physisch überprüft wurden. Der Grund hierfür war, dass der Aufenthalt in Pô aus forschungspraktischen Gründen im Wahlkampf 2007 durchgeführt wurde, während Dassa-Zoumé, Dédougou und Parakou außerhalb von Wahlkampfzeiten aufgesucht wurden.

	größerer Ort	Wert	kleinerer Ort	Wert	Σ	Gruppe
Burkina Faso	**Dédougou**		**Pô**			
ADF/RDA	keine Geschäftsräume	0	keine Geschäftsräume	0	0	(d)
CDP	ständige Geschäftsräume; ohne Kennzeichnung; ohne Personal außerhalb des Wahlkampfs	½	ständige Geschäftsräume; deutliche Kennzeichnung; ohne Personal außerhalb des Wahlkampfs	1	1 ½	(a)
PAI	keine Geschäftsräume	0	ständige Geschäftsräume; deutliche Kennzeichnung; ohne Personal außerhalb des Wahlkampfs	1	1	(b)
PDP/PS	keine Geschäftsräume	0	keine Geschäftsräume	0	0	(d)
UNDD	keine Geschäftsräume	0	keine Geschäftsräume	0	0	(d)
UNIR/MS	keine Geschäftsräume	0	ständige Geschäftsräume; ohne Kennzeichnung; ohne Personal außerhalb des Wahlkampfs	½	½	(c)
UPR-BF	keine Geschäftsräume	0	keine Geschäftsräume	0	0	(d)

Quelle: Eigene Zusammenstellung auf Grundlage von systematischen Beobachtungen; Orientierungswerte ohne Anspruch auf mathematische Genauigkeit, Die beiden Bewertungen folgen den Kurzbeschreibungen auf drei einfachen Stufen (0, ½, 1) und werden anschließend addiert (Σ). Aufgrund der insgesamt bescheidenen Ausstattung dezentraler Büros war eine vollständige Erhebung des QPZ nicht sinnvoll; (a) kennzeichnet Summen über 1, (b) die Summe 1, (c) die Summe ½ und (d) die Summe null.

Keine Partei verfügt in den ausgewählten Ortschaften über ein Parteibüro, das ständig mit Personal besetzt wäre und damit als Anlaufpunkt für Bürger oder für die Verwaltung der Partei genutzt werden könnte. Die Verwaltungs- und Koordinationsaufgaben müssen von Parteifunktionären übernommen werden. Einige Parteien verfügen jedoch über ständige Immobilien, die teilweise als sichtbare Wegmarke und damit dauerhafte Erinnerung an die Existenz der Partei dienen, teilweise auf ständige Sichtbarkeit durch Beschilderung verzichten und lediglich als Sitzungsort für Treffen der lokalen Parteiführung fungieren. Personal und Sichtbarkeit werden im Wahlkampf deutlich erhöht. Keine der Parteien ist an beiden Orten ständig sichtbar vertreten. Nur die CDP verfügte an beiden Orten über eine parteieigene Immobilie. MADEP, PRD, PSD und UNIR/MS unterhalten zumindest an einem Ort ständige Geschäftsräume, obwohl diese Orte nicht als Hochburgen der jeweiligen Partei einzuordnen sind. FARD, PAI und UPR-BJ sind in ihren regionalen Hochburgen sichtbar. Alle anderen Parteien verfügen über keine ständigen Geschäftsräume. Nur bei wenigen konnte gezielt nachgewiesen werden, dass sie im Wahlkampf eigene Büros unterhalten. Berichte und eigene Beobachtungen in den Parlamentswahlkämpfen 2007 an anderen Orten geben jedoch Anlass zu der Vermutung, dass fast alle Parteien in den Wahlkampfphasen in die Anmietung zusätzlicher Immobilien investieren, um Anlaufstellen für die Bevölkerung bereit zu halten.[124]

Parteienfinanzierung
Auf die geringe Quantität und Qualität von Studien zur Parteienfinanzierung in Afrika wurde bereits eingangs hingewiesen. Die wenigen generalisierenden Angaben aus Überblickswerken sind nicht geeignet, um daraus Erkenntnisse über die Unterschiede zwischen einzelnen Parteien bestimmter Länder abzuleiten. Sie beschränken sich auf – im Allgemeinen kaum konkret belegte – Nennungen der wichtigsten Finanzierungswege politischer Parteien in Afrika. Als wichtigste Ressourcen werden durchgehend private Zuwendungen, insbesondere durch den Parteivorsitzenden, der verdeckte Zugriff auf staatliche Mittel, die öffentliche Parteienfinanzierung und Zuwendungen aus dem Ausland genannt (Saffu 2003, Aminou 1996, Akpovo 1996, Boly 1996). Die systematischste Untersuchung von Finanzierungsquellen hat NDI vorgelegt (Bryan/ Baer 2005: insb. 10-11). 264 befragte Vertreter der gesellschaftlichen Elite in zwölf afrikanischen Ländern – darunter nur zwei frankophone Fälle, namentlich Benin und Senegal – haben am häufigsten parteieigene Mitteleinwerbungen als wichtigste Finanzierungsquelle genannt („funds raised by party", 26% der Befragten). Die Studie fasst unter diesen parteieigenen Quellen Mitgliedsbeiträge, gezielte Spendenmobilisierung bei Parteiveranstaltungen und wirtschaftliche Erträge von parteieigenen Unternehmen zusammen. Am zweithäufigsten wurde die öffentliche Parteienfinanzierung als Hauptfinanzierungsressource genannt (20%), etwa gleichauf gefolgt von Unternehmerspenden (13%), freien Spenden von Einzelpersonen, den Privatressourcen des Parteivorsitzenden und Zuwendungen aus dem Ausland (je 12%).

Obwohl die Parteienfinanzierung bei den Elitenbefragungen des Verfassers in Benin und Burkina Faso nur ein Gegenstand von vielen war und die Frage offen gestellt wurde, wurden in insgesamt 81 Interviews Angaben zur Finanzierung gemacht. Diese bestätigen das Ergebnis der NDI-Studie auf nationaler Ebene für beide hier untersuchten Länder hinsichtlich der Inhalte, aber nicht hinsichtlich der Hierarchisierung der Finanzquellen.

Alle Gesprächspartner, die sich zum Thema Parteienfinanzierung äußerten, haben die Finanzierungsfrage stark personalisiert.[125] Demnach sind

---

124 Entsprechende Büros wurden beispielsweise in Benin auch für die kleineren Parteien MAP in Allada sowie für IPD und RPR in Abomey-Calavi, in Burkina Faso für die ADF/RDA in Tiébélé oder für die UPR-BF in Goungin (Ouagadougou) ausgemacht.

125 In aller Regel wurden nur sehr zurückhaltend Angaben zu den finanziellen Verhältnissen der Parteien gemacht. In exakten Zahlen lassen sich die Angaben nicht überprüfen. Rechenschaftsberichte werden zwar vom Gesetz gefordert, sind aber nicht öffentlich zugänglich

private Ressourcen von führenden Parteimitgliedern die mit Abstand wichtigste Zuwendungsquelle. Nur zwei wichtige Ausnahmen von diesem Regelfall sind zu nennen. Der CDP wurde in zahlreichen Interviews eine diversifizierte Finanzierungsgrundlage zugeschrieben und über die burkinische UPR wurde bekannt, dass lokale Unternehmer in ihren Hochburgen als maßgebliche Spender aufgetreten sind.[126]

Die Bedeutung des Zugriffs auf staatliche Ressourcen jenseits der offiziellen Parteienfinanzierung wurde in 13 Interviews mit nationalen und internationalen Beobachtern und immerhin fünf führenden Parteienvertretern – etwa gleich verteilt auf beide Länder – thematisiert. Unterschiede zwischen einzelnen Parteien ergeben sich zwangsläufig daraus, dass der Zugriff auf staatliche Ressourcen als wichtige Finanzierungs- bzw. Rekompensierungsquelle genannt wurde. So wird also unterstellt, dass Parteien, die länger und intensiver an der Regierung und Staatsverwaltung beteiligt waren, größere finanzielle Ressourcen aus dieser Beteiligung schöpfen können. Dabei steht keineswegs grundsätzlich der Vorwurf einer illegalen Bereicherung hinter diesen Aussagen. Erwerbsmöglichkeiten sind in beiden Staaten begrenzt, so dass legale Einkommen aus herausgehobenen staatlichen Funktionen signifikant dazu beitragen können, ob sich Parteifunktionäre ihre innerparteiliche Aufgabe leisten können. Nach unwidersprochen gebliebenen Aussagen von sieben beninischen und fünf burkinischen Parteipolitikern, müssen Kandidaten und Funktionäre die Kosten, die im Zusammenhang mit dem Wahlkampf und anderen Parteitätigkeiten entstehen, selbst tragen.[127] Mithin gibt es deutliche Anreize, den Wettbewerb um Ämter als Wettbewerb um Rekompensierungsressourcen zu verstehen. Der Politiker investiert in seine Kandidatur und erwartet nach einem Wahlerfolg eine Rendite. Im Einzelfall werden dabei Vermutungen über unrechtmäßige Bereicherungen geäußert. Dazu liegen jedoch keine belastbaren Aussagen vor.

Die zweite wichtige Finanzierungsquelle, die erneut über einzelne Persönlichkeiten vermittelt wird, ist die unternehmerische Tätigkeit von führenden Parteifunktionären oder der Partei sehr nahe stehenden Persönlichkeiten. In wenigen Fällen wurde auch auf Zuwendungen aus dem Ausland verwiesen, in der Regel jedoch erst auf Nachfrage. Kein Gesprächspartner hat Mitgliedsbeiträge als wichtiges Finanzierungsinstrument politischer Parteien genannt. Ohne gezielte Nachfrage wurden Beitragszahlungen erst gar nicht

---

und gelten als unzuverlässig. Die Einschätzungen müssen folglich auf übereinstimmenden Interviewangaben basieren.

126 Zur CDP: diverse Interviews aus allen befragten Personengruppen, Burkina Faso, Oktober/November 2006. Zur UPR: Toussaint A. Coulibaly, Ouagadougou, 03.11.2006, sowie Lamoussa Kadinza und Arrouna Zoungrana, Dédougou, 09.11.2006.

127 Interviews mit Gbèdo-Sagbo, Aguiar, Golou und Débourou, alle Cotonou, August/September 2006; Tidjani-Serpos und Zannou, Porto-Novo, August 2006; Dossou, in Modji, 07.09.2006; Bonkian, Dédougou, 09.11.2006; Ou Belem, Kanidoua, Tapsoba und Sankara, alle Ouagadougou, Oktober/November 2006.

thematisiert. Auch eigene unternehmerische Aktivitäten der Parteien wurden in keinem Fall genannt.

Trotz der grundsätzlich allgemein gehaltenen Aussagen, haben die Gesprächspartner zwischen einzelnen Parteien differenziert. So wurde vor allem nach der personellen Diversifizierung der Finanzierungsgrundlage der Parteien unterschieden. Es können zwei Gruppen unterschieden werden:

1. Parteien, deren Finanzierung maßgeblich von einer Einzelperson – in aller Regel dem Parteichef – abhängig ist.
2. Parteien, deren Finanzierung durch mehrere Personen erfolgt, ohne dass sie von einer Einzelperson abhängig ist.

Wirft man anschließend einen Blick auf die mutmaßlichen Privatressourcen der angegebenen Geldgeber, lässt sich daraus eine vorsichtige Einschätzung der finanziellen Potenz der Einzelparteien ableiten. Die Auswertung aller einschlägigen Interviews zeichnet ein relativ klares Bild hinsichtlich der Ressourcendiversifizierung und der relativen Finanzstärke der Parteien. Widersprüchliche Angaben kamen nur hinsichtlich der Diversifizierung der MADEP-Finanzierung zustande. Sowohl der MADEP-Generalsekretär als auch Regionalfunktionäre in Parakou widersprechen der allgemeinen Auffassung von Beobachtern, dass ihre Partei einseitig vom Unternehmer und Parteivorsitzenden Séfou Fagbohoun abhängig sei. Die Partei habe ihre Finanzierung inzwischen auf eine breite Basis gestellt.[128]

Obwohl die Beurteilung der relativen Finanzlage der untersuchten Parteien in den Interviews homogen ausfällt, sind die Einschätzungen der Gesamtressourcen mit großer Vorsicht zu genießen. Diesen liegt keinerlei objektives Zahlenmaterial zugrunde. Die finanzielle Potenz einzelner Geldgeber lässt sich allenfalls erahnen und die relative Einschätzung der Finanzkraft über Ländergrenzen hinweg bereitet besondere Schwierigkeiten, da selbst die kenntnisreichsten Beobachter keinen direkten Vergleich der Parteien unternehmen können. Dieser Effekt wird dadurch verstärkt, dass die beninischen und burkinischen Parteien nicht miteinander im Wettbewerb stehen und daher ein wichtiger Perzeptionsfaktor für die Beobachter entfällt: das relative Auftreten und Verhalten der Parteien im Wahlkampf.

---

128 Interviews mit Kint Aguiar, Cotonou, 18.08.2006, und Bakourégui Suanon et al., Parakou, 04.09.2006.

Tabelle 4.4: Parteienfinanzierung in Benin und Burkina Faso

Partei	↓	Abhängigkeit von einer Einzelperson? Hauptgeldgeber (mutmaßliche Ressourcen)	Interviewbelege nach Quellen	Gesamteinschätzung Finanz-niveau	Gruppe
Benin					
FARD-Alafia	nein	Parteivorstand (Regierungsbeteiligung unter Kérékou)	3* / 0 / 2 / 0 / 0	abnehmend, aktuell eher mäßig	c
IPD	nein	Parteivorstand (frühere Regierungsposten, unternehmerische Tätigkeit)	1 / 0 / 1 / 0 / 0	gehoben	b
MA-DEP	ja	Séfou Fagbohoun (unternehmerische Tätigkeit)	0 / 0 / 5 / 1 / 2	hoch	a
MAP	nein	Parteivorstand (Regierungsbeteiligung unter Kérékou, Querfinanzierung durch UBF)	1* / 0 / 3 / 1 / 0	eher gering	d
PRD	ja	Adrien Houngbédji (anwaltliche Tätigkeit in Gabun)	4 / 0 / 3 / 1 / 0	hoch	a
PSD	ja	Bruno Amoussou (Regierungsbeteiligung unter Kérékou, Tätigkeit als Bankdirektor)	2* / 1 / 1 / 1 / 0	abnehmend, aktuell eher gehoben	b
RB	ja	Familie Soglo (frühere Tätigkeit im Ausland, frühere Regierungsführung, Bürgermeister von Cotonou)	1* / 0 / 6 / 0 / 0	hoch	a
RPR	ja	Valentin Houdé (frühere Regierungsposten)	0 / 0 / 2 / 0 / 0	mäßig	c
UDS	nein	Parteivorstand (selbständige Tätigkeit der Funktionäre)	1 / 0 / 1 / 0 / 0	eher gering	d
UPR	nein	Parteivorstand (unternehmerische Tätigkeit)	0 / 0 / 1 / 0 / 0	gehoben	b
Burkina Faso					
ADF/RDA	ja	Familie Ouédraogo; zuvor Felix Houphouet-Boigny (Regierungstätigkeit, Auslandskontakte)	3 / 0 / 0 / 0 / 0	hoch	a
CDP	nein	diverse Unternehmer und Politiker ((staatlich privilegierte) unternehmerische Tätigkeit, Regierungsführung, Auslandskontakte (u.a. Libyen))	1* / 1 / 3 / 0 / 1** (3*** / 3 / 6 / 2 / 0)	sehr hoch	a+
PAI	nein	Partei ist gespalten (unklar)	2 / 0 / 0 / 0 / 0	gering	d
PDP/PS	nein	Parteivorstand, Ausland (berufliche Tätigkeit, Auslandskontakte)	2 / 1 / 2 / 0 / 0	mäßig	c
UNDD	ja	Hermann Yaméogo (Staatspräsidentschaft des Vaters, anwaltliche Tätigkeit, Auslandskontakte)	2 / 0 / 1 / 0 / 0	eher gehoben	b
UNIR/MS	(ja)	Bénéwendé Sankara (anwaltliche Tätigkeit, Diversifizierung angestrebt)	2 / 0 / 0 / 0 / 0	eher gering	d
UPR	nein	diverse Unternehmer und Politiker (berufliche Tätigkeit, öffentliche Ämter, Querfinanzierung durch CDP)	1* / 0 / 1 / 0 / 0	gehoben	b

*keine Bestätigung der Mittelherkunft; ** CDP widerspricht der mutmaßlichen Nutzung staatlicher Ressourcen; ***Interviewbelege für die Gesamteinschätung in Klammern

Anmerkung: Die Interviewbelege sind in vier Quellen und eine Widerspruchskategorie unterteilt. Die Anzahl der Belege erfolgt in dieser Reihung: betreffende Partei / andere Parteien / nationale Beobachter / internationale Beobachter / Widersprüche.

Quelle: eigene Darstellung

Die Einzeleinschätzungen in Tabelle 4.4 sind somit angreifbar. Mangels präziserer Messmöglichkeiten sollen sie dennoch als Teilmerkmal für die materielle Ausstattung einer Partei in die Analyse einfließen. Im Ergebnis können erneut vier Teilmerkmalsgruppen gebildet werden. Die Gruppen geben eine relative Gesamteinschätzung der verfügbaren Finanzressourcen einer Partei wieder. Abgesetzt von allen anderen Parteien verfügt allein die CDP über eine „sehr hohe" Finanzausstattung. Die Gruppe (a) „hoch" umfasst außerdem die drei beninischen Parteien MADEP, PRD und RB sowie die burkinische ADF/RDA. Über ein gehobenes Ressourcenniveau (b) verfügen IPD, PSD, UNDD und beide UPR, die Zwischengruppe (c) „mäßig" umfasst FARD-Alafia, PDP/PS und RPR, während eine geringe Mittelausstattung (d) vor allem bei PAI, UDS und UNIR/MS gesehen wird, wobei sich die PAI nochmals nach unten absetzen dürfte.

Zusammenfassung der Teilmerkmale
Die Teilmerkmale der materiellen Ausstattung politischer Parteien soll nun abschließend zusammenfassend bewertet werden. Aufgrund der Fokussierung der Arbeit auf die nationale Ebene wurden dazu vorwiegend die Qualität der nationalen Parteizentralen und die Einschätzung der finanziellen Lage der Parteien herangezogen. Ergänzend wurde die dezentrale Ausstattung mit Parteibüros berücksichtigt. Die Zuordnung zu den Gruppen A-D, die eine absteigende Ordinalskala von guter bis schlechter Gesamtausstattung andeuten sollen, ist in Tabelle 4.5 dargestellt. In elf Fällen liegen die Teilbewertungen in den Kernbereichen dicht beieinander. Sie liegen in der gleichen oder einer unmittelbar benachbarten Gruppe. In sechs Fällen weichen die Teilbewertungen um mehr als eine Kategorie voneinander ab. Diese Fälle sind in der Tabelle kursiv gesetzt. Nur in einem Fall, der burkinischen UNIR/MS, ist eine gute Immobilienpräsenz (a) mit einer schwachen Finanzausstattung (d) kombiniert. In die höchste Kategorie konnten nur zwei burkinische Parteien eingruppiert werden. Die dominante CDP und die ADF/RDA.[129] Insgesamt besteht in beiden Ländern eine beachtliche Varianz,

---

129 Im Teilmerkmal der dezentralen Parteibüros musste die ADF/RDA abweichend zum Gesamteindruck auf nationaler Ebene mit (d) bewertet werden. Allerdings lagen die beiden gewählten Beobachtungsorte in Burkina Faso außerhalb der ADF/RDA-Hochburgen. Interviewangaben zufolge ist die Partei in anderen Landesteilen präsenter. Das mag auch für

deren Gewicht in der vergleichenden Kausalanalyse sinnvoll berücksichtigt werden kann.

Tabelle 4.5: Materielle Ausstattung der Parteien

	A	B	C	D
Benin		IPD, MADEP, *PRD* (f), PSD, RB (f)	FARD, *UPR-BJ* (f)	MAP (p), RPR (f), UDS
Burkina Faso	ADF/RDA, CDP	PDP/PS (p), *UNIR/MS* (p)	PAI/PDS (p), *UNDD* (f), *UPR-BF* (f)	PAI

Quelle: eigene Zusammenfassung der Teilbewertungen entsprechend Anhang 4. *Kursiv* gesetzte Parteien weisen Teilbewertungen auf, die um mehr als eine Gruppe voneinander abweichen. Höhere Bewertungen in einem Teilbereich werden in Klammern angegeben: (p) steht für eine bessere Immobilienausstattung, (f) für eine bessere Finanzausstattung.

4.1.3 Vernetzung

Unter der Vernetzung der Partei werden ihre institutionalisierten Verbindungen zu Organisationen oder gesellschaftlichen Gruppen im In- und Ausland verstanden. Die Bedeutung solcher Verbindungen wird im Konzept der Institutionalisierung politischer Parteien betont, das in aller Regel den Aspekt der gesellschaftlichen Verwurzelung umfasst (Randall/ Svåsand 2002b; Basedau/ Stroh 2008). Während die gesellschaftliche Verwurzelung als Teil der Institutionalisierung meist mehr umfasst (Erdmann et al. 2004), soll die Vernetzung nur die Beziehungen zwischen Parteien und anderen kollektiven Akteuren – also Organisationen (North 1990) – beschreiben. Die Vernetzung ist mithin von der Beziehung der Partei zu Individuen abzugrenzen. Die engste Verbindung zwischen Parteien und Individuen drückt sich als Mitgliedschaft aus, die nachfolgend als separates Merkmal behandelt wird.

Beide Merkmale, Vernetzung und Mitgliederbasis, beschreiben die strukturellen Außenbeziehungen einer Partei. Letztlich geht es also um die zuverlässige und möglichst dauerhafte Anbindung von sozialen Gruppen an die Partei. Diese sollen als verlässliche Wählergruppen dienen, die den Wahlkampf zusätzlich als Multiplikatoren unterstützen, ohne selbst Zielgruppe des Kampfes um Stimmen sein zu müssen.

Organisationen, die auf die beschriebene Art mit politischen Parteien vernetzt sind, werden als Kollateralorganisationen bezeichnet (Poguntke 2000: 35-41; 2006; Enyedi 2005). Poguntke unterscheidet hierbei vier Typen.

andere Parteien gelten. Allerdings führt es nur bei einer weiteren Partei zu einer ebenso gravierenden Messabweichung. Dabei handelt es sich um die beninische IPD, deren Repräsentanten jedoch in Interviews selbst angegeben haben, keine permanenten Büros in der Fläche des Landes zu unterhalten.

Die unabhängige Kollateralorganisation und die korporativ verbundene Kollateralorganisation sind eigenständige Organisationen, die aus eigenem bzw. wechselseitigem Interesse eine weitgehend exklusive oder zumindest deutlich übergewichtige Präferenz für eine Partei eingeht. Die beiden verbleibenden Typen richten sich nach innen. Die parteiangehörigen Nebenorganisationen und Unterorganisationen einer Partei bilden funktionale Einheiten, die jedoch in einem absolut exklusiven Verhältnis zur Parteiorganisation stehen bzw. dieser als Unterorganisation unmittelbar angehören (Poguntke 2000: 38; 2006: 397-398). Die häufigsten Unterorganisationen sind Frauen-, Jugend- und Seniorenorganisationen in der Partei. Sofern es möglich ist beispielsweise einer Jugendorganisation anzugehören ohne Parteimitglied zu sein, würde man bereits von einer Neben- und nicht mehr von einer Unterorganisation sprechen. Im Kern sind diese beiden Typen jedoch eindeutig der Partei zurechenbar, während die Kollateralorganisationen im engeren Sinne organisatorisch unabhängig und in ihrer Ausrichtung frei sind.

Hinsichtlich der untersuchten Parteien stellen sich insbesondere vier Fragen: Gibt es Kollateralorganisationen? Welchem Typ gehören die Organisationen an? Welche Gruppen sollen über die Kollateralorganisation an die Partei gebunden werden? Können Aussagen über die Intensität der Beziehungen gemacht werden?

Die Operationalisierung der Vernetzung umfasst jedoch mehr als die kollektive Dimension der strukturellen Verwurzelung einer Partei *innerhalb* der Gesellschaft. Auch die Vernetzung *nach außen* muss bedacht werden. Die Möglichkeit, dass strukturierte Außenbeziehungen einen Wettbewerbsvorteil darstellen könnten, liegt im Lichte des relativen Einflusses externer Faktoren auf die Demokratisierung in Ländern mit erhöhter Außenabhängigkeit auf der Hand (siehe Hartmann 1999c; Erdmann/ Kneuer 2008; Erdmann 2010). Als strukturiert sind interparteiliche Außenbeziehungen dann zu bezeichnen, wenn es sich um dauerhafte Kontakte im Rahmen von Parteifamilien handelt, die nicht über Regierungskontakte vermittelt werden.

Am deutlichsten wird diese Form der internationalen Vernetzung von Parteien durch eine Mitgliedschaft in einer der fünf globalen Parteiverbünde *International Democrat Union* (IDU), Zentristisch Demokratische Internationale (ehemals Christdemokratische Internationale, seit 2001 *Centrist Democrat International*, CDI), Liberale Internationale (LI), Sozialistische Internationale (SI) und *Global Greens*.[130] Obwohl europäische Parteien diese Verbünde nach wie vor stark dominieren, sind immerhin 17,7% der Mitgliedsparteien in Afrika zu finden. Einer optimistischen Analyse des Einflusspotentials der parteipolitischen Internationalen zufolge gibt es eine rege Nachfrage von afrikanischen Parteien, den globalen Verbünden beizu-

---

130 Die kommunistische Internationale COMINTERN wurde in den 1960er Jahren aufgelöst.

treten: „African parties are queuing up for recognition, exchange, and resources from Party Internationals" (Hällhag 2008: 107, zur Mitgliederverteilung 101). Zu den tatsächlichen Vorteilen einer Mitgliedschaft liegen keine aktuellen Erkenntnisse vor, so dass hier allein die formale Mitgliedschaft in das Merkmal integriert werden kann.

Neben der Mitgliedschaft in einer parteipolitischen Internationalen vervollständigen die Zugehörigkeit zu regionalen Parteibündnissen und bilaterale Beziehungen zu ausländischen Parteien das Merkmal der Vernetzung. Die Literatur zur Wirkung der internationalen Anbindung geht über Berichte im Auftrag der meist westlichen Förderer und einen von Peter Burnell (2006) herausgegebenen Sammelband kaum hinaus. Die Merkmalsbeschreibung bleibt daher in diesem Teilaspekt auf die Eruierung bestehender Kontakte beschränkt, da auch formale Mitgliedschaften als Kriterium entfallen.

Kollateralorganisationen

Über parteizugehörige Kollateralorganisationen verfügen (mindestens formal) fast alle untersuchten Parteien. In der Regel handelt es sich um eigene Frauen- und Jugendorganisationen. Sechs Parteien haben zusätzlich eine Seniorenorganisation eingerichtet. Bei vieren findet eigens eine Studentenorganisation satzungsmäßige Erwähnung. Vereinzelt werden noch weitere Gruppen berücksichtigt. Lediglich bei MAP, PAI, RPR und UPR-BF ist weder aus den Parteidokumenten, noch aus Interviewaussagen auf das Bestehen von gruppenspezifischen Parteiorganisationen zu schließen. Insgesamt sind jedoch keine entscheidenden Unterschiede erkennbar. Über das Aktivitätsniveau der Unterorganisationen liegen keine systematischen Erkenntnisse vor. Dauerhaft selbständiges Handeln durch Spitzenvertreter der formal existierenden Jugend- oder Frauenorganisationen konnte jedoch in keinem Fall ausgemacht werden. Schon formal wird die Bedeutung der parteiangehörigen Kollateralorganisationen deutlich. Die Parteisatzungen sehen keine Beteiligungsrechte von autonom bestimmten Vertretern dieser Gruppen vor, sondern beauftragen – sofern überhaupt – üblicherweise ein Mitglied des Parteivorstandes mit der Leitung der Unterorganisationen.

Die Existenz von unabhängigen Kollateralorganisationen wird hingegen in aller Regel verneint, sofern hiermit eigenständige Organisationen der Zivilgesellschaft gemeint werden. Klassische Verbindungen zu Arbeitgebervereinigungen oder Gewerkschaften gibt es nicht oder sind zerbrochen. Während die Sozialdemokratische Partei Benins PSD erst gar keine Beziehungen zu Gewerkschaften aufbauen konnte,[131] haben die Parteien PAI und PDP/PS ihre engen Verbindungen zum Gewerkschaftsbund *Confédération*

---

131 Der Generalsekretär der PSD, Emmanuel Golou, bedauerte im Interview (Cotonou, 29.08.2006) über die Verweigerungshaltung der beninischen Gewerkschaften, wobei erwähnt sein sollte, dass das Gewerkschaftssystem des Landes bis zur Dachverbandsebene (7 Gewerkschaftsbünde) extrem fragmentiert ist.

Syndicale Burkinabè (CSB) beziehungsweise zu den Lehrergewerkschaften verloren.[132]

Die CDP bildet die einzige Ausnahme. Sie verfügt über mehrere unabhängige Kollateralorganisationen. Es bestehen enge Kontakte zur organisierten Unternehmerschaft Burkina Fasos und zur islamischen Gemeinschaft. Beide Verbindungen sind persönlich vermittelt. Der zum Untersuchungszeitpunkt amtierende Vorsitzende der Handelskammer und der islamischen Gemeinschaft, Oumarou Kanazoé, ein höchst erfolgreicher Bauunternehmer, unterhielt enge Beziehungen zu Präsident Blaise Compaoré und unterstützte öffentlich die ihn tragende CDP.[133] Die kollaterale Anbindung hat allerdings noch keinen Stabilitätstest durchlaufen. Es bleibt abzuwarten, ob die Vernetzung auch einen Wechsel der CDP in eine Oppositionsrolle überleben würde. Mehrere Interviewpartner haben darauf hingewiesen, dass sich das Interesse der Unternehmerschaft in erster Linie an guten Kontakten zum Staat und Regierung ausrichtet. Dennoch heben sich diese relativ strukturierten Verbindungen von allen anderen Untersuchungsparteien deutlich ab.

Als indirekte Kollateralorganisationen der CDP können auch die *Amis de Blaise Compaoré* (ABC) und die *Tantis de Blaise Compaoré* (TBC) aufgefasst werden. Beide Gruppen verstehen sich als unmittelbare Unterstützergruppen des Staatspräsidenten und seines Regierungsprogramms.[134] Entsprechend konzentrieren sich ihre mobilisierenden Aktivitäten auf den Präsidentschaftswahlkampf. Wer jedoch den Präsidenten am direktesten bei den Parlamentswahlen unterstützen möchte, wird CDP wählen, so dass die Mobilisierung für Compaoré auch der CDP zu Gute kommt.

Dennoch stehen ABC und CDP in einem Spannungsverhältnis, das auf der latenten Befürchtung beruht, ABC könnte sich in eine organisatorisch bestens aufgestellte politische Partei umwandeln, die Blaise Compaoré als Ersatz für die CDP dienen könnte (vgl. Touré 2006). Schon bei den Präsidentschaftswahlen 2005 erinnerten die ABC mehr an eine selbständige politische Partei als an eine Kollateralorganisation der CDP. Entsprechend skeptisch bewerten CDP-Spitzenpolitiker ihr Verhältnis zu den *Amis de Blaise Compaoré*. Zwar vertrete die Organisation die gleichen Ziele, ein ABC-Beitritt sei für CDP-Mitglieder jedoch überflüssig, da man durch die Parteimitgliedschaft bereits Blaise Compaoré unterstütze.[135]

---

132 Interviews mit Philippe Ouédraogo, Soumane Touré, Etienne Traoré und Chrysogone Zougmoré, alle Ouagadougou, Oktober/November 2006.

133 Kanazoé ist im Jahr 2011 verstorben.

134 Interview mit den ABC-Funktionären Bambara, Compaoré und Ilboudo, Ouagadougou, 31.10.2006.

135 Interview mit Naboho Kanidoua und Agil Tapsoba, Ouagadougou, 31.10.2006. Inzwischen wurden ABC, TBC und andere kleinere Organisationen unter der Ägide von Compaorés Bruder François zur *Fédération associative pour la paix et le progrès avec Blaise Compaoré* (FEDAP/BC) zusammengeführt. Damit ist auch die Plausibilität der Konkurrenzthese gestiegen.

Eine noch zurückhaltendere Kollateralanbindung besteht zwischen den Parteien der sogenannten radikalen Opposition Burkinas und der regierungskritischen Zivilgesellschaft. Die Fallauswahl umfasst mit PDP/PS und UNIR/MS die zwei wichtigsten Parteien dieser Gruppe. Sie profitieren in regierungskritischen Kreisen indirekt von ihrer Zusammenarbeit mit großen zivilgesellschaftlichen Akteuren, insbesondere der Menschenrechtsorganisation MBDHP und dem Gewerkschaftsbund *Confédération Générale du Travail du Burkina* (CGTB), im Kollektiv der demokratischen Massenorganisationen und politischen Parteien (*Collectif*). Dieses wurde in Reaktion auf die Ermordung Norbert Zongos im Jahre 1998 gegründet (siehe Abschnitt 3.2.3). Das *Collectif* ist hauptsächlich eine Protestgemeinschaft gegen den mangelhaften Schutz bürgerlicher Freiheitsrechte im Land der Aufrichtigen.

Allerdings sind zwei Einschränkungen zu machen, die die parteipolitische Kollateralfunktion dieser Kooperation abschwächen. Erstens hat sich das Aktivitätsniveau des *Collectifs* im Laufe der Zeit vermindert und konzentriert sich auf gravierende Ausnahmetatbestände. Zweitens distanzieren sich die zivilgesellschaftlichen Vertreter im *Collectif* eindeutig von jeder Form der Wahlkampfhilfe.[136] Insgesamt wird also selbst bei dieser Form des gemeinsamen Kampfes in Sachfragen, die Betonung eines allgemeinen Antagonismus zwischen politischen Parteien und der Zivilgesellschaft deutlich.

Parteipolitisches Engagement vermittelt sich über Vereinigungen, die von den lokalen Akteuren nicht zur enger verstandenen Zivilgesellschaft gezählt werden. Zu letzterer werden der lokalen Begriffsauffassung nach vor allem Organisationen gezählt, die auf nationaler Ebene (oder zumindest in der Hauptstadt) im weitesten Sinne gesellschaftspolitisch aktiv sind, d.h. vor allem Gewerkschaften, Bürgerrechtsorganisationen und Sektionen internationaler Nichtregierungsorganisationen wie beispielsweise *Transparency International*. Daneben existieren vorwiegend im ländlichen Bereich zahllose lokale Entwicklungsvereine (*associations de développement*). Bei diesen handelt es sich üblicherweise um Finanzierungsinstrumente für Kleinprojekte und direkte materielle Unterstützungsleistungen, die von einzelnen Geldgebern abhängig sind. Handelt es sich bei dem zentralen Geldgeber um einen wichtigen Vertreter einer politischen Partei, können derartige Entwicklungs- oder Kulturvereine als Kollateralorganisationen der Partei verstanden werden.

Einer Vielzahl einschlägiger Interviews ist unwidersprochen zu entnehmen, dass nahezu alle politischen Parteien Entwicklungsvereine nutzen, um Wählergruppen an sich zu binden. Einzig ein lokaler Vertreter der

---

136 Die Distanzierung erfolgte unwidersprochen in den Interviews mit Harouna Kindo, CGTB, Dédougou, 11.11.2006, Soumaïla Ouédraogo, MBDHP, Pô, 04.05.2007, Djibril Tamboura, CGTB, Ouagadougou, 02.11.2006, sowie Chrysogone Zougmoré et al., MBDHP, Ouagadougou, 19.10.2006.

UNIR/MS wies darauf hin, dass seine Partei kein Interesse an der kollateralen Anbindung von materiell ausgerichteten Entwicklungsvereinen habe. Zahlreiche Parteien weisen hingegen explizit auf die bestehende Vernetzung mit lokalen NGOs hin.[137]

Der CDP wird eine intensive Vernetzung mit zahlreichen lokalen NGOs im gesamten Staatsgebiet Burkina Fasos unwidersprochen zugeschrieben. Dies gelte insbesondere für Frauenorganisationen.[138] In Benin werden die Verbindungen von MADEP und RB herausgehoben. In beiden Fällen wird nicht das weitverzweigte Netz von Entwicklungsvereinen, sondern die zentrale Rolle einer besonders großen Kollateralorganisation betont. Im Fall der RB handelt es sich um die Frauenorganisation *Vidolé*, die von der Parteivorsitzenden Rosine Soglo geleitet wird und die sich ein Gebäude mit der RB-Parteizentrale teilt.[139] Im Fall von MADEP handelt es sich um den Kultur- und Entwicklungsverein *Olateju*. Die Bezeichnung Kulturverein (*association culturelle*) weist auf die besondere Ansprache der yorubasprachigen ethnischen Gruppe der Nago hin. So bedeutet der Vereinsname *Olateju* auf Yoruba in etwa „unermesslicher Wohlstand". *Vidolé* und *Olateju* nehmen zwar eine herausgehobene Größe und Bekanntheit ein, sind aber im Gegensatz zum CDP-Netzwerk lokal auf den zentralen Süden Benins beziehungsweise das Departement Plateau im Südosten begrenzt.

Internationale Kooperation

Im Falle der internationalen Kooperation ist das Bild deutlicher. Nur wenige Parteien sind Vollmitglieder von internationalen Parteiorganisationen. PSD und PDP/PS sind Vollmitglieder der Sozialistischen Internationalen, die UDS strebt eine solche Mitgliedschaft nach eigener Angabe an, der Aufnahmeantrag der CDP wurde abgelehnt und die RB hat sich selbst ein Beitrittsverbot auferlegt. Nur die ADF/RDA ist Vollmitglied der Liberalen Internationalen. Ein Aufnahmeantrag der UPR-BF wird nach Auskunft der Partei von der LI bearbeitet.[140] Der regionalen Allianz *Union des Partis Africains pour la Démocratie et le Développement* (UPADD) gehören UNIR/MS als

---

137 So Paul Ayémona et al., MAP, Cotonou, 23.08.2006, Basile Gbolin, PSD, Parakou, 03.09.2006, und Gustave Zomahoun, AFP/RPR, Dassa-Zoumé, 06.09.2006. Eine Parlamentskandidatin der IPD beklagte im Interview während des Wahlkampfes ausdrücklich, dass die Bevölkerung nicht ausreichend anerkenne, dass sie viele Millionen Francs CFA über „ihren" lokalen Entwicklungsverein verteilt habe. Der Fraktionsvorsitzende Sidiki Ou Belem, ADF/RDA, bedauerte wiederum, dass sich die Vernetzung seiner Partei mit Entwicklungsvereinen in Folge der Putsche Anfang der 1980er Jahre stark reduziert habe.

138 Interviews mit Coly, Kindo, Lankoandé et al., Ouangré, Ou Belem, Sankara, H. Yaméogo sowie Zougmoré, alle Ouagadougou, Oktober/November 2006. Die Verbindungen zu Frauenorganisationen betonten Kindo, Zougmoré und Sankara.

139 Symbolisch geht es so weit, dass die Parteizentrale gar nicht als solche erkennbar ist, sondern von außen nur auf die Organisation *Vidolé* hingewiesen wird.

140 Bis Ende 2010 ohne Ergebnis.

Vollmitglied und CDP als Beobachter an, die IPD steht diesem Verbund nahe. Die Europäische Volkspartei (EVP) tritt als Partner des Verbundes auf.

Darüber hinaus gelten zwei Parteien nach wie vor als Sektionen von Regionalparteien, die einst für das gesamte französische Kolonialgebiet in Westafrika gegründet wurden. Es handelt sich dabei um die ADF/RDA als eine der verbliebenen Sektionen der RDA, die außerdem beispielsweise in Côte d'Ivoire, Mali und Niger zu finden sind; und um die burkinische PAI, die weiterhin Kontakte zu anderen nationalen PAI-Gruppen pflegt, beispielsweise im Senegal.

Weitere strukturierte Kontakte zu politischen Organisationen im Ausland, die durch eine gewisse Exklusivität gekennzeichnet sind, vermitteln sich allenfalls über die Mitgliedschaft einer Partei in einer parteipolitischen Internationalen. So sind die SI-Mitglieder PSD und PDP/PS mit den französischen Sozialisten und deren Parteistiftung *Fondation Jean Jaurès* (FJJ) vernetzt. UNIR/MS pflegt über ihre UPADD-Mitgliedschaft enge Kontakte zur Konrad-Adenauer-Stiftung (KAS), die UPADD im gemeinsamen Auftrag der Christlich Demokratischen Union Deutschlands (CDU) und der Europäischen Volkspartei (EVP) betreut. Darüber hinaus geben einzelne Spitzenpolitiker von PRD und ADF/RDA enge Kontakte zur französischen Regierungspartei *Union pour un Mouvement Populaire* (UMP) an.[141] Der UNDD-Vorsitzende Hermann Yaméogo nennt des Weiteren die ivorische FPI und die angolanische MPLA als enge Kooperationspartner im Ausland.[142]

Zusammenfassung der Teilmerkmale

Zusammenfassend lassen sich im Bereich der Vernetzung folglich nur recht grobe qualitative Unterschiede ausmachen. Hinsichtlich der parteiangehörigen Kollateralorganisationen sind kaum Unterschiede auszumachen. Einzelne Verbindungen zu lokalen oder regionalen Entwicklungsvereinen, die meist von Parteipolitikern persönlich gegründet und getragen werden, sind bei allen Parteien anzunehmen. Besonders zahlreiche und weit verzweigte Verbindungen pflegt die CDP, MADEP und RB haben herausgehobene Verbindungen und UNIR/MS ist tendenziell weniger mit Entwicklungsvereinen vernetzt. Über unabhängige Kollateralorganisationen mit nationaler Bedeutung verfügt lediglich die CDP, allerdings auch hier mit der Einschränkung, dass die Kontakte personalistisch vermittelt sind und noch keinen Regierungswechsel überleben mussten. Eine weichere, indirekte Kollateralverbindung existiert zudem zwischen den oppositionellen Parteien PDP/PS und UNIR/MS sowie regierungskritischen Organisationen der nationalen burkinischen Zivilgesellschaft. Über eine formalisierte internatio-

---

141 Interviews mit Sidiki Ou Belem, Ouagadougou, 31.10.2006, und Timothée Zannou, Porto-Novo, 31.08.2006.
142 Interview mit Hermann Yaméogo, Ouagadougou, 26.10.2006.

nale Anbindung in parteipolitischen Internationalen verfügen vier Parteien (ADF/RDA, PDP/PS, PSD, UNIR/MS), fünf weitere suchen die Nähe zu internationalen Verbünden, sind aber keine Mitglieder und können daher auch nicht von Mitgliedschaftsprivilegien profitieren (IPD, UDS, CDP[143], UNDD, UPR). Zwei burkinische Parteien gehören geschwächten subregionalen Netzwerken an (ADF/RDA, PAI). Sieben beninische Parteien haben keine nennenswerte internationale Anbindung. Tabelle 4.6 gruppiert die Parteien nach ihrem Vernetzungsgrad in beiden Richtungen.

Tabelle 4.6: Inländische und internationale Vernetzung der Parteien

national \ international	kaum vernetzt	mäßig vernetzt	gut vernetzt
gut vernetzt	MADEP RB	CDP	
mäßig vernetzt			PDP/PS UNIR/MS
kaum vernetzt	alle anderen	PAI	ADF/RDA PSD

Gruppeneinteilung: [A] leer, [B] CDP, PDP/PS, UNIR/MS, [C] ADF/RDA, MADEP, PSD, RB, [D] PAI und alle anderen

Quelle: eigene Einschätzung

4.1.4 Mitgliederbasis

Die Bedeutung, die Parteien als Mitgliederorganisationen in den Anfängen der Forschung auch für Afrika beigemessen wurde, ist eingangs bereits diskutiert worden. Mit deutlichen Worten hat Erdmann zum Neubeginn der afrikabezogenen Parteienforschung die „eurozentrische Überhöhung der Massenpartei" beklagt und die breite gesellschaftliche Mitgliederbasis von postkolonialen Parteien in Afrika als „Chimäre" qualifiziert (Erdmann 1999: 376). Wenn die Bedeutung der Mitgliederbasis allgemein relativiert wird, schließt dies freilich nicht aus, dass einzelne politische Bewegungen seit der frühen postkolonialen Phase tatsächlich eine Massenunterstützung mobilisieren konnten.[144] Letztere waren als Protestbewegungen gegen den Einparteistaat häufig eng mit Gewerkschaften verwoben, konnten ihre Mitstreiterbasis mithin erfolgreich über Kollateralorganisationen speisen.[145]

---

143 Beobachterstatus in UPADD.
144 Siehe beispielsweise Schmidt (2007) zur RDA in Guinea-Conakry.
145 Dies gilt beispielsweise für die sambische Partei *Mouvement for Multiparty Democracy* (MMC; siehe beispielsweise Rakner/ Svåsand 2005) oder den südafrikanischen *African National Congress* (ANC, siehe beispielsweise Lodge 2004). Einheitsparteien mit sozialistischem Anspruch konnten diese Verbindungen interessanterweise nicht festigen; auch dann

Im Kern wurde nicht die Existenz von breiten Personenkreisen angezweifelt, die sich einer Partei angehörig sehen, sondern die Wertigkeit der Mitgliedersubstanz. Aus einer Angebotsperspektive kann eine Partei allein dadurch Anziehungskraft entfalten, dass sie bereits viele Mitglieder hat. Eine große formale Anhängerschaft kann der Organisation Legitimität verleihen, indem sie ausstrahlt, dass die Vielzahl ihrer Mitglieder ein Ausdruck für das Vertrauen in die gute Arbeit der Gesamtorganisation ist (Scarrow 2000: 84). Allerdings ist selbst in den OECD-Staaten eine große Varianz im Umgang mit Mitgliederdaten und insgesamt hinsichtlich des Interesses der Parteiorganisation an ihren Mitgliedern feststellbar. Scarrow (2000: 83-86) regt daher an, fehlende Informationen über Mitgliederzahlen nicht als schlichtes Datenerhebungsproblem zu ignorieren, sondern zum Anlass dafür zu nehmen, die Mitgliederorientierung einer Partei näher zu untersuchen. Zum Merkmal Mitgliederbasis werden daher zwei Teilelemente gezählt: Einerseits die ermittelbaren Größenordnungen der Mitgliederzahlen und andererseits die Mitgliederorientierung der Parteiorganisation, in der formale Zugangsvoraussetzungen einer Parteimitgliedschaft und die Bedeutung, die den Mitgliedern beigemessen wird, zusammengefasst werden.

Mitgliederzahl
Bis heute erreichen messbare Mitgliederzahlen überraschende Größenordnungen. Legt man eine repräsentative Umfrage des GIGA Instituts für Afrika-Studien aus dem zweiten Halbjahr 2006 zugrunde, können die in Tabelle 4.7 festgehaltenen Mitgliederzahlen hochgerechnet werden. Dazu wurde eine dreistufige Fragestellung ausgewertet, die zunächst allgemein nach einer bestehenden Mitgliedschaft in einer Partei fragt. Im Falle positiver Antworten wurde anschließend gefragt, ob der Befragte über einen Mitgliedschaftsnachweis verfügt, beispielsweise eine der üblichen Mitgliederkarten. Bei erneut positiver Antwort wurde die Angabe der entsprechenden Partei erbeten.[146] Weit früher im Befragungsablauf wurde eine ganze Reihe von möglichen Mitgliederorganisationen genannt, darunter politische Parteien. Die Befragten sollten jeweils angeben, ob sie Mitglied in der jeweiligen Organisation sind oder nicht.[147] Anschließend wurde die Berechnung um alle Befragten bereinigt, die zunächst angeben hatten, kein Parteimitglied zu sein,

---

nicht, wenn die Demokratisierungsbewegung nicht unmittelbar mit den Gewerkschaften verbunden war (für den beispielhaften Fall Tansanias siehe Erdmann 2004b).

146 Es wurde nicht verlangt, den Mitgliedsnachweis vorzulegen. Die Fragestellungen lauteten in der Originalsprache: „Êtes-vous membre d'un parti politique? Possédez-vous une preuve d'affiliation à ce parti? Pourriez-vous me dire, de quel parti il s'agit et dont vous disposez d'une preuve d'affiliation?"

147 Wortlaut der Frage im Original: „Je m'en vais vous lire une liste d'organismes ou de groupes auxquels les gens adhèrent ou participent. Pour chacun d'entre eux, pourriez-vous me dire si vous en êtes dirigent, membre actif, simple adhérent ou non adhérent?" Politische Parteien wurden als eine unter zehn Organisationstypen genannt.

später aber über einen Mitgliedsnachweis einer bestimmten Partei verfügen wollten.

Tabelle 4.7: Hochrechnung von Mitgliederzahlen (Selbstauskunft)

Partei	Land	Mitglieder pro 100 Befragte	Hochrechnung der Mitgliederzahl*	Parteianhänger pro 100 Befragte (zum Vergleich) GIGA 2006	AB 2008
CDP	BFA	12,4	859.222	42,8	38,3
PRD	BEN	1,9	79.012	7,5	4,3
PSD	BEN	1,8	74.853	3,0	3,4
MADEP	BEN	1,7	72.250	3,5	1,7
RB	BEN	1,3	54.061	7,3	2,8
ADF/RDA	BFA	0,9	62.363	3,7	2,1
FARD-Alafia	BEN	0,7	29.110	2,0	0,3
PDP/PS	BFA	0,6	41.575	1,3	1,0
MAP	BEN	0,4		1,3	1,5
UNIR/MS	BFA	0,3		2,4	1,8
UPR	BFA	0,2	Hochrechnung nicht angemessen. Datengrundlage zu unsicher.	0,3	0,7
RPR	BEN	0,2		0,4	0,2
UNDD	BFA	0,1		0,3	(k.A.)
IPD	BEN	< 0,05		0,4	0,7
PAI	BFA	< 0,05		0,1	0,6
UDS	BEN	< 0,05		1,2	(FCBE)

* Die Hochrechnung der Mitgliederzahl auf alle erwachsenen Bürger des Landes erfolgt auf der Grundlage einer Bevölkerungsschätzung der Vereinten Nationen (BEN 8,5 Mio., BFA 13,9 Mio., Bezugsjahr 2005; UNDP 2007) unter der Annahme, dass etwa die Hälfte minderjährig ist.

Quelle: Umfragen des GIGA Institut für Afrika-Studien in Benin, August 2006, N = 1.022, und Burkina Faso, Oktober 2006, N = 1.003; AB = Umfragen der 4. Afrobarometer-Runde im Jahr 2008 (BFA erstmals dabei), jeweils N =1.200. Die Mitgliedschaft wurde über den Besitz eines Mitgliedschaftsdokuments erfragt und um inkonsistente Angaben bereinigt. AB stellt diese Frage nicht. Die einfache Anhängerschaft wurde in beiden Umfragen mit der Frage „Fühlen Sie sich einer Partei nahestehend? Falls ja, welcher?" abgefragt. Hierbei ist die Quote der Anhänger unter allen Befragten im Vergleich beider Umfragen konsistent. In Benin hat das GIGA 32,7% und AB 35,9% Parteianhänger gemessen, in Burkina Faso gaben dem GIGA 53,5% und AB 50,8% der Befragten an, einer Partei nahe zu stehen.

Die Selbstauskunft der Betroffenen führt bei der burkinischen CDP zu einem besonders beeindruckenden Ergebnis. 12,4% der Befragten gaben an, über ein Mitgliedschaftsdokument der CDP zu verfügen. Hochgerechnet auf die erwachsene Gesamtbevölkerung müsste sich daraus eine Mitgliederzahl von rund 850.000 Menschen ergeben.[148] Die Belastbarkeit der Angaben ist jedoch mehrfach einzuschränken.

---

148 Dieser hohe Wert übertrifft die Zahl von rund 530.000 Mitgliedern, die im Juni 2008 ein Parteibuch der Sozialdemokratischen Partei Deutschlands (SPD) besaßen. Dabei agiert die (damals) mitgliederstärkste deutsche Partei in einem Land mit über 60 Millionen Wahlberechtigten und müsste damit unter 1.000 zufällig Befragten auf weniger als zehn Mitglieder kommen.

Erstens handelt es sich um Selbstauskünfte. Es ist daher nicht zu bestimmen, ob die Befragten tatsächlich ein formales Aufnahmeverfahren durchlaufen haben und einen Mitgliedsausweis der angegebenen Partei besitzen. Ein Indiz für mögliche Falschangaben ist, dass über das zuvor beschriebene Bereinigungsverfahren 31% derjenigen, die angaben einen Mitgliedsnachweis zu besitzen, aus der Berechnung entfernt werden mussten. Zweitens baut die Hochrechnung auf geschätzten Bevölkerungszahlen der Vereinten Nationen auf. Dabei werden die Umfrageangaben – befragt wurden nur erwachsene Personen – auf einen angenommenen Anteil der erwachsenen Bevölkerung von 50 Prozent hochgerechnet. Zusammen mit der einjährigen Verschiebung zwischen dem Bezugszeitpunkt der Bevölkerungsschätzung (2005) und der Umfrage (2006) ergibt sich daraus ein eher konservativer Bias der Hochrechnung. Drittens kann die teilweise stark regionale Konzentration einzelner kleinerer Parteien zu weiteren Verzerrungen geführt haben. Dieser Verdacht liegt beispielsweise durch den Vergleich der Angaben zu den beninischen Parteien RPR und UDS nahe. Beide Parteien treten als regional begrenzte Kleinparteien auf. Die RPR agiert jedoch im dichter besiedelten Süden, in dem mithin auch ein größerer Anteil der Befragungen durchgeführt wurde; die UDS hat hingegen in einzelnen Regionen des dünn besiedelten Nordens ihr Aktionszentrum, das – *ceteris paribus* – mit geringerer Wahrscheinlichkeit von der Zufallsstichprobe der Befragten getroffen wurde. Hier ist darauf zu achten, dass die Hochrechnungen teilweise auf einer sehr kleinen absoluten Zahl von Befragten beruhen. Ab einer Zahl von weniger als fünf Beobachtungen auf eintausend Befragte wurde daher auf die Hochrechnung verzichtet, um nicht falsche mathematische Präzision zu suggerieren. Letztlich sind die auf die Gesamtbevölkerung hochgerechneten Mitgliederzahlen allenfalls als grober Anhaltpunkt zu verstehen.

Offizielle Mitgliederzahlen konnte keine der ausgewählten Parteien vorlegen. Aktuelle, zentral geführte Mitgliederkarteien fehlen offensichtlich in den Parteizentralen. Mehrere hohe Parteivertreter, darunter drei dafür zuständige Generalsekretäre, brachten klar zum Ausdruck, dass ihre Parteien keine Mitgliederstatistiken führen.[149] Allein die CDP hat im Jahr 2006 begonnen eine computergestützte Mitgliedererfassung in der nationalen Parteizentrale einzuführen. Damit verbunden ist die Ausgabe moderner Parteiausweise mit Inhaberfoto und Barcode zur elektronischen Erfassung. Nach Auskunft des Leiters der Parteizentrale sollte das im Aufbau befindliche System dezentrale Mitgliederakten ablösen und dafür sorgen, dass die formale Parteimitgliedschaft an die regelmäßige Bezahlung eines Mitgliedsbeitrags gekoppelt würde.[150] Der Vorsitzende der burkinischen UPR gab die

---

149 Interviews mit George Bada, RB, Cotonou, 07.08.2006, Emmanuel Golou, PSD, Cotonou, 29.08.2006, Benjamin Savadogo, ADF/RDA, Ouagadougou, 20.11.2006, Hermann Yaméogo, UNDD, Ouagadougou, Timothée Zannou, PRD, Porto-Novo, 31.08.2006.
150 Interview mit Ollo Anicet Pooda, CDP, Ouagadougou, 30.10.2006.

Mitgliederzahl seiner Partei im Oktober 2006 mit über 2.000 an. Der Generalsekretär der MADEP verwies auf eine im Gang befindliche Mitgliedererhebung, deren Daten jedoch bis zum Ende der Datenerhebungsphase nicht zur Verfügung standen. Der UNIR/MS-Organisationssekretär verwies auf seinen Schatzmeister, ohne eine ungefähre Schätzung abgeben zu können und schränkte zugleich ein, dass die Partei die Ausgabe von Mitgliederkarten eingestellt habe, da diese zu Missbrauch geführt habe. Alle anderen befragten Parteivertreter konnten keinerlei Angaben über die Größenordnung ihrer Mitgliederzahlen machen.

Mitgliederorientierung
Die Diskrepanz zwischen den hohen Mitgliederzahlen, die sich aus Befragungen der Bürger ableiten lassen und der allgemeinen Unkenntnis der Parteiorganisationen selbst über ihre Mitgliederzahlen, wirft die Frage nach dem Verständnis von Parteimitgliedschaft auf. Scarrow hat deutlich darauf hingewiesen, dass zumindest auf nationaler Ebene auch in entwickelten Demokratien eine präzise Mitgliederstatistik keine Selbstverständlichkeit ist: „One of the perennial problems of comparative research into party membership trends is the great variation in the extent to which parties attempt to gather enrolment figures" (Scarrow 2000: 85). Bevor von der fehlenden Statistik also auf eine völlige Ignoranz gegenüber Parteimitgliedern geschlossen wird, sollten zwei behutsamere Fragen gestellt werden: Wie wird Parteimitgliedschaft von den untersuchten afrikanischen Parteien verstanden und bewertet? Gibt es in dieser Hinsicht Unterschiede zwischen den Parteien, die als Angebotsmerkmale sichtbar werden?

Eine Annäherung an diese Frage erreicht man, wenn man die Bemühungen der Parteien untersucht formale Parteibeitrittsregelungen in ihre Satzungen aufzunehmen. Diese sind bei allen Parteien ähnlich. Eine Beitrittserklärung umfasst grundlegende Angaben zur Person und kann gegenüber der zuständigen untersten Parteigliederung erfolgen. Üblicherweise sind Doppelmitgliedschaften formal ausgeschlossen. Die Parteien variieren allenfalls bei der Festlegung von Beiträgen. Drei Parteien machen in ihren Regelwerken keine Angaben zur Beitragshöhe (MADEP, PAI, PRD). Vier Parteistatuten verweisen auf die Entscheidungsfreiheit des Parteitags oder des Parteivorstands (FARD-Alafia, IPD, PSD, UNIR/MS). Alle anderen Parteien legen in ihren Geschäftsordnungen einheitliche (ADF/RDA, CDP, UNDD, UPR-BJ) oder gestaffelte (MAP, PDP/PS, RB, UDS, UPR-BF) Mitgliedsbeiträge fest.[151]

Die höchsten formalen Beitragssätze erreichen mit 24.000 F CFA einen Jahresbetrag von umgerechnet 36,60 Euro. Es bestätigt sich mithin, was zum Merkmal Finanzierung bereits ausgeführt wurde. Formale Mitgliederbeiträge

---

151 Sätze in Anhang 5. Zur RPR liegen keine Vergleichsdaten vor.

sind für die Parteiorganisationen keine bedeutende Einnahmequelle. Aus den unterschiedlich stark ausgeprägten Bemühungen, soziale Staffelungen einzuziehen, sollten daher keine weitreichenden Schlüsse gezogen werden. Es mag allenfalls im Zusammenspiel mit der inhaltlichen Ausrichtung einzelner Parteien einen anekdotischen Mehrwert haben, wenn die sozialdemokratisch ausgerichteten Parteien PDP/PS und UDS ein besonders differenziertes Beitragsmodell entwickelt haben.

Die relative Bedeutungslosigkeit von dauerhaften Mitgliedschaften aufgrund geringer oder ganz ausbleibender Beitragzahlungen setzt freilich Anreize auf die Pflege einer Mitgliederkartei zu verzichten. Beitragszahlungen beschränken sich nicht selten auf den einmaligen „Kauf" einer Mitgliedskarte in Wahlkampfzeiten, meist zu einem Preis von 100 F CFA, also etwa 15 Eurocent. Von diesem Kauf versprechen sich viele Wähler einen vereinfachten Zugang zu Gegenleistungen, insbesondere zu Wahlkampfveranstaltungen auf denen die Parteien nicht selten Freigetränke, Speisen und Werbegeschenke – beispielsweise T-Shirts – anbieten. Zahlreiche Parteivertreter und Beobachter gehen deshalb davon aus, dass viele Bürger mehrere Mitgliederkarten besitzen und mithin an einer abstrakten Organisationszugehörigkeit kein Interesse haben. Einige Parteien haben deshalb bewusst aufgehört weitere Mitgliederkarten zu verteilen (PSD, PRD, UNIR/MS).[152]

Wichtiger als die formale Mitgliederbindung ist die Parteiarbeiterrekrutierung für Wahlkämpfe und die Kandidatenrekrutierung für Kommunalwahlen.[153] Viele Parteien haben nicht einmal ausreichend dauerhafte Mitglieder, um die Kandidatenlisten für lokale Wahlen zu füllen. Eine Messung einzelner Verhaltensmuster zu bestimmten Parteien ist dabei nicht belastbar möglich. Insgesamt nähren die Beobachtungen eher den Verdacht einer umgekehrten Kausalrichtung. Je erfolgreicher eine Partei wird, desto stärker ist ihre Anhängerschaft, wobei die Grenzen zwischen Wählern, Mitgliedern (*membres*) und Parteiaktivisten (*militants*) unabhängig von ihrer formalen Anbindung verschwimmen. Insgesamt ist die Mitgliederorientierung aller Parteien sehr schwach und nicht kontinuierlich, sondern anlassbezogen.

Zusammenfassung der Teilmerkmale
Trotz der Varianz in den näherungsweise berechneten Mitgliederzahlen und den formalen Beitragsbestimmungen, bleiben große Unsicherheiten hinsichtlich der Aussagekraft und der Kausalrichtung der Messwerte. Eine kontextbezogene Bewertung der Messergebnisse muss zu dem Schluss kommen, dass die umfragebasierten Hochrechnungen der Mitgliederzahlen angesichts der Auskunftsunfähigkeit der Parteien selbst über Mitgliederzahlen keine

---

152 Interviews mit den jeweiligen Generalsekretären.
153 Interviews mit Gustave Zomehoun, Dassa-Zoumé, 06.09.2006, François Legonou, Cotonou, 09.08.2006, Benjamin Savadogo, Ouagadougou, 20.11.2006, Soumane Touré, Ouagadougou, 15.11.2006, und Isaï Yaméogo, Dédougou, 10.11.2006.

ausreichend sichere Grundlage darstellen, um daraus eine Varianz abzuleiten, die in die Kausalanalyse einfließen sollte. Gleiches gilt für die Mitgliederorientierung bei der Parteienfinanzierung, die selbst im Falle stark ausdifferenzierter Beitragssysteme, kaum zum tragen kommt. Beiträge werden allenfalls sporadisch erhoben und tragen in keiner Partei signifikant zum Finanzaufkommen bei, so dass von einer mitgliederorientierten Partei gesprochen werden könnte. Das Merkmal wird daher als weitgehend wirkungshomogen betrachtet und im Merkmalsvergleich neutralisiert. Folglich entfällt eine zusammenfassende Gruppenbildung.

4.2 Analysedimension 2: Repräsentationsmerkmale

In der zweiten Analysedimension werden Merkmale zusammengefasst, die die inhaltliche und personelle Repräsentation der Parteien nach außen beschreiben. Die zentralen Fragen dieser Dimension sind deshalb: Welche Positionen vermittelt die Entstehungsgeschichte der Parteien? Welche politischen Positionen vertreten die Parteien? Und welche Eigenschaften haben das Personal, das die Parteien repräsentiert? Zur Repräsentationsdimension gehören mithin die Merkmale Parteigenese, Programmatik und Spitzenpersonal.

4.2.1 Parteigenese

In zahlreichen vergleichenden Studien der Parteienforschung wird die Frage nach den Entstehungsumständen von politischen Parteien auf ihr Alter reduziert. Langlebige Parteien werden als besser institutionalisiert angesehen, insbesondere solche, die einen Generationswechsel an der Parteispitze oder für parteipolitische Betätigung nachteilige historische Phasen der politischen Entwicklung ihrer Länder überlebt haben (Dix 1992, Mainwaring 1998, Kuenzi/ Lambright 2001). Ihnen wird unterstellt, dass stärker institutionalisierte Parteien ihren funktionalen Anforderungen besser gerecht werden (Huntington 1968, Dix 1992, Basedau/ Stroh/ Erdmann 2006). Freilich ist hierbei das Erkenntnisinteresse nicht auf den Erfolg der Parteien gerichtet, sondern auf die Stabilität oder die demokratische Konsolidierung des politischen Systems, dem sie als Akteure angehören.

Teile der sozialstrukturellen Parteienforschung haben sich näher mit den historischen Entstehungsumständen befasst. Beyme (1984) hat die Herausbildung neuer Konfliktlinien durch gesellschaftlichen Wandel für die Entstehung vergleichsweise homogener Parteifamilien verantwortlich gemacht. Dieser zeitgebundene Ansatz bleibt freilich auf die kontextähnliche Area

Westeuropa beschränkt, die relativ homogen von großen gesellschaftlichen Prozessen (z.B. postmaterialistischer Wandel; dazu Inglehart 1981) betroffen war, welche bereits für Osteuropa nicht mehr zutreffen. Allerdings vermittelt Beyme die von der Cleavage-Theorie abstrahierte Grundidee, dass historische Entwicklungen zu neuen gesellschaftlichen Konflikten – oder allgemeiner Interessen – führen können, die die Gründung einer (oder mehrerer) neuer Parteien induzieren können. In dieser generalisierten Form ist Beymes theoretischer Ansatz auf jeden gesellschaftlichen Kontext anwendbar.

Die vorliegende Analyse berücksichtigt sowohl die Institutionalisierungsperspektive als auch die historische Cleavage-Theorie: Zum Einen wird der Entstehungszeitpunkt erhoben, also das Alter der Parteien. Zum Anderen werden die Entstehungsumstände untersucht. Liegt der Parteigründung ein gesellschaftliches oder ein privates Interesse zugrunde? Um welche Interessen handelt es sich? Lassen sich die identifizierten Interessen sinnvoll gruppieren und mit dem Alter der Partei zusammenführen?

Entstehungszeitpunkt
Zur Erhebung des Gründungsdatums der Parteien genügt es nicht das amtliche Registrierungsdatum zu erheben. Sowohl in Benin als auch in Burkina Faso wurden 2001 neue Parteiengesetze erlassen, die eine Neuregistrierung aller Parteien notwendig machte (RB 2001, BF 2001b). In beiden Ländern hatte diese Prozedur zum Ziel, längst inaktive oder nie über die Gründungsveranstaltung hinausgekommene Parteien aus dem Parteienregister zu tilgen. Entsprechend weisen die aktuellen amtlichen Listen sämtlich Registrierungsdaten nach dem Jahr 2000 auf (RB 2007, BF 2005a). Dies entspricht in den meisten Fällen freilich nicht dem ursprünglichen Gründungsdatum.[154]

Als maßgeblich wird das Datum der Gründungsversammlung der Partei angesehen. Dies hat den zusätzlichen Vorteil, dass auch unerlaubte Gründungen berücksichtigt werden können. So wurde die MAP in Benin beispielsweise bereits während der Einparteiherrschaft Kérékous im Jahr 1988 als gesellschaftspolitische Vereinigung gegründet, während die Zulassung als politische Partei erst 1993 nachgeholt werden konnte.

Ein weiteres Erhebungsproblem stellt sich durch Umbenennungen und Fusionen von Parteien (Barnea/ Rahat 2011). Reine Namensänderungen, die als vollständige Kontinuität gewertet werden können, sind selten. Zumeist geben Abspaltungen oder Fusionen den Anlass zur Veränderung des Parteinamens. Die dahinterstehenden Dynamiken werden in der Verhaltensdimension behandelt. Dieses Merkmal konzentriert sich auf das Alter und die

---

154 Für Benin liegt dem Verfasser eine ältere Liste aus dem Jahr 1998 vor, die das Datum der ersten amtlichen Registrierung nach der demokratischen Öffnung Benins wiedergibt (Afrikinfo.com 2008). Dennoch wurden alle Gründungsdaten mit Angaben der Parteien abgeglichen, um Abweichungen aufdecken und nachverfolgen zu können.

historischen Gründungsmotive der Untersuchungsfälle sowie deren unmittelbarer Vorgängerorganisationen.

Zwei Zeitpunkte erscheinen für die Entstehung eines nachhaltig wirksamen „Gründungsimage" zentral: die Entstehung der Partei in der bei den Wahlen 2007 bestehenden Form (Erstgründung, letzte Fusion, letzte anlassbezogene Namensänderung) und die Erstgründung derjenigen Organisation, auf die diese Partei im Kern zurückgeht. Der Zeitpunkt der Entstehung der Gegenwartsform der Partei und die Erstgründung können zusammenfallen. Die Entscheidung, ob ein älterer Kern erhalten geblieben ist, der auf frühere Organisationen zurückzuführen ist, kann wiederum nur qualitativ eingeschätzt werden. In Einzelfällen kann die Partei auf mehrere gleichberechtigte Vorgängerorganisationen zurückgeführt werden, die dann einzeln zu betrachten sind. Abspaltungen sprechen im Allgemeinen gegen eine Kontinuitätszuschreibung, da in solchen Fällen in aller Regel der Neuanfang wichtiger Bestandteil des konstitutiven Narrativs der Partei ist.

Die systematische Zusammenfassung der Gründungsdaten in Tabelle 4.8 zeigt bereits, dass wir erneut einer deutlichen Varianz begegnen. Während einige Parteien auf eine lange Tradition zurückblicken, deren Wurzeln in die Unabhängigkeitsbewegung der 1940er und 1950er Jahre zurückreichen, sind auch sehr junge Parteien mit Gründungsdaten nach der Jahrtausendwende im Sample vertreten.

Die traditionsreichen Parteien konzentrieren sich auf Burkina Faso. In Benin konnten sich hingegen weder im Spätkolonialismus, noch in der frühen Unabhängigkeitsphase stabile Parteien etablieren, so dass die ältesten beninischen Parteien aus der Transitionsphase stammen. Kérékous 1975 gegründete Einheitspartei PRPB wurde am 30. April 1990, also kurz nach der Nationalkonferenz, von einem Sonderparteitag aufgelöst.[155] Eine Nachfolgeorganisation wurde nicht gegründet (Adamon 1995: 108). Die Kommunistische Partei Dahomeys (*Parti communiste du Dahomey*, PCD), die im Dezember 1977 im Untergrund gegründet wurde und in der ersten Phase der demokratischen Reformen eine wichtige Rolle spielte (Banégas 2003: 94-97), hat sich nach der erfolgreichen Transition nicht als relevante politische Partei etablieren können.

Folglich stammt die Mehrzahl der zum Untersuchungszeitpunkt relevanten Parteien aus der Posttransitionsphase (FARD, IPD, MADEP, RPR, UNIR/MS, UPR-BJ und UPR-BF), wenn diese Phase als der Zeitraum nach der ersten Mehrparteienwahl definiert wird. Eine weitere Gruppe politischer Parteien ist direkt aus der Transitionsphase hervorgegangen, also bereits zu den ersten Mehrparteienwahlen angetreten (PRD, PSD, UDS). Deutlich

---

155 Der Versuch von weitgehend unbekannten Politikern, die PRPB im August 2005 wiederzubeleben gelang zwar formal (Eintrag in das Parteienregister am 12. Juni 2006), hatte aber keine erwähnenswerten Auswirkungen auf das Parteiensystem. Die neue PRPB ist heute eine irrelevante Kleinstpartei (Kinhoun 2007).

weniger Parteien können auf eine längere Historie zurückblicken. Neben den drei Unabhängigkeitsbewegungen RDA, MLN und PAI sind noch die burkinische Einheitspartei ODP/MT (später CDP) sowie die Parteien UNDD und MAP zu nennen. Die burkinische UNDD ist in einer kurzen demokratischen Zwischenphase Ende der 1970er Jahre entstanden. Die beninische MAP wurde als kritische Studentenbewegung in den letzten Jahren des autoritären Kérékou-Regimes gegründet.

Tabelle 4.8: Gründungsjahre und Entstehungsgeschichte der Parteien

Partei	Erst-gründung	Neu-gründung	kurze Entstehungsgeschichte
Benin			
FARD	1994	=	Als oppositionelles Gegengewicht aus dem Norden zur RB-dominierten Regierung gegründet. Keine Vorgängerorganisation. Später Integration einiger ehemaliger Politiker der Einheitspartei PRPB.
IPD	1994	1999	1999 fusionieren die beiden 1994 gegründeten Karrierevehikel früherer Minister, ARC (Moise Mensah) und PPD (Théophile Nata), zur Partei IPD. Zuvor bereits als Wahlallianz etabliert.
MADEP	1997	=	Regierungsstützende Neugründung des Wirtschaftsunternehmers Séfou Fagbohoun. Angeblich von Präsident Kérékou zur Schwächung der PRD in deren Hochburg im Südosten geschaffen.[156]
MAP	1988	1993	Schon vor der demokratischen Öffnung als regimekritische und pro-demokratische Studentenbewegung gegründet, aber erst nach den ersten Mehrparteienwahlen offiziell zur Partei umgewandelt. Angeblich taktische Förderung durch Kérékou (sic!) zur Schwächung der RB in deren Hochburg im zentralen Süden.[157]
PRD	1990	=	Als prodemokratische Opposition zum Kérékou-Regime von Exilkräften in der Transition gegründet. Namensanspielung auf die einstige Partei von Ex-Staatspräsident Sourou-Migan Apithy (1964-65), jedoch – abgesehen von der gleichen regionalen Hochburg – keine Verbindungslinien.
PSD	1990	=	Als pro-demokratische Opposition zum Kérékou-Regime in der Transition von regimenahen Kräften gegründet. Keine Vorgängerorganisation.
RB	1992	=	Regierungsstützende Neugründung unter dem starken Einfluss von Staatspräsident Soglo. Keine Vorgängerorganisation.
RPR	1998	=	Posttransitorische Neugründung des Politikers Houdé, der aus der RB austrat, um Chef seiner eigenen Partei und in dieser

---

156 Einvernehmliche Aussage von vier unabhängig voneinander interviewten Vertretern zivilgesellschaftlicher Organisationen, Cotonou, August 2006.

157 Diese Aussage von Mitgliedern zivilgesellschaftlicher Organisationen und einem westlichen Diplomaten, Cotonou, August 2006, ist umstritten. Zumindest jedoch erfuhr MAP-Frontmann Lazare Séhouèto starke Unterstützung durch Präsident Kérékou.

Partei	Erst-gründung	Neu-gründung	kurze Entstehungsgeschichte
			Funktion ministrabel werden zu können. Angeblich mit Unterstützung Kérékous.[158]
UDS	1990	=	Als pro-demokratische Opposition zum Kérékou-Regime in der Transition gegründet. Keine Vorgängerorganisation.
UPR-BJ	2004	=	Kollektive Abspaltung von der FARD infolge innerparteilicher Konflikte während der demokratischen Regierungszeit Kérékous. Verbleib im Regierungslager.

Burkina Faso

Partei	Erst-gründung	Neu-gründung	kurze Entstehungsgeschichte
ADF/RDA	1946	1998	1946 als RDA in Bamako für ganz AOF gegründet. In der Transition als RDA wieder gegründet. 1998 mit der ADF fusioniert. Ein Gutteil des ADF-Flügels ging 2003 an die Wiederabspaltung UNDD verloren.
CDP	1989	1996	1989 als Einheitspartei ODP/MT aus der *Front Populaire* hervorgegangen. 1996 Fusion mit der CNPP/PSD und weiterer Kleinparteien zur CDP.
PAI	1957	1991	1957 in Dakar für ganz AOF gegründet. 1963 Gründung der Sektion Obervolta. Inoffizielle Mitarbeit in den Militärregimen Sankaras und Compaorés ab 1982. Erstmals förmliche Zulassung als Partei in der Transition.
PDP/PS	1958	1993	1958 als MLN für ganz AOF gegründet. Später unter den Namen UPV und FPV aufgetreten. In der Transition zunächst in die CNPP/PSD integriert. 1993 spaltet sich die von Ki-Zerbo geführte MLN-Faktion als PDP von der CNPP/PSD ab. 1996 folgt die kaum ins Gewicht fallende Fusion mit der PSB zur PDP/PS.
UNDD	1978	2003	1978 erstmals als UNDD vom ersten Staatspräsidenten Obervoltas unter der Führung seines ältesten Sohnes Hermann Yaméogo gegründet. In der Transition zunächst als MDP, dann ADF neu gegründet. 1998 mit der RDA fusioniert, die in der ersten Republik von Yaméogo senior geführt wurde. 2003 spaltet sich die Yaméogo-treue ADF-Gruppe als UNDD von der RDA/ADF ab.
UNIR/MS	2000	=	Posttransitorische Neugründung. Kollektive Abspaltung von der CPS infolge innerparteilicher Konflikte. Verbleib im Oppositionslager der Sankaristen.
UPR-BF	2005	=	Regierungsstützende Neugründung von Anhängern des Staatspräsidenten Compaoré, die nicht in die CDP eintreten wollten. Keine Vorgängerorganisation.

Quelle: eigene Zusammenfassung

---

158 So jedenfalls die Angabe in einem Experteninterview, Cotonou, August 2006. Für eine solche Unterstützung spricht, dass Houdé im Juni 1999 als Minister in das Kabinett Kérékous berufen wurde, während die RB stets in klarer Opposition zur Regierung Kérékou stand. Ebenso plausibel wäre die umgekehrte Reihenfolge. Houdé könnte als abtrünniger RB-Politiker für Kérékou interessant geworden sein, da er leicht zu kooptieren schien.

Gründungsinteressen

Sucht man nach den ursächlichen Konflikten und Interessen, die zur Gründung der Parteien führten, stößt man insbesondere auf den politischen Konflikt zwischen Machthabern und ihren Kritikern. Anlass für Dissens bieten vorzugsweise Auseinandersetzungen über demokratische Partizipation oder den Politikstil der Amtsträger. Programmatische Differenzen erscheinen für die Gründung von Parteien seltener von Bedeutung. Daneben spielen aber auch persönliche Karrierepläne und kollektive Hoffnungen auf einen besseren Ressourcenzugriff eine Rolle. Parteien, die aus den zuletzt genannten Motiven gegründet werden, verfolgen mithin ein Kooperationsinteresse mit der amtierenden Exekutive. Parteigründungen aufgrund von Dissens verfolgen hingegen ein Oppositionsinteresse; freilich um in Konkurrenz zu den bisherigen Machtinhabern möglichst bald selbst bei Wahlen zu reüssieren.

Die Hauptinteressen zur Gründung neuer Parteien, die den Diskurs über diese Parteien nachhaltig beeinflusst haben, können somit in drei Kategorien eingeteilt werden. Neugründungen oder Fusionen, die ein Kooperationsinteresse verfolgen, bilden die erste Kategorie. Die zweite Kategorie umfasst Parteien, die maßgeblich an einer Abgrenzung von der amtierenden Regierung interessiert waren. Ihr unmittelbares Gründungsinteresse war die Opposition. Parteien, deren Gründungsmotive unklar blieben, da sie sich gegenüber den amtierenden Regierungen wechselhaft verhalten haben, bilden eine Mittelkategorie, die mit „ambivalenten Interessen" umschrieben wird. Alle Einschätzungen beruhen auf eigenen Angaben der Parteien, auf Zuschreibungen im öffentlichen Diskurs und objektiv beobachtbaren Verhaltensweise in der Gründungsphase.

Aus den in vier Phasen eingeteilten Entstehungszeiträumen und den drei maßgeblichen Gründungsinteressen lässt sich eine Zwölffeldermatrix erstellen. Füllt man diese mit den relevanten Parteien beider Länder inklusive ihrer Vorgängerorganisationen wird erneut deutlich, dass nur wenige und dabei ausschließlich burkinische Parteien auf eine längere Geschichte zurückblicken können. Parteien, deren Genese über die Transitionsphase zurück reichen, sollen „Traditionsparteien" genannt werden. Abgesehen von der RDA sind alle aus einem Oppositionsinteresse heraus gegründet worden. Die Parteien, die in oder nach der Transitionsphase gegründet wurden, sollen zusammenfassend „Neue Parteien" genannt werden. Sie teilen sich stärker in Gründungen mit Kooperations- und solche mit Oppositionsinteresse auf (siehe Tab. 4.9). Die ambivalenten Fälle haben sich sehr unklar verhalten. Sie wurden als Oppositionsparteien gegründet, ohne sich allzu klar von der Regierung abzugrenzen. Einige traten relativ kurze Zeit darauf in die Regierung ein (IPD, RPR), profitierten von Ämterpatronage (PAI-Touré)[159] oder standen

---

159 Soumane Touré wurde nicht nur von der Verwaltung in seinem Rechtsstreit mit Philippe Ouédraogo um den Parteivorsitz protegiert, sondern auch regelmäßig mit Hilfe der CDP

im permanenten Verdacht die Kooperation der Opposition vorzuziehen (UNDD).

Tabelle 4.9: Entstehungsphasen und Gründungsinteressen

Interesse \ Phase	Unabhängig-keitskampf	Postkoloniale Phase	Transitions-phase	Posttransitions-phase
Kooperation	RDA-1	RDA-2	*ADF*, ODP/MT	CDP*, MADEP, RB, UPR-BJ, UPR-BF
ambivalent			CNPP/PSD, MDP, PAI-2	ARC, IPD*, PAI-Touré*, PPD, RPR, UNDD-2*
Opposition	MLN, PAI-1	UNDD-1, FPV	MAP-1, PRD, PSD, *RDA-3*, UDS	ADF/RDA*, FARD, MAP-2*, PAI/PDS*, PDP/PS*, UNIR/MS
		„Traditionsparteien"	„Neue Parteien"	

Anmerkungen: fett = aktuelle Parteien, kursiv = zwischenzeitliche Wiederbelebung der Parteien; Nummern geben die Reihenfolge namensgleicher Neugründungen an;

* Aktuelle Parteien mit Vorgeschichte: RDA → **ADF/RDA**, ODP/MT → **CDP**, ARC + PPD → **IPD**, PAI → **PAI-Touré** + **PAI/PDS**, MLN → FPV → CNPP/PSD → **PDP/PS**, RDA → UNDD-1 → MDP → ADF → ADF/RDA → **UNDD**-2

Quelle: eigene Darstellung

Zusammenfassende Bewertung

Eine Zusammenhangsvermutung mit dem aktuellen Wahlerfolg muss trotz der Institutionalisierungsthese, die zu Beginn ausgeführt wurde, weitgehend nominal und offen für Korrekturen und insbesondere für mögliche Wechsel-wirkungen mit anderen Merkmalen bleiben. Um das Codierungsschema auch für dieses Merkmal beibehalten zu können, werden die Traditionsparteien der Gruppe A zugewiesen. Die UNDD wird dieser Gruppe aus zwei Gründen nicht zugerechnet. Erstens ist die Genese von einem sehr wechselhaften und brüchigen Prozess geprägt. Zweitens konkurriert sie mit der ADF/RDA um das Erbe der Traditionspartei RDA, wobei die ADF/RDA für mehr Kontinui-tät steht und auch die Symbolik der frühen RDA – insbesondere das Partei-symbol des Elefanten – fortführt. Da Gruppe B für die Gründungen seit der Transitionsphase mit klarem Kooperationsinteresse reserviert bleiben soll, rutscht die UNDD hilfsweise in Gruppe C, die ansonsten Parteien umfasst,

---

zum Vizepräsidenten des Parlaments gewählt. Die eigene Außendarstellung betont hinge-gen die kritische Distanz zur CDP-Regierung.

die noch in der Transitionsphase ohne klares Kooperationsinteresse gegründet wurden. Diese grenzen sich in doppelter Hinsicht von der Residualkategorie D ab. Sie hatten erstens mehr Zeit sich zu institutionalisieren als spätere Gründungen und standen zweitens in Opposition zum autoritären Vorgängerregime. Spätere Gründungen mit Oppositionsinteresse stehen hingegen einer durch zumindest minimaldemokratische Prozesse legitimierten Regierung gegenüber. Sie könnten es als späte „Dagegen-Parteien" besonders schwer haben. Tabelle 4.10 fasst die Zuordnung zusammen.

Tabelle 4.10: Gruppeneinteilung im Merkmal Genese

	A	B	C	D
	Traditionsparteien	Neue kooperative Parteien	Nicht-kooperative Transitionsgründungen	Nicht-kooperative Posttransitionsgründungen
Benin		MADEP, RB, UPR-BJ	MAP, PRD, PSD, UDS	FARD, IPD, RPR
Burkina Faso	ADF/RDA, PAI, PDP/PS	CDP, UPR-BF	UNDD	UNIR/MS

Quelle: eigene Bewertung nach den Tabellen 4.8 und 4.9

4.2.2 Programmatik

Zu den klassischen repräsentativen Merkmalen einer politischen Partei werden die ideologischen und programmatischen Aussagen gezählt. Diese manifestieren sich üblicherweise in Schriften wie dem Grundsatzprogramm oder den Wahlprogrammen einer Partei. Freilich ist es auch in den etablierten Demokratien des Westens umstritten, welchen tatsächlichen Einfluss Parteiprogramme, die keine sonderlich breite Leserschaft in der Wahlbevölkerung erreichen, auf den Wahlerfolg von politischen Wettbewerbern haben.

Das gilt besonders nach dem Ende des Kalten Krieges. Nicht nur in den neuen Demokratien von Mittel- und Osteuropa ging mit der Diskreditierung des realsozialistischen Modells die radikal staatswirtschaftliche Alternative zur freiheitlich-marktwirtschaftlichen Ordnung weitgehend verloren. Auch in westlichen Ländern führte das Ende der Blockkonfrontation dazu, dass programmatische Differenzen zwischen den Parteien weniger scharf und erkennbar zu werden schienen. Dennoch hat beispielsweise Golosov (1998) auch für osteuropäische Parteien festgehalten, dass organisatorische *und* ideologisch-programmatische Faktoren zum Wahlerfolg einer Partei beitragen, wobei organisatorische Faktoren wichtiger erscheinen. Letztlich kann die genaue Bedeutung programmatischer Aussagen erst nach einer adäquaten Messung der Inhalte festgestellt werden. Welche inhaltlichen Positionen hat sich eine Partei selbst gegeben? Wie präzise und debattenfähig sind die programmatischen Aussagen, die eine Partei repräsentiert?

Hinsichtlich der Beantwortung solcher Fragen hat die Parteienforschung zu Subsahara-Afrika bislang nur wenige empirische Anstrengungen unternommen. Da andere Aspekte der Parteipolitik im datenarmen Umfeld Afrikas wichtiger erschienen, hat sich die Forschung häufig mit der Pauschalannahme begnügt, dass afrikanische Parteien ideologisch und programmatische sehr schwach aufgestellt seien (van de Walle 2003: 304-305; Médard 2007: 15) oder diese programmatischen Aussagen zumindest keine nennenswerte Rolle im Wahlwettbewerb spielten (Manning 2005; Sandbrook 1996), nicht zuletzt, da diese sich sehr ähnlich seien (Wanjohi 2003; Erdmann 2004a: 65; Randall 2006: 392). Insbesondere eine Verortung auf der klassischen Rechts-Links-Achse wurde aufgrund des fehlenden Klassencleavage infolge der kaum erfolgten Industrialisierung Subsahara-Afrikas nicht als hilfreiches Mittel zur Differenzierung politischer Parteien eingeschätzt (Erdmann/ Weiland 2001). Linz (2002: 292; siehe auch Samuels 2002) fügt hinzu, dass die Programmatik der Parteien in präsidentiellen Regierungssystemen – wie sie auch in den allermeisten Staaten Afrikas zu finden sind – generell geschwächt sei.

Dennoch gibt es mehrere gute Gründe auf die Erhebung programmatischer Unterschiede bei einer angebotsorientierten Untersuchung afrikanischer Parteien nicht zu verzichten. Der erste Grund ist das Vollständigkeitsargument der komparativen Forschung. Komparative Forschungsdesigns, die mit universalistischen Begriffen arbeiten, sollten grundsätzlich möglichst alle unabhängigen Variablen, die im entsprechenden Forschungsfeld bereits als relevant identifiziert wurden, bei der Untersuchung neuer Fälle berücksichtigen und prüfen. Mit anderen Worten: Einflussfaktoren, die sich anderen Kontexten als wirkmächtig gezeigt haben, sollten erst nach einer adäquaten Messung beurteilt werden, auch wenn ihnen nach ersten allgemeinen Beobachtungen keine Priorität eingeräumt wurde.

Der zweite Grund ist, dass ein Anfangsverdacht für programmatische Differenzen durch einzelne Fallstudien durchaus gegeben ist. Soweit Bemühungen stattgefunden haben, die inhaltliche Positionierung von afrikanischen Parteien zu messen, konnten beachtenswerte Unterschiede zwischen Ländern und auch zwischen einzelnen Parteien festgehalten werden. Emminghaus (2003: 140-171) konnte in Botswana und Namibia durch einen hermeneutischen Vergleich der Grundsatzprogramme programmatische Differenzen entlang der klassischen Konfliktlinien „kapitalistisch vs. sozialistisch" und „Zentrum vs. Peripherie" abbilden, wobei die Unterschiede in Botswana deutlicher waren als in Namibia. Buijtenhuijs (1994) hat für die Parteien des Tschad festgestellt, dass die Varianz der Ernsthaftigkeit programmatischer Aussagen relativ hoch ist, obgleich keine Partei ein wirklich ausgefeiltes Grundsatzprogramm vorlegen könne, das alle wichtigen Themen des Landes abdecken würde. Seine Schlussfolgerung lautet, dass die Parteiprogramme zwar alle von einer gewissen „Leere" gekennzeichnet seien, diese Schwäche ohne genaue Prüfung jedoch nicht als selbstverständlich vorgesetzt werden dürfe (Buijtenhuijs 1994: 127). Elischer (2012) bestätigt mit einer akribischen Auswertung der Wahlprogramme aller wichtigen Parteien in den drei anglophonen Ländern Ghana, Kenia und Nambia, dass programmatische Unterschiede messbar sind. Der Autor identifiziert eine seriöse programmatische Varianz, die sich insbesondere in der Häufigkeit und Präzision programmatischer Aussagen ausdrückt. Elischer hält die kenianische *Democratic Party* (DP) und die *New Patriotic Party* (NPP) in Ghana für bemerkenswerte Ausnahmen, da sie in den vergangen beiden Dekaden konsistent Wahlprogramme mit hohem konkreten Aussagegehalt vorgelegt haben. Im Falle Ghanas kann sogar ein leichter Kontrast auf der klassischen Rechts-Links-Skala festgestellt werden.

Der dritte Grund verbindet den spezifischen Kontext des frankophonen Afrika mit der globalen Bipolarisierung im Kalten Krieg. Letztere hat auch in der afrikanischen Politik Spuren hinterlassen, die über die Absicherung von Loyalitätssphären und die Instrumentalisierung von Staatsführern im Konfliktfall hinaus ging. Die Anlehnung an einen der beiden Blöcke war immer auch mit Ausbildungsprogrammen der politischen und wirtschaftlichen Elite verbunden. Obgleich früh Zweifel an der Verankerung des Gegensatzpaares Sozialismus/Kapitalismus in der konkreten afrikanischen Politik angemeldet wurden (Charles 1965; Sil 1987; Sklar 1988), hat ein Strang der Debatte die Auffassung vertreten, das eine afrikanische Form des Sozialismus die natürliche Ideologie Afrikas sei (McCain 1975: 61). Diese Auffassung reproduziert sich durchaus bis heute im politischen Diskurs afrikanischer Länder und auch in der wissenschaftlichen Debatte wurde gezeigt, dass das ideologische Erbe der Blockkonfrontation bis heute Nachwirkungen zeigt (Dickovick 2008). Gerade in den ehemaligen französischen Kolonien wurde die politische Elite über Jahrzehnte hinweg stark von den Verhältnissen im politischen System der Kolonialmacht Frankreich geprägt – stärker als beispielsweise in den südlichen Kolonien des Britischen Empires. Der unmittelbare Kontakt mit den politisch pointiert ausgetragenen ideologisch-programmatischen Gegensätzen in Frankreich hat nach der Auffassung von Koui (2006) dazu beigetragen, die ideologischen Kategorien stärker zu verankern. Ob dieser externe Einfluss generationsgebunden wirkt und sich bei jüngeren Generationen ein pragmatischerer Ansatz durchgesetzt hat, orientiert an den zentralen Entwicklungsproblemen des Kontinents (Sil 1987: 52), bleibt in weiten Teilen noch zu prüfen. In Benin wurde der ideologische Einfluss des Marxismus-Leninismus als gering einstuft (Banégas 2003: 65-92). In Burkina Faso prägt hingegen bis heute der linkspopulistische Sankarismus die politische Debatte (siehe Abschnitt 3.3.3). Handfeste Daten über die programmatische Ausrichtung von Parteien liegen jedoch für kein frankophones Land vor (Elischer 2012).

Die wohl anspruchvollste Möglichkeit zur umfassenden Messung von Programminhalten hat die Manifesto Research Group (MRG) unter der Leitung von Ian Budge vorgelegt (Budge et al. 1987, Budge et al. 2001, Volkens 2002). Die MRG baut seit 1979 eine große Datenbank zu Parteiprogrammen in westlichen Kontexten auf, die auf einen Ursprungsgedanken von David Robertson zurückgeht:

„The central idea behind Robertson's original coding, and the MRG-schemes, based on intensive reading of the texts themselves, was that parties argued with each other by emphasizing different policy priorities rather than by directly confronting each other on the same issue" (Budge/ Bara 2001: 7).

Es muss mithin gar nicht das vorrangige Ziel einer Programmatikmessung sein, Gegensätze und konfrontative Positionen zu identifizieren. Es ist bereits von hohem Interesse den Schwerpunkt der Programme zu identifizieren. Die MRG konzentriert sich dazu auf die etablierten Demokratien und nutzt zur anschaulichen Darstellung das klassische Links-Rechts-Schema. Die Auswertung der Programme erfolgt satzweise nach einem systematischen Kodierungsschema. Sie hat sich in vielen Studien zu westlichen Ländern als sehr fruchtbar erwiesen. Es gibt signifikante Angebotsunterschiede, insbesondere in den Kernbereichen Soziales, Wirtschaft und Außenbeziehungen (siehe Budge/ McDonald 2006).

Die MRG-Studien gehen jedoch tendenziell von einer größeren Nützlichkeit des Instrumentes aus, wenn es historisch und regional begrenzt angewendet wird. So heißt es in einer jüngeren Studie von Budge und McDonald explizit: „In order to stabilize the basis for comparisons, we have *omitted some of the more exotic systems*, such as those of Iceland, Israel and Japan" (Budge/ McDonald 2006: 452). Diese Eingrenzung bedeutet freilich nicht pauschal, dass die Analyse nicht auf afrikanische Parteien anwendbar sei. Sie signalisiert jedoch eine deutliche Skepsis gegenüber „exotischen" Fällen, zu denen bereits etablierte Demokratien, auch solche die westlicheuropäisch geprägt sind wie Island und Israel, gezählt werden. Dennoch schloss der erste große MRG-Sammelband ein Entwicklungsland – Sri Lanka – in die Untersuchung ein, um die Nützlichkeit des Messinstruments für nicht-westliche Kontexte zu testen. Die Autoren folgerten aus der Anwendung:

„At first sight it might appear that these internationally derived coding categories were unsuitable for Sri Lanka since no dramatic ideological difference appears between the parties. On the other hand, it may be said that the analysis has been successful and that the coding scheme was appropriate, because there *are* no clearly identifiable differences. The keys to understanding the results are firstly, that the two parties are both controlled by an elite from the same social stratum; and secondly that neither is clearly identifiable as being to the left or the right of the party spectrum. At the same time there are differences between the parties in terms of their positions on specific issues, but these are generally differences of degree rather than of substance. [...] The coding scheme has identified an issue-based tradition within each of the parties over time. The absence of sharply conflicting ideologies is in itself a reasonable and illuminating finding, while the results highlight certain specific similarities and differences between what the UNP and the SLFP have regarded as important in terms of their party image" (Bara/ Manor 1987: 109-110).

Die begründeten Befürchtungen, dass eine starke ideologische Varianz kaum zu erwarten ist, muss im Rahmen dieser Vergleichsstudie Rechnung getragen werden. Zugleich zeigt der Literaturüberblick, dass es gute Gründe gibt nicht ganz auf eine Programmanalyse zu verzichten und das im afrikanischen Kontext insbesondere eine Varianz der inhaltlichen Breite, Präzision und Aussagekraft programmatischer Schriften zu erwarten ist.

Folglich soll der Schwerpunkt dieser Untersuchung zunächst auf der Qualität der Grundsatzprogramme im Allgemeinen gelegt werden. Gibt es programmatische Aussagen? Wie umfangreich und wie konkret sind diese Aussagen? Welche Politikfelder werden erfasst? Werden Schwerpunkte gesetzt? Können ideologische Ausrichtungen ausgemacht werden? Diese Herangehensweise steht mithin im Einklang mit den deskriptiven Befunden von Buijtenhuijs (1994), Emminghaus (2003) und Elischer (2012), die gezeigt haben, dass eine genaue Prüfung der Programmatik sehr wohl zur Differenzierung afrikanischer Parteien geeignet ist.

Messmethode

Als methodisches Gerüst bietet sich ein Ansatz aus der US-amerikanischen Parteienforschung an, der vornehmlich zur Messung der Qualität des Inhalts von Wahlprogrammen entwickelt wurde.[160] Qualität meint hier die inhalts-unabhängige Konkretisierung der programmatischen Aussagen. Das von Gerald Pomper und Susan Lederman (1980) entwickelte Messinstrument unterscheidet drei grundsätzliche Qualitätsklassen, die unterschiedlich ausdif-ferenziert werden. Die unterste Klasse eins erfasst rein rhetorische Aussagen und die Wiedergabe von unumstößlichen Fakten. Zur zweiten Klasse werden Aussagen über zurückliegende Politiken gerechnet und die oberste dritte Klasse umfasst tatsächlich programmatische Aussagen über Politikvorstel-lungen der Partei, die in der Zukunft realisiert werden sollen.

Die erste Klasse ist nicht weiter ausdifferenziert und wird allgemein mit dem Wert 10 kodiert. Die zweite Qualitätsklasse ist in vier Stufen ausdiffe-renziert, woraus sich eine Werteskala von 21 bis 24 ergibt. Diese Skala reicht von allgemein formulierter Zustimmung zu bisherigem politischem Handeln (21) bis zu konkreter Kritik an bestimmten inhaltlichen Positionen oder Handlungen (24). In Klasse drei können die Aussagen der Parteien sechs Stufen zugeordnet werden. Diesen Stufen werden die Werte 31 bis 36 zuge-ordnet. Dies lässt eine Unterscheidung von rhetorischen Forderungen (31) bis

---

160 Der Ansatz stammt im Gegensatz zur MRG also aus einem politischen Kontext, in dem die ideologischen Unterschiede zwischen den maßgeblichen Parteien – zumindest auf der klas-sischen Links-Rechts-Skala – als tendenziell gering gelten, was der afrikanischen Situation entgegen kommt.

hin zu detaillierten Regelungsvorschlägen (36) zu (Pomper/ Lederman 1980: 133-135; siehe auch Tab. 4.11). In einem speziellen Anhang machen Pomper und Lederman (1980: 235-237) konkrete Vorschläge, welche Formulierungen typischerweise welchen Kategorien zugeordnet werden sollten. Freilich erfolgen die Vorschläge in englischer Sprache. Sie sind dennoch – sinngemäß übertragen – als Anhaltspunkt für die Auswertung französischsprachiger Dokumente sehr hilfreich. Für bestimmte Kategorien, deren Abgrenzung am wenigsten intuitiv gelingt, wurden in Tabelle 4.11 konkrete französische Formulierungen festgehalten, die als einschlägig für die entsprechende Bewertung angesehen werden.

Tabelle 4.11: Messschema nach Pomper und Lederman

Inhaltskategorie	Erste Ziffer	Abstufung	Zweite Ziffer	Wert
Rhetorik und Wiedergabe von Fakten	1	keine weitere Ausdifferenzierung	0	10
Evaluierung von vergangenen Ereignissen	2	allgemeine Zustimmung	1	21
		allgemeine Kritik	2	22
		konkrete Zustimmung zu bestimmten politischen Inhalten	3	23
		konkrete Kritik an bestimmten politischen Inhalten	4	24
Aussagen zu zukünftigen Politikvorstellungen	3	rhetorische Versprechen	1	31
		allgemeine Versprechen*	2	32
		Kontinuitätsversprechen	3	33
		konkrete Zielformulierungen*	4	34
		Handlungsversprechen	5	35
		detaillierte Versprechen	6	36

* Stufe 32 wird beispielsweise mit den folgenden französischen Formulierungen in Verbindung gebracht: „amélioration, renforcement, assainissement, attention particulière, encourager"; Stufe 34 mit „au centre des priorités + <mesures assez concrètes>, mise en oeuvre de qqch + <mesures assez concrètes>".

Quelle: Pomper/ Lederman 1980: 133-135, 235-237

In der praktischen Umsetzung bedeutet dies, dass jedem Satz des Parteiprogramms ein Qualitätswert zugeordnet wird. In vollem Bewusstsein der notwendigen methodischen Vorbehalte hinsichtlich der mathematischen Verrechenbarkeit, wird bei der späteren Verarbeitung der Werte Pomper und Lederman gefolgt und von einer quasi-metrischen Messung ausgegangen. Diese methodische Vereinfachung erlaubt die Bildung von Mittelwerten und ermöglicht so den Vergleich der Präzision der Parteidokumente auf einer anschaulichen, aggregierten Ebene.

Um den Inhalt der Programme nicht aus dem Auge zu verlieren, wurden die Aussagen nicht nur in ihrer Präzision und Zukunftsorientierung qualifiziert, sondern auch einem Politikfeld zugeordnet. Das vorrangige Ziel dieser inhaltlichen Qualifizierung ist die Messung der Themenbreite. Darüber hinaus kann in Kombination mit den Pomper/Lederman-Werten zwischen Politikfeldern unterschieden werden, in denen konkretere politische Vorstellungen vorgelegt werden und solchen, die einen geringeren konkreten Gehalt aufweisen.

Die Kodierung des Inhalts folgt einem deutlich vereinfachten Katalog der MRG. Als Grundlage dient das Kodierhandbuch für die Bundesrepublik Deutschland (Volkens 2002). Genutzt werden die zehn Haupt-Politikfelder – namentlich Außenpolitik, Verteidigungspolitik, Infrastrukturpolitik, Bildungspolitik, Rechtspolitik, Innenpolitik, Sozialpolitik, Arbeitspolitik, Wirtschaftspolitik und Finanzpolitik – sowie ihre Unterteilung in eine Auswahl von 49 politischen Teilgebieten mit jeweils einer Residualkategorie pro Haupt-Politikfeld. Die Teilgebiete der Infrastrukturpolitik umfassen beispielsweise Verkehr, Energie, Umwelt, Wohnungsbau, Stadt- und Landplanung, Post und Telekommunikation sowie Tourismus. Als Residualkategorie dient die Kategorie „allgemeine Infrastrukturpolitik". Das Haupt-Politikfeld und das politische Teilgebiet sind jeweils mit einer Ziffer nummeriert, die sich zu einem zweistelligen Code zusammenfügen (siehe Anhang 6). Im Gegensatz zum Pomper/Lederman-Wert ist dieser Code rein nominal zu interpretieren und kann daher nicht verrechnet werden.

Auf die Zuordnung einer Links-Rechts-Ausrichtung, wie sie von der MRG vorgesehen ist, wurde aus oben genannten Gründen verzichtet. Hilfreich für eine genauere inhaltliche Auswertung sind jedoch Informationen zu den konkreten Themen, die innerhalb der erfassten Politikfelder angesprochen werden.[161] Die spezifische Themenerfassung wurde auf die für Entwicklungsländer wichtigsten Politikfelder beschränkt. Diese wurden in Anlehnung an die zentralen Indikatoren des *Human Development Reports* ausgewählt; namentlich die Bereiche Wirtschaft, Bildung und Gesundheit. Zusätzlich große Bedeutung wurde den Politikfeldern der Außen- und der Systempolitik[162] beigemessen. Der Begriff der Systempolitik umfasst im

---

161 Diese wurden in zentralen Politikbereichen durch einen zusätzlichen Code mit erfasst, schon um sie später leichter aufzufinden. Die vollständige Liste der spezifischen Kodierung von konkreten Themen findet sich in Anhang 6. Die Erhebung der konkreten Themen wurde auf Aussagen der dritten Klasse beschränkt, also Aussagen, die Vorschläge für künftige Politik unterbreiten. Die thematische Kodierung erfolgt mit einem dritten zweistelligen Code, der die Kategorien des oben genannten Handbuchs (Volkens 2002) vereinfacht und um spezifische afrikanische Themengebiete erweitert. So wurde beispielsweise im Bereich Regionale Integration des Politikfeldes Außenpolitik das Thema Panafrikanismus ergänzt (Code 05/54). Ergänzungen wurden nur sparsam vorgenommen. Prioritär wurden die programmatischen Aussagen bereits definierten Themenfeldern zugeordnet.

162 Unter Systempolitik werden Themen verstanden, die die Gestaltung des politischen Systems als Ganzes oder in Teilen seiner staatsorganisatorischen Verfasstheit betreffen. Diesem Politikfeld sind unter anderem die Themen politische Kultur, Demokratie, Wahlen, Parlamentsarbeit, Regierungsorganisation oder Korruption zugeordnet.

Sinne der MRG das politische Teilgebiet des Politischen Systems, das wiederum dem Politikfeld der Innenpolitik zugeordnet ist (Code 53; siehe Anhang 6).

Datenbasis
In beiden Untersuchungsländern werden nur selten parteibezogene Wahlprogramme vorgelegt. Die zeitliche Trennung und die Neigung zur Koalitionsbildung vor Präsidentschaftswahlen lassen auch nur in Einzelfällen einen unmittelbaren Rückschluss von Wahlprogrammen der Präsidentschaftskandidaten auf bestimmte Parteien zu. Die systematische Analyse beschränkt sich mithin auf die längerfristig gültigen Grundsatzprogramme der Parteien.

Die Erhebung war nicht für alle ausgewählten Parteien möglich. Obwohl es beiden Ländern zu den gesetzlichen Zulassungsvorschriften für politische Parteien gehört, ein Grundsatzprogramm (*projet de société*) vorzulegen, war es nur in 12 von 18 Fällen möglich, dieses zu erhalten. In Burkina Faso waren die Programme insgesamt leichter verfügbar. Nur die sehr junge UPR-BF konnte keinen programmatischen Text vorlegen, sondern nur ein vorläufiges Manifest ohne erwähnenswerte Politikvorstellungen jenseits einer sehr allgemeinen Selbstverortung im liberalen Spektrum.[163] Die beiden Faktionen der PAI, deren Führungspersonen Soumane Touré und Philippe Ouédraogo jeweils das Amt des Parteivorsitzenden für sich beanspruchen, haben unterschiedliche Grundsatzprogramme vorgelegt, die beide ausgewertet wurden.[164]

In Benin waren vier Parteien trotz intensiver Bemühungen des Autors nicht in der Lage oder nicht willens, ein Grundsatzprogramm vorzulegen. Die ehemalige Regierungspartei FARD-Alafia und die kleine RPR haben mehrfach versprochen ihre Programme zur Verfügung zu stellen, waren schließlich jedoch nicht dazu in der Lage. Der PRD-Vorsitzende Adrien Houngbédji und mehrere seiner Mitarbeiter verwiesen unabhängig voneinander auf eine Monographie Houngbédjis (2005) und das Präsidentschaftswahlprogramm 2006 des Vorsitzenden. Der RB-Generalsekretär verwies ebenfalls auf das personenbezogene Präsidentschaftswahlprogramm des Kandidaten Léhady Soglo aus dem Jahre 2006.

---

163 Das burkinische Parteiengesetz lässt es in Artikel 7 zu, dass statt eines Grundsatzprogramms auch ein vorläufiges Manifest eingereicht werden kann (BF 2001b). Hiervon hat die UPR-BF zum Zeitpunkt der Untersuchung Gebrauch gemacht. Der beninische Gesetzgeber fordert in Artikel 17 hingegen explizit die Einreichung eines Grundsatzprogramms (RB 2001). Die zuständige beninische Innenbehörde war jedoch nicht bereit, Kopien der Registrierungsunterlagen herauszugeben. Schließlich mussten die Unterlagen bei den Parteien selbst beschafft werden, was nicht in allen gewünschten Fällen – trotz mehrfach wiederholter Kontaktaufnahme – möglich war. Die Nicht-Verfügbarkeit von programmatischen Texten wird infolgedessen als besondere programmatische Schwäche ausgelegt.

164 Auf eine Auswertung des ebenfalls vorliegenden Programms der PDS, in der sich die Ouédraogo-Faktion der PAI hilfsweise organisiert hat, wurde daher verzichtet.

Aus Gründen der Vergleichbarkeit (Struktur, Reichweite, Personenbezogenheit) wurden die Präsidentschaftsprogramme nicht in die Qualitätsuntersuchung einbezogen. Wenn sie formuliert werden, ist davon auszugehen, dass sie konkreter sind als Grundsatzprogramme, da sie stärker auf die Tagespolitik eingehen können. Sie werden jedoch bei der späteren Inhaltsanalyse – ebenso wie Houngbédjis Monographie und das Manifest der burkinischen UPR – mitberücksichtigt.

Umfang, Präzision und Zukunftsorientierung
Die verfügbaren Grundsatzprogramme variieren erheblich in Umfang, Präzision und Zukunftsorientierung. Dies lässt sich mithilfe unterschiedlicher Messungen feststellen, die auf der Pomper/Ledermann-Kodierung aufbauen. Für einen Gesamtüberblick, der die Frage nach konkreten Politikfeldern noch unberücksichtig lässt, bieten sich zunächst fünf zentrale Kennzahlen an:

1. Die durchschnittliche Präzision der Grundsatzprogramme: Diese kann als arithmetisches Mittel aller Qualitätswerte nach Tabelle 4.11 angeben werden. Dieser Gesamtdurchschnitt kann zwischen 10 und 36 variieren. Die Messwerte der verfügbaren Programmtexte liegen zwischen 18,2 (UDS) und 28,9 (UNDD).
2. Die gewichtete und standardisierte Präzision der Grundsatzprogramme: Diese Kennzahl ergibt sich aus der Summe von drei einfachen Präzisionswerten: den jeweiligen Durchschnitten des gesamten Programms (Kennzahl 1) sowie der beiden am intensivsten behandelten Politikfelder. Deren Summe kann theoretisch Werte zwischen 30 (= 3 x 10) und 108 (= 3 x 36) annehmen, die auf eine Werteskala von null bis 100 standardisiert wurden.[165] Die Reihenfolge der Parteien verändert sich im Vergleich zur ersten Kennzahl kaum. Einzig die beninische UPR-BJ verbessert sich relativ zu den anderen Parteien deutlich, da die mittlere Präzision ihrer Aussagen zu den zwei am intensivsten behandelten Politikfeldern mit 28,7 deutlich über dem Gesamtdurchschnitt von 24,6 liegt.
3. Der Anteil von Aussagen dritter Klasse nach dem Pomper/Ledermann-Schema am Gesamttext: Dieser Wert gibt an, wie viel Prozent des Grundsatzprogramms zukunftsorientierten Aussagen gewidmet ist.[166] Die

---

165 Die mathematische Operation lautet folglich: $PW_{st} = \dfrac{100}{78}\left(\left(\sum_{n=1}^{3} PW_n\right) - 30\right)$

166 Den Programmtexten der MADEP und PSD geht jeweils eine historische Deskription der jüngeren beninischen Geschichte voraus, die in beiden Fällen nominal dem Grundsatzprogramm zugeordnet wird und etwa doppelt so lang ist wie der eigentliche Programmtext. Aufgrund der klaren Gliederung der Texte wurden diese Teile zugunsten der Partei nicht berücksichtigt.

Mehrheit der Parteien widmet mehr als die Hälfte des Programmtextes zukünftigen Politikvorstellungen. Insgesamt streut die Varianz jedoch zwischen 20,4% (UDS) und satten 81,7% (MAP). Beide Extremwerte gehören mithin zu beninischen Fällen.

4. Die Gesamtlänge des Grundsatzprogramms gemessen in der Anzahl der Sätze:[167] Obwohl schwer zu entscheiden ist, wie lange ein aussagekräftiges und ernstzunehmendes politisches Grundsatzprogramm sein muss, können doch zumindest deutliche Unterschiede im Umfang festgehalten werden, die von augenscheinlich geringen Bemühungen (IPD: 68 Sätze) bis zu recht ausführlichen Programmtexten (ADF/RDA: 538 Sätze) reichen.

5. Die Anzahl der Sätze im Programm, mit denen konkrete Politikversprechen für die Zukunft formuliert werden: Diese Kennzahl gibt die absolute Zahl der Sätze an, die nach dem Pomper/Lederman-Schema mit Werten von 34 oder größer kodiert werden. Hierbei liegen die Messwerte zwischen 12 (UDS) und 208 Sätzen (ADF/RDA).

Tabelle 4.12 fasst diese Kennzahlen für alle verfügbaren Fälle zusammen. Obwohl die unterschiedlichen Werte Umfang, Präzision und Zukunftsorientierung der Grundsatzprogramme anschaulich beschreiben, sind fünf Werte nur schlecht geeignet, um eine vereinfachende Gruppenbildung vorzunehmen. Aus diesem Grund wurden die Messwerte zunächst auf ihr binäres Verhältnis zueinander geprüft. Dabei hat sich herausgestellt, dass die Präzisionswerte hoch mit den Anteilen von Aussagen dritter Klasse korrelieren. Der Zusammenhang ist mathematisch nicht zwingend so hoch, wie er sich bei den untersuchten Fällen darstellt.[168] Er ist aber auch nicht verwunderlich, da hohe Präzisionswerte freilich nur mit einem hohen Anteil an Aussagen dritter Klasse erreicht werden können. Angesichts der sehr hohen Korrelation wurde entschieden, den eingängigeren Anteil von Aussagen dritter Klasse am Gesamtprogramm als erstes Teilmerkmal zu verwenden.

Dieser Wert korreliert nur sehr schwach mit der absoluten Länge der Grundsatzprogramme. Längere Programme sind mithin nicht unbedingt konkreter. Überraschender ist die geringe Korrelation des Anteils von Aussagen dritter Klasse mit der fünften Kennziffer, die konkrete Politikaussagen zählt. Folglich muss es einen großen Unterschied zwischen Grundsatzprogrammen geben, die sich mit allgemeinen und eher vagen Versprechen zur zukünftigen Politikgestaltung im Falle ihrer Machtübernahme begnügen, und solchen, die

---

167 Auch hier gilt freilich, dass die historischen Abrisse von MADEP und PSD nicht mitgerechnet wurden.
168 Die standardisierten Präzisionswerte korrelieren in einer mit MS Excel durchgeführten linearen Regression mit $r^2 = 0,92$ mit dem Anteil von Aussagen dritter Klasse. Da der standardisierte Präzisionswert den Wert für die Gesamtpräzision inkorporiert, ist auch zwischen den ersten beiden Kennzahlen eine hohe Korrelation zu beobachten ($r^2 = 0,89$).

zahlreiche konkrete Versprechen formulieren. Die Gesamtlänge der Programmtexte korreliert wiederum recht hoch mit der Anzahl konkreter Politikversprechen, allerdings nicht so deutlich wie die Präzisionswerte und

Tabelle 4.12: Kennzahlen zu Umfang, Präzision und inhaltlicher Breite

	Präzision (gesamt)	Präzision (standard)*	Aussagen dritter Klasse	Länge	Sätze mit konkreten Versprechen	gewichtete Länge	Anteil der zwei häufigsten Politikfelder	Anzahl der konkret behandelten Politikfelder
Alle	24,8	57,7	60,8%	219	61	279	49,1%	7,5
Benin	25,2	60,1	62,2%	183	51	154	48,5%	7,5
IPD	27,7	68,7	77,9%	68	13	81	55,9%	5
MADEP	24,7	55,0	57,2%	138	41	179	49,3%	9
MAP	28,8	73,1	81,7%	142	52	194	45,8%	8
PSD	27,2	64,5	73,0%	122	43	165	47,5%	9
UDS	18,2	34,9	20,4%	162	12	174	56,8%	3
UPR-BJ	24,6	66,5	63,0%	100	30	130	45,0%	7
Burkina	24,5	54,0	59,7%	276	77	387	49,6%	7,6
ADF/RDA	27,6	62,9	74,2%	538	208	746	46,5%	10
CDP	25,4	57,6	65,8%	383	85	468	43,3%	9
PAI-O	22,8	48,5	52,7%	182	36	218	41,8%	6
PAI-T	21,0	51,9	45,6%	103	26	129	54,4%	4
PDP/PS	19,4	34,6	32,7%	364	42	406	58,0%	9
UNDD	28,9	71,8	79,2%	192	71	263	47,4%	9
UNIR/MS	26,6	60,6	67,4%	347	133	480	44,4%	10

* Summe von drei Präzisionswerten (Gesamtprogramm, zwei am intensivsten behandelte Politikfelder) standardisiert für einen Wertebereich von 0-100. Die Summe kann theoretisch Werte zwischen 30 und 108 annehmen.

Quelle: eigene Darstellung beruhend auf einer eigenen Auswertung der Grundsatzprogramme

Aussageanteile dritter Klasse.[169] Als zweites Teilmerkmal wird deshalb ein gewichtetes Längenmaß gewählt, das die absolute Anzahl der Sätze im

---

169 Die Bestimmtheitsmaße der Korrelationen sind mit Vorsicht zu genießen, da es sich zumindest bei den Präzisionswerten um nur quasi-metrische Daten handelt und die Zahl der Beobachtungen sehr gering ist (N=13). Die optische Analyse der X-Y-Graphen zu diesen binären Zusammenhängen macht jedoch deutlich, dass eine viergliedrige Gruppenbildung auf den deutlichen Korrelationsunterschieden aufbauen kann. Für den Zusammenhang zwischen Aussagen dritter Klasse und der Länge des Programms wird ein $r^2 < 0,01$ gemessen, für Aussagen dritter Klasse und Sätze mit einer Kodierung ab 34 ist $r^2 = 0,15$. Das

Grundsatzprogramm mit der Zahl der Sätze addiert, die konkrete Politikversprechen enthalten. In anderen Worten ausgedrückt werden bei der Messung der Programmlänge alle Sätze mit dem Code 34 oder größer doppelt gewichtet. Auch diese gewichtete Länge ist in Tabelle 4.12 angegeben.[170]

Im zweiten Schritt der Merkmalsmessung müssen nun beide Dimensionen zusammengeführt werden. Dazu sollten zwei unvermeidbare Grundbedingungen der Vergleichsanordnung in Erinnerung gerufen werden. Erstens ist es bei vielen Merkmalen kaum möglich, normativ definierte und allgemein gültige Schwellenwerte zu bestimmen. Zweitens bewegen sich wegen des grenzübergreifenden Vergleichsdesigns einige Parteien im Kontext des beninischen Parteiensystems und einige in demjenigen von Burkina Faso. Der maßgebliche Referenzpunkt für die Erfolgsbestimmung ist das unmittelbare Wettbewerbsumfeld. Relative Maßstäbe sollten mithin am nationalen Referenzrahmen festgemacht werden.

Abbildung 4.1 zeigt, dass das Problem unterschiedlicher nationaler Referenzrahmen insbesondere für das Teilmerkmal der gewichteten Länge relevant ist. Die burkinischen Parteiprogramme sind im gewichteten Durchschnitt mehr als doppelt so umfangreich wie die beninischen. Der Anteil zukunftsorientierter Aussagen ist im Mittel hingegen sehr ähnlich. Die nach oben und unten begrenzte Skala des Aussagenanteils (minimal 0%, maximal 100%) ermöglicht hingegen die Hinzunahme eines absoluten Differenzierungskriteriums. So werden Grundsatzprogramme zusätzlich positiv hervorgehoben, die mehr als drei Viertel zukunftsorientierten Text enthalten. Programme mit unter einem Viertel Zukunftsorientierung erhalten einen Bewertungsmalus.[171] Die Trendlinie in Abbildung 4.1 ($r^2 = 0,01$) bestätigt zudem erneut, dass die Teilmerkmale in keiner systematischen Beziehung zueinander stehen.

Bestimmtheitsmaß für die OLS-Korrelation von Gesamtlänge und konkreten Politikversprechen gibt MS Excel mit $r^2 = 0,72$ an. Alle Regressionsdiagramme sind in Anhang 7 abgebildet.

170 Alternativ wurden auch unterschiedliche Indices gebildet, in denen mehrere Messzahlen verrechnet wurden. Indices erhöhen jedoch die Schwellenwertproblematik (Sartori 1991: 247-249; Müller/ Pickel 2007: 536; ausführlich zu den Möglichkeiten und Schwierigkeiten der Indexbildung: Schnell/ Hill/ Esser 2005: 166-210). Zudem führten mehrere Probeläufe mit verschiedenen Index-Varianten empirisch zu keinen großen Abweichungen bei der Gruppenbildung. Daher fiel die Wahl auf die einfachste Darstellungsvariante, die ähnlich zu anderen Merkmalen mit zwei Merkmalsdimensionen arbeitet. Dies hat neben der Sparsamkeit und erhöhten Verständlichkeit den Vorteil, dass eine einseitige Ausprägung zugunsten einer Merkmalsdimension in den Ergebnistabellen mit einem kleinen Zusatz leicht dargestellt werden können.

171 Die Auswirkungen anderer Schwellenwerte bei den absoluten Werten – beispielsweise auf 33%:66% oder 20%:80% – wurden geprüft. Sie würden jeweils nur in Einzelfällen zu einer Gruppenverschiebung führen.

Abbildung 4.1: Umfang, Präzision und Zukunftsorientierung

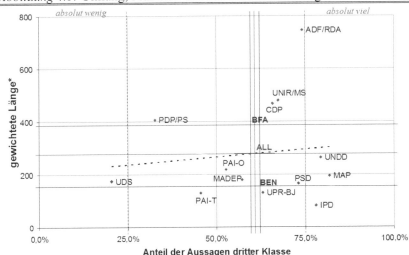

* Der Umfang der Dokumente wurde in der Anzahl der Sätze gemessen. Sätze mit einem Präzisionsniveau ab Stufe 34 (siehe Tab. 4.11) wurden doppelt gezählt.

Anmerkungen: Die durchgezogenen Linien geben die Mittelwerte für alle Fälle (ALL) beziehungsweise in den nationalen Kontexten (BEN; BFA) an. Die Trendlinie beruht auf einer linearen Regression ($r^2 = 0,01$), die mit MS Excel durchgeführt wurde.

Quelle: eigene Darstellung beruhend auf der Auswertung der Grundsatzprogramme (siehe Tab. 4.12).

Die Gruppenbildung orientiert sich nun maßgeblich an der relativen Teil-merkmalsverteilung. Grundsatzprogramme die in beiden Dimensionen mindestens über dem nationalen Durchschnittswert liegen, werden in die Qualitätsgruppe A eingeordnet. Es handelt sich dabei um die Parteien ADF/RDA, CDP, MAP und UNIR/MS. Als schwache Programme werden solche angesehen, die höchstens in einem Teilmerkmal über dem nationalen Durchschnitt liegen, aber in keiner Hinsicht einen herausragenden Wert annehmen. Diese Parteien werden in Gruppe C eingeordnet. Dazwischen liegende Parteiprogramme werden nur dann in Gruppe B aufgenommen, wenn sie auch eine gewisse inhaltliche Breite erreichen: Sie sollen mehr als die Hälfte der Haupt-Politikfelder nach Volkens und der MRG mit konkreten Aussagen bedienen. Während sich das genauere inhaltliche Profil nicht für eine Gruppenbildung eignet und deshalb anschließend ausführlicher disku-tiert wird, kann dieses quantitative Maß zumindest als Mindestanforderung für die oberen beiden Gruppen einbezogen werden. Mithin erreichen vier

Parteien Gruppe B (MADEP, PDP/PS, PSD und UNDD) und fünf ordnen sich in Gruppe C ein (IPD, beide PAI-Faktionen, UDS und UPR-BJ). Parteien, deren Grundsatzprogramm trotz intensiver Bemühungen nicht zugänglich war, werden einer vierten Gruppe D zugeordnet (siehe Tab. 4.13).

Tabelle 4.13: Gruppenbildung zu Umfang, Präzision und Zukunftsorientierung

		Anteil der Aussagen dritter Klasse			
		absolut wenig + doppelt unterd.	national unterd.	national überd.	absolut viel + doppelt überd.
gewichtete Länge	doppelt überd.		PDP/PS	ADF/RDA, CDP, UNIR/MS	
	national überd.	UDS	MADEP	PSD	MAP
	national unterd.				UNDD
	doppelt unterd.		PAI-O, PAI-T	UPR-BJ	IPD*

Anmerkungen: überd./unterd. = über-/unterdurchschnittlich; „doppelt" heißt hinsichtlich des nationalen und des gemeinsamen Durchschnitts aller Fälle; „absolut wenig" sind konkrete zukunftsorientierte Anteile unter einem Viertel des Textes, „absolut viel" sind Anteile über drei Viertel; *Gruppe B kann nur erreicht werden, wenn zu mehr als der Hälfte aller Haupt-Politikfelder konkrete Aussagen vorliegen (siehe Tab. 4.12)

Gruppeneinteilung: [**A**] ADF/RDA, CDP, MAP, UNIR/MS; [**B**] MADEP, PDP/PS, PSD, UNDD; [**C**] IPD, PAI-Touré, PAI-Ouédraogo (PAI/PDS), UDS, UPR-BJ; [**D**] alle Parteien ohne verfügbares Programm (FARD, PRD, RB, RPR, UPR-BF)

Quelle: eigene Bewertung (für die Datengrundlage siehe Tabellen 4.11 und 4.12)

Politikfelder
Die kombinierte Kodierung nach dem Pomper-Lederman-Schema und nach den adaptierten inhaltlichen Kategorien der MRG (Volkens 2002) erlaubt nicht nur Aussagen über Umfang und Präzision der Programme, sondern auch über deren Inhalte. Tabelle 4.12 hat bereits grob dargestellt, dass die inhaltliche Breite der Grundsatzprogramme klar variiert. Während die Parteien UDS und PAI-Touré nur drei beziehungsweise vier der zehn Haupt-Politikfelder abdecken, machen zwei Parteien (ADF/RDA und UNIR/MS) konkrete Aussagen zu allen Politikfeldern und fünf weitere behandeln zumindest neun der zehn Hauptbereiche. Allerdings haben alle Grundsatzprogramme gemeinsam, dass sie sich im Umfang stark auf wenige Politikfelder konzentrieren, während die verbleibenden kaum bis gar nicht behandelt werden. Die zwei am ausführlichsten behandelten Politikfelder nehmen bei allen Parteien etwa die Hälfte aller inhaltlichen Aussagen ein. Daraus könnte

eine inhaltliche Konzentration auf bestimmte Kernthemen der Partei geschlossen werden. Es ist deshalb sinnvoll, die Form und den genauen Inhalt dieser anscheinenden Fokussierung genauer zu betrachten, auch wenn dies abschließend nicht in der üblichen Gruppenbildung münden kann. Bilden bestimmte Parteien womöglich ein spezifisches thematisches Profil heraus? Diese Frage geht freilich über die Grundsatzprogrammatik hinaus und wird deshalb nach der formalen Auswertung um eine Analyse zu möglichen *single issues* ergänzt.

Für die formale Auswertung ist es zunächst interessant zu sehen, welche Politikfelder von welchen Parteien besonders intensiv behandelt werden. Ungeachtet der variierenden inhaltlichen Breite der Haupt-Politikfelder wird dazu zunächst vereinfacht von einer Gleichverteilung ausgegangen. Bei zehn Hauptkategorien wäre mithin jeweils eine Verwendung von 10% des Programmtextes für jedes Politikfeld erwartbar. Als intensiv behandelte Politikfelder werden deshalb solche angesehen, die mehr als 15% des Programmtextes einnehmen. Trotz der eher geringen Anforderungsschwelle finden sich in keinem Grundsatzprogramm mehr als drei Politikfelder, die in diesem Sinne intensiv behandelt werden. Darüber hinaus konzentrieren sich die meisten Parteien auf die gleichen Haupt-Politikfelder. Betrachtet man alle verfügbaren Programme zusammen, wird nur die Hälfte der zehn Politikfelder überhaupt intensiv behandelt. Es handelt sich dabei um die Bereiche Inneres und Verfassung, Wirtschaft, Bildung, Infrastruktur und Soziales (siehe Tab. 4.14).

Die Bereiche der Innen- und Wirtschaftspolitik heben sich von den drei anderen – gelegentlich intensiv behandelten – Politikfeldern nochmals ab. Fast alle Parteien widmen sich intensiv diesen inhaltlichen Bereichen. Eine erste damit verbundene Beobachtung ist, dass spezifischere Politikfelder, die ebenfalls von hoher Relevanz für die untersuchten Länder sind, wie beispielsweise die Arbeitspolitik oder die Finanzpolitik (100 bzw. 86 von insgesamt 2841 ausgewerteten Sätzen) hinter den allgemeineren Bereichen der Innen- und Wirtschaftspolitik (736 bzw. 600) zurückstehen. Besonders wenig behandelt werden die Bereiche der Rechts- und Verteidigungspolitik (68 bzw. 50). Dies könnte darauf hindeuten, dass die Parteien sich davor scheuen, konkrete Aussagen zu sensiblen Themen wie dem defizitären Justizsystem oder der Rolle der Streitkräfte zu treffen. Es könnte aber auch eine schlichtere Erklärung greifen und mangelndes Problembewusstsein indizieren. In jedem Fall ist eine nähere Betrachtung der inhaltlichen Profilierung angebracht, denn zugleich sind die Aussagen zu den besonders ausführlich behandelten Politikbereichen nicht unbedingt sehr präzise. Besonders im Politikfeld der Innen- und Verfassungspolitik (durchschnittlicher Präzisionswert von 22,6), in dem sich Aussagen zur Systempolitik, insbesondere zur Frage der Demokratisierung, stark häufen, sind konkrete Vorschläge sehr viel seltener als beispielsweise in den Bereichen Bildung (28,9) und Infrastruktur (30,5), aber auch im Wirtschaftsbereich (25,5; siehe Tab. 4.14).

Tabelle 4.14: Präzisionswerte für intensiv behandelte Politikfelder

	Inneres und Verfassung	Wirtschaft	Bildung	Infrastruktur	Soziales
Intensiv	22,6	25,5	28,9	30,5	25,5
Benin	22,3	27,1	29,2	28,0	26,5
IPD	23,7***	28,5*	32,2**	31,7	29,0
MADEP	23,9***	27,0*	27,8	34,7	24,3**
MAP	26,0***	32,2**	33,1	33,0*	27,3
PSD	25,5**	27,6***	30,0*	31,4	29,8
UDS	17,8***	21,2**	23,6	14,0	18,8
UPR-BJ	12,2*	29,1***	28,2**	28,8	29,7
Burkina	20,9	22,9	28,3	27,6	27,6
ADF/RDA	25,3***	26,2**	28,6*	30,5	31,1
CDP	23,7***	25,8**	29,8	25,4	26,7*
PAI-Ouédraogo	24,1	18,5***	26,5**	23,3	33,0
PAI-Touré	10,0	20,4***	28,4	29,1**	19,2
PDP/PS	17,7***	19,9**	27,5	24,5	22,5
UNDD	27,6**	29,5***	30,5	30,7*	32,0
UNIR/MS	25,7**	25,0***	28,7	29,0*	26,5
N (intensiv)	11	13	5	4	2

Anmerkung: Als „intensiv behandelt" werden alle Haupt-Politikfelder angesehen, die mehr als 15% des Programmtextes betreffen. Bei keiner Partei handelt es sich dabei um mehr als drei Politikfelder. Das am intensivsten behandelte Politikfeld ist mit *** gekennzeichnet, das am zweithäufigsten behandelte mit ** und das dritthäufigste gegebenenfalls mit *. Der mit „intensiv" beschriebene Mittelwert ist der Durchschnitt der Werte mit mindestens einem Sternchen.

Quelle: eigene Berechnung

Eine stärkere Ausdifferenzierung der Parteien wird erst bei einer genaueren Betrachtung der konkreten Zielvorstellungen der Parteien sichtbar. Drei Parteien entwickeln nur zu höchstens der Hälfte aller Politikfelder konkrete Zielvorstellungen (UDS, PAI-T, IPD), UDS und IPD gehen dabei insgesamt sehr sparsam mit konkreten Forderungen und Ideen um. In den jeweiligen Programmen finden sich nur 12 beziehungsweise 13 Sätze, die als konkrete Zielvorstellung gelten können. Bei der UDS sind diese gleichmäßig auf die System-, Wirtschafts- und Außenpolitik verteilt. Die IPD hat in ihrem insgesamt sehr kurzen Programm am meisten zur Sozialpolitik zu sagen (6 Sätze), wo sie im Bereich Gesundheit sogar zwei klare Forderungen stellt:

1. Behinderte sollen durch spezielle Berufsausbildungszentren besonders gefördert werden, um ihnen ein würdevolles Leben zu ermöglichen.[172]
2. Die Staatsbürger sollen gesundheitliche Aufklärung über sexuell übertragbare Krankheiten wie AIDS erhalten.[173]

Diese eher ernüchternde Bilanz wird von anderen Parteien deutlich übertroffen. Die beiden Parteien, die alle Politikfelder abdecken (ADF/RDA und UNIR/MS), legen auch die meisten konkreten Versprechen vor. Die ADF/RDA formuliert 208 konkrete Vorschläge. Die UNIR/MS formuliert in 133 von 347 Sätzen konkrete Politikziele. Die meisten konkreten Aussagen nach der UNIR/MS machen die burkinischen Parteien CDP (85 Sätze) und UNDD (71 Sätze). Sie folgen also mit deutlichem Abstand. Alle anderen Parteien bewegen sich zwischen 26 und 52 konkreten Zielvorstellungen.

Hinsichtlich der Klarheit inhaltlicher Schwerpunkte setzt sich die UNIR/MS von den anderen Parteien ab. Sie entwickelt so viele konkrete Vorstellungen zur Infrastrukturpolitik wie keine andere Partei. Diese beinhalten beispielsweise den Ausbau der Nutzung erneuerbarer Energien, den Bau von Staudämmen, Ausbau des öffentlichen Nahverkehrs, die Förderung von Informationstechnologien, den sozialen Wohnungsbau und die Abwasserentsorgung (UNIR/MS *2004*: 71, 77, 76, 78, 87-88, 91-92). Viele der Formulierungen lassen jedoch nicht den Schluss zu, intensiv auf ihre Machbarkeit hin überprüft worden zu sein. Unter anderem verspricht die Partei, den Flughafen Bobo-Dioulasso zum Drehkreuz für ganz Westafrika aufsteigen zu lassen (UNIR/MS *2004*: 78), ohne den Bedarf zu begründen. Dennoch sind zumindest konkrete Vorstellungen zu finden, die eine inhaltliche Auseinandersetzung begründen könnten.

Tourés PAI setzt ebenfalls einen Infrastrukturschwerpunkt. Die Partei nennt fünf konkrete Straßenabschnitte mit einer Gesamtlänge von 930 km, deren Asphaltierung prioritär behandelt werden soll, und grenzt diese von Strecken mit nachrangiger Bedeutung ab. Der Ausbau würde das Teerstraßennetz des Landes um ein Viertel erweitern. Der Programmpunkt gewinnt zusätzlich dadurch an Seriosität, dass ein Finanzierungsvorschlag unterbreitet wird. Über einen Zeitraum von zehn Jahren sollen jährlich zehn Milliarden westafrikanische Francs aus eigenen Haushaltsmitteln bereit gestellt werden (PAI 2003: 5). Dies entspricht etwa einem Prozent der jährlichen Staatsausgaben (BF 2008: 8). Es handelt sich mithin ebenfalls um ein Beispiel für einen debattenfähigen Vorschlag.

---

172 „De redonner la dignité humaine aux handicapés en créant et en dynamisant les centres d'apprentissage" (IPD o.D.: 5, Übersetzung AS).

173 „De former les citoyens dans le cadre de la lutte contre les maladies sexuellement transmissibles et le SIDA" (IPD o.D.: 5, Übersetzung AS). Sieben Sätze später wird der Satz fast wortgleich („infections" statt „maladies") wiederholt.

In Benin setzt die UPR-BJ – relativ zum Rest ihres eigenen Programms – einen gewissen Akzent auf die Bildungspolitik. Angesichts seines absoluten Umfangs ist der programmatische Beitrag in dem insgesamt sehr kurzen *Projet de Société* dennoch äußerst bescheiden. Es wird gefordert mehr Berufsfortbildungsmöglichkeiten zu schaffen und allen Bürgern schon in der Schule eine positive Arbeitsethik zu vermitteln. Der Staat soll eine Anschubfinanzierung für Landwirtschaftskooperativen jüngerer Menschen leisten. Die Schulgebühren sollen gestaffelt und ein modernes soziales Sicherungssystem für Schülerinnen und Schüler geschaffen werden. Der Unterricht in nationaler Geschichte soll besonders gefördert und mehr Jugendzentren gebaut werden (UPR-BJ 2004a). Das Programm erschöpft sich jedoch in den Forderungen, ohne Ideen für deren Umsetzung zu entwickeln. Es kann daher nicht die Rede davon sein, dass sich die Partei mit dieser relativen Gewichtung als Bildungspartei positionieren könnte.

Trotz der relativen Konzentration der Parteien auf bestimmte Politikfelder sind klare inhaltliche Positionsbestimmungen oder Schwerpunktsetzung auch aus den untersuchten Grundsatzprogrammen nicht erkennbar. Die bewusste oder unbewusste Auslassung bestimmter Themenbereiche gilt für alle Parteien und trägt damit kaum zur Differenzierung bei. Ein geeignetes Beispiel ist die Verteidigungspolitik, insbesondere im Sinne von Militärpolitik. Die zentrale Rolle des Militärs in der politischen Entwicklung Benins und Burkina Fasos ist unbestritten (Decalo 1990, Guissou 1995). Dennoch verwenden selbst relativ ausdifferenzierte Programme, wie die der beninischen MAP und der burkinischen UNIR/MS, nicht mehr als drei bis fünf Sätze auf das Politikfeld Verteidigung. So fordert die MAP die effektivere Nutzung des Militärs für die Landesentwicklung und ein verstärktes Engagement bei internationalen Friedenseinsätzen, ohne dabei konkrete Handlungsvorschläge zu unterbreiten:

„Die Verstärkung von Frieden und Sicherheit bedarf […] der effektiven Einbindung der Armee in die Anstrengungen der wissenschaftlichen Forschung und der sozioökonomischen Entwicklung in unserem Lande. Zur gleichen Zeit behält die Armee ihre Hauptaufgabe der Verteidigung der territorialen Integrität. Ein Schwerpunkt muss zudem auf die Spezialausbildung für und die Beteiligung an weltweiten Bemühungen zur Konfliktbeilegung und Friedenswahrung gelegt werden" (MAP 2003a: 96).[174]

Ein ähnliches Vorgehen schlug auch der RB-Kandidat für die Präsidentschaftswahlen 2006 in seinem Wahlprogramm vor. Insbesondere die Fähigkeiten der Pioniere und des Sanitätskorps sollten technisch verstärkt und zum

---

174 „Le renforcement de la paix et la sécurité requiert […] l'implication effective de l'armée dans les efforts de recherche scientifique et de développement socio-économique de notre pays en même temps qu'elle conserve sa mission de défense de l'intégrité territoriale. Un accent doit être aussi mis sur la formation spécialisée et la participation aux efforts de règlement de conflits et de maintien de la paix dans le monde" (MAP 2003a: 96, Übersetzung AS).

Wohle der Landesentwicklung eingesetzt werden (Soglo *2006*: IV.2). Der PRD-Vorsitzende bringt in seiner programmatischen Monographie „Il n'y a de richesse que d'hommes" das Thema Verteidigungspolitik oder Militärreformen nicht zur Sprache (Houngbédji 2005). In seinem persönlichen Wahlprogramm von 2006 wird lediglich die Notwendigkeit formuliert, die Fähigkeiten der Sicherheitskräfte zur Kriminalitätsbekämpfung zu verstärken und einen Nationalen Sicherheitsrat einzurichten (Houngbédji 2006: 14-15).

Burkinas Hauptoppositionspartei UNIR/MS, die der Regierung eines ehemaligen Putschisten gegenübersteht, betont ebenfalls die positive Leistungsfähigkeit des Militärs. Sie will eine moderne Elitetruppe schaffen, die Wehrpflicht einführen und die Armee produktiv in den Entwicklungsprozess des Landes einbinden:

„Die UNIR/MS [...] wird Elite-Streitkräfte schaffen, die den Anforderungen der Verteidigungstechnologie des dritten Jahrtausends gerecht wird. Die Verteidigung des Staatsgebietes ist eine Aufgabe des gesamten Volkes. Aus diesem Grunde wird unsere Partei eine allgemeine Wehrpflicht für junge Menschen einführen. Zusätzlich zu ihrer Hauptaufgabe der Landesverteidigung, wird die Armee verschiedene Produktionssektoren unterstützen, wann immer ihr Beitrag als notwendig erachtet wird" (UNIR/MS *2004*: 61-62).[175]

Am intensivsten geht die burkinische Regierungspartei CDP auf die Verteidigungspolitik ein. Sie verspricht die stetige Ausbildung und technologische Modernisierung und bekennt sich zum internationalen Engagement. Daneben ist sie die einzige Partei, die politisch sensible Fragen thematisiert. Sie verlangt unter anderem die ausgewogene ethnische Zusammensetzung der Armee und befürwortet die zivile Suprematie über das Militär:

„Unsere Armee muss einen nationalen Charakter haben, der durch ihr Rekrutierungsverfahren abgesichert ist. Im Rechtsstaat mit Mehrparteienwettbewerb spricht sich die CDP für unpolitische Streitkräfte aus" (CDP o.D.: 9).[176]

Ein weiteres Politikfeld, dem zentrale Bedeutung für die betroffenen Gesellschaften unterstellt werden darf, namentlich die Gesundheitspolitik, wird im Allgemeinen ebenfalls vernachlässigt. Konkrete Zielvorstellungen sind selten. Sechs Parteien (UDS, MAP, UPR-BJ, UNIR/MS, UNDD, PAI-Touré) machen gar keine konkreten Aussagen, vier Parteien machen nur sehr wenige Aussagen (MADEP, IPD, PDP/PS, PAI-Ouédraogo) und nur drei Parteien äußern sich zur Gesundheitspolitik mit fünf oder mehr Sätzen der Qualitäts-

---

175 „L'UNIR/MS [...] créera une armée d'élite en conformité avec la nécessité de la technologie de défense du 3ème millénaire. La défense du territoire national est l'affaire de tout notre Peuple. De ce fait, notre parti instaurera la formation militaire obligatoire des jeunes. En plus de la mission première de défense de l'intégrité territoriale, l'armée apportera son appui aux différents secteurs de production où sa contribution sera jugée nécessaire" (UNIR/MS 2004: 61-62, Übersetzung AS).

176 „Notre armée devrait avoir un caractère national affirmé dans son mode de recrutement. Pour un Etat de droit multipartiste, le Congrès pour la Démocratie et le Progrès préconise une armée apolitique" (CDP o.D.: 9, Übersetzung AS).

stufen 34 oder höher (ADF/RDA, PSD, CDP). Die ausführlichsten Einlassungen finden sich im Programm der ADF/RDA, die auf die Einrichtung einer allgemeinen Pflichtkrankenversicherung drängt und sehr konkrete quantitative Ziele zur medizinischen Infrastruktur benennt.[177] Ihre wirtschaftsliberale Selbstverortung – die ADF/RDA will Mitglied der Liberalen Internationalen werden (siehe Abschnitt 4.1.3) – hindert sie nicht an derartigen Pflichtforderungen, die staatlich organisiert werden sollen. Die PSD will in Benin die Gesundheitserziehung in den Schulen verbessern und Aufklärungskampagnen von Nichtregierungsorganisationen gezielt unterstützen (PSD 1990). Die konkreteste Forderung der CDP ist die Ausweitung von Impfkampagnen (CDP o.D.: 24).

Auch die am intensivsten behandelte Systempolitik liefert nur sehr vage Grundlagen für eine stichhaltige Differenzierung der Parteien. Selbst prägnante Inhalte werden kaum mit konkreten Handlungsvorstellungen ausgefüllt. Die beninische UDS stellt beispielsweise als einzige Partei die universellen Konzepte der liberalen Demokratie in Frage und plädiert für eine afrikanische Variante der Demokratisierung, die den Prinzipien des Humanismus, der Solidarität und der Konsensfindung folgt. Die Partei erklärt jedoch nicht, wie diese Prinzipien umgesetzt werden sollen oder warum sie einem universellen Demokratiekonzept widersprechen (UDS 1998a: 18).

Durchaus stimmig ist die Haltung einiger permanenter Oppositionsparteien, die sich für eine stärkere Dekonzentration der staatlichen Macht aussprechen. Die UNIR/MS (*2004*: 58-59) will den Volkswillen und den dialektischen Aufbau des Staatswesens (Regierung vs. Opposition) stärken. Sie bleibt mit dieser Forderung diffuser als andere Parteien. Die PDP/PS wird konkreter. Sie will das Parlament als Kontrollorgan gegenüber der Regierung sowie als Gesetzgeber stärken und die vertikale Gewaltenteilung zugunsten direkter demokratischer Partizipationsmöglichkeiten auf dezentraler Ebene verwirklichen (PDP/PS 2005a: 12, 15). ADF/RDA (2005a: 22-23) und UNDD (2003a: 3) treten für ein semipräsidentielles Regierungssystem ein, dass die Macht zwischen dem Staatspräsidenten und einem starken Premierminister teilen und das Parlament durch eine von ihm abhängige Regierung stärken würde. Dem hingegen betont die langjährig regierende CDP in Burkina Faso, dass ein starker, Respekt einflößender Staat notwendig sei, um die demokratische, geeinte und laizistische Republik zu bewahren (CDP o.D.: 8-9).

Die Wirtschaftspolitik gehört bei allen Parteien zu den drei am intensivsten behandelten Politikfeldern. Die Vorstellungen der Parteien auf diesem Feld fallen klarer aus als im Bereich der Systempolitik (siehe erneut Tab. 4.14). Sie lassen sich am besten nach der Betonung staats- oder privatwirtschaftlicher Elemente unterscheiden und berühren damit zumindest einen

---

177 Beispielsweise soll jede Gemeinde ein eigenes Gesundheitszentrum erhalten und jede der 13 Verwaltungsregionen ein Universitätskrankenhaus (ADF/RDA 2005a: 57).

Teilaspekt der klassischen Rechts-Links-Differenzierung. Es muss allerdings eingeschränkt werden, dass die programmatische Präzision insgesamt auch in diesem Bereich zu wünschen übrig lässt.[178] Allerdings liegt der standardisierte Präzisionswert bei allen untersuchten Parteien mit Ausnahme der PAI-Ouédraogo über dem Wert für die Systempolitik (siehe Tab. 4.14). Grob können drei wirtschaftspolitische Tendenzen ausgemacht werden: erstens, eine prioritäre Förderung der Privatwirtschaft im Sinne eines freien Marktes; zweitens, eine Betonung von ordoliberalen und sozialen Komponenten im Sinne einer sozialen Marktwirtschaft; drittens, eine vorrangige Ausrichtung der Wirtschaft auf staatliche Eingriffe und Planung. Tabelle 4.15 nimmt eine entsprechend tentative Zuordnung der Parteien vor.

Tabelle 4.15: Wirtschaftspolitische Ausrichtung der Parteien (Tendenzen)

Tendenz \ Land	Freie Marktwirtschaft*	Soziale Marktwirtschaft**	Staats-wirtschaft***
Benin	IPD, UPR-BJ, PRD, (RB)	MAP, (MADEP)	PSD, UDS
Burkina Faso	ADF/RDA	CDP, UNDD	PAI, PDP/PS, UNIR/MS

* starke Betonung der Privatwirtschaft und der Bedeutung von kleinen und mittleren Unternehmen

** Mittelposition zwischen der Förderung einer solidarischen Privatwirtschaft und staatswirtschaftlichen Elementen

*** starke Betonung der Bedeutung von Staatsunternehmen, Kollektivierung, privatisierungskritische Haltung, tendenziell protektionistisch

Quelle: eigene Auswertung der Parteiprogramme

Wirtschaftspolitisch „links" zu verorten sind die Parteien PSD und UDS aus Benin, sowie PAI, PDP/PS und UNIR/MS aus Burkina Faso. Forderungen nach einer permanenten politischen Bankenkontrolle (PAI o.D.: Abschnitt 3.1.2), das Bekenntnis zur Überführung des Wirtschaftssystems über den Staatskapitalismus zum Sozialismus (UNIR/MS *2004*: 64-65) oder das unbedingte öffentliche Eigentum an strategischen Unternehmen (PSD 1990; UDS 1998a: 31) sprechen eine deutliche Sprache. Diese Positionen unterscheiden

---

178 Insbesondere für Benin bestätigt sich dieser Eindruck, wenn man den Versuch beninischer Wirtschaftsjournalisten mit Unterstützung der Friedrich-Ebert-Stiftung berücksichtigt die wirtschaftspolitischen Positionen der Präsidentschaftskandidaten des Jahres 2006 systematisch aufzubereiten. Über ambitionierte Leistungsversprechen kommen die Kandidaten selbst in der teilweise sehr wohlwollenden Darstellung der einheimischen Journalisten nicht hinaus. Grundsatzpositionen werden – zumindest bei den hier relevanten Kandidaten – nicht diskutiert (FES/ Réseau-JEB 2006).

diese Parteien von anderen Parteien, aber auch das Politikfeld von anderen programmatischen Bereichen.

Eine ausdrücklich privatwirtschaftsfreundliche Haltung ohne staatswirtschaftlichen Beiklang bringen die burkinische ADF/RDA und die beninischen Parteien IPD, PRD und UPR-BJ zum Ausdruck.[179] Andere Parteien lavieren stärker zwischen staats- und privatwirtschaftlichen Elementen hin und her. So lehnen einige eine liberale Marktwirtschaft mit dem Verweis auf den Mangel an Solidarität ab (MADEP 1997), wollen kleine und mittlere Unternehmen in breitenwirksamen Sektoren gezielt fördern (MAP 2003a: 91) und propagieren teilweise explizit in das Modell einer sozialen Marktwirtschaft, die ein Nebeneinander von Privat- und Kollektivbesitz möglich machen soll (CDP o.D.: 11). Am deutlichsten wird der Wunsch nach einer wirtschaftspolitischen Synthese bei der UNDD, die für einen solidarischen Wirtschaftsliberalismus mit einem starken Staatssektor in strategischen Bereichen plädiert (UNDD 2003a: 5).

Zu viel handlungsleitende Konsequenz sollten auch relativ deutlichen Formulierungen nicht zwangsläufig unterstellt werden. Die Berührungsängste mit den Aussagen wirtschaftspolitisch scheinbar weit auseinander stehender Parteien sind jedenfalls begrenzt. So enthalten beispielswiese das (wirtschaftspolitisch „rechte") Parteiprogramm der IPD und das („linke") Programm der PSD wortgleiche Formulierungen zur Dekonzentration der Wirtschaftsaktivitäten.[180] Allenfalls die Traditionsparteien PAI und PDP/PS lassen ein Profil mit linken Positionierungen erkennen.[181] Jüngeres politisches Personal neigt offenbar weniger dazu, diese klassischen Konzepte des Sozialismus kohärent zu verwenden.

Die Grundsatzprogramme der Parteien unterscheiden sich insgesamt also stärker in ihrer Ausführlichkeit und Präzision als in ihrem inhaltlichen Profil. Konkrete Vorschläge sind sich häufig ähnlich. Allenfalls in der Wirtschaftspolitik lässt sich eine gewisse Varianz zwischen staatswirtschaftlichen und privatwirtschaftlichen Präferenzen erkennen. Eine Profilbildung durch bewusste Konzentration auf bestimmte Themen ist durch die formale Auswertung der Grundsatzprogramme kaum erkennbar. Grundsatzprogramme sind jedoch verhältnismäßig statische Instrumente der politischen Willensbekundung, von denen ein Mindestmaß inhaltlicher Breite erwartet wird. Programmatische Profilierung kann jedoch auch über Einzelthemen erfolgen,

---

179 Die Zuordnung der PRD beruht auf den Aussagen des Parteivorsitzenden in seiner programmatischen Biographie (Houngbédji 2005). Von der Grundausrichtung verfügbarer Texte ausgehend, die zum Wirtschaftssystem aber weniger explizit werden, kann auch die beninsche RB dieser Gruppe zugeordnet werden.

180 „[Le parti] encouragera la décentralisation des entreprises vers les villes de l'intérieur du pays et vers les campagnes" (PSD 1990, IPD o.D.).

181 Zur „klassischen" Verwendung der politischen Kategorien rechts und links im europäischen Kontext siehe Bobbio 1994.

ohne dass diese deutlich in den Parteiprogrammen erkennbar sind. Der folgende Abschnitt soll für solche *single issues* kontrollieren.

Single Issues und Ad hoc-Positionen
Eine schwache Grundsatzprogrammatik schließt andere Formen der erfolgreichen inhaltlichen Abgrenzung nicht aus. Nicht nur rechtsextreme Parteien (Mudde 1999), sondern auch die Grünen (Müller-Rommel 1993) oder die britische *United Kingdom Independence Party* (Usherwood 2008) haben im europäischen Kontext gezeigt, dass einzelne Themen sehr gut geeignet sind, um auf ihnen erfolgreiche Parteien aufzubauen. Die Piratenpartei könnte mit den Themen Datenschutz und Informationsfreiheit zum nächsten erfolgreichen Beispiel reifen. Dienen solche inhaltlichen Fokussierungen auf ein spezielles Thema als dauerhaftes Identifikationsmerkmal der Partei, kann man von *single issue parties* sprechen. Diese korrespondieren in der Regel mit den zentralen Gründungsmotiven der Partei; in den genannten Beispielen also Umweltschutz, Datenschutz und uneingeschränkte nationale Unabhängigkeit. Darüber hinaus können Parteien aber auch ad hoc Themen so besetzten, dass diese Position das Bild der Partei intensiv und nachhaltig prägt. Es stellt sich in diesem ergänzenden Teilmerkmal zur Programmatik also die Frage, ob bestimmte Parteien als *single issue parties* gelten können oder außenwirkungsstarke Ad hoc-Positionen besetzt haben.

In Benin fällt die Suche nach *single issues* unter den relevanten Parteien negativ aus. Jenseits von ad hoc Opposition zur Regierung sind keine thematischen Konfrontationen oder Profilierungen erkennbar (Basedau/ Stroh 2011). Konfliktpositionen, wie der Streit um die Einrichtung einer unabhängigen Wahlkommission im Jahr 1993 oder um die Verlängerung der laufenden Legislaturperiode um ein Jahr kurz nach der Wahl von Präsident Boni Yayi im Frühjahr 2006, haben keine prägenden Spuren hinterlassen, obwohl die institutionelle Wirkung in beiden Fällen beachtlich war. 1993 konnte die Partei *Notre Cause Commun* (NCC) mit Hilfe des Verfassungsgerichts gegen den Willen von Staatspräsident Nicéphore Soglo einen Gesetzentwurf zur Einrichtung einer unabhängigen Wahlkommission durchsetzten (DCC 34-94 vom 23.12.1994). Die NCC konnte sich mit diesem politischen Erfolg jedoch nicht zur Bürgerrechtspartei oder ähnlichem entwickeln. Stattdessen scheiterte sie an internen Querelen, zerbrach und büßte massiv an Relevanz ein. Die einsame Abwehrposition der UDS gegen die Verlängerung der laufenden Legislaturperiode im Jahr 2006, half der UDS ebenfalls nicht sich ein rechtspolitisches Profil aufzubauen. Zwar stimmte die Partei als einzige politische Gruppe im Parlament gegen die Änderung des einschlägigen Artikels 80 der Verfassung. Allerdings standen taktische Motive im Vordergrund, da die UDS als einzige politische Partei im Parlament zu den Kernunterstützern des parteilosen Staatspräsidenten Yayi zählte. Dieser hatte ein klares Interesse an möglichst baldigen Parlamentswahlen.

Spätestens als das Verfassungsgericht die Änderung von Artikel 80 als nicht vereinbar mit dem grundlegenden Verfassungskompromiss kippte (DCC 06-074 vom 8. Juli 2006), war die Position der UDS vergessen. Zahlreiche beninische Parteien werden hingegen als regionale Hochburgenparteien gesehen. Regionalismus ist jedoch im Personalangebot und in der Verhaltensdimension zu verorten, da keine der Parteien Autonomie- oder Sezessionsforderungen in ihr Programm aufgenommen hat. Dies dürften sie aufgrund der Gesetzeslage auch gar nicht, da die Vertretung regionalistischer Interessen verboten ist.

Anders ist die Situation in Burkina Faso. Hier trug die politische Dominanz der CDP über viele Jahre hinweg zu einer stärkeren politischen Polarisierung bei (siehe Basedau/ Stroh 2011). Unter diesen Bedingungen haben einzelne Parteien begonnen, bestimmte Einzelpositionen prominent zu vertreten. Das abstrakteste Profil, das sich mithin eher an eine intellektuelle Elite richtete, wurde von Professor Ki-Zerbo verkörpert und auf seine Partei PDP/PS übertragen. Es handelt sich um das große sozio-ökonomische Konzept der autozentrierten Entwicklung, das sowohl im Parteiprogramm als auch in Interviews eine herausragende inhaltliche Bedeutung besitzt.[182] Die UNDD hat ein starkes außenpolitisches Differenzierungsmerkmal. Burkina Faso ist in höchstem Maße wirtschaftlich und gesellschaftlich mit der Côte d'Ivoire verbunden.[183] Mehrere Millionen Burkiner leben als Arbeitsmigranten im Nachbarland, insbesondere als Arbeiter auf den Kakaoplantagen. Die Hauptverkehrswege verlaufen an die ivorische Küste. Entsprechend stark hat die politische Spaltung der Côte d'Ivoire durch den Bürgerkrieg Burkina Faso betroffen. Während Staatspräsident Compaoré im ivorischen Konflikt als Unterstützer der Aufständischen aus den Norden, den *Forces Nouvelles*, gilt, ist Hermann Yaméogo mit seiner Partei UNDD kontinuierlich und nachdrücklich für eine engere Zusammenarbeit mit dem ivorischen Staatspräsidenten Laurent Gbagbo eingetreten.[184] Die UNIR/MS wiederum gilt als hartnäckigster parteipolitischer Vertreter für die Wiederaufnahme der Ermittlun-

---

182 Interviews mit Joseph Ki-Zerbo, Ouagadougou, April 2006, sowie Ali Lankoandé und anderen PDP/PS-Vorstandsmitgliedern, Ouagadougou, Oktober 2006; PDP/PS 2005a

183 Die Verbindung geht bereits auf die Kolonialzeit zurück, in der die erste administrative und wirtschaftliche Anlaufstelle für das Hinterlandgebiet Obervolta das französische Kolonialzentrum Abidjan war. Von 1932 bis 1947 war das Territorium des heutigen Burkina Faso auf die benachbarten Verwaltungseinheiten von Französisch Westafrika aufgeteilt. Der größte Teil wurde der Elfenbeinküste zugeschlagen.

184 Umgekehrt gilt Gbagbo als Förderer Yaméogos, wie beispielsweise in einem Interview mit dem Nachrichtensender AFRICA24 besonders deutlich zum Ausdruck kam (AFRICA24, „INTERVIEW – Hermann YAMEOGO – Burkina Faso", 28. Mai 2009, http://www.daily motion.com/video/x9f2y4_interview-hermann-yameogo-burkina-f_news, zuletzt aufgerufen am 15.02.2011). In der postelektoralen Krise, die Ende 2010 begonnen hat, brachte die UNDD viel Verständnis für die Haltung Laurent Gbagbos auf und fand nur zögerlich zu einer leicht kritischeren Haltung (UNDD 2010; Silga 2011). Die Internetseite der Partei (www.undd.org) ist stets voll mit ivorischen Themen.

gen im Mordfall Norbert Zongo. Das politisch erstaunlich langlebige Ereignis eines ungeklärten Mordes an einem investigativen Journalisten, in den mutmaßlich der Bruder des Staatspräsidenten verwickelt gewesen sein soll (siehe Abschnitt 3.3.3), wird von der sankaristischen Partei erfolgreich mit der Erinnerung an die ungeklärte Verantwortung von Staatspräsident Compaoré für die Ermordung seines Vorgängers Thomas Sankara verknüpft. Freilich ist die inhaltliche Position, die mit der Wiederaufnahme des Verfahrens verbunden werden könnte, eher schwach. Hier wird vor allem gründliches Misstrauen gegenüber dem aktuellen Präsidenten demonstriert und allenfalls in zweiter Linie Sorge um die Pressefreiheit und rechtsstaatliche Verfahren laut. Mit dem Schlagwort des Sankarismus wird vornehmlich an die Popularität des linkspopulistischen Militärdiktators angeknüpft. Der selbsternannte Revolutionär wird aber auch mit einigen inhaltlichen Positionen verbunden: Bescheidenheit, Armutsbekämpfung durch autozentrierte Entwicklung, Ausbau sozialer Fürsorge und Bekämpfung traditionell-feudalistischer Strukturen.[185]

Insgesamt werden in Burkina Faso auch aktuelle politische Themen stärker inhaltlich von den Parteien aufgegriffen als dies in Benin geschieht. Zumindest bei großen gesellschaftlichen Themen formulieren die Parteien mehr oder weniger präzise Problemlösungsvorschläge. Ein Beispiel ist die Eskalation der Lebensmittelpreiskrise in den Jahren 2007/2008. Das Thema massiv steigender Nahrungsmittel- und Brennstoffpreise schwelte schon seit Jahren, doch nach massiven Demonstrationen im Jahr 2007 begannen die politischen Parteien mit der Veröffentlichung eigener Positionen, wie der Krise am besten begegnet werden sollte. Das Regierungslager – zum Handeln gezwungen – setzte auf die Suspendierung von Importzöllen, Haushaltsdisziplin und langfristige Investitionen in die Infrastruktur (Sawadogo 2008; Bama 2008; Coulibaly 2008; ADF/RDA 2008). Die Oppositionsparteien forderten hingegen signifikante Lohnsteigerungen und permanente Steuererleichterungen für die Verbraucher (Groupe du 14 février 2008). Die UNIR/MS trat zusätzlich für direkte staatliche Preisregulierung und weitgehende Markteingriffe ein (Roamba 2008). UNDD und PDP/PS forderten eine gezielte Verstärkung der Korruptionsbekämpfung beim Zoll (Lankoandé 2008; Roamba 2008).

---

185 Neben der UNIR/MS berufen sich noch weitere Parteien auf den Sankarismus. Keine von ihnen befand sich 2006 unter den relevanten Kräften. Im Unterschied zur UNIR/MS werden die kleineren sankaristischen Parteien von Personen geführt, die unmittelbar mit Präsident Sankara zusammengearbeitet haben, also einer älteren Generation angehören. Auch Soumane Touré und Philippe Ouédraogo haben unter Sankara offzielle Ämter ausgefüllt. Ihre Partei PAI beruft sich jedoch auf ihre viel ältere Tradition und kommunistische Prinzipien, nicht auf den Sankarismus. Der vielleicht prominenteste afrikanische Verfechter autozentrierter Entwicklung, Joseph Ki-Zerbo, musste die Herrschaftszeit des Revolutionsregimes hingegen im Exil verbringen. Die inhaltlichen Übereinstimmungen konnten den eher unbescheidenen Herrschaftsanspruch von Thomas Sankara nicht überbrücken.

Kurz zusammengefasst können maximal drei Parteien mit *single issues* beziehungsweise prägenden Ad hoc-Positionen eindeutig in Verbindung gebracht werden. Es handelt sich ausnahmslos um burkinische Parteien: PDP/PS (autozentrierte Entwicklung), UNDD (außenpolitische Haltung gegenüber der Côte d'Ivoire) und UNIR/MS (bürgerliche Freiheitsrechte). Die positive Ausprägung dieses Teilmerkmals wird im Vergleichskapitel als Zusatzinformation zur oben vorgenommenen Gruppeneinteilung ergänzt. Sie verstärkt das programmatische Merkmal im Parteiprofil.

4.2.3   Spitzenpersonal

Neben der Entstehungsgeschichte und den inhaltlichen Positionen können insbesondere Personen eine Partei repräsentieren. Dabei hat die Parteienforschung zur Area Westeuropa gezeigt, dass sich Persönlichkeiten und Inhalte keineswegs gegenseitig ausschließen, sondern eher die Wahrnehmung der Persönlichkeit mit der Wahrnehmung der Partei konkurriert (siehe Brettschneider 2002). Hinsichtlich afrikanischer Parteien dominiert jedoch die Auffassung, dass Parteiführer als politische „Big Men" (Price 1974; Médard 1992) keine Transporteure von Inhalten sind und zugleich versuchen den Parteiapparat schwach zu halten. Organisationstheoretische Ansätze zur Institutionalisierung sehen politische Parteien typischerweise in einem so starken Abhängigkeitsverhältnis zu ihrem „Big Man", dass diesen Parteien kaum zugetraut wird einen Generationswechsel an der Parteispitze zu überleben (siehe Abschnitt 2.4.4).

Doch welche Personen sind in der Lage aus sich nicht bloß einen Politiker, sondern einen parteipolitischen „Big Man" zu machen? Wie stark hängt der Parteierfolg von bestimmten Persönlichkeiten ab? Welche Qualitäten müssen diese Personen mitbringen? Gibt es genügend Evidenz für die sozialstrukturelle Annahme, dass sich die politischen „Big Men" hauptsächlich auf ethnische oder ethno-regionale Patronagenetzwerke stützen? Welche Rolle spielt die Homogenität der gesamten Führungsriege?

Letztlich lassen sich die möglichen Einflussfaktoren der Persönlichkeit auf zwei Dimensionen begrenzen. Einerseits kann dem Führungspersonal Kompetenz durch Erfahrung beigemessen werden. Langjährige Tätigkeit in der Politik, gegebenenfalls verbunden mit politischer Verantwortungsübernahme in der Exekutive, kann daher einen Einfluss auf die Wahrnehmung und Wählbarkeit einer Führungspersönlichkeit und seiner Partei haben. Zudem dürfte die Wahlkampfkenntnis erfahrener Politiker der Partei zugutekommen (vgl. Kitschelt 2000: 870). Hier kommt es also zu einer indirekten Überschneidung mit der Organisationsdimension, da Parteialter und personelle Erfahrung zu Lerneffekten führen könne, die die Wahlchancen verbessern. Alternativ oder ergänzend kann persönliche soziale Nähe als Erfolgsgrund wirken. Die theoretische Debatte (siehe Abschnitt 2.4.1) besagt, dass die Partei attraktiv ist für Wähler mit der gleichen ethno-regionalen Zugehörigkeit wie die des Führungspersonals.

Die Qualität des Spitzenpersonals wird folglich in den beiden Dimensionen Erfahrung und Ethno-Regionalismus gemessen. Dazu werden die obersten Repräsentanten der Parteien untersucht, wobei der dominanten Führungsperson der Partei besondere Beachtung gilt. Als wesentliche persönliche Eigenschaften des Parteichefs werden seine politische Generation, seine berufliche und politische Erfahrung sowie sein ethno-regionaler Hintergrund betrachtet. In die Messung des ethno-regionalen Personalangebots werden weitere Personen der engeren Parteiführung einbezogen, um die Homogenität der Parteispitze festzustellen.[186]

Führende Identifikationspersonen

Ein Parteipolitiker wird dann zur zentralen Identifikationsfigur, wenn er im alltäglichen Diskurs als der führende Politiker seiner Partei angesehen wird. In der Mehrheit der untersuchten Fälle ist der Parteivorsitzende zugleich die zentrale Identifikationsfigur der Partei. Die zentrale Identifikationsfigur der Partei muss jedoch nicht zwingend auch Parteivorsitzender sein.[187] Letztes trifft auf sechs von 17 Parteien zu (ADF/RDA, CDP, IPD, MAP, PDP/PS und RB), die sich gleichmäßig auf beide Länder verteilen. In vier der sechs Fälle fungiert die Identifikationsperson als Ehrenvorsitzender, davon stehen zwei in enger verwandtschaftlicher Beziehung zum Parteivorsitzenden.

Im Fall der beninischen RB ist Nicéphore Soglo die zentrale Identifikationsfigur. Der Premierminister der Transitionsregierung von 1990/91 und ehemalige Staatspräsident überließ den Vorsitz der Partei, die eigens zur

---

186 Eine vollständige Erhebung der Erfahrungsdaten scheitert an deren Verfügbarkeit. Obwohl die persönlichen Eigenschaften von Spitzenpolitikern als höchst bedeutend anerkannt sind, mangelt es an systematischen Quellen hierzu. Für Burkina Faso sind einige Angaben zu Spitzenpolitikern in der internetbasierten Datenbank „La Petite Académie" (www.petiteacademie.gov.bf) zusammengefasst. Parlaments- und Regierungsseiten bieten hingegen nur spärliche Informationen zu ihren Mitgliedern. Die Parteien selbst verfügen nur in Ausnahmefällen über eigene – und vor allem gepflegte – Webseiten. Angaben zu ethnischen Zugehörigkeiten werden aus politischen Gründen ohnehin vermieden. Nachnamen gegeben begrenzte Anhaltspunkte über die ethno-regionale Zugehörigkeit. Letztlich bleibt jedoch nur die eigene Datenerhebung durch Befragung der Betroffenen oder gut informierter Personen. Alle Angaben wurden durch mindestens zwei Quellen abgesichert. Bei der Datenerhebung waren für Burkina Faso Yacouba Banhoro sowie Augustin Loada, Universität Ouagadougou, und im Falle Benins Kochikpa Olodo, IREEP, unterstützend tätig. Die Parteien selbst haben nur sehr unvollständige (und nicht immer korrekte) Daten zur Verfügung gestellt.

187 Derartige Konstruktionen beschränken sich nicht auf junge Demokratien. In Deutschland wurde beispielsweise Joschka Fischer lange Zeit als „heimlicher Vorsitzender" der Grünen gehandelt, ohne diese Parteifunktion jemals formal inne gehabt zu haben. Schwache formale Parteistrukturen, wie sie in Afrika häufig zu finden sind (siehe Abschnitt 4.1.1), erhöhen die Relevanz solcher „heimlicher Vorsitzenden" zusätzlich.

parlamentarischen Stützung seiner Präsidentschaft gegründet wurde, von Beginn an seiner Ehefrau Rosine Vieyra Soglo. Der ehemalige burkinische Premierminister und Parlamentspräsident der 1970er Jahre, Gérard Kango Ouédraogo, hat den Vorsitz der ADF/RDA aus Altersgründen seinem Sohn Gilbert Noël überlassen, nachdem Hermann Yaméogo die Partei verlassen und damit auch deren Vorsitz aufgegeben hatte. Dennoch gilt der von seinen Anhängern in Anspielung auf seine aristokratische Herkunft „Herzog von Yatenga" genannte Gérard Kango weiter als die stärkere Identifikationsfigur.

Im Fall der burkinischen PDP/PS gelang hingegen keine starke Verjüngung als Jospeh Ki-Zerbo im Jahr 2005 seinen Vorsitz an Ali Lankoandé abtrat. Lankoandé ist nicht mit Ki-Zerbo verwandt, gehörte aber seit Jahrzehnten zu seinen engsten Mitstreitern. Als solcher wurde er daher auch nach dem formalen Wechsel im Parteivorsitz wahrgenommen. Im Fall der beninischen IPD ist eher von einer gemeinschaftlichen Parteiführung durch den Vorsitzenden Théophile Nata und den älteren Ehrenvorsitzenden Moise Mensah zu sprechen. In den verbleibenden beiden Fällen rückt der formale Vorsitzende tendenziell in den Schatten des jeweiligen Präsidentschaftskandidaten der Partei. Blaise Compaoré, unumstrittene Referenzfigur der CDP, darf als amtierender Staatspräsident kein aktives Parteiamt ausüben. Seine Mitgliedschaft ruht daher. Der Parteivorsitzende, Roch Marc Christian Kaboré, ist als Nummer zwei in der burkinischen Hauptregierungspartei zu qualifizieren.

Nicht aus formalen, wohl aber aus persönlichen Gründen, gilt ähnliches für den Vorsitzenden der beninischen MAP, Olivier Capo-Chichi, der eindeutig hinter dem Präsidentschaftskandidaten Lazare Séhouèto zurückfällt. Ein möglicher Grund ist die Allianzpolitik der MAP, die bei Wahlen im Rahmen der Allianz Force Clé deutlich mehr als ihre eigene Anhängerschaft zu mobilisieren weiß. Séhouèto kann die Allianz freilich unabhängiger und integrativer führen, wenn er nicht als erster Repräsentant ihrer größten Mitgliedspartei wahrgenommen wird.

Eine zusätzliche Besonderheit bietet der Fall der burkinischen PAI, die faktisch doppelt existiert, geführt von je einem Parteichef. Insgesamt sind somit die Hintergründe von 24 führenden Identifikationspersonen zu berücksichtigen.

Alter und politische Generation

Das Alter der Führungspersönlichkeiten variiert beachtlich. Allerdings lassen sich mit dieser Maßzahl allein keine systematischen Feststellungen treffen, die dazu geeignet wären eine Gruppenbildung der Parteien vorzunehmen. Die jüngsten Parteiführer waren in der Legislaturperiode vor den Wahlen von 2007 in ihren 40ern, die ältesten bereits über 80 Jahre alt. Die Masse der Führungspolitiker bewegt sich jedoch in einem weltweit üblichen Bereich, der etwa zwischen dem 50. und 70. Lebensjahr liegt. Im Wahljahr 2007 waren die Parteiführer durchschnittlich 61 Jahre alt. In Benin ist die Varianz vor allem nach oben etwas geringer. Hier wirkt sich die 1990 erlassene Altershöchstgrenze für Präsidentschaftskandidaten aus, die die Rückkehr von älteren Politikern aus der Unabhängigkeitszeit auf die parteipolitische Bühne weitgehend verhindert hat. Zu den Abweichungen nach oben trägt indessen besonders eine burkinische Partei bei, die buchstäblich als Club alter Herren angesehen wird: die PDP/PS. Kommentatoren und Beobachter bezeichnen die PDP/PS als „Partei der Opis" („*parti des papys*").[188] Mit der Wahl Lankoandés zum Nachfolger Ki-Zerbos verstetigte sich das hohe Altersniveau zu einem Zeitpunkt, der für einen Generationenwechsel geeignet gewesen wäre. Der Vorsitzende und seine – nicht wesentlich jüngeren – engsten Vorstandskollegen weisen den Vorwurf der verpassten Verjüngung zurück, da auch Jüngere in den Parteivorstand aufgenommen worden seien.[189] Zu dieser „jungen" Generation zählt die Parteispitze auch über 50-Jährige wie den Universitätsprofessor Etienne Troaré.

Abgesehen vom Beispiel der PDP/PS sind jedoch keine weiteren „Generationenparteien" erkennbar. Gelegentlich wird der beninischen MAP ein junges Profil zugeschrieben. Dies mag allerdings mehr mit der Genese der Partei zu tun haben als mit der tatsächlichen Altersstruktur, da die MAP aus einer Studentenorganisation hervorgegangen ist. Derweil weist die Führungsriege der UPR-BJ ein vergleichbares Altersprofil auf, ohne als Generationenpartei zu gelten.

Interessanter erscheint daher die Zuordnung der Führungskräfte zu historischen Phasen. Hier können sehr viel leichter Gruppen gebildet werden. Grosso modo können drei politische Generationen unterschieden werden, für die ein bestimmtes Alter der Personen freilich teilweise eine notwendige Voraussetzung ist:

1. Unabhängigkeitsgeneration und ihre direkten Nachkommen
2. Revolutionsgeneration
3. Transitionsgeneration

Einige wenige Parteien werden in erster Linie mit Politikern der Unabhängigkeitszeit und der unmittelbaren postkolonialen Phase in Verbindung gebracht. Aus bereits genannten Gründen zählt die PDP/PS zu dieser Gruppe.

---

188 Die weite Verbreitung des Bildes der überalterten Partei spiegelt sich in zahlreichen Interviews mit Pressevertretern (z.B. Séni Dabo, Le Pays, Chefredakteur, Ouagadougou, 25.10.2006), Oppositionspolitikern anderer Parteien (z.B. Issa Tiendrébéogo, GDP, Parteivorsitzender, Ouagadougou, 17.11.2006) sowie zivilgesellschaftlichen Beobachtern auch außerhalb der Hauptstadt (z.B. Lamoussa Kandiza, MBDHP, Provinzvorsitzender Mouhoun, Dédougou, 09.11.2006) wider. Zu den Nachwahlfolgen siehe auch L'Observateur Paalga, „PDP/PS – Requiem pour le parti des papys?", Ouagadougou, 14. Dezember 2008.

189 Interview mit Ali Lankoandé, PDP/PS, Parteivorsitzender, und Vorstandskollegen, Ouagadougou, 02.11.2006

Außerdem werden die Parteien ADF/RDA und UNDD vor allem mit Politikern aus der Zeit der Unabhängig in Verbindung gebracht. Die ADF/RDA wird maßgeblich mit dem damals bereits aktiven Ehrenvorsitzenden Gérard Ouédraogo assoziiert. Der Parteivorsitzende Gilbert Ouédraogo wird in erster Linie als dessen Sohn wahrgenommen. Auch der UNDD-Vorsitzende Hermann Yaméogo wird noch immer vor allem mit seinem Vater Maurice Yaméogo, dem ersten Staatspräsidenten Obervoltas, identifiziert, obgleich dieser bereits 1966 mit einem politischen Betätigungsverbot belegt wurde und 1993 starb.

Obwohl auch Nicéphore Soglo bereits in der frühen postkolonialen Phase kurz Finanzminister war und sein Onkel Christophe Soglo als erster Generalstabschef des Landes mehrfach mittels Staatsstreich in die Politik eingegriffen hatte, zeitweise selbst als Staatschef fungierte und damit als Politiker der Unabhängigkeitszeit gesehen werden darf, ist dieser persönliche Hintergrund Soglos ab 1990 in den Hintergrund getreten. Er zählt nicht zu den großen politischen Persönlichkeiten der Unabhängigkeit und auch sein Onkel blieb immer stärker Soldat als Politiker (vgl. Reuke 1972; Decalo 1973). Somit lassen sich Nicéphore und Rosine Soglo als Identifikationsfiguren der RB am treffendsten der dritten Gruppe zuordnen, die Parteien umfasst, deren Spitzenpolitiker vor allem im Laufe oder nach der jüngsten Transition zum Mehrparteienwettbewerb politisch Karriere gemacht haben.

Zu dieser Gruppe gehören fast die Hälfte aller untersuchten Identifikationspersonen (siehe Anhang 8). Diese repräsentieren neben der bereits erwähnten RB sechs weitere Parteien aus Benin (MADEP, MAP, PRD, RPR, UDS und UPR-BJ) sowie zwei aus Burkina Faso (UNIR/MS und UPR-BF). Damit gilt, dass die Mehrheit der untersuchten Parteien Benins mit Transitionspolitikern identifiziert wird. Parteien von beninischen Unabhängigkeitspolitikern, die durchaus fortbestehen, haben bis zu den Wahlen 2007 so weit an Bedeutung verloren, dass sie nicht mehr zum Kreis der relevanten Parteien zu zählen waren.[190]

Es bleibt die Gruppe der Revolutionsaufsteiger; also derjenigen Politiker, die in den Jahren des – nach eigener Bezeichnung – revolutionären Militär- und später Einparteiregimes ihren politischen Aufstieg begonnen haben. Die längere Dauer dieser Phase in Benin (1972-90) gegenüber Burkina Faso (1984-91) hat sich nicht deutlich auf die Zahl der entsprechend verorteten Parteipersönlichkeiten übertragen. Freilich zählt das Spitzenpersonal der ehemaligen Einheitspartei ODP/MT, heute CDP, hierzu. Darüber hinaus auch die Spitzenleute der PAI, die in den 1980er Jahren als Gewerkschaftsführer, Minister und als Vorsitzender des Wirtschafts- und Sozialrates politisch aufgestiegen sind.

---

190 Die wichtigsten Beispiele sind Albert Tévoédjrès „Parti National Ensemble" (PNE) und Emile Derlin Zinsous „Union Nationale pour la Démocratie et le Progrès" (UNDP).

In Benin handelt es sich um die Vorsitzenden von PSD und FARD. Einerseits stehen beide Parteien Präsident Kérékou sehr nahe, ohne dass dieser nach 1990 einer Partei beigetreten wäre. Andererseits haben sowohl Bruno Amoussou als auch Ousmane Batoko ihre politische Karriere in Revolutionszeiten begonnen; Amoussou als Direktor der Staatsbank *Banque Commerciale du Bénin* (BCB), Batoko als Minister (siehe Adoun/ Awoudo 2008: 59; Mayrargue 1999: 38-39).

Eine etwas profilärmere Mischkonstellation ergibt sich bei der IPD. Ihr Ehrenvorsitzender Mensah begann gemeinsam mit Nicéphore Soglo seine Karriere als Minister in den 1960er Jahren als er ein Jahr lang für ländliche Entwicklung zuständig war und hiernach ebenfalls auf das internationale Parkett wechselte. Der Vorsitzende Nata zeigte sich flexibel. Unter Kérékous Revolutionsregime machte er politische Karriere im Außenministerium und stieg zum Botschafter in den USA auf. Nach der Transition wurde er zunächst Minister unter Präsident Soglo, später auch unter dem demokratisch wiedergewählten Kérékou. Auch aus der dritten Gruppe hat die IPD Spitzenpersonal anzubieten. So wurde der unternehmerische Aufstieg des Vizepräsidenten der Partei, Francis da Silva, erst nach der Transition möglich.

Berufliche und politische Erfahrung
Die beruflichen Hintergründe der Parteiführer sind vielfältig. Achtzehn von 24 Personen verfügen über eine akademische Ausbildung in unterschiedlichen Disziplinen. Neben Juristen und Wirtschaftswissenschaftlern sind auch Mediziner, Ingenieure, Natur- und Geisteswissenschaftler unter den Identifikationspersonen. Vier Personen haben keine universitäre Ausbildung, darunter der burkinische Staatspräsident Compaoré, der als putschender Armee-Offizier früh in politische Verantwortung drängte.[191]

Die politische Erfahrung erscheint mithin das bessere Teilmerkmal zur Messung des professionellen Personalprofils. Anders als im Merkmal zur Regierungsbeteiligung der Partei, stehen hier die zentralen Führungspersönlichkeiten und nicht Parteivertreter im Allgemeinen im Vordergrund. Zudem werden nicht nur Exekutivfunktionen berücksichtigt, sondern auch andere wichtige Posten auf nationaler Ebene. Da das Teilmerkmal an der Person festgemacht wird, ist es im übrigen irrelevant unter welcher parteipolitischen Flagge diese Person ein Amt ausgefüllt hat, sollte es inzwischen zu einem Parteiwechsel gekommen sein.

Für die konkrete Messung eignet sich eine vierstufige Bewertungsskala, deren erste Stufe Personen umfassen soll, die keinerlei politische Funktionen auf nationaler Ebene innehatten; freilich jenseits ihrer Funktion als Parteichef. Die zweite Kategorie soll Personen erfassen, die keine wichtige Funk-

---

191 Bei zwei Personen konnte der Ausbildungshintergrund nicht sicher festgestellt werden. Dabei handelt es sich um den UPR-BJ-Vorsitzenden Issa, der als erfolgreicher Mobilfunkunternehmer tätig ist, und den RPR-Vorsitzenden Houdé (vgl. Anhang 8).

tion, aber mindestens Parlamentserfahrung mitbringen. Personen, die in der Vergangenheit ein Ministeramt oder den Posten des Parlamentspräsidenten innehatten, sollen der dritten Stufe zugeordnet werden. Der vierten und höchsten Stufe sollen Parteiführer zugeordnet werden, die entweder Staatspräsident oder Minister und Parlamentspräsident waren.

Es zeigt sich, dass zwei Spitzenkräfte keine wichtige politische Funktion vorweisen konnten und sieben weitere nicht über parlamentarische Funktionen hinausgekommen sind. Die Mehrzahl der Identifikationsfiguren verfügt jedoch über bedeutendere politische Erfahrung. Acht Parteiführer saßen bereits am Kabinettstisch und sechs fallen sogar in die vierte Kategorie der Staatspräsidenten oder Parlamentspräsidenten mit Ministerialerfahrung.[192] Tabelle 4.16 ordnet die zugehörigen Parteien den vier Stufen zu.[193]

Tabelle 4.16: Politische Verantwortung von Parteiführern

	Stufe 1 keine Ämter oder Mandate	Stufe 2 Parlamentarier	Stufe 3 Minister oder Parlaments- präsidenten	Stufe 4 Staatspräsidenten oder hochrangige Kombination*
Benin	Fagbohoun (MADEP) Capo-Chichi (MAP)	Lafia (UDS) Issa (UPR-BJ) R. Soglo (RB)	Batoko (FARD) Mensah/Nata (IPD) Séhouèto (MAP) Houdé (RPR)	Houngbédji (PRD) Amoussou (PSD) N. Soglo (RB)
Burkina Faso		Touré (PAI) Sankara (UNIR/MS) Coulibaly (UPR-BF) Ki-Zerbo (PDP/PS)	G.N. Ouédraogo (ADF/RDA) Ouédraogo (PAI) Lankoandé (PDP/PS) Yaméogo (UNDD)	Compaoré (CDP) G.K. Ouédraogo (ADF/RDA)

* Als hochrangige Kombination kann die Parlamentspräsidentschaft plus herausgehobene Ministerämter gelten.

Quelle: eigene Zusammenstellung auf Grundlage von Anhang 8.

Ethno-regionale Zuordnung
Der ethno-regionale Hintergrund politischer Parteien ist der wohl prominenteste und meistdiskutierte unter den möglichen Bestimmungsfaktoren für

---

192 Alle Parteichefs, die bereits das Amt des Parlamentspräsidenten innehatten, waren in ihrer politischen Karriere auch Minister. Alle hatten dabei ein herausgehobenes Ministeramt.
193 In Fällen mit zwei untersuchten Spitzenrepräsentanten erfolgt die Zuordnung gemäß der höher eingruppierten Person. Die stärksten Abweichungen sind bei den beninischen Parteien MAP und RB zu beobachten, deren formelle Vorsitzende keine (Capo-Chichi, MAP) oder nur weniger bedeutende (Rosine Soglo, RB) politische Funktionen ausgeübt haben. Während diese beiden Parteien das mögliche Repräsentationsmanko durch andere Identifikationspersonen ausgleichen können, ist dies anderen Parteien (z.B. UDS oder UNIR/MS) nicht möglich.

Wahlerfolg in Afrika (siehe Abschnitt 2.4). Er kann auf zwei Wegen gemessen werden. Entweder nachfrageorientiert, also über die Zusammensetzung der Anhänger- und Wählerschaft, oder angebotsorientiert, also über die Zusammensetzung des Parteipersonals.

Die nachfrageseitige Argumentation wird dabei häufig über den regionalen Faktor operationalisiert. Es wird also angenommen, dass bestimmte ethnische Gruppen vorwiegend in bestimmten geographischen Räumen leben und dort die überdeutliche Mehrheit stellen. Kleine Wahlkreise, wie sie in der überwiegenden Zahl afrikanischer Staaten verwendet werden, und das Mehrheitswahlsystem nach britischem Modell erleichtern eine entsprechende Analyse von Wahldaten. Dies gilt insbesondere für Flächenstaaten wie Kenia und Sambia, die nicht selten als Modellfälle für ganz Afrika herangezogen wurden (vgl. Bratton/ Kimenyi 2008; Erdmann 2007c; Posner 2007; Rakner/ Svåsand 2004; Scarritt 2006; Wanjohi 2003).

Die verfügbaren Bevölkerungsdaten sind jedoch in den meisten Fällen alt und daher unzuverlässig. In vielen afrikanischen Staaten steigt zudem die geographische Vermischung der ethnischen Gruppen an. Hierzu leistet die beschleunigte Urbanisierung in Afrika einen besonderen Beitrag. Immer größere Bevölkerungsanteile konzentrieren sich angesichts der mittleren Gesamtgröße der meisten afrikanischen Staaten auf die Hauptstädte und ein bis zwei nachgeordnete Zentren. Zumindest dort kann immer weniger von der Region auf die ethnische Zugehörigkeit geschlossen werden, obgleich wachsende Urbanisierung nicht automatisch eine gelungene Integration der ethnischen Gruppen nach sich ziehen muss (Bryceson 2009), sie kann ethnische Identitäten sogar revitalisieren und stärken (Nagel/ Olzak 1982: 131-133). Allerdings erhöht sie das technische Identifizierungsproblem, da noch weniger Verlass auf die Siedlungsgebiete ist.

Mit der Verfügbarkeit von Umfragedaten kann dieses Defizit zunehmend ausgeglichen werden.[194] Jüngere Studien haben mithilfe solcher Umfragen gezeigt, dass sich eine nachfrageseitige Ethnisierung der Parteiensysteme nur in einer begrenzten Zahl afrikanischer Parteiensysteme messen lässt und dass sie zwischen einzelnen Parteien stark schwankt (Basedau/ Erdmann/ Lay/ Stroh 2011). Das Phänomen besitzt also keinesfalls Allgemeingültigkeit für Afrika. Zudem kann gezeigt werden, dass die Trennung des häufig benutzten Begriffs Ethno-Regionalismus entlang seiner Bestandteile Ethnizität und

---

194 Die landesweit repräsentativen Befragungen mit üblicherweise gut 1.000 Befragten können jedoch nicht zuverlässig herangezogen werden, um die These von Nagel und Olzak (1982) zu überprüfen, dass gerade in den durchmischten Hauptstädten ein ausgeprägter ethnisch-identitärer Wettbewerb zu beobachten ist. Die Befragtenzahl in den Hauptstädten liegt in der Regel bei einem so geringen Wert, dass Binnenmigraten nicht ausreichend repräsentiert sind. So lag in der vierten Afrobarometer-Runde die absolute Zahl der Befragten in der beninischen Hauptstadtprovinz Littoral, die einer der Nordgruppen angehörten bei 6 und die Zahl der Nicht-Mossi in der burkinischen Hauptstadtprovinz Kadiogo bei 32. Bei den GIGA-Umfragen lagen die entsprechenden Häufigkeiten bei 4 beziehungsweise 45.

Regionalismus wirkungsvoll ist. Eine entsprechende Analyse von Umfragen des GIGA im frankophonen Westafrika führt zu dem Ergebnis, dass in vielen Fällen die geographische Region die individuelle Wahlabsicht besser erklärt als die ethnische Gruppenzugehörigkeit (Basedau/ Stroh 2012).

Es verbleibt die Möglichkeit, dass die Schwäche der nachfrageseitigen Erklärung mit Angebotsfaktoren ausgeglichen werden kann. Das ethno-regionale Argument erscheint nur dann glaubwürdig, wenn die führenden Politiker der Partei die entsprechende ethno-regionale Gruppe auch tatsächlich repräsentieren. Erst bei einer weitgehend homogenen Zusammensetzung der Führungsgruppe wird die Gleichung „Stärke der ethno-regionalen Gruppe entspricht dem Wahlerfolg der ethno-regionalen Partei" theoretisch plausibel. Dieser Erklärungsansatz kann auch als makrostrukturell bezeichnet werden (Stroh 2010b: 3-7).

Bleibt man bei der breit unterstützten Prämisse, dass ethnisch-regionale Faktoren eine bedeutende Rolle im afrikanischen Parteiensystemen spielen, dann ist neben der exklusiven Repräsentation ein zweiter Weg zur Steigerung des Wahlerfolgs mit ethno-regionaler Mobilisierung theoretisch möglich. Über die tatsächlichen Entscheidungsmotive der Wahlbevölkerung in Afrika ist nicht genug bekannt, um mit Sicherheit sagen zu können, welche ethnische Repräsentationsform gewünscht ist. Das Ziel einer ethno-regionalen Interessenvertretung kann sowohl durch eine exklusive Parteiorganisation, seien sie monoethnisch oder ethnische Kongressparteien (siehe Gunther/ Diamond 2003; Erdmann 2004a; Basedau/ Stroh 2012; Elischer 2010; auch Abschnitt 2.4.6), geschehen als auch durch eine integrative Lösung.

Sollten die Wähler weniger den Ausschluss bestimmter Gruppen und eher die angemessene Repräsentation ihrer Gruppe *innerhalb* einer Partei suchen, müssten heterogen zusammengesetzte Führungsgruppen in der Lage sein eine breitere Basis anzusprechen. Sollten die Wähler exklusive Repräsentation bevorzugen, müssten homogene Führungszirkel mehr Erfolg versprechen – jedenfalls in der entsprechenden ethno-regionalen Gruppe. Es muss jedoch auch eine dritte Möglichkeit in Betracht gezogen werden, die als mikrobehavioral bezeichnet werden kann (Stroh 2010b: 6-9). Sollte sich der Wähler bei Parlamentswahlen einzig für den eigenen Wahlkreisabgeordneten interessieren, könnte ihm die Zusammensetzung der Parteiführung oder ein nationaler Repräsentationsanspruch der Partei gegenüber einer ethno-regionalen Gruppe völlig gleichgültig sein. In diesem Falle könnten Parteien mit unterschiedlichen rationalen Verhaltensstrategien erfolgreich sein. Einerseits könnte eine Konzentration auf bestimmte ethno-regionale Gebiete Effizienz versprechen, andererseits könnte auch eine Nischensuche erfolgreich sein, die darauf abstellt ein personelles Angebot an Gebiete zu richten, die von anderen Parteien vernachlässigt wurden.

Die angebotsorientierte Analyse unterscheidet zunächst zwischen der Herkunftsregion und der ethnischen Gruppe. Dies erlaubt größere Präzision bei der Beurteilung ethno-regionaler Mechanismen. Es wird jeweils der engere Vorstand der Parteien zum Erhebungszeitpunkt (zweites Halbjahr 2006) zu Rate gezogen. Die insgesamt geringe Personalfluktuation in den Führungsgremien politischer Parteien sorgt für eine hohe Konstanz dieser Zusammensetzung. Bedeutende Veränderungen werden im Anschluss an dieses Teilmerkmal diskutiert. In der Regel handelt es sich bei den bedeutenden Veränderungen um den seltenen Wechsel des Parteivorsitzenden.

Auf einer dreistufigen Skala können heterogene, teilhomogene und homogene Zusammensetzungen unterschieden werden. Geringe Abweichungen von einer vollständig homogenen Zuordnung wurden dann noch als homogen akzeptiert, wenn eine besondere Nähe der Gruppen beziehungsweise historische Zusammengehörigkeit der Regionen allgemein bekannt ist und nur ein einzelnes Mitglied des Führungspersonals abweichend zugeordnet wurde. Allerdings ist die systematische Erhebung mit Schwierigkeiten behaftet, die durch den ambivalenten Charakter ethnischer Identitätskonstruktionen entstehen. Die Feststellung ethnischer Identitäten ist mehrfach kontextgebunden, da positive Gruppeneigenschaften lediglich als interpretationsfähige Grundlage für eine Selbst- und Außenzuschreibung dienen, die noch dazu situationsabhängig variieren kann (vgl. Lemarchand 1972: 69; Kasfir 1976: 77; Nagel/ Olzak 1982: 129; Lentz 1995; Schneckener 2004).

Die regionale Zuordnung ist durch die objektive örtliche Herkunft möglich. Migration und Urbanisierung verstärken dabei den Trennungseffekt zwischen regionaler und ethnischer Zuordnung. Die gleichen Phänomene erschweren hingegen die ethnische Zuordnung von Individuen, insbesondere bei Personen, die interethnischen Familien entstammen. Zweifelsfällen mussten daher kritisch überprüft werden.

Allerdings wirken sich Zweifel an der Identitätszuschreibung nur in einem Fall kritisch auf die Messung aus. Véronique Gbèdo-Sagbo, die zum Untersuchungszeitpunkt Vizepräsidentin der beninischen FARD war und anschließend zur Parteichefin aufgestiegen ist, wird in mehreren übereinstimmenden Quellen als Fon eingeordnet. Sie ist zwar im Süden des Landes aufgewachsen, allerdings stammt nur ihr Vater von dort. Ihre Mutter stammt aus dem Norden. Ihre persönliche Bindung an den Norden ist infolgedessen stark ausgeprägt. Die Einstufung der FARD als „teilhomogen" ist unter Berücksichtigung solcher Hintergründe freilich problematisch und muss daher in „homogen" korrigiert werden.

Das Ergebnis trennt insbesondere viele beninische Parteien von allen anderen. Ausschließlich beninische Parteien zeigen homogene Zusammensetzungen des Spitzenpersonals. Dies gilt sowohl für die regionale (fünf Parteien) als auch für die ethnische Dimension (sechs). Dabei haben alle fünf

Parteien mit einer homogenen regionalen Herkunft des Führungspersonals auch einen ethnisch weitgehend homogenen Vorstand (siehe Tab. 4.17).

Tabelle 4.17: Regionale Herkunft und ethnische Zuordnung des Spitzenpersonals

	heterogen	teilhomogen	homogen
Regionale Herkunft	ADF/RDA, FARD, **IPD**, MADEP, **PDP/PS**, **UPR-BF**	**CDP**, RPR, **UNDD**, **UNIR/MS**, UPR-BJ	MAP, PRD, PSD, RB, UDS
Ethnische Zuordnung	IPD, PDP/PS, UPR-BJ, UPR-BF	ADF/RDA, **CDP**, MADEP, **UNDD**, **UNIR/MS**	FARD, **MAP**, **PRD**, **PSD**, **RB**, **UDS**

Anmerkung: Parteien, die in beiden Kategorien gleich eingeordnet wurden, sind fett gesetzt.

Quelle: eigene Zusammenstellung auf der Grundlage von Anhang 9.

Das Personalangebot von PRD, PSD, RB und UDS ist nicht nur für jede einzelne Partei ausgeprägt ethno-regional homogen. Diese Parteien vertreten außerdem wechselseitig distinkte ethno-regionale Gruppen. Das Führungspersonal der UDS stammt aus dem Norden Benins und rekrutiert sich weitgehend aus der ethnischen Gruppe der Bariba aus dem Norden Benins. Die PRD von Adrien Houngbédji rekrutiert ihr Spitzenpersonal ausschließlich aus dem Südosten Benins, insbesondere aus der politischen Hauptstadt Porto-Novo, und weitgehend unter den in der Region historisch dominanten Goun. Das Führungspersonal der PSD um Bruno Amoussou stammt aus der südwestlichen Region Mono-Couffo und rekrutiert sich unter den dort dominanten Adja und den ihnen nahe stehenden Mina. Das südliche Zentrum des Landes markiert wiederum die geographische und ethnische Herkunft der RB-Führung. Die Parteispitze rekrutiert sich ausschließlich aus den benachbarten Departements Zou und Atlantique. Alle Führungspersonen sind Fon. Ein wichtiger Teil des beninischen Parteiensystems gestaltet sich somit angebotsseitig ethno-regional.

Die ebenfalls sehr homogene MAP durchbricht jedoch die theoretische Vorstellung distinkter ethno-regionaler Repräsentation. Diese Partei offeriert den Wählern ein der RB sehr ähnliches ethno-regionales Profil. Auch sie wird maßgeblich von Fon geführt, die aus dem südlichen Zentrum des Landes stammen, steht also in direkter ethno-regionaler Konkurrenz zur RB. Ähnliches gilt für das Verhältnis der ethnisch homogenen, aber regional heterogenen FARD zur UDS. Auch die FARD wird maßgeblich von Bariba mit einer Anbindung an den Norden geführt. Beide Überlagerungen zeigen also bereits, dass es in Benin keine konkurrenzlose ethno-regionale Repräsentation gibt.

Unbenommen der pluralistischen Wettbewerbssituation in einigen Wahlkreisen, ist die Neigung zur Bildung von Hochburgen durch lokal verwurzeltes Personal und konzentrierte Ressourcenverwendung ein Kennzeichen von ethno-regionalen Parteien (siehe Kap. 4.3.5). Die geographische und demographische Größe der Hochburg kann dabei deutlich variieren. Entscheidend bleiben aber das Konzentrationsbestreben und die ethno-regionale Kohärenz des Hochburgenraums. Viele kleine Hochburgen in unterschiedlichen Landesteilen könnten freilich nicht als starker Ethno-Regionalismus gewertet werden (Stroh 2010b).

Im Übrigen können zwei Drittel der untersuchten Parteien in jeweils etwa gleichgroßer Anzahl den Kategorien „teilhomogen" oder „heterogen" zugerechnet werden. In diesen Kategorien sind beninische und burkinische Parteien gemischt. Die heterogensten Parteien, also diejenigen, die über eine sowohl regional als auch ethnisch heterogene Parteiführung verfügen, sind die beninische IPD sowie Burkinas PDP/PS und UPR. Als einheitlich „teilhomogen" können die burkinischen Parteien CDP, UNDD und UNIR/MS bezeichnet werden. Die ethnische Teilhomogenität der burkinischen Parteien ist jedoch wenig überraschend, da sie in allen Fällen auf einer Repräsentation von Mossi beruht, die in etwa dem Bevölkerungsanteil dieser Gruppe entspricht. Die Mossi stellen hier eine Mehrheit die üblicherweise mit etwas über der Hälfte der Bevölkerung angegeben wird. Heterogene Parteiführungen ganz ohne Mossi-Beteiligung, die als ethnische Oppositionsallianz gegen die Mehrheitsgruppe verstanden werden könnten, gibt es im Kreis der relevanten Parteien ebenfalls nicht.

Die in beiden Aspekten heterogenen Parteien IPD, PDP/PS und UPR-BF lassen auch bei näherer Betrachtung kein ethno-regional exklusives Muster erkennen. Alle drei Parteien grenzen sich nicht von den im Vorstand nicht repräsentierten ethnischen oder regionalen Gruppen ab. Das schließt ein gestreutes Hochburgenmuster freilich nicht aus, der dem mikro-behavioralen Ansatz folgt. So ist die beninische IPD beispielsweise aus einer offenen Wahlallianz entstanden, die verschiedene kleinere Hochburgen vereint hat. Die Führungsspitze der Partei deckt Gebiete im Nordwesten, Nordosten, Südwesten und Südosten ab, ohne dabei das nicht vertretene Zentrum des Landes bewusst zu vernachlässigen. So ist Vizepräsident Francis da Silva beispielsweise nicht in seiner Herkunftsregion Ouémé zur Wahl 2007 angetreten, sondern im östlichen Teil des Départements Atlantique.

Zusammenfassung der Teilmerkmale
Zusammenfassend können die beiden Grunddimensionen des Personalangebots aufgenommen werden. Die Parteien lassen sich einerseits nach dem historischen und politischen Erfahrungsreichtum ihrer Identifikationspersonen eingruppieren, andererseits nach der ethno-regionalen Homogenität des Spitzenpersonals. Beide Dimensionen können in drei Stufen geteilt

werden. Dazu werden immer zwei Aspekte verknüpft. Geringe Erfahrung wird Angehörigen der politischen Posttransitionsgeneration beigemessen, deren politische Verantwortung Stufe zwei nicht überschritten hat. Als Personen mit großer Erfahrung gelten Angehörige früherer politischer Generationen, deren politische Verantwortung mindestens Stufe drei erreicht hat. Mischformen werden als ‚hybride' Erfahrung gekennzeichnet. Die angebotsseitige Ethno-Regionalisierung gilt als stark ausgeprägt, wenn das Spitzenpersonal regional oder ethnisch homogen und im jeweils anderen Aspekt mindestens teilhomogen ist. Geringe Ethno-Regionalisierung liegt vor, wenn das Führungspersonal höchstens in einem Aspekt teilhomogen, ansonsten aber heterogen strukturiert ist. Alle anderen Fälle gelten als ‚hybrid'. Aus dieser Zuteilung ergibt sich die in Tabelle 4.18 dargestellte Verteilung.

Tabelle 4.18: Erfahrung und Ethno-Regionalisierung der Parteiführung

Ethno-Regionalisierung Erfahrung	gering	hybrid	stark
groß	ADF/RDA	CDP, FARD, UNDD	PSD
hybrid	IPD, PDP/PS	RPR	MAP, PRD, RB
gering	MADEP, UPR-BJ, UPR-BF	UNIR/MS	UDS

Gruppeneinteilung: [**A**] PSD, [**B**] ADF/RDA (e), CDP (e), FARD (e), UNDD (e), MAP (g), PRD (g), RB (g), UDS (g), [**C**] IPD, PDP/PS, RPR, UNIR/MS, [**D**] MADEP, UPR-BJ, UPR-BF; Die Kennzeichnung (e) weist vorstehend auf den Erfahrungsschwerpunkt hin, (g) auf den Schwerpunkt der Gruppenhomogenität.

Quelle: eigene Darstellung

Für die Einteilung in vier Vergleichsgruppen wird davon ausgegangen, dass sich die Dimensionen gegenseitig entlasten können. Große Erfahrung und starke Ethno-Regionalisierung wird als Gruppe A geführt. Hier findet sich nur die beninische PSD wieder. Mindestens ein starker Schwerpunkt – große Erfahrung oder starke ethno-regionale Homogenität des Spitzenpersonals – führt in Gruppe B, mindestens eine Mischqualifikation führt in Gruppe C und neues Personal mit einem heterogenen Führungskreis führt in Gruppe D. Ohne eine solche Aggregierung wird die systematisch vergleichende Analyse der mittleren Fallzahl unmöglich. Allerdings müssen die Grundentscheidungen, die zur Gruppierung getroffen wurden, bei der vergleichenden Auswertung in Erinnerung bleiben. Schließlich ist nicht auszuschließen, dass die jungen Gesellschaften afrikanischer Länder weniger Wert auf langzeitige Erfahrung legen als auf generationsbezogene Repräsentation. „Junge Parteien" müssten dann eine besondere Attraktivität haben, die sich in der hier vorgenommenen Gruppierung nicht widerspiegelt. Deshalb sei nochmals daran erinnert, dass die Kennzeichnung der Gruppen mit Buchstaben erfolgt, um den nominalen Charakter vieler Kategorien zu unterstreichen. Die angedeutete Rangordnung basiert lediglich auf möglichen Plausibilitätsmodellen.

4.3 Analysedimension 3: Verhaltensmerkmale

In der dritten und letzten Analysedimension werden Merkmale zusammengefasst, die das Verhalten der Parteien und ihrer hohen Funktionäre beschreiben. Dazu gehört das Maß innerparteilicher Partizipation, die Loyalität der hohen Funktionäre zur Organisation, der Drang zur Regierungsbeteiligung, das Bündnisverhalten und die geographische Konzentration der Aktivitäten. Diese Verhaltensmerkmale lassen sich von den Parteien leicht und besonders kurzfristig verändern. Die Steuerungsmöglichkeiten sind weniger von Dritten abhängig als beispielsweise bei der materiellen Ausstattung der Parteien. Dies gilt insbesondere für die innerparteiliche Partizipation und die geographische Konzentration. Vergangene Regierungsbeteiligungen und Bündnisse hängen den Parteien länger an. Umsteuerung liegt hier jedoch ebenfalls in der kurzfristigen Entscheidungsmacht der Parteien, zumindest hinsichtlich einer Nicht-Beteiligung.

4.3.1 *Innerparteiliche Partizipation*[195]

Mehr Partizipation verspricht in erster Linie ein höheres Maß innerparteilicher Demokratie. Der Bezug zum Wahlerfolg erschließt sich indirekt. Dabei ist es aus forschungspraktischen Erwägungen heraus sinnvoll, sich in der Analyse auf die Beteiligungsmöglichkeiten im Bereich zentraler Personalentscheidungen zu konzentrieren. Die Auswahl von Kandidaten für öffentliche Ämter ist ein besonders wichtiger Bereich parteiinterner Personalentscheidungen, da es hierbei um die Erfüllung einer Kernfunktion geht, die politische Parteien von anderen Organisationen unterscheidet.[196]

Rahat und Hazan (2001: 300-303) haben zur Untersuchung der Kandidatenauswahl einen mehrstufigen analytischen Rahmen vorgeschlagen, der für die Einordnung afrikanischer Parteien in seiner Komplexität auf eine zentrale

---

195 Dieses und das nachfolgende Unterkapitel bauen teilweise auf andernorts bereits veröffentlichten Daten auf (Stroh 2010a).

196 Die Zeitschrift *Party Politics* hat 2001 eine Sonderausgabe zum Thema Kandidatenaufstellung herausgegeben und damit die Bedeutung dieser Auswahlprozesse verdeutlicht (Pennings/ Hazan 2001).

Frage reduziert werden kann: Wer wählt die Kandidaten letztlich aus? Untersuchte Parteien können auf einem Kontinuum von Inklusion bis Exklusion verortet werden. Die Gruppe derer, die über die Auswahl der Kandidaten für öffentliche Ämter verbindlich entscheiden, das sogenannte „Selektorat" (Norris 1997), kann im inklusivsten Fall die gesamte Wahlbevölkerung einschließen und sich im exklusivsten Fall auf einen Parteichef beschränken, der selbst keinen partizipativen Auswahlprozess durchlaufen hat.

Nach Rahat und Hazan (2001) reduzieren besonders inklusive Kandidatenauswahlprozesse die Kohärenz einer Partei tendenziell. Parteien werden nach dieser These in ihrer Stellung als wahlkampffähige Organisationen also eher geschwächt. Ihre Erfolgsaussichten werden geschmälert. Daraus ist abzuleiten, dass gerade jüngere Parteien in wenig institutionalisierten Systemen eher von einer zentralen Steuerung der Kandidatenaufstellung profitieren müssten. Partizipation könnte theoretisch auch ein Mittel zur Mitgliedermotivation und infolgedessen zur Wählermobilisierung sein (Heidar 2006: 311). Studien zu europäischen Ländern haben jedoch gezeigt, dass verstärkte Partizipationsangebote zwar öffentlich positiv wahrgenommen werden, aber nicht einmal zur Mitgliedermobilisierung beitragen (Hazan/ Rahat 2006: 114). Es gibt keinen plausiblen Grund, diese These nicht auch auf Gesellschaften zu übertragen, in denen die politische Informationsdichte deutlich geringer ist als in Europa. Die These, dass afrikanische Wähler vor allem nach dem unmittelbaren materiellen Vorteil streben – also nach dem Patronageangebot – verstärkt die Annahme, dass Partizipationsangebote sich nicht positiv auf die Erfolgschancen von Partei auswirken. Die „Vermarktung der Stimme" (Banégas 1998) und ebenso die Vermarktung der Parteianhängerschaft zielt nicht auf Mitbestimmungsrechte sondern auf Versorgung. Dies entspricht der reziproken Erwartungshaltung in Klientelsystemen, in denen an den „Big Man" vergebene Leistung – die Wählerstimme – durch Gegenleistungen aufgewogen wird (siehe Weingrod 1968; Bayart 1978; Médard 1992; 2007). Es werden wechselseitige Verbindlichkeiten erzeugt, statt eigene unmittelbare Mitbestimmung zu erwirken.

Eine extreme Verengung der Partizipation auf eine sehr kleine Führungsgruppe oder auf den Vorsitzenden macht die Partei zwar abhängiger von der Leistung dieser Personen, muss sich aus theoretischer Perspektive aber nicht generell auf die Erfolgsbilanz auswirken. Die Entwicklung neuer Kompetenzen und kreativer Ansätze wird durch die Kohärenz fördernde Verengung freilich nicht begünstigt (Séhouèto 1999: 65). Bei der vergleichenden Auswertung von Erfolgsmustern kann dieser möglichen Wechselwirkung nachgegangen werden.

Zur Untersuchung von Verfahren zur Kandidatenaufstellung in Europa und Nordamerika genügt in der Regel die Betrachtung der Gesetzeslage und der selbstgegebenen Verfahrensordnungen der Parteien (Scarrow et al. 2000). In der westlichen Area entscheiden mehrheitlich subnationale Parteigliederungen oder alle Parteimitglieder über die Kandidaten für öffentliche Ämter (mit) (Bille 2001: 366).

In Afrika sind gesetzliche Vorgaben zur innerparteilichen Demokratie rar. Burkina Faso regelt in seinem Parteiengesetz lediglich, dass die Arbeit der Parteien im Einklang mit ihren selbstgegebenen Regelwerken, namentlich der Satzung und der Geschäftsordnung der Partei, stehen muss (BF 2001b, Art. 19). Einschlägige Vorgaben zum Inhalt der Statuten werden nicht gemacht. Benin regelt im Parteiengesetz präziser, dass die Parteistatuten Angaben darüber enthalten müssen, welche Parteiorgane Kandidaten nach welchem Verfahren benennen dürfen (RB 2001, Art. 31, Ziffer 8). Zur Qualität der Verfahren werden keine weiteren Vorgaben gemacht.[197]

Zudem zweifeln einschlägige Studien an der Verlässlichkeit der Satzungstexte und qualifizieren innerparteiliche Entscheidungsprozesse als undurchsichtig (Bierschenk 2006: 548) oder methodisch kaum zugänglich (Séhouèto 1999: 13). Die Wirksamkeit von Satzungstexten muss schon deshalb in Frage gestellt werden, weil der allgemeine Mangel an innerparteilicher Demokratie in den Untersuchungsländern mit einem Mangel an „innerparteilicher Rechtsstaatlichkeit" (Beyme 2009: 35) einher geht. Formale interne Streitregelungsmechnismen wie Schiedskommissionen gibt es nicht oder werden nicht effektiv genutzt. Innerparteiliche Streitfälle werden daher vor – ebenfalls defizitären – ordentlichen Gerichten ausgefochten oder führen gleich zu Parteiausschlüssen, Austritten oder Abspaltungen. Die faktische Möglichkeit zur neutralen Überprüfung von Beschwerden über die Nichteinhaltung demokratischer Vorgaben aus der Organisationssatzung ist also stark eingeschränkt. Mithin ist der politische Wille der Leistungsebene einer Partei entscheidend für die Anwendung demokratischer Verfahren innerhalb der Partei. Es gilt daher herauszufinden, in wie weit die Satzungsvorgaben als Willensbekundung auch das tatsächliche Handeln der zentrale Akteure bestimmen. Dabei trifft man freilich auf ähnliche Datenerhebungsprobleme wie bei zahlreichen anderen Merkmalen politischer Parteien.

Dennoch wird der Versuch sich der Sachlage sowohl auf formaler als auch auf faktischer Ebene anzunähern als wichtig und wertvoll angesehen. Derartige Versuche sind sehr selten, obwohl plausibel angenommen werden kann, dass innerparteiliche Prozesse den Beitrag des Parteiensystems zur Demokratisierung des Landes qualitativ beeinflussen (Séhouèto 1999). Das Erkenntnisinteresse richtet sich dann freilich auf die generellen Gemeinsamkeiten der Einzelparteien, die sich auf das Parteiensystem auswirken, also auf den Vermittler zwischen Parteien und Herrschaftsform (Basedau 2007). Die Besonderheit des Merkmals besteht jedoch darin, dass es an die Einzelpartei gebunden ist und nicht aus der Interaktion von Parteien im System entsteht. Einen systemweiten Einfluss kann stattdessen nur der legale Rahmen aus-

---

197 Auch die Wahlgesetze beider Länder wurden ergebnislos auf einschlägige Bestimmung geprüft.

üben, der – wie oben ausgeführt – sowohl in seiner Ausformulierung als auch in seiner Anwendung schwach ist.

Es handelt sich mithin um ein Merkmal, für das sich eine vergleichende Analyse der Einzelparteien anbietet, und zwar gerade mit Blick auf Differenzen zwischen den Einzelfällen und deren potentiellen Auswirkungen. Die theoretische Diskussion hat gezeigt, dass die plausibelste Zusammenhangsvermutung mit dem Parteierfolg negativ ist: Je mehr innerparteiliche Partizipation, desto geringer die Wahlerfolgsaussichten. Das bleibt freilich zu prüfen.

Empirisch erfolgt der Zugang zunächst über die Regelwerke der Parteien. Eine vergleichende Auswertung aller verfügbaren Satzungen und Geschäftsordnungen zeigt ein durchaus differenziertes Bild. Auf den ersten Blick sind die innerparteilichen Bestimmungen zur Auswahl von Kandidaten für öffentliche Ämter sehr knapp gehalten. Sechs Parteien verzichten vollständig auf die formale Festlegung von Zuständigkeiten und Verfahren zur Kandidatenauswahl. Darunter sind auch zwei beninische Parteien, die mithin gegen nationales Recht verstoßen. Zwei weitere Parteien regeln entweder nur die Auswahl des Präsidentschaftskandidaten (IPD) oder der Parlamentskandidaten (PSD). Mithin folgt die Hälfte der untersuchten Parteien allenfalls informellen Regeln.

Sofern die Satzung oder Geschäftsordnung keine formale Regelung trifft, wurde das Inklusivitätsniveau aus den Aussagen des jeweils höchsten interviewten Parteifunktionärs abgeleitet. In den meisten Fällen handelte es sich hierbei um den Parteivorsitzenden oder den Generalsekretär. Darüber hinaus werden Angaben von Experten und Beobachtern herangezogen, um einerseits Einschätzungen zur Regeltreue aufnehmen zu können – also zur Frage, ob die selbstgegeben Vorschriften auch umgesetzt werden – und andererseits die Angaben zu informellen Verfahren zu kontrollieren. Eine Kategorisierung der Inklusionsniveaus auf drei Stufen vereinfacht die Auswertung. Unterschieden werden Kandidatenentscheidungen,

- die in größeren nicht-ständigen Gremien der Partei – wie dem Parteirat oder dem Parteitag – oder dezentral getroffen werden (erhöhte Inklusion);
- die abschließend vom Parteivorstand getroffen werden. In einigen Fällen handelt der Vorstand auf der Grundlage von Vorschlägen der Parteibasis, deren Berücksichtigung oder Änderung ihm jedoch frei stehen (mäßige Inklusion);
- die von Einzelpersonen und/oder in völlig intransparenten Verfahren getroffen werden (Exklusion).

Somit stehen für alle Parteien drei Kerninformationen zur Verfügung: Das Inklusivitätsniveau auf einer dreistufigen Skala, die Existenz einer Formalisierung und der Hinweis auf massiven Expertenzweifel an der Regeltreue beziehungsweise Richtigkeit von Angaben zu informellen Verfahren. Das Auswertungsergebnis ist in Tabelle 4.19 zusammengefasst.

Tabelle 4.19: Inklusivität im Rahmen der Kandidatenaufstellung

	Debatte			
	stützend		relativierend	
	Formalisierung			
Entscheidung	Ja, per Satzung	Nein, informell	Ja, per Satzung	Nein, informell
Staatspräsident				
inklusiv	ADF/RDA, IPD, MADEP, UDS, UNIR/MS, UPR-BJ*	-/-	-/-	PDP/PS, RB
moderiert	FARD	CDP, PAI*, PRD	UNDD	MAP*
exklusiv	-/-	PSD, UPR-BF*	-/-	-/-
Parlament				
inklusiv	UDS, UNIR/MS, UPR-BJ*	PDP/PS	PSD	-/-
moderiert	ADF/RDA, **FARD**, MADEP	**CDP**, IPD, **PAI***, **PRD, UPR-BF***	UNDD	MAP*, RB
exklusiv	-/-	-/-	-/-	-/-

Anmerkungen: *Debatte*: stützend = Angaben werden in einschlägigen Interviews nicht in Frage gestellt; relativierend = Angaben werden massiv angezweifelt oder gezielter Widerspruch; *Entscheidung*: inklusiv = Entscheidung im Parteirat, auf einem Parteitag oder dezentral; moderiert = letzte Entscheidung beim Vorstand; exklusiv = Entscheidung durch Einzelperson und/oder völlig informell

* keine einschlägigen oder widersprüchliche Interviewangaben, daher nur tentative Zuordnung; fett = gleiches Verfahren bei Präsidentschafts- und Parlamentskandidaten

Quelle: eigene Darstellung.

Die Verfahren zur Aufstellung des Präsidentschaftskandidaten beziehen häufiger inklusive nationale Parteigremien ein als die Verfahren zur Aufstellung von Parlamentskandidaten. Mitgliederbefragungen gibt es nicht. Dennoch ergeben sich deutliche Unterschiede. Immerhin acht Parteien haben Parteitage oder ähnliche nicht-ständige Gremien einberufen, um den Präsidentschaftskandidaten zu bestimmen. Einige Parteien haben sich in diesem Prozess zuletzt darauf geeinigt den Kandidaten einer anderen Partei zu unterstützen (ADF/RDA, IPD, UDS, UPR-BJ), im Fall der UDS sogar gegen die Ambition des eigenen Parteivorsitzenden.[198] In einem Fall kam es sogar zu

---

198 Interview mit Djibril Débourou, UDS, Abgeordneter, Cotonou, 08.09.2006.

einer – auch für europäische Parteien ungewöhnlichen – Kampfabstimmung zwischen drei Kandidaten (MADEP).

In zwei Parteien, die ihre Prozeduren nicht formalisiert haben, wurden kompetitive Wahlen von der amtierenden Parteispitze verhindert (PDP/PS, RB). Beide Parteien mussten einen Nachfolger für den langjährig unumstrittenen Parteiführer und unhinterfragten Spitzenkandidaten finden (Joseph Ki-Zerbo, Nicéphore Soglo). Anderen Parteien, die ihren Präsidentschaftskandidaten auch formal in weniger inklusiven Beschlussverfahren finden, steht die Frage der Ablösung von unumstrittenen Parteichefs noch bevor. In Hermann Yaméogos UNDD, Adrien Houngbédjis PRD und Bruno Amoussous PSD war es im Untersuchungszeitraum undenkbar, einen anderen als den Parteigründer in die wichtigste Kandidatenrolle zu bringen.

Bei der Kandidatenaufstellung spielt auch Geld eine wichtige Rolle. Laut Houngbédji sei innerparteiliche Demokratie zwar erstrebenswert, aber letztlich habe derjenige das Recht zu führen und zu entscheiden, der die Partei finanziere. Er selbst habe sich „für die Partei ruiniert".[199] Ebenso symptomatisch für die Personalisierung der Partei ist die Tatsache, dass für Parteizwecke genutzte Räumlichkeiten nicht als solche gekennzeichnet sind, sondern als Privatgebäude Houngbédjis bekannt sind. Ähnlich stark personalisierte Parteien wie die burkinische UNDD und die beninische RB tagen ebenfalls vorwiegend in Privatgebäuden der jeweiligen Parteiführer.

Die Auswahl von Parlamentskandidaten ist zwar häufiger unmittelbar an die Parteibasis rückgekoppelt als die Festlegung der Präsidentschaftskandidaten. Die Basisentscheidung wird jedoch nicht immer respektiert und häufig vom Parteivorstand „korrigiert". Ein gängiges Verfahren ist die Bestimmung der Kandidaten durch den Parteivorstand auf Vorschlag subnationaler Parteigliederungen. Vier Parteien haben ein solches Verfahren formal festgeschrieben. Sieben weitere Parteien geben es als informelles Verfahren an. Da die tatsächliche Anwendung nur in drei Fällen angezweifelt wurde, beziehen also mindestens acht Parteien ihre lokalen Parteigliederungen zumindest in die Kandidatenauswahl ein. „Korrekturen zum Wohl der Partei" durch den Parteivorstand sind jedoch in einigen Parteien gängige Praxis.[200]

In vier Fällen bekräftigen Interviews ausdrücklich die tatsächliche Berücksichtigung und intensive Auseinandersetzung mit den Kandidatenvorschlägen von subnationalen Parteiebenen. Nur bei der PSD klaffen formaler Anspruch und informelle Verfahren offenbar besonders weit auseinander. Diese beninische Partei hat als einzige in ihrer Geschäftsordnung festgelegt, dass die nationale Parteiebene von den entscheidenden Bezirksvorständen lediglich über die Kandidatenauswahl informiert werden (PSD 2000a: Art. 38

---

199 Interview mit Adrien Houngbédji, PRD, Vorsitzender, Cotonou, 18.08.2006. Angesichts des ostentativen Wohlstandes des Spitzenpolitikers eine fragwürdige Aussage.

200 Interviews mit Naboho Kanidoua, CDP, Fraktionsvorsitzender, Ouagadougou, 31.10.2006, und Georges Bada, RB, Generalsekretär, Cotonou, 07.08.2006 und 21.03.2007.

und 39). Allerdings gibt selbst der Generalsekretär der PSD im Interview an, dass sich der nationale Parteivorstand zwar an den Eingaben der Basis orientiere, letztlich aber die endgültige Entscheidung selbst verantworte.[201] Kritischere Stimmen spitzen den Sachverhalt noch weiter zu. Ihnen zufolge entscheidet Parteichef Bruno Amoussou über Parlaments- und Präsidentschaftskandidaturen völlig alleine.[202]

Das Hauptdilemma bei der systematischen Zuordnung von Inklusivitätsniveaus besteht also in der Frage, wie die Vorstände mit Vorschlägen der Basisstrukturen tatsächlich umgehen. Hier ist die Datenlage äußerst dünn. Die hier vorgenommene Zuordnung ist daher tentativ. Sie baut auf der verfügbaren Datenlage auf und ist mitunter nicht frei von subjektiven Einschätzungen. Nicht nachweisbar ist die immer wieder erhobene Behauptung, dass Listenplätze bei vielen Parteien zum Verkauf stünden.

Tabelle 4.20: Innerparteiliche Partizipation

Verfahren zur Kandidatenauswahl:	A exklusiv ◄────	B	C	────► D inklusiv
Benin	MAP* PSD RPR*	PRD RB	IPD FARD MADEP	UDS UPR-BJ*
Burkina Faso	UNDD UPR-BF*	CDP PAI*	ADF/RDA PDP/PS	UNIR/MS

Quelle: eigene Darstellung; genaue Bewertungsgrundlage in Anhang 10; * eingeschränkte Informationsgrundlage, daher tentative Zuordnung

Führt man beide Ebenen – Präsidentschafts- und Parlamentskandidaten – zusammen, bleiben nur wenige Parteien mit einigermaßen inklusiven Auswahlverfahren übrig (UDS, UNIR/MS und UPR-BJ*; Gruppe D).[203] Parteien mit Partizipationsdefiziten aber ohne einen allmächtigen Parteichef können dem oberen Mittelfeld zugeordnet werden (ADF/RDA, IPD, FARD, MADEP und PDP/PS; Gruppe C). Das untere Mittelfeld ist durch ein gewisses Partizipationsniveau gekennzeichnet, das letztlich jedoch vom Parteichef dominiert wird (CDP, PAI*, PRD und RB; Gruppe B). Noch dahinter zurück bleiben zwei Parteien mit äußerst geringem Partizipationsniveau und einem stark dominierenden Parteichef (MAP*, PSD, UNDD und UPR-BF*; Gruppe A).

---

201 Interview mit Emmanuel Golou, PSD, Generalsekretär, Cotonou, 29.08.2006.

202 Interviews mit Bernard Davo, ex-PSD, Abgeordneter, Cotonou, 22.08.2006, und Joël Atayi-Guèdègbè, politische Zivilgesellschaft, Cotonou, 30.08.2006.

203 Aufgrund einer schwachen Datenlage sind die mit * gekennzeichneten Zuordnungen als tentativ zu verstehen. Für die beninische Partei RPR liegen keine merkmalsbezogenen Angaben vor, die generelle Informationslage lässt jedoch zu, die Partei unter Vorbehalt ebenfalls tentativ den stark personalisierten Parteien ohne signifikante Beteiligungsstrukturen zuzuordnen.

Entsprechend der Zusammenhangsvermutung von Hazan und Rahat wurden die tentativ ordinal angelegten Gruppen A-D umgekehrt zum Inklusionsniveau vergeben (siehe Tab. 4.20).

4.3.2 Loyalität zur Organisation

Das Merkmal „Loyalität zur Organisation" untersucht die Beständigkeit der Machtverhältnisse, die im Loyalitätsniveau der Parteieliten ihren Ausdruck findet. Loyalität zur Organisation bedeutet nicht unbedingt völlige Unterwerfung unter eine wie auch immer gesetzte Parteilinie. Innerparteiliche Machtgruppen, die üblicherweise als Faktionen bezeichnet werden, können auch zu einem funktionalen Wettbewerb führen (Köllner/ Basedau 2006, vgl. auch Basedau/ Stroh 2008). Dies setzt ein abstrakteres Grundverständnis von der Partei als unpersönlichem Apparat voraus. Wenn das Interesse an innerparteilicher Zielfindung gering ist, sind Parteien anfälliger für individuelle Abspaltungen von führenden Politikern, die keine Möglichkeit mehr sehen gegen den Parteichef weiter aufzusteigen (vgl. Bailey 1963: 153-154). Innerparteilich bleibt Kritikern in solchen Fällen nur die *Exit-Option* (Hirschman 1970), also der Ausstieg aus der Partei, zumeist gefolgt von einem Parteiübertritt oder einer Parteineugründung. Funktionale Faktionen innerhalb einer Partei eröffnen hingegen die Möglichkeit zur *Voice-Option*, also zur Artikulation abweichender oder konkurrierender Auffassungen, ohne den Bruch mit der Organisation zu vollziehen. Faktionen werden mit Beller und Belloni (1978: 419) wie folgt definiert:

„We thus define faction as any relatively organized group that exists within the context of some other group and which (as a political faction) competes with rivals for power advantages within the larger group of which it is a part."

Folglich sind einerseits Faktionen als Ausdruck der *Voice-Option* zu untersuchen, andererseits Parteiabspaltungen als Ausdruck der *Exit-Option*. Um das Bild nicht einseitig zu verzerren, müssen zusätzlich Fusionsbemühungen beziehungsweise geglückte Fusionen berücksichtigt werden. Fusionen erhöhen die innerparteiliche Komplexität und verändern dadurch die innerparteilichen Machtverhältnisse. Ebenso wie bei Abspaltungen und Faktionalismus sind die Größenverhältnisse der Gruppen ein wichtiges Kriterium für die Bedeutung einer Fusion.

Zur Messung des Faktionalismus wurde der Analyserahmen von Köllner und Basedau (2006) herangezogen. Dieser wurde explizit zur universellen Anwendung konzipiert. Demnach können innerparteiliche Faktionen nach den drei Dimensionen Fragmentierung, Institutionalisierung und Polarisierung untersucht werden. Hinsichtlich der Fragmentierung sind die Anzahl der Faktionen und deren Größenverhältnis festzustellen. Die Institutionalisierung kann über den Faktionstyp (Strömungen, personalisierte Faktionen, institutionalisierte Faktionen) und deren vorwiegende Hauptfunktion (distributiv, artikulativ, repräsentativ) erfasst werden.

Fusionen mit anderen Parteien kommen entweder gar nicht vor, führen nur zur Angliederung deutlich kleinerer Parteien (marginale Fusion), bewirken eine bedeutende Erweiterung um neue mächtige Akteure (laminale[204] Fusion) oder lassen eine gänzlich neue Partei entstehen. Eine reine Namensänderung im Zusammenhang mit einer Fusion sollte nicht als hinreichender Beleg für eine Neugründung angesehen werden.[205]

Die Erfassung von Fusionen ist ein wichtiges Korrektiv zum Auseinanderbrechen von Parteien. Freilich spiegeln weder große Fusionen, noch bedeutende Abspaltungen organisatorische Ruhe wider. Kleinere (marginale) Abspaltungen müssen jedoch gegen größere Fusionen abgewogen werden können. Abspaltungen sind mithin nicht nur nach ihrem Ausmaß, sondern auch nach ihrer Bedeutung zu beurteilen. Abspaltungen können marginal bleiben oder ebenfalls laminal werden, wenn sich besonders große oder symmetrische Faktionen abtrennen. Abspaltungen können aber auch dann laminal werden, wenn es einzelnen charismatischen Führungspersönlichkeiten einer Partei gelingt, ausreichend Gefolgschaft für einen Neubeginn zu mobilisieren. Der Einzelfall muss somit in seiner Entstehungsgeschichte verfolgt werden, um schließlich zu den in Tabelle 4.21 wiedergegebenen Kategorien zu gelangen.

Ein Beispiel für einen relativ funktionalen Faktionalismus ist die burkinische Präsidentenpartei CDP. Personalistische Faktionen um Roch Kaboré (Parteivorsitzender), Salif Diallo (Stellvertreter), François Compaoré (Bruder des Staatspräsidenten) und Simon Compaoré (Bürgermeister von Ouagadougou) bilden eine Konfliktlinie und verbinden sich ansatzweise mit ideologischen Grundausrichtungen (Kaboré tendenziell wirtschaftsliberal, Diallo tendenziell sozialistisch). Alle vier Hauptfaktionsführer entstammen der CDP-Vorgängerpartei ODP/MT. Diese fusionierte 1996 mit mehreren kleineren Parteien, von denen vor allem eine Faktion der einst zweistärksten Partei CNPP/PSD erhalten geblieben ist (Zangré 2008; Nama 2007). Die Regierungsmacht hält die Protagonisten zusammen und sorgt dafür, dass sie sich einigermaßen funktional verhalten und gleichmäßig mit wichtigen

---

204 Es wird vorgeschlagen den Begriff „laminal" als Gegensatz zu „marginal" aus der Botanik zu entlehnen. In Analogie zur Beschreibung von Pflanzen wären marginale Fusionen demnach randständig und „laminale Fusionen" beträfen die zentrale „Fläche", also die grundsätzliche Beschaffenheit der Partei.

205 Die Grenze zwischen laminalen Fusionen und Neugründungen ist im Falle einer Namensänderung freilich fließend. Hier ist deshalb der erkennbare Fortbestand einer Kerngruppe im Machtzentrum der formal neuen Partei zu berücksichtigen, der in der Außenwirkung dazu führt, dass die Partei im Kern als Nachfolgepartei einer einzelnen Partei angesehen wird. Zur Messung hilft nur die Experteneinschätzung.

Posten versorgt sind.[206] Ginge diese Quelle redistributiver Möglichkeiten verloren, würde die Balance aus innerparteilicher Loyalität und Wahlerfolg ebenso empfindlich gestört wie im Falle eines anderweitig induzierten Wandels des zentripetalen Gruppenverhaltens. Beide Situationen wären für die Zukunft der CDP sehr kritisch.

Tabelle 4.21: Faktionen, Fusionen und Abspaltungen

	Frag-mentierung (a)	(b)	Institutionali-sierung (c)	(d)	Polari-sierung (e)	Fusionen (f)	Abspaltungen (g)	(h)	Gruppe
UDS	0					0	0		A
UNIR/MS	0					1	0		A
UPR-BJ	0					0	1		A
UNDD	0					0	1		A
MADEP	0					0	2	0	A
MAP	0					0	2	0	A
PRD	0					0	2	0	A
CDP	2	1	1	0 / 1	1	2	0		B
IPD	2	2	1	0	0	3	0		B
UPR-BF	2	2	1	0	0	0	0		B
ADF/RDA	0					3	2	1	C
PDP/PS	1	1	2	0	1	2	2	0	C
RB	3	0	1	0 / 1	1	0	3	0	C
PSD	3	1	0	0	2	0	2	1	D
FARD	2	2	0	0	2	0	3	1	D
PAI	1	2	2	0	2	0	2	2	D

(a) Anzahl (2006): geschlossen beziehungsweise keine Faktionen bekannt (0), bipolar (1), multi-polar (2), keine Duldung von Faktionen führt zur Exit-Option (3)
(b) Größenverhältnis: asymmetrisch-marginal (0), asymmetrisch-laminal (1), symmetrisch (2)
(c) Faktionstyp: Strömung (0), personalisiert (1), organisiert (2)
(d) Hauptfunktion: distributiv (0), artikulativ (1), repräsentativ (2)
(e) Polarisierung: kooperativ-integrativ (zentripetal, 0), latent labil (1), konfrontativ-destruktiv (zentrifugal, 2)
(f) Fusionen: keine (0), marginal (1), laminal (2), durch Fusion entstanden (3)
(g) Ausmaß: keine (0), als Abspaltung entstanden (1), einmalig (2), mehrmals (3)
(h) Bedeutung: immer marginal (0), mindestens einmal laminal (1), akut gespalten (2)
Gruppenbildung: A = (a=0) • (g<3) • (h=0), B = ((a>0) • (g=0)) + ((a=0) • (g>2) • (h=0)),
C = ((a=0) • (h>0)) + ((a>0) • (h=0)), D = (a>0) • (h>0)

Quelle: eigene Darstellung auf der Grundlage von unwidersprochenen Interviewangaben, Presseberichten, Jahrbüchern, Parlamentarierlisten und Gründungsdaten von Parteien.

---

206 Spätere Turbulenzen um die Stärkung eines Unterstützervereins des Präsidenten unter der Führung von dessen Bruder François Compaoré (siehe Lejeal 2008) und der Wechsel Salif Diallos von seinem zentralen Ministeramt an die Spitze der burkinischen Botschaft in Österreich (siehe Ngande 2008 oder *Jeune Afrique*, No. 2481, 27.07.-02.08.2008) bleiben hier noch unberücksichtigt.

Ein im frankophonen Afrika häufig beklagte Spielart der Illoyalität ist der Parteiwechsel einzelner Abgeordneter während der Legislaturperiode, der pointiert als *transhumance politique* oder *nomadisme politique* beschrieben wird. Ein gesetzliches Verbot des Parteiübertritts von Parlamentariern ist selten. In Benin wollte eine politische Mehrheit dem Vorbild Nigers folgen, ist aber am eigenen Verfassungsgericht gescheitert, das ein Parteiwechselverbot für unvereinbar mit dem freien Abgeordnetenmandat erklärte (Awoudo 2004). In Burkina Faso gibt es ebenfalls kein Verbot. Übertritte sind dort dennoch seltener.

Während der Parteiwechsel in anderen Ländern tatsächlich Wanderungsbewegungen zwischen mehr oder weniger etablierten Parteien meint und teilweise extreme machtpolitische Bedeutung erlangen (Mershon/ Shvetsova 2008 zu Italien und Russland; Desposato 2006 zu Brasilien; Spieß/ Pehl 2004 zu Indien und Südafrika; Laver/ Benoît 2003), handelt es sich in Benin und Burkina Faso jedoch nur in seltenen Fällen um einen Wechsel von einer bestehenden Partei in eine andere. Zumeist handelt es sich um Abspaltungen, die zur Neugründung einer Partei führen. Der scheinbare Effekt einer extremen Parteienproliferation wird in Benin zusätzlich dadurch verstärkt, dass vielfach völlig intransparente Wahlallianzen und Faktionsgemeinschaften entstehen (siehe Abschnitt 4.3.4). Nehmen die Austritte und Abspaltungen überhand – wie im Fall der beninischen RB vor den Präsidentschaftswahlen 2006 – wird nicht selten die betroffene Partei geschwächt,[207] ohne dass sich die Abtrünnigen auf Dauer als wichtige Mitspieler auf der politischen Bühne etablieren können. Im Ergebnis verlieren dann alle Beteiligten an politischer Bedeutung (Maoussi 2008).

Die Messergebnisse zum Teilmerkmal Loyalität zur Organisation ermöglichen erneut die Bildung von vier Gruppen: Parteien mit tendenziell geschlossen-stabilen innerparteilichen Machtstrukturen (A), Parteien mit einer tendenziell zentripetalen Machtdynamik (B), Parteien mit einer tendenziell zentrifugalen Machtdynamik, die im Kern aber noch stabil sind (C) und fragile Parteien mit einer stark zentrifugalen Machtdynamik (D).

Der stabilsten Gruppe konnten sieben Parteien zugeordnet werden, die sich relativ gleichmäßig auf beide Länder verteilen (MADEP, MAP, PRD, UDS, UNDD, UNIR/MS und UPR-BJ). Drei weitere Parteien weisen eine zentripetale Machtdynamik auf, da sie in der Lage waren mehrere Faktionen organisatorisch einzubinden (CDP, IPD, UPR-BF). Drei Parteien sind von internen Machtkämpfen gekennzeichnet, die zumeist über Personen vermittelt werden oder bereits zu Abspaltungen geführt haben (ADF/RDA, PDP/PS, RB). Drei Parteien muss schließlich eine stark zentrifugale Machtdynamik attestiert werden, die alle drei bereits zerrissen hat und selbst in ihren Resten fragile hält (FARD, PAI, PSD).

---

207 Die RB verlor am Ende der letzten Legislaturperiode beispielsweise ihren Fraktionsstatus, da sie nicht mehr die nötige Mindestzahl von Abgeordneten vereinen konnte.

4.3.3 Regierungsbeteiligung

Die Regierungsbeteiligung einer Partei ist im Sinne des hier verwendeten Analyserahmens ein mehrdimensionales Phänomen. Die Beteiligung am Kabinett betrifft ganz offensichtlich einen Kernbereich des Bündnis- und Koalitionsverhaltens der Parteien, das in Abschnitt 4.3.4 behandelt wird. Dort geht es um den Umgang einer Partei mit anderen Parteien. In Abschnitt 4.2.3 wurde bereits die persönliche Regierungserfahrung von Parteirepräsentanten verarbeitet. Dort stand Leitungskompetenz im Vordergrund. In diesem Abschnitt liegt der Fokus nun auf dem Zugriff auf Machtressourcen. Der exekutive Apparat afrikanischer Staaten ist zumeist einer der größten formalen Arbeitgeber, so auch in Benin und Burkina Faso. Hinzu kommen trotz verstärkter Privatisierungen zahlreiche Arbeitsplätze in staatlichen Unternehmen, die mit der Exekutive verbunden sind. So wird beispielsweise der Generaldirektor des Hafens von Cotonou vom Staatspräsidenten ernannt. Das Patronagepotential ist mithin besonders hoch, wenn die Partei möglichst lange Personal in exekutiven Schlüsselpositionen unterbringen kann. Das Merkmal der Regierungsbeteiligung wird an dieser Stelle nicht im Erfahrungs- oder Kooperationssinne verstanden, sondern als notwendige Voraussetzung für Verteilungsverhalten, das nicht unmittelbar gemessen werden kann.

Blick man wertneutral auf den afrikanischen Parteienwettbewerb, muss von der Möglichkeit ausgegangen werden, dass sich dieses Patronagepotential positiv auf den Wahlerfolg der Parteien auswirken kann. So berichtete beispielsweise der Lokalfunktionär einer kleineren, aber in den Kérékou-Jahren regierungsbeteiligten Partei, dass er dieser beigetreten sei, da ein naher Verwandter damals zum Ministerialdirektor berufen worden sei und er sich einen ähnlichen beruflichen Aufstieg erhoffte.[208]

Die Partei bietet dem Wähler einen geringeren oder größeren Zugriff auf staatliche Ressourcen an – entweder in der Form von früherer Vorteils-akkumulation oder von gegenwärtigem Regierungszugriff. Hierfür sind die Verweildauer in der Regierung, der Zeitpunkt der Beteiligung – vor allem die Frage, ob die Partei der Vorwahlregierung angehörte – und die Bedeutung der verantworteten Ressorts wichtig. Zur systematischen Messung des Merkmals wurden mithin alle Regierungsbeteiligungen der untersuchten Parteien seit der Rückkehr zum Mehrparteiensystem herangezogen. Dazu wurden alle Regierungswechsel monatsgenau erfasst, bei denen es zu einer Veränderung der parteipolitischen Zusammensetzung des Kabinetts gekommen ist. Somit kann die Anzahl der Regierungsbeteiligungen und ihre Dauer

---

208 Interview, Paouignan, 06.09.2006. Ähnliche Aussagen wurden in zahlreichen informellen Gesprächen mit Mitgliedern und Kleinfunktionären diverser Parteien im Stadtgebiet von Cotonou gemacht. Dadurch ist keinesfalls auf Repräsentativität zu schließen, jedoch wird zumindest die Relevanz des Mechanismus deutlich.

in Monaten angegeben werden. Nicht erhoben werden konnte die genaue Anzahl der Kabinettsposten. Insbesondere für die Republik Benin gibt es hier ein erhebliches Dokumentationsdefizit, das auch von lokalen Quellen nicht sachgerecht ausgeglichen werden konnte.[209]

Eine entsprechende Auswertung aller *Economist Intelligence Unit* (EIU) Country Reports über Benin und Burkina Faso von 1991 bis 2007 bildet die Datengrundlage, die im Einzelfall um weitere Quellen ergänzt wurde (Kaboré 2002: 253-272, 603-636; Konrad-Adenauer-Stiftung 2003; Mêtinhoué 2004). Den EIU-Berichten konnte auch entnommen werden, ob den Parteien Ressorts von herausragender Bedeutung oder eher unbedeutende Posten überlassen wurden.

Verweildauer in der Regierung
Die jeweils erste Regierungsbildung nach Inkrafttreten einer neuen Verfassung, die den Mehrparteienwettbewerb wiederherstellte, erfolgte in Benin im März, in Burkina Faso im Juni 1991. Da der Beobachtungszeitraum mit den Parlamentswahlen im Frühjahr 2007 (Benin im März, Burkina Faso im Mai) endet, ergeben sich zwei maximale Beteiligungsdauern von 192 Monaten für Benin (genau 16 Jahre, also vier Legislaturperioden) und 191 Monaten für Burkina Faso.

Tabelle 4.22 führt zunächst die absolute Verweildauer der Parteien in der Regierung auf, um sie dann ins Verhältnis zum Alter des Mehrparteiensystems zu setzen. Dabei wird deutlich, dass ausschließlich die burkinische CDP über den gesamten Zeitraum an der Regierung beteiligt war. In Benin kommen die beiden am längsten regierungsbeteiligten Parteien (FARD, PSD) auf nur gut 60% des Zeitraums seit der Transition. Keine andere Partei gehörte mehr als die Hälfte dieser Periode der Regierung an. Damit geht die Feststellung einher, dass die beninischen Fälle bis auf eine Ausnahme (UPR-BJ) bereits alle mindestens 45 Monate an einer oder mehreren Regierungen beteiligt waren. In Burkina Faso ist die Zahl der Parteien ohne Regierungserfahrung mit vier deutlich höher und betrifft anders als in Benin nicht nur sehr junge Parteien. Sie relativiert sich jedoch, wenn man Vorgängerparteien berücksichtigt. So war die UNDD zwar nie an der Regierung beteiligt, wohl aber die Parteien ADF/RDA und ADF, aus denen die UNDD hervorgegangen ist. Des Weiteren war die junge UPR-BF im Untersuchungszeitraum zwar noch nicht an der Regierung beteiligt, suchte aber aktiv die Nähe zu

---

209 Interviewangaben zur Parteizugehörigkeit einzelner Minister in der Vergangenheit wiesen – sofern sie überhaupt gemacht werden konnten – große Inkonsistenz auf. Es wurde daher vermieden diese zu nutzen und stattdessen entschieden maßgeblich schriftliche Quellen zu nutzen. Personelle Veränderungen konnten gut detailliert nachvollzogen werden. Häufig fehlt jedoch die entscheidende Angabe über die Parteizugehörigkeit der Kabinettsmitglieder.

Regierungskreisen und wurde dafür nach der Wahl 2007 mit einem Minister-posten belohnt.

Tabelle 4.22: Verweildauer der Parteien in der Regierung

	Gründung	Gesamtdauer (in Monaten)	Anteil am Zeitraum seit der Rück-kehr zum MPS	Anteil am Zeitraum seit der Grün-dung der Partei	Gruppe
Benin					
FARD-Alafia	10/1994	120	62,5%	80,5%	a
IPD	ca. 01/1999	59	30,7%	60,2%	b+
MADEP	12/1997	95	49,5%	85,6%	b
MAP	11/1993	45	23,4%	28,1%	c
PRD	09/1990	45	23,4%	23,4%	c
PSD	10/1990	120	62,5%	62,5%	a
RB	04/1992	48	25,0%	26,8%	c
RPR	11/1998	82	42,7%	82,0%	b
UDS	10/1990	72	37,5%	37,5%	c
UPR-BJ	12/2004	0	0,0%	0,0%	d
Burkina Faso					
ADF/RDA	05/1998	36	18,8%	33,3%	c
zuvor RDA	1946	40	20,9%	20,9%	
CDP	02/1996	135	70,7%	100,0%	a+
zuvor ODP/MT	1989	191	100,0%	100,0%	
PAI	1957	63	33,0%	33,0%	c
PDP/PS	05/1993	0	0,0%	0,0%	d
zuvor CNPP/PSD	01/1988	2	1,0%	1,0%	
UNDD	09/2003	0	0,0%	0,0%	d+
1991-98: ADF	01/1991	23	12,0%	12,0%	
UNIR/MS	11/2000	0	0,0%	0,0%	d
UPR-BF	09/2004	0	0,0%	0,0%	d

Quelle: eigene Zusammenstellung auf der Grundlage der EIU Country Reports 1991-2007 sowie Kaboré 2002 (253-272; 603-636), Konrad-Adenauer-Stiftung 2003 und Mêtinhoué 2004; MPS = Mehrparteiensystem

Die Verzerrungen, die durch das unterschiedliche Alter der Parteien entste-hen, wurden mit einer dritten Messzahl in Tabelle 4.22 berücksichtigt. Diese misst die Verweildauer in der Regierung relativ zur Existenz der Partei. Dadurch wird deutlich, dass insbesondere einzelne beninische Parteien seit ihrer Gründung vorwiegend in Regierungsverantwortung standen. In den Fällen der FARD, MADEP und RPR in über 80% der Monate ihrer Existenz. Es gab also kaum Phasen, in denen diese Parteien als Organisationen ohne Zugang zu Regierungsressourcen dastehen mussten.

Obwohl diese quantitativen Beobachtungen in den Einzelfällen erneut stark variieren und damit die Bildung trennscharfer abstrakter Kategorien erschweren, können doch grob vier Teilmerkmalsgruppen gebildet werden, die sich sehr unterschiedlich auf die beiden Untersuchungsländer verteilen. Parteien ohne Regierungsbeteiligung werden der Teilmerkmalsgruppe d zugeordnet. Parteien mit einer mäßigen Beteiligungsdauer werden der

Gruppe c zugeordnet. Unter „mäßig" wird verstanden, dass die Gesamtdauer der Regierungsbeteiligung kürzer war die Zeit, in der eine Partei nicht am Kabinettstisch saß. Gruppe b umfasst solche Parteien, die nur eine mäßige Gesamtbeteiligung vorweisen können, aber über 50% ihrer eigenen Existenzdauer in der Regierung vertreten waren. Parteien mit einer gehobenen Gesamtbeteiligung, also solche, die im Untersuchungszeitraum länger am Kabinettstisch saßen als nicht, fallen in Gruppe a.

Permanente Regierungsparteien, die immer an der Regierung beteiligt waren, setzen sich nochmals von Gruppe a ab. Dies trifft auf die burkinische CDP zu, die deshalb mit der Kennzeichnung a+ markiert wird. Eine weitere empirische Herausforderung ergibt sich aus der organisatorischen Inkonsistenz mancher Parteien. Dies gilt vor allem für die burkinische UNDD, die zwar in Gruppe d verortet wurde, deren Vorsitzender und zentrale Identifikationsfigur Hermann Yaméogo als ADF-Chef sowie als ADF/RDA-Chef sehr wohl an der Regierung beteiligt war – allerdings nicht besonders lange. Die Partei wird deshalb mit d+ markiert. Ähnliches gilt für die beninische IPD, die den Sprung über die Kriteriengrenze zwischen den Gruppen b und a schafft, wenn man die Regierungsbeteiligungen der beiden Gründerväter der Partei, Théophile Nata und Moïse Mensah, hinzurechnet, bevor diese ihre beiden eigenständigen Parteien in die IPD-Fusion führten. Die IPD wird deshalb mit b+ markiert.

Bedeutung der verantworteten Ressorts

Neben der Dauer der Regierungsbeteiligung soll auch die Bedeutung der ministerialen Verantwortungsbereiche in das Merkmal ‚Regierungsbeteiligung' einfließen. Dazu werden Schlüsselministerien von sonstigen Ressorts unterschieden. Die Neopatrimonialismus-forschung hat fünf Aufgabenbereiche identifiziert, die als Schlüsselressorts gelten können. Es handelt sich um (1) Minister mit Leitungsfunktion (Vizepräsidenten, Premierminister und im frankophonen Kontext Staatsminister[210]), (2) den Finanzminister, (3) den Außenminister, (4) den Verteidigungsminister und (5) den Innenminister (Soest 2007: 640). Eine besonders herausgehobene Stellung nimmt das Amt des Staatspräsidenten ein, der in beiden Ländern die Macht zur Leitung der Regierungsgeschäfte innehat.[211]

Empirisch lassen sich am leichtesten die acht Parteien abgrenzen, die nie einen Schlüsselminister gestellt haben. Ihre Zahl ist in Burkina Faso größer, da es dort insgesamt weniger Parteien gibt, die bereits in Regierungsverantwortung waren. Vier Parteien konnten zwar Kabinettsmitglieder stellen,

---

210 Der Titel Staatsminister (*Ministres d'Etat*) kennzeichnet Ressortchefs, die ein besonderes Vertrauen des Staatspräsidenten genießen und neben dem Premierminister eine leitende Funktion im Kabinett übernehmen. Sie dürfen daher nicht mit den nachgeordneten Staatsministern des deutschen Systems gleichgestellt werden.

211 Die Existenz eines Premierministers ändert an diesem Sachverhalt nichts (vgl. Kapitel 3).

wurden aber nie mit Schlüsselressorts bedacht (MAP, RPR, ADF/RDA, PAI). Alle anderen Parteien waren zumindest für kurze Zeit (Varianz: 11-191 Monate) mit Schlüsselministern in der Regierung vertreten. Zwei Parteien heben sich in unterschiedlichem Maße aus dieser relativ breiten Gruppe ab.

Es handelt sich zum einen um die beninische RB, die in Regierungsverantwortung von Staatspräsident Soglo gegründet wurde und zahlreiche Schlüsselministerien kontrollierte. Ihre Regierungsbeteiligung liegt jedoch mehr als zehn Jahre zurück. Da sich die nachfolgenden Staatspräsidenten Benins, Kérékou und Yayi, auf eine Koalition mehrerer Parteien stützten, ohne selbst einer bestimmten Parteiorganisation anzugehören, stellte seither keine beninische Partei mehr den Staatspräsidenten. Die Schlüsselressorts wurden unter den Koalitionsparteien aufgeteilt.

Zum anderen handelt es sich um die dominante Regierungspartei Burkina Fasos, CDP, die seit der Rückkehr zum Mehrparteiensystem den Staatspräsidenten stellt und alle Schlüsselressorts kontrolliert. Lediglich für einen begrenzten Zeitraum von 64 Monaten wurde der damalige ADF-Vorsitzende Hermann Yaméogo, heute UNDD, zum Staatsminister berufen. Ihm wurde der Geschäftsbereich Integration und afrikanische Solidarität überlassen. Die außenpolitische Kompetenz blieb jedoch in den Händen der CDP. Yaméogos Amtszeit lag bei der Wahl 2007 zudem bereits fast zehn Jahre zurück. Anderen in die CDP-Regierung eingebundenen Parteien wurden auch titularisch keine Schlüsselfunktionen zugestanden. Der ADF/RDA-Vorsitzende Gilbert Noël Ouédraogo wurde für die Unterstützung seiner Partei für Staatschef Compaoré bei den Präsidentschaftswahlen 2005 beispielsweise mit dem Verkehrsministerium kompensiert.

Tabelle 4.23: Regierungsbeteiligung und Ressortbedeutung

Ressortbedeutung		Verweildauer (siehe Tab. 4.22)			
		(d)	(c)	(b)	(a)
(a)	Staatschef		RB		CDP
(b)	Schlüsselressorts	UNDD	PRD, UDS	IPD, MADEP	FARD, PSD
(c)	Kabinett		ADF/RDA, MAP, PAI	RPR	
(d)	ohne	PDP/PS, UPR-BF, UPR-BJ, UNIR/MS			

Quelle: eigene Zusammenstellung auf der Grundlage von Anhang 11. Der gestrichelte Korridor entlang einer gedachten aufsteigenden Mitteldiagonalen verdeutlicht, welche Parteien in den beiden Messdimensionen um nicht mehr als eine Kategorie voneinander abweichen.

Um erneut vier Qualitätskategorien zu bilden, werden Parteien, die den Staatspräsidenten und Minister in Schlüsselressorts stellen konnten mit a gekennzeichnet. Parteien, die Schlüsselressorts besetzen konnten nicht aber das höchste Staatsamt, werden in die Teilmerkmalsgruppe b sortiert. Parteien, die Minister stellen konnten aber keine Schlüsselressorts erhalten haben, werden unter c gruppiert. Die Gruppe d umfasst schließlich Parteien, die noch nie an der Regierung beteiligt waren. Tabelle 4.23 führt diese Untergruppierungen mit denen des ersten Teilmerkmals der Verweildauer zusammen.

Zeitpunkt der Beteiligung
Als wichtige ergänzende Information ist auch der Zeitpunkt der Beteiligung zu beachten. Anders als in parlamentarischen Regierungssystemen kann der Wähler in den präsidentiellen Systemen Benins und Burkina Fasos bei Parlamentswahlen allenfalls indirekt auf die Regierungsbildung einwirken. Die zeitversetzte Wahl von Staatspräsident und Parlamenten macht eine Regierungsumbildung nach Parlamentswahlen nicht zwingend erforderlich. Der Staatspräsident ist in seinen Personalentscheidungen frei. Dennoch haben die Staatspräsidenten beider Länder bislang immer binnen weniger Monate mit einer Kabinettsumbildung auf den Wahlausgang reagiert und dabei üblicherweise gestärkte Parteien besonders berücksichtigt. Die Unsicherheit über die Personalentscheidungen des Präsidenten bleibt jedoch groß. Deshalb kommt es nicht zuletzt auch darauf an, wie sich die Parteien zum Staatspräsidenten positioniert haben.

Insbesondere unter zwei Gesichtspunkten könnte die Aktualität der Regierungsbeteiligung eine Rolle bei der Wahlentscheidung spielen. (1) Die Partei eines amtierenden Ministers zu wählen, kann diesen im Amt stärken und seine Verfügungsgewalt über Ressourcen möglicherweise verbessern. Der Wähler könnte hoffen von der größeren Patronagemacht zu profitieren. (2) Die Regierungsfähigkeit ist aktuell sichtbar oder noch nicht in Vergessenheit geraten. Durch eine länger zurückliegende Beteiligung könnte die Erinnerung an die exekutive Machtbeteiligung verblasst sein. Der Effekt, auf der Seite der Mächtigen stehen zu wollen, könnte zurückgehen.

Freilich wären im Einzelfall auch die Umstände des Ausscheidens aus der Regierung und andere, intervenierende Effekte zu berücksichtigen, die in Abschnitt 4.3.4 diskutiert werden.[212] Als Teilindikator zur Messung des Merkmals „Regierungsbeteiligung" bleibt die Frage nach der Aktualität der Regierungsbeteiligung dennoch sinnvoll. Sie ergänzt die vorherigen Angaben. Tabelle 4.24 fasst die Situation der Parteien vor den Parlaments-

---

212 Falls sich der Wähler an der Regierungswahrscheinlichkeit einer Partei orientiert, kann er beispielsweise nicht an der Wahl von Parteien interessiert sein, die eine Regierungsbeteiligung unter dem amtierenden Präsidenten explizit ausschließen. Treuen Unterstützern des Präsidenten könnte der Sprung in die Regierung durch ein gutes Wahlergebnis hingegen gelingen, wenn sie ausreichend gestärkt werden.

wahlen 2007 sowie 2003 (Benin) beziehungsweise 2002 (Burkina) zusammen. Die zum Zeitpunkt der Wahl an der Regierung beteiligten Parteien und diejenigen Parteien, die noch nie am Kabinettstisch saßen, grenzen sich am klarsten ab. Die vor beiden Wahlen regierungsbeteiligten Parteien werden daher in der Zusatzkategorie a, die Parteien ohne Regierungserfahrung in der Gruppe d zusammengefasst. Zwei weitere Kategorien können aus den Parteien gebildet werden, die entweder vor der Wahl 2007 (b) oder vor der vorherigen Parlamentswahl (2002/03; c) Minister stellten.

Tabelle 4.24: Regierungsparteien zum Zeitpunkt der Wahlen

	(a) vor beiden	(b) 2007	(c) 2002/03	(d) weder noch
Benin	IPD	UDS	FARD, MADEP, MAP, PSD, RPR	PRD, RB, UPR-BJ
Burkina Faso	CDP	ADF/RDA, UPR-BF		PDP/PS, UNDD, UNIR/MS

Quelle: eigene Zusammenstellung

Unterschiede zwischen den Ländern sind offensichtlich. In Benin liegt die Regierungsbeteiligung einer ganzen Reihe von Parteien erst eine relativ kurze Zeit zurück, wohingegen nur zwei kleinere Parteien (IPD, UDS) an der aktuellen Regierung zum Zeitpunkt der Wahl 2007 beteiligt waren. Hier macht sich unmittelbar die intervenierende Wirkung der unterschiedlichen Demokratisierungsniveaus bemerkbar. Während in Benin Regierungswechsel eingeübte Praxis sind, sitzt der burkinische Staatspräsident fest im Sattel. Die Messung in Benin ist mithin vornehmlich dem Machtwechsel in Cotonou im Frühjahr 2006 geschuldet. In Burkina Faso hingegen ist deutlich weniger Dynamik in der Regierungsbeteiligung. Nur eine der burkinischen Parteien musste in den vergangen zwei Legislaturperioden aus der Regierung ausscheiden (PAI) und findet sich daher in der Gruppe der kerekistischen Regierungsparteien Benins wieder. Die UPR-BF verortet sich klar im Präsidentschaftslager (*Mouvance Présidentielle*) und hat eine Regierungsbeteiligung offen angestrebt. Die Parteien UNIR/MS und PDP/PS verzichten hingegen aus grundsätzlichen Erwägungen heraus auf den Zugriff zu exekutivem Patronagepotential, so lange Blaise Compaoré diese Exekutive führt.[213]

In Benin lavierten die nicht regierungsbeteiligten Parteien nach der Wahl Boni Yayis zum Präsidenten stetig um ihre neue Rolle im Parteiensystem herum. Keine Partei wollte vor der Wahl eine Mitarbeit in der Regierung

---

213 Die PDP/PS-Vorgängerpartei CNPP/PSD war nur sehr kurz zu Beginn des Mehrparteiensystems an der Regierung beteiligt. Die PDP/PS umfasst jedoch diejenigen Teile der CNPP/PSD, die sich gegen eine Zusammenarbeit mit der damaligen Präsidentenpartei ODP/MT wendeten und nicht mit dieser zur CDP fusionieren wollten.

Yayi ausschließen. Der Wähler sollte nicht mit der Oppositionsrolle verschreckt werden. Zugleich hinterließen mehrere dieser Parteien ein schlechtes Bild durch die Tatsache, dass mehrere bekannte Politiker aus ihren Reihen ohne Abstimmung mit den Parteiorganisationen Kabinettsposten angenommen hatten.[214] Die parteiorganisatorische Zugehörigkeit von bekannten Politikern bestätigte sich in Benin einmal mehr als wenig zuverlässiger Indikator für ihr Nachwahlverhalten. Somit konnte allenfalls die oberste Führungsebene – vor allem die parteitragenden politische Unternehmer – mit dem Wahlergebnis abgestraft werden. Diese Beobachtung führt unmittelbar zum Bündnisverhalten der Parteien im nachfolgenden Abschnitt.

Zusammenfassung der Teilmerkmale

Das Merkmal der Regierungsbeteiligung als Machtressource weist in der Zusammenschau seiner Teilmerkmale eine große Varianz auf. In den meisten Fällen geht dabei eine höhere Verweildauer in der Regierung auch mit einer höheren Bedeutung der verantworteten Ressorts einher. Nur zwei Parteien konnten in einem relativ geringen Regierungsbeteiligungszeitraum verhältnismäßig hohe Posten einnehmen. Es handelt sich dabei um die vom beninischen Staatspräsidenten Soglo zur parlamentarischen Absicherung seiner Regierung gegründete RB. Nach Soglos Abwahl im Jahr 1996 war eine Regierungsbeteiligung dadurch ausgeschlossen, dass Soglo auf eine Rückkehr ins höchste Staatsamt zielte. Da dies unerreicht blieb, wurde die RB zur nationalen Daueropposition.[215] Der Vorsitzende der UNDD, Hermann Yaméogo, hat bereits als Chef der Vorgängerparteien ADF und ADF/RDA für kurze Zeit Schlüsselpositionen in zwei Kabinetten von Staatspräsident Compaoré eingenommen. Nach dem zweiten Ausstieg aus der Regierung im Juni 1997 hat sich Yaméogo stärker von Compaoré distanziert. Ihm haftet jedoch nach wie vor der Ruf an, nicht fest an der Seite der prinzipientreuen Opposition zu stehen, sondern gegebenenfalls bereit zu sein erneut in eine Regierung unter Compaoré einzutreten.[216]

---

214 Insbesondere drei Parteien waren von einem derartigen Verhalten betroffen. Abraham Zinzindohoué von der Partei RB wurde Justizminister und Regierungssprecher, Théophile Montcho, PSD, Kultur- und Sportminister und Jean-Pierre Babatundé, MADEP, nahm das Amt des Umweltministers an.

215 Soglo selbst wurde, nachdem er aus verfassungsrechtlichen Gründen nicht mehr um die Präsidentschaft kandidieren konnte, 2003 zum Bürgermeister von Cotonou gewählt. Auch dieser Exekutivposten erlaubt einen in Umfang und geographischer Wirksamkeit freilich begrenzten Zugriff auf Machtressourcen.

216 Im Interview mit dem Autor hat Yaméogo seine Eintritte in die Regierung mit Staatsraison und dem Willen von innen heraus zu gestalten begründet. Die Möglichkeit eines Wiedereintritts wurde zumindest nicht ausgeschlossen.

Tabelle 4.25: Gruppeneinteilung im Merkmal Regierungsbeteiligung

Aktualität / Qualität der Beteiligung	(a) vor beiden Wahlen	(b) vor den Wahlen 2007	(c) vor den Wahlen 2002/03	(d) weder noch
A lange Verweildauer und hohe Bedeutung	CDP			
B		IPD	FARD, MADEP, PSD	RB
C		ADF/RDA, UDS	MAP, RPR	PRD, UNDD
D keine bedeutende Beteiligung		UPR-BF		PDP/PS, UPR-BJ, UNIR/MS

Quelle: eigene Bewertung entsprechend der Tabellen 4.23 und 4.24

Neben diesen beiden Ausnahmefällen lassen sich die weiteren Parteien relativ leicht in erneut vier Qualitätsgruppen einordnen, die in Tabelle 4.23 bereits farblich angedeutet und in Tabelle 4.25 zum besseren Überblick mit den Angaben zur aktuellen Regierungsbeteiligung vor Wahlentscheidungen (Tab. 4.24) zusammengeführt werden. Die ergänzende Information aus dem letzten Teilmerkmal wird nicht in eine Gesamtbewertung integriert, um besser zwischen kurzfristigen und längerfristigen Entscheidungsgrundlagen unterscheiden zu können.[217] Demnach kann nur die CDP in Gruppe A verortet werden. In Merkmalsgruppe B folgen fünf beninische Parteien (IPD, FARD, MADEP, PSD, RB), Gruppe C ist sechs Fällen aus beiden Ländern gefüllt (ADF/RDA, UDS, MAP, RPR, PRD, UNDD) und in Gruppe D verbleiben die restlichen vier, vorwiegend burkinischen Parteien (PDP/PS, UNIR/MS, UPR-BF, UPR-BJ).

4.3.4   Bündnisverhalten

Parteien in Benin und Burkina Faso gehen Bündnisse auf drei verschiedenen Ebenen des Parteienwettbewerbs ein. Ein typischer Bündniszyklus beginnt mit elektoralen Allianzen, also Wahlbündnissen, deren Form von den gesetzlichen Rahmenbedingungen abhängig ist. Während es beispielsweise in Benin zulässig ist, dass Allianzen mehrerer Parteien gemeinsame Wahllisten aufstellen, ist diese Möglichkeit in Burkina Faso nicht gegeben. Wahlbünd-

---

217 Eine Trennung in zwei unabhängige Merkmale wäre hingegen nicht sinnvoll, da der Zeitpunkt der Regierungsbeteiligung nur als Qualifikation des Zugriffsniveaus auf die Machtressource Regierungsbeteiligung dienen kann.

nisse können aber auf verabredeter Konkurrenzvermeidung aufbauen, indem beispielsweise Wahlkreise unter den Parteien aufgeteilt werden, ohne gemeinsame Listen zu bilden. Dies wäre wiederum in Benin nicht zulässig.

An zweiter Stelle können parlamentarische Bündnisse genannt werden. Die stärkste Form eines parlamentarischen Bündnisses sind vertraglich fixierte Koalitionen zur Bildung einer Regierungsmehrheit. Die Anreize hierfür sind ebenfalls von den institutionellen Rahmenbedingungen beeinflusst. Einerseits setzen präsidentielle Regierungssysteme geringere Anreize für eine formelle Regierungskoalition als parlamentarische, da die Exekutive nicht unter der permanenten Abwahlbefugnis des Parlaments agieren muss. Die stärkeren Anreize in parlamentarischen Systemen gelten freilich nur, wenn die Mehrheitsverhältnisse im Parteiensystem es notwendig machen. Denn andererseits benötigen auch Staatspräsidenten, deren Regierungen nicht von der Legislative abhängig sind, parlamentarische Mehrheiten um effektiv regieren zu können.

Die dritte Bündnisebene ist die gouvernementale. Logisch kohärent wäre eine Übereinstimmung der parlamentarischen und gouvernementalen Bündnisse. Jedoch verwenden auch parlamentarische Regierungssysteme in etablierten Demokratien das Modell der parlamentarischen Duldung, in dem parlamentarische Unterstützung nicht von einer Regierungsbeteiligung abhängig gemacht wird. Regierungen in präsidentiellen Regierungssystemen kennen zudem die Besonderheit, dass sie gelegentlich Oppositionspolitiker einbeziehen. Wenn dies auf rein individueller Ebene erfolgt – wie in den Beispielen der USA und Frankreichs[218] – wäre freilich nicht von einem Parteienbündnis zu sprechen. Zumal Anwerbungen aus der Opposition insbesondere in einem klientelistischen Umfeld auch gezielt zur Schwächung von Oppositionsparteien eingesetzt werden. Es muss also im Einzelfall entschieden werden, ob die Bestellung eines bestimmten Parteiangehörigen in die Regierung tatsächlich mit einem gouvernementalen Bündnis einhergeht.

Die Darstellung als drei aufeinanderfolgende Bündnisstadien in einem politischen Zyklus ist freilich idealtypisch zu verstehen. Ungleiche Wahlperioden von Präsident und Parlament können Bündnisse in abweichender Folge verändern. Das zyklische Modell bleibt aber insofern sinnvoll als es verdeutlicht, dass frühere Bündnisse mit späteren Bündnissen (auf anderen Ebenen) korrespondieren. Zwei zentrale Überlegungen können einen plausiblen Zusammenhang mit dem Wahlerfolg einer Partei herstellen:

- Einerseits könnten Parteien bei Parlamentswahlen von einer geschickten Regierungsbündnispolitik profitieren; insbesondere wenn die Wahler-

---

218 Beispielsweise US-Verteidigungsminister William Cohen, der als Republikaner dem demokratischen Präsidenten Bill Clinton diente, oder Bernard Kouchner, der als Mitglied der Sozialistischen Partei unter dem konservativen französischen Staatspräsidenten Nicolas Sarkozy Außenminister wurde.

mine nicht zusammenfallen. Diese Argumentation würde der These entspringen, dass afrikanische Parteien insbesondere den Zugang zu staatlichen Ressourcen anstreben, um diese Ressourcen in eigene Patronagenetze zu leiten, die wiederum den nächsten Wahlerfolg abstützen sollen (van de Walle 2007). Dieser Zusammenhang wird jedoch bereits vom Merkmal Regierungsbeteiligung abgebildet.

• Es bleibt mithin eine zweite Zusammenhangsvermutung, die auf die Kohärenz und Glaubwürdigkeit der Parteien abstellt. Diese lautet, dass Parteien ihre Erfolgsaussichten steigern, wenn ihr Bündnisverhalten stets einer kohärenten Logik folgt, sie also klare Bündniskonstellationen auf allen Ebenen beibehalten. Beliebigkeit könnte den Wähler verärgern, da er – zumindest bei Parlaments- und Regierungsbündnissen – mit der großen Unsicherheit konfrontiert ist, welches Ergebnis er durch seine Wahl erhält. Verantwortlichkeiten können kaum noch zugeordnet werden oder mit Sartoris Worten: „[G]overnmental instability and shifting or quarrelsome coalitions obscure the very perception of who is responsible for what" (Sartori 2005 [1976]: 123). Dies gilt umso mehr für die a priori Situation bei der Wahlentscheidung.

Das Bündnisverhalten ist unterdessen von wechselseitiger Abhängigkeit geprägt. Eine Partei kann ihr Kooperationsverhalten nicht alleine bestimmen. Sie ist von der Kooperationsbereitschaft ihres Partners abhängig. Allianzen sind mithin immer auch ein Kennzeichen des Parteiensystems. Das Bündnisverhalten wird daher regelmäßig zur Beschreibung der Polarisierung des Parteiensystems herangezogen (siehe Basedau/ Stroh 2011). In diesem Zusammenhang hat Sartori insbesondere die Rolle von selbstgewählter und fremdbestimmter Exklusion thematisiert. Selbstgewählte Exklusion von Bündnissen entspräche in Sartoris Terminologie einer Anti-System- oder Protest-Partei. Unter Berücksichtigung der programmatischen Analyse in Abschnitt 4.2.2 gelangt man jedoch zu der Feststellung, dass Anti-System-Parteien im relevanten Parteienspektrum der ausgewählten Länder nicht zu finden sind. Protest-Verhalten richtet sich in erster Regel gegen die machthabenden Personen und wird allenfalls mit nachhaltigen *single issues* verbunden. Selbstgewählte Exklusion bezieht sich nach dieser Lesart also auf die mangelnde Kooperationsbereitschaft bestimmter Personen oder Personengruppen aufgrund persönlicher Konkurrenz oder aufgrund von politischer Konfrontation, die in den Untersuchungsfällen mit früherer Exklusion und Repression verknüpft ist.

Damit ist bereits die Form der fremdbestimmten Exklusion angesprochen. In Situationen in denen die Macht sehr klar in den Händen einer stark majoritären Partei oder Parteiengruppe konzentriert ist und Regierungswechsel sehr unwahrscheinlich sind, ist der regierende Block nicht auf Kooperation angewiesen und kann politische Gegner seinerseits von Kooperation ausschließen. Nach Sartori kann eine solche Situation dazu führen, dass die Opposition „unverantwortlich" („irresponsible", Sartori 2005 [1976]: 122-123) handelt und unrealistische Versprechungen macht. Der theoretische Effekt solcher übertriebener Versprechungen ist freilich ambivalent. So kann einerseits angenommen werden, dass das unverantwortliche Auftreten der Opposition deren Glaubwürdigkeit weiter herabsetzt und ihre Erfolgschancen eher mindert. Andererseits könnten übertriebene Versprechungen auch zu mehr Erfolg führen, da sich mit ihnen möglicherweise weniger informierte Wählerschichten mobilisieren lassen. Gerade Gesellschaften mit geringem Bildungsniveau und geringer Informationsdichte legen diese Form des Populismus nahe. Sartoris Konstrukt geht jedoch davon aus, dass die Regierungsparteien entsprechend mehr verantwortlich handeln. Das wäre zunächst noch nachzuweisen. Die wenigen bisherigen Studien, die Wahlkämpfe in Afrika (Adejumobi 2000) und insbesondere in Benin (Wantchékon 2003) oder Burkina Faso (Loada 2006; Stroh 2011) behandeln, lassen eher vermuten, dass auch Regierungsparteien mit unverantwortlichen Versprechungen operieren.

Es bleibt letztlich nur eine plausibel relevante Dimension des Bündnisverhaltens afrikanischer Parteien übrig: diejenige des kohärenten und glaubwürdigen Verhaltens. Das entspricht auch dem aus Interviews zu entnehmenden Anfangsverdacht, dass unstetes Kooperationsverhalten schade. Beobachter werfen beispielweise den Parteichefs Houngbédji (PRD) und Yaméogo (UNDD) ein unklares Verhältnis zur Machtoption vor.[219] Beide agieren seit der Rückkehr zum Mehrparteiensystem parteipolitisch, beide waren der Repression des Vorgängerregimes ausgesetzt, beide haben sich nach 1990 an Regierungen des vormaligen Militärdiktators beteiligt und beide sind mit lauter Kritik aus diesen Bündnissen wieder ausgestiegen. Die UNDD konnte unter dem Eindruck völliger Wettbewerbsapathie ihres Vorsitzenden 2007 keine Parlamentssitze mehr gewinnen. Die PRD hat sich nach der Wahl Yayis zum Staatspräsidenten und vor der Wahl 2007 erneut den kerekistischen Parteien angenähert, ihre Stärke im Parlament fast halten können, und hat nach der Wahl mit den Kérékou-Unterstützern und sogar der Partei Soglos die Oppositionsbündnisse G4 und *Union fait la Nation* (UN) gebildet.[220]

Zur empirischen Überprüfung werden die Bündniskonstellationen der Untersuchungsfälle seit der Wiedereinführung von Mehrparteienwahlen nachfolgend auf allen drei Bündnisebenen nachvollzogen. Dies kann freilich

---

219 Interviews mit politischen Journalisten in Cotonou, August 2006, und Ouagadougou, Oktober 2006.
220 Die Auswirkungen des Bündnisses auf die Parlamentswahlen 2011 standen bei der Fertigstellung dieses Textes noch aus. Die Präsidentschaftswahlen im März 2011 hat das Bündnis UN mit dem Kandidaten Houngbédji verloren.

nur nach Ländern getrennt erfolgen, um die unterschiedlichen rechtlichen Vorgaben mit zu berücksichtigen.

Elektorale und parlamentarische Bündnisse

Formale Wahlbündnisse mit gemeinsamen Listen sind in Benin zulässig, in Burkina Faso hingegen nicht gestattet. Zugleich verlangt das beninische Wahlgesetz, dass alle Gruppierungen, die am Wahlwettbewerb teilnehmen wollen, in sämtlichen Wahlkreisen Kandidaten aufstellen, während selektive Wahlkreiskandidaturen in Burkina Faso zulässig sind. De facto treten in beiden Ländern nur sehr wenige Parteien in allen Wahlkreisen an. Die beschriebenen Regelkombinationen machen dies möglich. In Benin werden Wahlbündnisse häufig so geschmiedet, dass sich die regionalen Hochburgen der einzelnen Parteien im Bündnis gegenseitig ergänzen. Auf den Wahllisten wird jedoch nicht angegeben, welcher Partei die Kandidaten angehören. Sie treten alle unter der Bezeichnung der gemeinsamen Liste an und sind nach übereinstimmenden Interviewaussagen in großer Zahl keine „Parteisoldaten", die langfristig in der Partei aktiv waren. Beide Faktoren erschweren die Analyse der wahltaktischen territorialen Konzentration beninischer Parteien. In Burkina Faso ist territorial selektives Engagement transparenter, da eine Partei frei entscheiden kann, wo sie antritt und wo nicht. Die Frage der elektoralen Verfügbarkeit wird daher als eigenes Verhaltensmerkmal ausgekoppelt und anschließend separat behandelt.

Bleiben wir zunächst bei der Verhaltenskohärenz der Parteien. Es bietet sich aufgrund der institutionellen Rahmenbedingungen an, die elektoralen und parlamentarischen Bündnisse zusammen zu betrachten. Zur Messung werden also sowohl formale Wahlbündnisse als auch formale Fraktionsgemeinschaften herangezogen. Formale Wahlbündnisse werden von Parteien geschlossen, um gemeinsame Wahllisten aufzustellen, dies ist in Burkina Faso verboten. Fraktionsgemeinschaften, also offizielle parlamentarische Gruppen, die sich aus mehreren Parteien zusammensetzen, sind hingegen in beiden Ländern zulässig. Freilich können damit nur begrenzte Aussagen über die Qualität der Kooperation getroffen werden, da zwischen losen Zweckbündnissen und festen Interessengemeinschaften nicht systematisch unterschieden werden kann, ohne eine Tiefenanalyse des Kooperationsverhaltens vorzunehmen. Eine solche Analyse müsste beispielsweise gemeinsame Initiativen oder Abstimmungsverhalten mit einbeziehen. Somit muss näherungsweise angenommen werden, dass sich über Zeit wiederholende Kooperationen auf ein kontinuierliches gemeinsames Interesse hinweisen. Auf der Grundlage von Interviewaussagen können qualitative Einschätzungen zum Kooperationsverhalten im Wahlbündnis und der Fraktion ergänzt werden, um sich verstetigende Zweckbündnisse von festen Interessengemeinschaften zu unterscheiden.

Abbildung 4.2 stellt das Kooperationsverhalten schematisch nach Parteien-systemen getrennt dar. Es wurden nur die Untersuchungsfälle abgebildet. Würde man die Kooperation mit anderen sehr kleinen Parteien ergänzen, würde sich das Bild jedoch nicht wesentlich verändern. In den Schaubildern werden Parteien, die seit der ersten Mehrparteienwahl nach 1990 Wahl-bündnisse und Fraktionsgemeinschaften gebildet haben, durch Linien verbunden. Führten Wahlbündnisse einmalig zu einer gemeinsamen Fraktion ist dies durch eine Doppellinie gekennzeichnet. Wiederholte Bündnisse werden durch dickere Linien gekennzeichnet. Der Unterschied zwischen den Ländern ist frappierend und weist auf eine starke intervenierende Wirkung des Parteiensystems auf das Kooperationsverhalten hin.

Für Benin zeigt das Schaubild ein unsystematisches und unstetes Bündnisverhalten praktisch aller Parteien an. Alle Parteien sind in ihrem elektoralen und parlamentarischen Bündnisverhalten sehr flexibel. MAP und FARD waren in ihrem Bündnisverhalten noch am sparsamsten. Die MAP hat sich dabei stets auf Zweckbündnisse mit anderen kleinen Parteien beschränkt. Die kleine Zahl an Bündnissen der UPR-BJ ergibt sich hingegen daraus, dass die Partei erst seit einer Legislaturperiode existiert. Erwähnenswert bleibt zuletzt die Nicht-Kooperation zwischen den territorialen Konkurrenten RB, MAP und RPR sowie zwischen UDS und FARD.[221]

Abbildung 4.2: Elektorale und parlamentarische Bündnisse

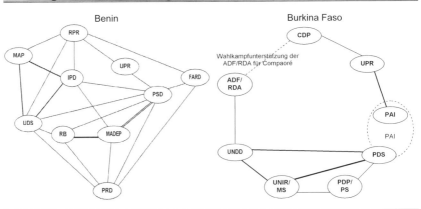

Quelle: eigene Darstellung. Die Breite der Verbindungslinien deutet die Intensität der Bündnisse an.

---

221 Mit territorialer Konkurrenz ist hier eine Situation gemeint, in der die Parteien um die gleichen geographischen Hochburgen konkurrieren.

In Burkina Faso haben sich hingegen deutliche Lager gebildet. Elektorale Bündnisse scheiden aus. Fraktionsgemeinschaften spiegeln jedoch die Positionen im polarisierten Parteiensystem wieder. Während die CDP als dominante Partei keiner Bündnisse bedarf, sammeln sich die kleineren Parteien zur Unterstützung der Regierungspolitik in der sogenannten *Mouvance Présidentielle*, die seit der dritten Legislaturperiode die Fraktion *Convention des forces républicaines* (CFR) bildet. Ihr gehören seither die Parteien UPR-BF und PAI-Touré an. Die sogenannte „radikale Opposition" hat im gleichen Zeitraum eine ähnliche Zusammenarbeit etabliert. Ihr gehören die Untersuchungsparteien UNIR/MS, der in der PDS organisierte Flügel der PAI (Ouédraogo), die UNDD und die PDP/PS an. Die Zusammenarbeit mit der PDP/PS hat sich jedoch erst nach der Wahl 2007 formalisiert, da die PDP/PS zuvor noch in der Lage war, eine eigene Parlamentsfraktion zu bilden. Erst das Abschmelzen der PDP/PS-Mandate hat zum Zusammengehen geführt. Die burkinischen Parteien versuchen mithin vorrangig eigene Fraktionen zu bilden.

Ein ähnlicher Trend gilt jedoch auch für Benin. Mehrere Beispiele zeigen, dass Wahlbündnisse sich nicht automatisch in Fraktionsgemeinschaften übersetzen. Fraktionsgemeinschaften werden vor allem aus der Notwendigkeit heraus etabliert über nicht genügend eigene Abgeordnete zu verfügen. Umgekehrt ist beispielsweise das Wahlbündnis *Union pour le Bénin du Futur* (UBF)[222] bald nach den Parlamentswahlen in drei Fraktionen zerfallen, die sich maßgeblich nach den Parteilinien der PSD, FARD und der neu entstandenen UPR gebildet haben. Die Zahl der Abgeordneten war hierfür ausreichend und bescherte der UBF drei Fraktionsvorsitzende mit entsprechender materieller Zusatzausstattung. Dass sich die Fraktionen nicht willkürlich, sondern weitgehend entlang der Parteilinien gebildet haben, zeigt jedoch die stärkere Kohäsion der Parteien im Vergleich zu ihrem Wahlbündnis. Eine Ausnahme ist die IPD, die zunächst als Wahlbündnis angetreten war und später zur Partei fusionierte.

Vor allem aber strukturieren sich die parlamentarischen Bündnisse in beiden Ländern nach der Nähe zur oder Beteiligung an der Regierung. Dieses für präsidentielle Regierungssysteme typische Verhalten (siehe Morgenstern et al. 2008; Samuels 2002; Cole 1993) wirkt sich im Vergleich der Staaten Benin und Burkina Faso stark unterschiedlich aus, da das gouvernementale Kooperationsverhalten unterschiedlich strukturiert ist. Hierbei spielt nicht nur der Wille von Parteien eine Rolle, in die Regierung einzutreten oder nicht, sondern freilich auch das Kooperationsverhalten des Staatspräsidenten.[223]

---

222 Die UBF wurde gelegentlich fälschlicherweise als Partei gehandelt (siehe Carbone 2007, Ishiyama/Quinn 2006), da im Wahlkampf 2003 die Sichtbarkeit der beteiligten Parteien hinter dem Label der Allianz verschwunden war.

223 Das Verhältnis der Parteichefs zum jeweiligen Staatspräsidenten wurde deshalb in Anhang 8 kurz skizziert.

Gouvernementale Bündnisse

Nachdem die Analyse elektoraler und parlamentarischer Bündnisse allein kaum systematische Aussagen über Einzelparteien erlaubt, soll nun das gouvernementale Bündnisverhalten ergänzt werden. Abbildung 4.3 bestätigt die bisherigen Ergebnisse weitgehend; insbesondere das sehr flexible Verhalten der beninischen Parteien.

Sieben von zehn beninische Untersuchungsfälle waren mindestens je einmal an wechselnden Regierungsallianzen mit allen anderen sechs Parteien dieser Gruppe beteiligt. Die IPD hat sogar mit allen neun anderen Parteien zusammengearbeitet, außer mit der jungen UPR. Einzig die Kooperationspartner der ersten Legislaturperiode RB und UDS haben sich an keiner weiteren Regierung beteiligt. Das Bündnis zwischen RB und UDS hatte in der zehnjährigen Oppositionsphase beider Parteien jedoch keinen Bestand. Während die RB bis zur Wahl Boni Yayis auch die parlamentarische Eigenständigkeit bewahrte, ist die UDS unterdessen parlamentarische Zweckbündnisse mit anderen kleineren Parteien eingegangen. Auch dann, wenn die Fraktionspartner (IPD, MAP, RPR) an der von der UDS politisch abgelehnten Kérékou-Regierung beteiligt waren. Im Vorfeld der Präsidentschaftswahl 2006 war keine Rede mehr von einer RB-UDS-Kooperation.224 Das stetigste Regierungsbündnis bestand zwischen den Parteien FARD, PSD, MADEP und RPR. Sprunghafter verhielten sich MAP und PRD. Daher können RB und UDS, im Vergleich zu MAP und PRD, als weniger flexibel gelten.

Abbildung 4.3: Gouvernementale Bündnisse

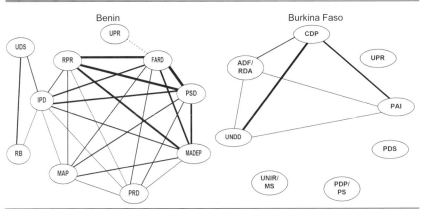

Quelle: eigene Darstellung. Die Breite der Verbindungslinien deutet die Intensität der Bündnisse an.

---

224 Während die UDS sich frühzeitig und kohärent auf die Seite Boni Yayis geschlagen hatte, wähnte die RB noch den eigenen Kandidaten Léhady Soglo siegreich.

In Burkina Faso ist das Bündnisverhalten auch auf gouvernementaler Ebene sehr viel deutlicher. Für die Parteien PDP/PS, UNIR/MS und den Ouédraogo-Flügel der PAI kommt eine Zusammenarbeit mit der CDP und Präsident Compaoré nicht in Frage. Der fehlende Regierungswechsel hat mithin eine Regierungsbeteiligung dieser Parteien bislang völlig verhindert. Die UPR ist nur mit der CDP bündnisfähig. Diese ist aufgrund ihrer dominanten Stellung im Parteiensystem darauf jedoch nicht angewiesen. Die PAI hat sowohl gouvernemental als auch parlamentarisch mit der *Mouvance Présidentielle* kooperiert. Nach der Spaltung in den Touré- und den Ouédraogo-Flügel (in PDS integriert) hat nur noch die Touré-PAI mit der Mouvance Bündnisse geschlossen. Am flexibelsten haben sich die ADF/RDA und UNDD sowie ihre Vorgängerparteien RDA und ADF gezeigt. UNDD-Präsident Hermann Yaméogo war mit seiner Partei ADF und später im Rahmen der ADF/RDA an der Regierung beteiligt. Er wechselte erst nach dem Bruch mit der RDA-Faktion in die radikale Opposition. Nach der UNDD-Abspaltung näherte sich wiederum die Rest-ADF/RDA den Regierungsparteien an. Insbesondere galt die Annäherung aber dem Staatspräsidenten, den die ADF/RDA 2005 trotz seiner CDP-Mitgliedschaft zu ihrem eigenen Kandidaten kürte (vgl. Stroh 2011). Nach der Wahl wurde die Partei dafür mit Kabinettsposten belohnt. Trotzdem beharrte sie weiter darauf der Opposition anzugehören.

Tabelle 4.26: Kohärenz im Bündnisverhalten

	A	B	C	D
	langfristig kohärent	kohärent	eingeschränkt flexibel	hochgradig flexibel
Benin		UPR-BJ	RB, UDS	FARD, IPD, MADEP, MAP, PRD, PSD, RPR
Burkina Faso	PDP/PS	UPR-BF	CDP, PDS, UNIR/MS	ADF/RDA, PAI, UNDD

Quelle: eigene Darstellung. Alle Bündniskonstellationen in Anhang 12.

Kohärentes Verhalten kann mithin nur drei Parteien zugeordnet werden (PDP/PS, UPR-BJ, UPR-BF; siehe Tab. 4.26). Stetige Verhaltenskohärenz hat allerdings nur die PDP/PS unter Beweis stellen können, da die zwei anderen Parteien zu den jüngsten in der Fallauswahl gehören. Dies rechtfertigt eine Trennung in eine A- und eine B-Kategorie. Eine Gruppe von fünf weiteren Parteien ist eingeschränkt flexibel, schließt also bestimmte Kooperationen relativ konsequent aus (CDP, UNIR/MS, PDS, UDS, RB[225]). Diese

---

225 Die Zuordnung der RB steht an der Grenze zu den hochflexiblen Parteien. Die kohärente Abgrenzung von anderen Parteien war stark personengebunden und richtete sich gegen Staatspräsident Kérékou. Nachdem dieser aus dem Amt im Jahr 2006 geschieden war,

Parteien werden der Kategorie C zugeordnet. Alle anderen Parteien haben sich hochgradig flexibel verhalten (Kategorie D). Entgegen des Anfangsverdachts stechen dabei die beninische PRD und die burkinische UNDD nicht in besonderem Maße hervor. Sie generieren durch ihr relatives Gewicht im Parteiensystem allerdings mehr Aufmerksamkeit.

4.3.5 Geographische Konzentration

Parteien können nur dort Wahlerfolg haben, wo sie Kandidaten aufstellen. Diese triviale Feststellung ist für ressourcenarme Parteien in afrikanischen Flächenstaaten eine bedeutende Rahmenbedingung. Wichtig für die vorliegende Untersuchung ist dabei, dass betroffene Parteien selbst entscheiden können, wie sie mit dieser Rahmenbedingung umgehen. Sie können unterschiedliche Strategien entwickeln oder auch völlig ungesteuert handeln.

Die frühe Parteienliteratur zu Entwicklungsländern hat bereits auf die besondere Bedeutung von territorialer Anbindung hingewiesen. Demnach haben Klientelismus und parochiale Interessen der ländlichen Bevölkerung die Funktionsweise von Parteiapparaten in Entwicklungsländern nachhaltig geprägt (Bienen 1971; Bailey 1963). Die Vermittlung klientelistischer und parochialer Beziehungen verläuft häufig ethnisch und immer lokal (Bako-Arifari 1995; Weiner 1978). In multiethnischen Gesellschaften kommt ein praktischer Gesichtspunkt hinzu. Kandidaten sollten in der Lage sein, mit ihren potentiellen Wählern in deren Sprache zu kommunizieren. Aus diesen Gründen sollte zwischen der abstrakten Repräsentationswirkung des Spitzenpersonals und dem konkreten Einsatz von Kandidaten unterschieden werden. In der Repräsentationsdimension wurde darauf abgestellt, dass eine ethnoregional homogene Zusammensetzung des Spitzenpersonal dazu führen kann, dass die Partei mit dieser ethno-regionalen Einheit abstrakt identifiziert wird und daher unabhängig vom konkret eingesetzten Personal für bestimmte Wählergruppen attraktiv sein kann (Posner 2005 zu Sambia).

Das strategische Verhalten der Partei umfasst zwei andere Aspekte. Erstens geht es um die tatsächliche Präsenz der Partei bei Wahlen, also um die Frage, wo die Partei überhaupt Kandidaten aufstellt. Zweitens ist zu prüfen, wo das Spitzenpersonal eingesetzt wird.

Die Partei begibt sich dabei in zwei unterschiedliche Spannungsfelder. Erstens ist ein großer Wahlerfolg jenseits einer bestimmten Schwelle nur mit flächendeckender Verfügbarkeit erreichbar. Sofern die Ressourcen einer Partei jedoch nicht ausreichen, um in allen Landesteilen auf hohem Niveau

---

bildete die RB binnen einen Jahres eine Wahlallianz mit den bislang kerekistischen Parteien PSD und MADEP.

Wahlkampf zu betreiben, steht die Partei vor einer Richtungsentscheidung.[226] Entweder reduziert sie die Intensität des Wahlkampfes zugunsten einer relativ gleichmäßigen geographischen Präsenz oder sie konzentriert ihre personellen und finanziellen Ressourcen auf bestimmte Regionen. Das zweite Spannungsfeld betrifft die Entscheidung zum Einsatz des Spitzenpersonals. Entweder wird dieses in den Hochburgen eingesetzt, um die regional konzentrierte Stärke der Partei abzusichern, oder das Spitzenpersonal wird gezielt in Regionen eingesetzt, die umkämpft sind und in denen Stimmen hinzu gewonnen werden sollen. Ein geringeres Risiko geht die Partei freilich dann ein, wenn die Spitzenkandidaten hauptsächlich zu Wahlkampfkundgebungen in die umkämpften oder neu zu erschließenden Regionen reisen, während sie in sicher vermuteten Regionen zur Wahl stehen.[227] Die theoretische Literatur zur afrikanischen Area würde der Konzentrationsstrategie höhere Erfolgschancen einräumen, insbesondere wenn sie die Anbindung des verfügbaren Spitzenpersonals an seine Heimatregionen berücksichtigt.

Die empirische Beobachtung solcher Konzentrationsstrategien wird insbesondere durch zwei Faktoren erschwert. Erstens muss die formale Verfügbarkeit auf dem Stimmzettel nicht unbedingt die Ressourcenverteilung im Wahlkampf widerspiegeln. Selbst wenn eine Partei in allen Wahlkreisen antritt, ist damit noch nichts über die Verteilung von Wahlkampfressourcen gesagt. Der Unterschied, dass die *Partei* für den Wähler überhaupt auf dem Wahlzettel verfügbar ist, bleibt jedoch erhalten. Detaillierte Daten über Wahlkampfaktivitäten, beispielsweise die Zahl und Verteilung von Wahlkampfauftritten der Parteivorsitzenden und Spitzenkandidaten sowie die regionale Verteilung von finanziellen Mitteln, sind jedoch nicht verfügbar. Die systematische Erforschung von Wahlkämpfen steht in den meisten afrikanischen Ländern noch aus. Erhebungen zur Verteilung finanzieller Mittel würden dabei eine besondere Herausforderung stellen, da viele Parteien kein Interesse an der Erfassung durchaus üblicher Wahlkampfmethoden haben dürften, die sich am Rande oder jenseits der Legalität befinden oder die zumindest zu einem negativen Image beitragen könnten. Obwohl weder in Burkina Faso noch in Benin das Verteilen von Wahl-

---

226 Das diese Überlegungen von hoher Relevanz sind, zeigen die Erkenntnisse zur eher schwachen finanziellen Ausstattung vieler Parteien in Verbindung mit einer neueren Studie des National Democratic Institutes (NDI). Diese zeigt, dass Transportkosten den größten Anteil der Wahlkampfausgaben ausmachen (Bryan/ Baer 2005).

227 Ganz offensichtlich hat das Wahlsystem einen erheblichen Einfluss auf die zu wählende Strategie. Insbesondere die Wahlkreisgröße spielt eine entscheidende Rolle, da sich beispielsweise in reinen Verhältniswahlsystemen mit nur einem nationalen Wahlkreis die Frage der Kandidatenallokation auf geographischer Ebene nicht stellt, sondern nur die Wahlkampfeinsätze strategisch geplant werden können. Zudem sind beninische Parteien gezwungen in allen Wahlkreisen mindestens im Verbund mit anderen Parteien anzutreten. Dabei ist auf den Wahllisten später nicht mehr erkennbar, welcher Partei die Listenkandidaten angehören. Die tatsächliche Ressourcenallokation lässt sich also nur näherungsweise über die Verteilung des Spitzenpersonals bestimmen.

kampfgeschenken wie T-Shirts oder Stoffbahnen verboten ist, ist die Grenze zwischen unverbindlichen Präsenten und Stimmenkauf fließend.

Bevölkerungsbefragungen, die Auskunft darüber geben könnten, welche Parteien mit welchen materiellen Vorteilen – typischerweise Lebensmittel, Textilien oder Bargeld – in ihrem räumlichen Umfeld geworben haben, stehen leider nicht zur Verfügung. Die Ressourcenverteilung kann daher nur indirekt und näherungsweise über die Aufstellung des Spitzenpersonals der Partei ermittelt werden. Die zugrundeliegende Annahme lautet, dass die Allokation von Humanressourcen mit der Finanzressourcenverteilung hoch korreliert. Der genaue Einfluss von Wahlkampfstrategien muss späteren Studien überlassen werden.[228]

Zweitens können gesetzliche Rahmenbedingungen eine selektive Präsenz von Parteien verschleiern. Dazu können einerseits die Größe von Wahlkreisen beitragen und andererseits die Bestimmungen zur Wahlzulassung. Mit steigender geographischer Wahlkreisgröße steigt auch die Wahrscheinlichkeit, dass die Kandidaten selbst auf Wahlkreisebene nicht flächendeckend präsent sein können. Auch hier muss auf die Erhebung von tatsächlicher Wahlkampfpräsenz verzichtet werden. Die Analyse muss sich auf die formale Verfügbarkeit von Partei und Personal beschränken. Zudem erlauben nicht alle Länder selektive Kandidaturen. Es ist daher möglich, dass sich eine Partei aus gesetzlichen Gründen flächendeckend zur Wahl stellen muss, um überhaupt zur Wahl zugelassen zu werden, ohne dabei in allen Regionen ernsthaft den Versuch zu unternehmen Stimmen zu gewinnen. Hätten wir es in der vorliegenden Untersuchung mit zwei Länderfällen zu tun, die es einzelnen Parteien zur Vorschrift machen flächendeckend anzutreten, wäre die Reduzierung der Analyse auf die förmliche Verfügbarkeit mithin nutzlos. In Kapitel drei wurde aber bereits darauf hingewiesen, dass die gesetzlichen Rahmenbedingungen in Benin und Burkina Faso unterschiedliche Formen von geographischer Konzentration zulassen.

Der Fall Burkina Faso ist dabei empirisch leichter zu erfassen. Dort steht es den Parteien frei, in welchen Wahlkreisen sie antreten. Diese Möglichkeit wird von den allermeisten Parteien des Landes genutzt. Bei der Parlamentswahl 2007 gab es drei Parteien, die in allen 45 Wahlkreisen kandidiert haben (ADF/RDA, CDP, UNDD). Die Partei UNIR/MS ist immerhin noch in 43 Wahlkreisen angetreten, alle anderen Parteien folgen mit Abstand (PDS/PAI-Ouédraogo: 35, UPR-BF: 32, PDP/PS: 20, PAI: 14). Eine kohärente geographische Konzentration in einer Teilregion ist bei keiner Partei erkennbar. Selbst die Partei mit der geringsten elektoralen Präsenz (PAI-Touré) ist in

---

228 Eine ex-post Untersuchung der geographischen Konzentration kommt für diese angebotsorientierte Studie nicht in Betracht. Das Argument verliefe zirkulär, würde man versuchen, den Wahlerfolg mit Faktoren zu erklären, die sich erst aus Wahlergebnissen ergeben. Damit scheidet auch die Anwendung des *Party Nationalization Score* als Messinstrument aus (Jones/ Mainwaring 2003; siehe auch Elischer 2008; Stroh 2010b).

zehn von 13 Verwaltungsregionen angetreten. Ihr kann allenfalls eine partielle Konzentration auf den Südwesten unterstellt werden. Dafür spricht zwar einerseits die Herkunft des Parteiführers Soumane Touré, andererseits ist weder Touré selbst noch ein anderer Vertreter seiner Partei in Tourés Heimatprovinz Bougouriba angetreten.

Der Rückblick auf die Wahlen des Jahres 2002 bestätigt sowohl die breite geographische Streuung der Wahlpräsenz, als auch die stark intervenierende Wirkung der Wahlkreisgröße. Bei der burkinischen Parlamentswahl 2002 wurden nicht die 45 Provinzen, sondern die 13 Verwaltungsregionen als Wahlkreise genutzt. Dadurch waren die Wahlkreise deutlich größer und verringerten mithin die Möglichkeit zur präzisen Evaluierung der geographischen Konzentration der Parteien. Zugleich bleibt der Befund erhalten, dass die meisten untersuchten Parteien in allen Landesteilen antreten. Vier Parteien sind in allen Regionen angetreten (ADF/RDA, CDP, PAI, PDP/PS), eine fünfte – die UNDD – war an dieser flächendeckenden Präsenz beteiligt, da sie zum Zeitpunkt der Wahl noch ein Teil der ADF/RDA war. Die UNIR/MS ist seinerzeit in allen Wahlkreisen außer in der Verwaltungsregion Ost angetreten. Einzig die Partei PDS, auf deren Listen zahlreiche Mitglieder der PAI-Ouédraogo angetreten sind, hat sich auf sieben Wahlkreise an den östlichen und westlichen Rändern des Landes konzentriert. Die UPR-BF wurde erst im Laufe der Legislaturperiode von Parlamentariern verschiedener Parteien gegründet.

2007 haben einige Parteien ihre Ressourcenallokation wieder deutlich verändert. Nun wurden erneut die 45 Provinzen zu Wahlkreisen erklärt und die Bedeutung der nationalen Zusatzliste verringert. Dadurch haben sich zwar lokale Aktivitätshochburgen herausgebildet, diese sind aber beispielsweise bei die Parteien PDP/PS und UPR-BF im ganzen Land verteilt und tragen damit wiederum zu einer symbolischen Dekonzentration bei. Während ganze Landstriche zwischen den Aktivitätshochburgen im Wahlkampf ausgelassen und – wahlrechtlich anders als in Benin zulässig – oftmals nicht einmal Kandidatenlisten aufgestellt wurden, ist für die Wahl der Aktivitätspole offensichtlich nicht ethno-geographische Konzentration ausschlaggebend, sondern – viel banaler – die persönliche Herkunft der die Spitzenpolitiker der Partei, die sich zumindest in Burkina Faso eher zufällig zusammensetzt (siehe Abschnitt 4.2.3).

In Benin ist die Wahlpräsenz schwieriger zu erheben. Parteien dürfen Wahlallianzen mit anderen Parteien eingehen. Sie sind aber nicht gezwungen, die Parteizugehörigkeit der Allianzkandidaten auf den Wahllisten zu veröffentlichen. Somit kann auch nicht identifiziert werden, ob sich einzelne der Verbundparteien auf bestimmte Wahlkreise konzentrieren. Es bleibt nur die Möglichkeit, Interviewinformationen für eine näherungsweise Konzentrationsbestimmung zu nutzen. Eindeutig ist die formale Verfügbarkeit hingegen bei beninischen Parteien, die mit ihrer eigenen Liste angetreten sind.

Diese sind aufgrund der Gesetzeslage gezwungen, in allen Wahlkreisen anzutreten, und erfüllen damit das formale Kriterium für flächendeckende elektorale Präsenz.

Im Jahr 2003 sind vier (IPD, PRD, MADEP, RB), im Jahr 2007 drei (IPD, PRD, UPR) beninische Parteien mit eigenen Listen in allen Wahlkreisen angetreten. Eine weitere Partei (MAP) dominiert die von ihr geführte Wahlallianz *Force Clé* in so deutlichem Maße, dass weitere Kleinstparteien, die dem Bündnis angehören nicht für das Präsenzkriterium ins Gewicht fallen (Stroh 2008). Die MAP kann mithin zur Gruppe der landesweit verfügbaren Parteien gezählt werden.

Alle anderen Parteien sind in Allianzen angetreten, die sich Interviewaussagen zufolge zumeist territorial ergänzen. Im Jahr 2003 galt dies besonders für die Allianzen UBF und *Etoile*. In der UBF waren hauptsächlich die kerekistisch orientierten Parteien PSD und FARD organisiert. Zwar betonte der Generalsekretär der PSD den nationalen Anspruch seiner Partei. Es kann aber aufgrund klarer Aussagen aus den Reihen der FARD[229] geschlossen werden, dass diese Partei sich auf den Norden Benin konzentriert hat, während die PSD im Rahmen der UBF für die Abdeckung des Südens verantwortlich war. Aufgrund des Bedauerns eines regionalen PSD-Vertreters,[230] dass seine Partei sich im Norden nicht etablieren konnte, kann zudem geschlossen werden, dass die Wahlkreise unter den Parteien der Allianz territorial aufgeteilt wurden. Die gleichen führenden Parteivertreter haben jedoch auch darauf hingewiesen, dass das Profil ihrer jeweiligen Partei unter der UBF gelitten habe, da vornehmlich die Allianz wahrgenommen wurde und nicht mehr die Einzelparteien. Dennoch haben sich die beiden Hauptparteien der UBF-Allianz auch im Jahr 2007 wieder für territorial zusammengefügte Wahlbündnisse entschieden; allerdings in einer anderen Konstellation. Die PSD hat sich der *Alliance pour une Dynamique Démocratique* (ADD) angeschlossen, die sich vornehmlich als Bündnis des Südens aufstellte. Das verengte die territoriale „Zuständigkeit" der PSD. Während sie in der UBF für die Abdeckung des gesamten Südens maßgebliche Verantwortung getragen hatte, musste sie sich nun mit den Parteien RB und MADEP arrangieren. Für die neuen Bündnispartner RB und MADEP war der Rückschritt noch deutlicher, da sie erstmals keine eigenen Listen aufstellten. Die FARD hat sich hingegen dem neuen Nord-Süd-Bündnis *Alliance Ensemble pour le Changement* (AEC) angeschlossen, das es ihr erlaubte sich weiterhin auf den Norden zu konzentrieren.[231]

Die UDS ist die einzige der untersuchten Parteien, die sich in die Wahlallianz dutzender Kleinstparteien zur Unterstützung des 2006 gewählten partei-

---

229 Interviews mit zwei Mitgliedern des FARD-Parteivorstandes, Cotonou, August 2006.
230 Interview im August 2006.
231 Hauptpartner war nun die Parti National Ensemble (PNE) von Albert Tévoèdjrè, die im Südosten ihre Hochburg hat.

losen Staatspräsidenten Boni Yayi eingefügt hat: die *Forces Cauris pour un Bénin Émergent* (FCBE). Sie hat dafür ihr erprobtes Bündnis mit den Grünen in der *Alliance Étoile* aufgegeben, in dem die UDS die stärkere Kraft war und eine klare territoriale Aufteilung erfolgen konnte. Innerhalb der FCBE mussten nun Kompromisse mit zahlreichen anderen Interessenten und unter Berücksichtigung überlappender Territorialinteressen geschlossen werden. Die kleinräumigste Konzentration wird der RPR bescheinigt, die ihre Wahlallianz AFP in erster Linie dazu nutzt, die gesetzlichen Bestimmungen zu erfüllen. Die RPR selbst konzentriere sich weitgehend auf den Wahlkreis, in dem der Parteivorsitzende antritt.[232]

Ein gutes Beispiel für symbolische Konzentration ist der Fall der MAP. Diese Partei gehört formal, wie oben dargestellt, zu den landesweit verfügbaren Parteien, im Rahmen einer klar von ihr dominierten Wahlallianz. Bei genauerer Betrachtung lässt sich jedoch feststellen, dass sich der ethno-regionale Charakter des Spitzenpersonals in eine geographisch kleinräumige Aktivitätskonzentration übersetzt. Das ethno-regional ähnliche Personalangebot von MAP und RB bringt diese beiden Parteien in eine direkte Konkurrenz. Allerdings hat sich die MAP auf mikroregional von der RB vernachlässigte Nischen konzentriert, die innerhalb der RB-Hochburg Schwachstellen dargestellt haben. Die MAP hat zudem aus Erfahrungswerten gelernt.

Die RB hat seit ihrer Gründung ausschließlich im Gebiet der gegenwärtig acht Wahlkreise, die im zentralen Süden des Landes liegen, Parlamentssitze gewonnen.[233] Die meisten Stimmen und Sitze gewann die Partei stets in Cotonou und Zou, in den Departements Atlantique und Collines war die Partei hingegen schwächer. Zuerst hat die RPR dies ausgenutzt und ab 1999 eine auf Atlantique-Ost fokussierte Konkurrenz aufgebaut, die ihr jeweils einen Sitz in diesem Wahlkreis sichern konnte. Der Vorsitzende der RPR stammt aus dieser Region und war zu Soglos Regierungszeiten RB-Abgeordneter. Die MAP suchte nach einem gescheiterten Angriff auf Cotonou im Jahr 1995 eine andere Nische. Deshalb wurden die aneinander grenzenden Wahlkreise Atlantique-West und Zou-Ost zum hauptsächlichen Aktionsraum der MAP. Auf diesen Raum konzentriert sie seither ihre Ressourcen. Mit Erfolg: 2003 kam die Partei dicht an die RB-Zahlen heran (3 zu 4 Sitze). 2007 konnte sie die RB in den genannten Wahlkreisen sogar deutlich überholen (4 zu 1 Sitze), während die Stimmanteile in den anderen Teilen des zentralen Südens zurückgingen.[234]

---

232 Interviews mit nationalen Experten, Cotonou, August 2006.
233 Die heute acht Wahlkreise erfassen das Territorium der Departements Atlantique, Collines, Littoral (Cotonou) und Zou. In der zweiten Legislaturperiode – zu der die RB erstmals angetreten war – gab es im gleichen Gebiet nur sechs Wahlkreise.
234 Wahlkreis 5 (Atlantique-West), 2003, RB 25,7% (2 Sitze), MAP 15,6% (1 Sitz), 2007, RB 4,6% (0 Sitze), MAP 16,8% (2 Sitze); Wahlkreis 24 (Zou-Ost), 2003, RB 34,0% (2 Sitze), MAP 32,1% (2 Sitze), 2007, RB 19,6% (1 Sitz), MAP 34,8% (2 Sitze); entnommen aus Berichten der Wahlkommission.

Jenseits des Untersuchungssamples gibt es auch in Burkina Faso kleinere Parteien, die über eine ethno-regionale Hochburgenpolitik der dominanten CDP regional begrenzt effektive Konkurrenz machen. Das erfolgreichste Beispiel ist die Partei *Rassemblement pour le Développement du Burkina* (RDB) im Südwesten des Landes (Stroh 2010b: 17). Sie ist erst nach der für die Parteienauswahl herangezogenen Periode gegründet worden und stieg unmittelbar zur zweistärksten Partei in der Region Cascades auf. Bei den Kommunalwahlen 2006 errang sie dort 474 von 2586 Mandaten und ein Jahr später 28,1% der Parlamentswahlstimmen. Auf die ethno-regionale Konkurrenzstrategie kleinerer Parteien wird bei der Zusammenhangsprüfung mit dem Wahlerfolg im Jahr 2007 also auch für Burkina Faso zurück zu kommen sein.

Die Einschränkung der formalen Verfügbarkeit von Parteien lässt sich in Burkina also über die tatsächliche Präsenz mit eigenen Listen in den Wahlkreisen und in Benin über die Einbindung der Parteien in Allianzen bestimmen. Die näherungsweise Messung der symbolträchtigen geographischen Konzentrationen kann in beiden Ländern über die geographische Verteilung der Spitzenkandidaten erfolgen. Im burkinischen Fall kann zusätzlich die geographische Konzentration der Wahlpräsenz betrachtet werden, also die Verteilung der Wahlkreise, in denen sich die Partei überhaupt zur Wahl stellt. Ein einheitliches und präziseres Maß, das über Landesgrenzen hinweg anwendbar wäre, kann nicht konstruiert werden, da die intervenierende Wirkung der Wahlsystemvorschriften zu stark ist. Mithin ist es zielführender nach Merkmalsäquivalenten zu suchen und deren Anwendung fallbezogen zu begründen, wie es hier erfolgt ist. Letztlich handelt es sich bei diesen näherungsweisen Messversuchen also um Experteneinschätzungen, die auf einem verfügbaren Maximum an Fakten und Kontextwissen aufbauen muss. Messwerte sind mithin Hilfswerte und nicht in als numerisch exakte Datenpunkte zu verstehen. Dies ist auch bei der Interpretation zu berücksichtigen.

Die symbolische geographische Konzentration des Parteiangebots wurde in vier Stufen gemessen. Die stärkste symbolische Dekonzentration wurde denjenigen Parteien zugeordnet, die ihr Spitzenpersonal hauptsächlich auf der nationalen Ebene einsetzen. Dies ist in Benin nicht möglich, da alle Kandidaten in Wahlkreisen antreten müssen, die nur Teile des nationalen Territoriums umfassen. Die zweite Stufe umfasst daher solche Parteien, die ihr Spitzenpersonal breit geographisch streuen. In Benin werden nur solche Parteien für diese Stufe berücksichtigt, die die historische Nord-Süd-Teilung des Landes überwinden und in beiden historischen Regionen mit Spitzenpersonal kandidieren. Stufe drei umfasst folgerichtig Parteien, die ihre Führungspersonen auf eine gesellschaftlich definierte Region konzentrieren, im Falle Benins also nur im Norden oder im Süden antreten lassen. Eine starke geographische Konzentration auf eine besonders eng definierbare Region führt zu Stufe vier. Abbildung 4.4 bildet die Parteien entsprechend ihrer näherungsweisen Einordnung in den zwei Dimensionen formale Verfügbarkeit und symbolisch wichtige Konzentration ab.

Da die formale Verfügbarkeit eine notwendige Voraussetzung für die symbolische Dekonzentration der Parteipräsenz ist, werden in diesem Merkmal nur solche Parteien in die Gruppe A aufgenommen, die bei Kriterien in hohem Maße erfüllen. Es handelt dabei um nur zwei Parteien aus Burkina Faso (CDP, UNIR/MS). Für die Gruppe B wird ein mindestens gehobenes Messniveau in beiden Aspekten gefordert (IPD, RPR, UNDD, UPR-BJ, URP-BF). Die Parteien in Gruppe C erreichen mindestens ein mittleres Niveau in beiden Aspekten (FARD, MADEP, MAP, PDP/PS, PAI, UDS). In Gruppe D sind schließlich die verbleibenden drei Parteien angesiedelt (PRD, PSD, RB). In allen drei Fällen handelt es sich um Parteien, die sich auf bestimmte Hochburgen im bevölkerungsreichen Süden der Republik Benin konzentrieren.

Abbildung 4.4: Geographische Verfügbarkeit und Konzentration

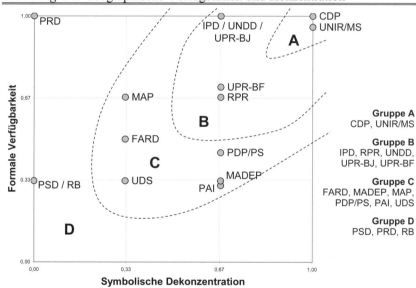

Quelle: eigene Darstellung

Der Unterschied zwischen Benin und Burkina Faso ist in diesem Merkmal also besonders deutlich. Es liegt nahe, dahinter die entspannten interethnischen Beziehungen in Burkina Faso und die historische Regionalisierung Benins zu vermuten, die unter den nationalen Spezifika (Abschnitt 3.3) als intervenierende Variablen beschrieben wurden. Es sollte jedoch auch nicht übersehen werden, dass einige kleinere Parteien in Burkina Faso eine – dort zulässige – formale geographische Konzentration nutzen, um ihre begrenzten Ressourcen möglichst effizient einzusetzen. Ohne den stärkeren ethno-regionalen Faktor in Benin zu negieren, können ähnliche Phänomene auch dort beobachtet werden. Die Beschreibung des Konkurrenzverhältnisses zwischen RB und MAP hat deutlich darauf hingewiesen. Die kleinere MAP interessiert sich nicht für eine ethno-regionale Interessenvertretung, sondern baut eine von ihr dominierte landesweite Allianz auf. Dennoch konzentriert die MAP ihre personellen und finanziellen Ressourcen gezielt und sehr lokal auf den Wahlkampf in der RB-Hochburg. Vieles spricht also dafür, dass sich der Wahlerfolg weniger an der nationalen Ausbreitung der Partei und mehr an der Konzentration auf strategisch ausgewählte Wahlkreise ausrichtet. Die Frage, wie sich diese geographischen Schwerpunkte im Land verteilen, scheint eher ein Problem der Elitenkooperation als eine Nachfrageanforderung zu sein, sonst müssten die Wähler der beninischen Départements Zou und Atlantique der größeren RB treu bleiben, da diese ein viel größeres Potential hat, ethno-regionale Interessen effektiv zu vertreten.

5. Vergleichende Kausalanalyse

Die Parteiforschung zum frankophonen Afrika hat nach zwei Dekaden des Mehrparteienwettbewerbs im Anschluss an die Transitionswelle der frühen 1990er Jahre wertvolle Ergebnisse geliefert, die sich – wie in Kapitel zwei gezeigt wurde – vornehmlich auf einschlägige Area-spezifische Theoriegerüste gestützt haben. Dazu sind insbesondere Ansätze zu zählen, die sich auf Ethno-Regionalismus und Klientelismus beziehen. Die Ergebnisse wurden mit zunehmender Datendichte und auch im Laufe fortgesetzter Übung des Mehrparteienwettbewerbs jedoch unscharf. Allzu oft begnügte sich die Forschung mit der Betrachtung der Parteiensystemebene. Eine genaue Untersuchung des politischen Angebots von Einzelparteien an den Wähler blieb aus. In vielen Fällen beruhte der Ausschluss der Wirksamkeit bestimmter parteieigner Merkmale auf Vorannahmen, die nicht systematisch geprüft wurden. Dies kann mit den im vorigen Kapitel erhobenen Merkmalsdaten – methodologisch die unabhängigen Variablen – nun erstmals ausgeglichen werden.

Das Ziel der vergleichenden Kausalanalyse dieser Arbeit ist folglich die Entwicklung neuer Hypothesen oder auch die Bekräftigung bestimmter Elemente der bisherigen theoretischen Debatte in spezifizierter Form. Die dazu vorgenommene breite Merkmalsbeschreibungen dient als Grundlage für eine ergebnisoffene Neubewertung und gegebenenfalls zur Entwicklung neuer Vorschläge von nützlichen Erklärungswege für den Erfolg bestimmter politischer Parteien im sich konsolidierenden Mehrparteienwettbewerb des frankophonen Afrikas. Dabei dürfen die in Kapitel drei dargelegten nationalen Unterschiede – methodologisch die intervenierenden Variablen – nicht vernachlässigt werden. Fünfzig Jahre staatlicher Unabhängigkeit haben ihre Spuren hinterlassen, die auch den Parteienwettbewerb national beeinflussen.

Vor dem Einstieg in die konkrete Auswertung sollen zwei Grundbedingungen dieser Arbeit in Erinnerung gerufen werden. Erstens werden angebotsseitige Merkmale betrachtet, die sich auf die nationale Parteiorganisationen und ihr Spitzenpersonal als handlungsfähige Akteure konzentrieren. Eine Mitberücksichtigung lokaler Funktionärsarbeit hätte den Rahmen der Untersuchung gesprengt und wäre deutlich zu Lasten der empirischen Tiefe der erarbeiteten Merkmalsprofile gegangen. Gerade deren Beitrag soll systematisch überprüft werden; nicht zuletzt aufgrund der uneinheitlichen Ergebnislage hinsichtlich der sonst in der Forschung präferierten Nachfragefaktoren. Damit wird freilich nicht ausgeschlossen, dass auch andere Faktoren für die Erfolgsbilanz politischer Parteien relevant sein können. Die konkreten Merkmalsmessungen haben bereits demonstrieren können, dass sich politische Parteien in Benin und Burkina Faso – und damit im frankophonen Afrika – deutlich in ihren Profilen unterscheiden.

Zweitens wird an den qualitativen Charakter der Merkmalsmessungen erinnert. Die Andeutung einer ordinalen Skalierung durch die Gruppenbildung in die jeweils vier Merkmalskategorien A, B, C und D soll nicht suggerieren, dass es sich um zweifelsfreie Hierarchien handelt. Es muss mithin ein wichtiger Bestandteil der abschließen Analyse bleiben, die Wirkungen der qualitativen Ausprägungen der Merkmale zu bewerten. Die ordinale Logik der Gruppeneinteilung folgt plausiblen und theoriegeleiteten Vermutungen, die in vielen Fällen noch nie mit systematischen Daten überprüft wurden. Teilweise handelt es sich um nominale Kategorien, beispielsweise im Merkmal zur Parteiengenese. Nicht in der Gruppeneinteilung abgebildete, aber in der Merkmalsanalyse erlangte Kenntnisse über die Parteien, beispielsweise im programmatischen Bereich, müssen ebenso berücksichtigt werden wie die Möglichkeit, dass eine andere Hierarchie greifen könnte.

Für eine idealtypische, angebotsbezogene Erklärung, die der Gruppenhierarchie folgt, wäre nun zu erwarten, dass sich Merkmalsmuster herausbilden. Zudem wäre zu erwarten, dass besonders erfolgreiche Parteien ähnliche Merkmalskombinationen teilen, die besonders häufig mit der Kategorie A einhergehen. Es kann jedoch vorweg genommen werden, dass sich solche – in Abschnitt 5.1.1 ausführlich diskutierte – Merkmalsmuster nicht eindeutig identifizieren lassen. Auf die offene Merkmalsprüfung schließt deshalb eine stärker an die eingangs diskutierten Theoriestränge rückgekoppelte Teilprüfung an. Dafür werden besonders prominente Theorien mittlerer Reichweite thesenhaft aufgearbeitet und mit den verfügbaren Angebotsmerkmalen geprüft. Aus den sozialstrukturellen Ansätzen wird die Ethno-Regionalismus-These aufgenommen. Aus dem organisationstheoretischen Bereich wird die Organisationsressourcen-These abgeleitet. Die für Afrika sehr prominente Patronage-These ist als Querschnittsphänomen mit mehreren Theorieansätzen verwoben, unter anderem mit den ökonomischen Ansätzen. Insbesondere aus systemtheoretisch-funktionalistischer Sicht spielt die normativ-funktionale Performanz eine wichtige Rolle und schließlich sollen bestimmte Merkmale daraufhin geprüft werden, welche Bedeutung der Regierungslager-These beigemessen werden kann, die einerseits die Bestätigung der Regierungsfähigkeit im Sinne typologischer Catch-all-Konzepte (Kirchheimer 1966; Wolinetz 2002), andererseits das Area-spezifische Element der mutmaßlich kulturellen Abneigung gegenüber Opposition (Wiredu 1998; Ake 1996: 132; Cruise O'Brien 1999) miteinander verbindet.

Ein nachfolgend ausführlich mit Daten belegtes Ergebnis lautet, dass afrikanische Parteien – unterhalb der üblichen Betrachtungsschwelle für Aussagen zum Parteiensystem – deutlich in ihrem Merkmalsausprägungen variieren. Sofern diese Varianz nicht systematisch mit der unabhängigen Variable in Zusammenhang gebracht werden kann, wird eine weitere Prüfebene notwendig: Politische Parteien haben unterschiedliche Auffassungen dazu, was ein Erfolg ihrer Partei ist. Es liegt nahe, dass die relative Entwicklung der Parteien im Parteiensystem eine besondere Rolle für die parteieigene Erfolgsdefinition spielt. Die Aussichten auf eine Regierungsbeteiligung sowie Zuwachs oder Verlust an Mandaten können zu zentralen Indikatoren des Erfolgs werden.

Das Forschungsdesign hat den Stimmenanteil bei Parlamentswahlen und die Zahl gewonnener Sitze zu den maßgeblichen Indikatoren der Erfolgsbilanz erhoben. Im Begriff der Bilanz wurde jedoch schon zum Ausdruck gebracht, dass auch die Entwicklung dieser Kennzahlen im Laufe der Zeit berücksichtigt werden soll. Beide Kriterien sind naheliegende Elemente des Parteienerfolgs, lassen sich verhältnismäßig leicht messen und bieten eine ausreichende Varianz für die systematische Fallauswahl des Vergleichs. Als Ausgangskriterium einer induktiv-hypothesengenerierend angelegten Untersuchung mittlerer Fallzahl sind sie mithin gut geeignet. Unterschiedliche und situative Selbstverständnisse von Erfolg können diese Varianz weiter erhöhen. Ein uneinheitlicher Befund bei der Kausalanalyse lässt sich mithin potentiell auf unterschiedliche selbstgesteckte Ziele der Parteien zurückführen. Alternative Erfolgsdefinitionen – methodologisch die abhängige Variable – werden daher zusätzlich berücksichtigt.

In einem weiteren Abschnitt soll schließlich die genaue Wirkweise der intervenierenden Wirkung von nationalen Faktoren besprochen werden. Dieser Teil der Diskussion stellt also auf die Frage nach der grenzüberschreitenden Generalisierbarkeit von Kausalzusammenhängen des Parteienerfolgs und auf die Frage nach dem Einfluss des Demokratisierungsniveaus jenseits des akzeptabel verankerten Mehrparteienwettbewerbs ab. Die Ergebnisse können in diesem letzten Teil besonders anschaulich an wenigen typischen Parteibeispielen darstellt werden.

5.1 Wege zum Erfolg: Merkmalsauswirkungen

5.1.1 Offene Prüfung von Merkmalsmustern

Eine offene, ausschließlich von Messergebnissen geleitete Auswertung der Merkmalsausprägungen würde dann Anlass für die Formulierung neuer Zusammenhangsthesen geben, wenn sich insbesondere A-Kategorien bei den erfolgreicheren Parteien häufen würden und entsprechend häufig D-Bewertungen bei den am wenigsten erfolgreichen Parteien auftreten. Diese Auswertung kann für das Gesamtbild aller Merkmale als auch für einzelne Merkmale durchgeführt werden.

Dabei muss stets im Auge behalten werden, dass nicht alle Untersuchungsfälle miteinander in Wettbewerb treten. Die beninischen Parteien stehen miteinander in Konkurrenz, ebenso die burkinischen. Grenzübergreifende Merkmalskorrelationen würde daher besonders starke Evidenz für Generalisierungsmöglichkeiten implizieren. Sofern ähnliche Merkmalsausprägungen in beiden nationalen Kontexten zu ähnlichen Erfolgsniveaus führen, könnte angesichts der bewusst divergierenden nationalen Faktoren von einem allgemeinen Kausalzusammenhang gesprochen werden, der vorläufige Gültigkeit für das ganze frankophone Afrika beanspruchen dürfte, das durch ähnliche Kontextbedingungen verbunden ist. Richtet sich die Wirkung der Merkmalsprofile stärker nach der Landeszugehörigkeit der Parteien aus, wären die Gründe in den intervenierenden Faktoren der nationalen Ebene zu suchen. Generalisierungen für das gesamte frankophone Afrika könnten nicht abgeleitet werden. Letzteres wird in Abschnitt 5.2 ausführlich geprüft und beantwortet den zweiten Teil der zentralen Fragestellung.

Die erwünschte Breite der Merkmalsprüfung zwingt zu einer sparsamen Darstellung der Vergleichsdaten. Qualitätsgruppen wurden für zehn Merkmale aus allen drei Analysedimensionen gebildet. Die meisten Merkmale lassen sich nach Teilmerkmalen ausdifferenzieren, was bei fünf Variablen auch explizit geschehen ist, da die Teilmerkmalsausprägungen in einigen Fällen besonders unähnlich war. In diesen Fällen wurde das jeweils stärkere Teilmerkmal zusammen mit der Qualitätsgruppe angegeben. Zwei Merkmale wurden um jeweils eine zeitgebundene Zusatzinformation ergänzt (Wechsel an der Parteispitze, aktuelle Regierungsbeteiligung).

Zwei Merkmale aus der Analysedimension zur Organisationsstruktur, also gewissermaßen zur Polity-Dimension des Parteiwesens, haben sich bereits bei der Merkmalserhebung als nicht sinnvoll differenzierbar herausgestellt. So unterscheidet sich der formale Aufbau und der Umgang mit einfachen Parteimitgliedern kaum. Die formale Parteistruktur folgt meist einer Blaupause zentralistischer Parteien französischer Prägung und kann weder mit Duvergers (1951) vielzitierter Klassifizierung, noch mit anderen Kategorien sinnvoll unterschieden werden. Mitglieder sind in aller Regel kaum von Sympathisanten zu unterscheiden. Sofern keine kleinen Funktionärsposten eingenommen werden sollen, werden systematische Beitragszahlungen bei keiner Partei durchgesetzt. Ein seriöses Mitgliederregister befand sich ausschließlich bei der burkinischen CDP im Aufbau. Auf eine Gruppenbildung wurden folgerichtig in den Merkmalen der Parteistruktur und der Mitgliederbasis verzichtet.[235] Das Teilmerkmal der regeltreuen Abhaltung von Parteitagen wird für die Interpretation des innerparteilichen Partizipationsniveaus zu einem späteren Zeitpunkt als Zusatzinformation herangezogen.

Aus Gründen der sparsamen Darstellung wird im Weiteren auf die Erwähnung der beiden varianzarmen Parteimerkmale verzichtet. Aus diesem

---

235 Den Analysedimensionen wird keine kausale Wirkung unterstellt. Sie dienen nur als Gliederungshilfe für die vielfältigen Merkmale. Eine besondere Häufung von wichtigen Merkmalen in bestimmten Analysedimensionen kann jedoch Hinweise auf theoretische Folgerungen liefern.

Ausschluss darf die Folgerung abgeleitet werden, dass sich *Parteien in Benin und Burkina Faso nicht bemühen, sich durch parteistrukturelle oder mitgliedschaftsbezogene Unterschiede von anderen Parteien abzugrenzen.* Ob mit einem differenzierten Angebot Wähler gewonnen werden könnten, kann mithin nicht bestimmt werden. Offenbar erscheinen die Kosten in keinem günstigen Verhältnis zu erwarteten Gewinn zu stehen. Normativ beteuern hingegen zahlreiche Parteien, dass sie beispielsweise am Aufbau von Mitgliederregistern interessiert seien und arbeiten würden. Ernsthafte Bemühungen in diese Richtung waren materiell jedoch ausschließlich bei Besuch der CDP-Parteizentrale sichtbar.

Der wichtigste Kontrollwert für die Erklärungskraft der Merkmalsausprägungen ist der Parteienerfolg bei derjenigen Parlamentswahl, die in beiden Ländern jeweils ein gutes halbes Jahr nach dem Datenerhebungszeitraum stattgefunden haben, also im ersten Halbjahr 2007.[236] Tabelle 5.1 ordnet die Merkmalsausprägungen aller Untersuchungsfälle deshalb für einen ersten Überblick absteigend nach den Stimmenanteilen der Parteien bei der genannten Wahl. Die Kombinationen der Merkmalsausprägungen werden im Folgenden als Merkmalsprofile bezeichnet. Im Idealfall müssten sich nun A- und B-Kategorien bei den erfolgreicheren Parteien häufen. Diese Qualitätsgruppen wurden deshalb in der Tabelle grau unterlegt. Schon die optische Auswertung der Tabelle zeigt, dass eine systematische Häufung nicht offensichtlich erkennbar ist. Daran ändert sich im Übrigen auch dann nicht viel, wenn das Maß der abhängigen Variable durch die Anzahl der gewonnen Sitze oder die Ergebnisse der beninischen Parlamentswahl von 2003 beziehungsweise der Wahl 2002 in Burkina Faso ersetzt werden (siehe Anhang 13).

Allgemein kann festgestellt werden, dass sich keine einzige Merkmalskombination exakt wiederholt. Es bilden sich also keine Merkmalsmuster heraus, denen mehrere Parteien zuzuordnen wären. Stattdessen bringt jede einzelne Partei ein ganz eigenes Profil in den Wahlwettbewerb ein. Systematische Messeffekte liegen nicht vor. Das Messverfahren ermöglicht, dass mehrere Parteien stets in die gleiche Qualitätsgruppe fallen könnten.

Auch große Ähnlichkeiten im Merkmalsprofil sind selten. Wo sie auftreten, sind sie interessanterweise grenzüberschreitend. Sehr ähnlich sind die Profile der Parteien UPR-BJ und UPR-BF – die nur zufällig mit der gleichen Abkürzung operieren – sowie der beninischen MAP und der burkinischen UNDD. Die Varianz der Merkmalsprofile legt eine erste Ergebnisthese nahe: *Politische Parteien suchen sich auf allen Erfolgsniveaus ihre eigene Merkmalsnische statt einheitlichen Mustern zu folgen.* Die Nachfrageseite ist

---

236 Die im Untersuchungszeitraum letzten Parlamentswahlen in Benin haben am 31. März 2007 stattgefunden. Die im Untersuchungszeitraum letzten Wahlen zur vierten Legislaturperiode der burkinischen Nationalversammlung wurden am 6. Mai 2007 abgehalten.

Tabelle 5.1: Merkmalsausprägungen aller Fälle nach dem Stimmenanteil 2007

Partei	Land	Materielle Ausstattung (1.2)	Vernetzung (1.3)	Parteigenese (2.1)	Programm (2.2)	Spitzenpersonal (2.4)	Wechsel des Parteichefs?	Innerparteiliche Partizipation (3.1)	Loyalität (3.2)	Regierungsbeteiligung (3.3)	Direkt vor der Wahl?	Bündnisse (3.4)	Geographische Dekonzentration (3.5)	Wahl 2007 (Stimmenanteil)
CDP	BFA	A	B	B	A	B(e)	b	B	B(f)	A	a	C	A	58,9%
UDS#	BEN	D	D	C	C	B(g)	a	D	A	C	b	C	C	23,5%
PRD	BEN	B(f)	D	C	D**	B(g)	a	B	A	C	d	D	D	10,7%
ADF/RDA	BFA	A	C(i)	A	A	B(e)	d	C	C(a)	C	b	D	B	10,7%
MADEP	BEN	B	C(n)	B	B	D	a	C	A	B	c	D	C	5,8%
PSD	BEN	B	C(i)	C	B	A	a	A	D	B	c	D	D	5,8%
RB	BEN	B(f)	C(n)	B	D*	B(g)	a	B	C(f)	B(r)	d	C	D	5,8%
UPR-BJ	BEN	C(f)	D	B	C	D	n	D	A	D	d	B	B	4,7%
UPR-BF	BFA	C(f)	D	B	D*	D	n	A	B(f)	D	b	B	B	4,3%
MAP#	BEN	D(p)	D	C	A	B(g)	a	A	A	C	c	D	C	4,1%
UNIR/MS	BFA	B(p)	B	D	A+	C	b/n	D	A	D	d	C	A	3,9%
RPR#	BEN	D(f)	D	D	D	C	a	(A)	(A)	C	c	D	B	3,5%
FARD	BEN	C	D	D	D*	B(e)	d	C	D	B	c	D	C	3,5%
IPD	BEN	B	D	D	C	C	a	C	B(f)	B	a	D	B	3,4%
PDP/PS	BFA	B(p)	B	A	B+	C	c	C	C(f)	D	d	A	C	2,5%
UNDD	BFA	C(f)	D	C	B+	B(e)	n	A	A	C(r)	d	D	B	1,9%
PAI	BFA	D	D	A	C	O	d*	B	D	C	o	D	C	0,8%

Anmerkungen: # markiert Parteien, die in rechnerisch nicht differenzierbaren Wahlallianzen angetreten sind; BEN = Benin, BFA = Burkina Faso; (zu 1.2) f = finanziell, p = infrastrukturell; (zu 1.3) n = national, i = international; (zu 2.2) + markiert *„single issue party"*, * sei in Arbeit oder Überarbeitung, ** Verweis auf ein Buch des Parteivorsitzenden; (zu 2.4) e = Erfahrung, g = ethno-regionale Gruppe; Wechsel des Parteichefs (a) weder vor der Wahl 2007 noch vor 2002/03, (b) in der Legislaturperiode vor 2002/03, (c) in der Legislaturperiode vor 2007, (d) in beiden Legislaturperioden, (n) neue Partei, * Vorsitz seit 1998 streitig; (zu 3.2) f = Faktionalismus, a = Abspaltungen; (zu 3.3) r = Ressortbedeutung; Regierungslager (a) vor den Wahlen 2007 und 2002/03, (b) vor der Wahl 2007, (c) vor der Wahl 2002/03, (d) vor keiner der beiden Wahlen, (o) ambivalent.

Quelle: eigene Darstellung

offensichtlich heterogen genug, um mit unterschiedlichen Merkmalsprofilen eine relevante Rolle im Parteiensystem einzunehmen. Parteien mit sehr ähnlichen Merkmalsprofilen stehen unter den relevanten Parteien nicht in Konkurrenz zueinander. Dies deutet an, dass für zwei zu ähnliche Merkmalsprofile nicht genug Platz auf dem Wählermarkt ist. Es heißt zudem zwingend, dass ohne eine differenzierte Betrachtung der Merkmalsprofile einzelner

Parteien befriedigende Erklärungen von Wahlerfolgen nicht gefunden werden können.

Die beiden UPR-Parteien können als relative Newcomer auf den politischen Märkten ihrer Länder agieren – was im Übrigen stark zu ihren ähnlichen Profilen beiträgt – und weisen mit diesem Profil eine ähnliche mittlere – allerdings noch sehr junge – Erfolgsbilanz auf. Beide Parteien sind zwar echte Neugründungen, wurden aber nicht von völlig unbekanntem politischem Personal gegründet. Beide Parteien sind entstanden, weil Parlamentsabgeordnete in ihren bisherigen Parteistrukturen unzufrieden waren und gemeinsam mit Kollegen eine eigene organisatorische Plattform aufbauen wollten. Beide Parteien sind folglich Produkte der sogenannten *transhumance politique* (Awoudo 2004); des Parteiübertritts einzelner Abgeordneter während der Legislaturperiode. Beide Parteien gründeten sich innerhalb des Regierungslagers, verfügen jedoch nicht über Personal mit Regierungserfahrung. Der einzige signifikante Qualitätsgruppenunterschied findet sich bei der innerparteilichen Partizipation. Aufgrund des geringen Alters der Parteien ist diese Divergenz jedoch nicht hoch zu bewerten, da sich das deutlich höhere Partizipationsniveau bei der UPR-BJ erst verstetigen muss, bevor von einem besonderen Verhaltensmarker ausgegangen werden darf.[237] Neue regierungsnahe Parteien haben also durchaus eine Chance, sich relativ schnell in den Parteiensystemen beider Staaten zu etablieren. Einschränkend muss jedoch gesagt werden, dass beide Parteien nicht zu herausragender Bedeutung durchstarten konnten. Obwohl beide Parteien 2007 zum ersten Mal bei Wahlen angetreten sind, haben sie im Vergleich zum Ende der vorigen Legislaturperiode jeweils einen Sitz verloren. Man muss mithin feststellen, dass der Sitzgewinn, also der Parteierfolg, der sich aus dem Parteiübertritt einiger Abgeordneter ergeben hat, größer war als der Wahlerfolg. Dennoch bleibt festzuhalten, dass das Mandatsniveau – insbesondere in Burkina Faso – fast gehalten werden konnte. Der auf Illoyalität gründende Entstehungsmodus wurde vom Wähler nicht bestraft.

Die Erfolgsbilanz der beiden anderen sehr ähnlichen Parteien fällt hingegen recht unterschiedlich aus. UNDD und MAP unterscheiden sich nur in zwei Punkten signifikant. Der UNDD wird eine bessere Finanzausstattung zugeschrieben, während die MAP hinsichtlich der Parteibüros besser dasteht. Zudem ist die UNDD stärker geographisch dekonzentriert als die MAP. Beide Parteien treten mit regierungserfahrenem Spitzenpersonal an, wenngleich die UNDD stärker auf ihren Vorsitzenden Hermann Yaméogo zugeschnitten ist als die MAP auf ihre Identifikationsfigur und Spitzenkandidaten

---

237 Es sei daran erinnert, dass mit Rahat und Hazan (2001) angenommen wurde, dass besonders inklusive Partizipationsprozesse aus einem demokratietheoretisch-normativen Blickwinkel zwar wünschenswert, aber für ein effektives, erfolgsorientiertes Verhalten im Wahlwettbewerb eher hinderlich sind. Die Kategorie D kennzeichnet folgerichtig die inklusivsten innerparteilichen Prozesse.

Lazare Séhouèto. Der betont intellektuelle Anspruch des Spitzenpersonals beider Parteien (vgl. Séhouèto 1999; Yaméogo 1993) hat dazu beigetragen, dass ihre Grundsatzprogramme zu den konkretesten der Untersuchungsfälle gehören. Beide Parteien setzten einen Schwerpunkt auf die Wirtschaftpolitik, in der sie tendenziell für eine soziale Marktwirtschaft eintreten und in diesem Politikfeld die präzisesten Aussagen aller Vergleichsfälle anbieten.[238] Klare zentrale Entscheidungsstrukturen bei der Kandidatenauswahl und ein hohes Maß innerparteilicher Loyalität runden die Stärken der Parteien ab. Die Erfolgsbilanz beider Parteien unterscheidet sich jedoch deutlich: Während sich die Erfolgsbilanz der MAP kontinuierlich positiv entwickelt hat, konnte die UNDD im Jahre 2007 gar keinen Parlamentssitz mehr erobern.

Aus mindestens drei Gründen ist dieses Ergebnis der Merkmalsanalyse besonders interessant. Erstens zeigt es, dass höchstwahrscheinlich die intervenierenden nationalen Faktoren für die Erfolgsunterschiede zwischen UNDD und MAP ausschlaggebend sind. Zweitens wird demonstriert, dass die beiden Parteien unterschiedliche Ziele verfolgen. Und drittens lenkt der detaillierte Vergleich die Aufmerksamkeit auf vernachlässigte Faktoren. Aufgrund des extrem hohen praktischen Aufwandes in fragmentierten Parteienlandschaften werden kaum systematisch vergleichende Untersuchungen zu den Höhepunkt des Parteienwettbewerbs im frankophonen Afrika angefertigt: den Wahlkämpfen. Während sich in westlichen Gesellschaften zahlreiche Wissenschaftler – nicht zuletzt im Auftrag der politischen Parteien selbst – zu jeder relevanten Einzelpartei in jedem einzelnen Wahlkampf umfassende Studien vorlegen, sind derartige Daten in Benin kaum und in Burkina Faso praktisch gar nicht zu finden.

Der beispielhafte Vergleich von UNDD und MAP gibt jedoch interessante Hinweise auf wirkmächtige angebotsbezogene Faktoren, die ohne eine genaue Fallkenntnis kaum erkannt werden können. Hermann Yaméogos UNDD ist die Schöpfung seines Gründers und ohne dessen Hingabe kaum handlungsfähig. Der Parteivorsitzende zog seit der Rückkehr Burkina Fasos zum Mehrparteiensystem mit drei unterschiedlichen Parteien in die Nationalversammlung ein. Zunächst mit vier, dann mit zwei Abgeordneten. Auf den Rückschlag folgte eine Fusion, die in der dritten Legislaturperiode auch Dank einer Wahlrechtsänderung zum massiven Anstieg der Abgeordnetenzahl auf 17 führte. Ein Führungsstreit während der Legislaturperiode ließ Yaméogo die UNDD gründen, in die er fünf weitere loyale Parteimitglieder mitnahm.

---

238 Von ideologischer Polarisierung zu sprechen, wäre dennoch übertrieben, da es keine Anhaltspunkte dafür gibt, dass die wirtschaftspolitischen Differenzen den Umgang der Parteien miteinander maßgeblich steuern. Die Untersuchung zum Bündnisverhalten demonstriert insbesondere für Benin, dass unterschiedliche wirtschaftspolitische Grundaussagen kein Kooperationshindernis sind: RB und UDS haben in der Regierung Soglo ebenso eng zusammengearbeitet wie UPR-BJ und PSD im Rahmen der Allianz UBF zur Stützung der Regierung Kérékou II. RB und UPR-BJ neigen der freien Marktwirtschaft zu. UDS und PSD propagieren tendenziell staatswirtschaftliche Konzepte (siehe Tabelle 4.15).

Die hohe Frustration über die unveränderten Machtstrukturen veranlassten Yaméogo schließlich zu einem Boykott der Präsidentschaftswahl 2005 und einer bewusst halbherzigen Teilnahme an den Parlamentswahlen 2007:[239] Wahlkampf wurde kaum geführt und der natürliche Spitzenkandidat Yaméogo trat auf dem letzten Platz der nationalen Zusatzliste an, hinter seinem persönlichen Koch.

Die MAP führte 2007 einen geschickt geplanten und auf regionale Nischen innerhalb der RB-Hochburg ausgerichteten Wahlkampf mit der eingespielten Zweckallianz *Force Clé*. Diese wird von der MAP politisch dominiert. Mit dieser klaren Strategie konnte die MAP ihr Erfolgsniveau nach Stimmen und Sitzen halten, obwohl ihr Merkmalsprofil keine eindeutigen Vorteile gegenüber der RB nahe legt. Aus dem spezifischen Vergleich lässt sich ableiten, dass *die komplexen Merkmalsprofile der Parteien immer erst gezielt und strategisch klug im konkreten Wahlkampf genutzt werden müssen, um den Wahlerfolg positiv beeinflussen zu können.* Sozialstrukturelle Nachfrageautomatismen – wie sie der Ethnizitätsansatz impliziert – greifen jedenfalls nicht für alle relevanten Parteien.

Da weitere Ähnlichkeiten in den Merkmalsprofilen nicht vorliegen, soll die Perspektive nun von den Parteien auf die Merkmale wechseln. Die offene Herangehensweise mit einer möglichst breiten Merkmalsmessung suggeriert ja gerade nicht, dass alle Merkmale auch tatsächlich eine wichtige kausale Rolle für die Erfolgsbilanz der Parteien einnehmen. Zwei Teilmerkmale wurden bereits eliminiert,[240] weitere können hinzutreten, wenn die Merkmalsprofile nach Länderkontexten sortiert werden. Durchgängig ähnliche Ausprägungen eines Merkmals innerhalb des gleichen Referenzsystems für den Parteienwettbewerb signalisieren die fehlende Erklärungskraft für die Varianz der abhängigen Variablen – und zwar unabhängig von der Messung der Erfolgsvariable. Kurzum, wenn alle Parteien innerhalb eines Landes die gleiche Merkmalsausprägung aufweisen, können sich daraus keine Unterschiede in der Erfolgsbilanz erklären.

Tabelle 5.2 ordnet die Merkmalsprofile deshalb einerseits absteigend nach der gewonnen Zahl von Parlamentssitzen bei der Wahl 2007, und unterteilt andererseits in beninische und burkinische Parteien.[241] Die Merkmalsprofile bleiben erkennbar unsortiert. Offensichtliche Muster ergeben sich auch bei dieser Darstellung nicht.[242] Allerdings lassen sich drei im nationalen Kontext irrelevante Unterscheidungsmerkmale identifizieren: die organisatorische Vernetzung und das Bündnisverhalten für die beninischen Fälle

---

239 Interview mit Hermann Yaméogo, Ouagadougou, 26.10.2006.
240 Die Merkmale Parteistruktur und Mitgliederbasis konnten nicht sinnvoll zur Differenzierung der Parteien herangezogen werden. Die Ähnlichkeiten waren durchgängig zu groß.
241 Eine Sortierung nach Stimmenanteilen wurde in Tabelle 5.1 bereits unternommen.
242 Das gleiche gilt im Übrigen auch dann, wenn die Parteien nach der 2002 (Burkina Faso) beziehungsweise 2003 (Benin) gewonnen Sitzzahl sortiert (siehe Anhang 13.3).

sowie die Frage nach Dauer und Umfang der Regierungsbeteiligung in Burkina Faso.

Tabelle 5.2: Merkmalsausprägungen aller Fälle nach Parlamentssitzen 2007

Abschnitt:		1.2	1.3	2.1	2.2	2.4		3.1	3.2	3.3	3.4	3.5	
Partei	Land	Materielle Ausstattung	Vernetzung	Parteigenese	Programm	Spitzenpersonal	Wechsel des Parteichefs?	Innerparteiliche Partizipation	Loyalität	Regierungs-beteiligung	Direkt vor der Wahl?	Bündnisse	Geographische Dekonzentration	Sitze 2007
PRD	BEN	B(f)	D	C	D**	B(g)	A	B	A	C	d	D	D	9
RB	BEN	B(f)	C(n)	B	D*	B(g)	A	B	C(f)	B(r)	d	C	D	8
PSD	BEN	B	C(i)	C	B	A	A	A	D	B	c	D	D	7
MADEP	BEN	B	C(n)	B	B	D	A	C	A	B	c	D	C	4
MAP	BEN	D(p)	D	C	A	B(g)	A	A	A	C	c	D	C	4
UPR-BJ	BEN	C(f)	D	B	C	D	N	D	A	D	d	B	B	3
UDS	BEN	D	D	C	C	B(g)	A	D	A	C	b	C	C	2
RPR	BEN	D(f)	D	D	D	C	A	(A)	(A)	C	c	D	B	1
FARD	BEN	C	D	D	D*	B(e)	D	C	D	B	c	D	C	0
IPD	BEN	B	D	D	C	C	A	C	B(f)	B	a	D	B	0
CDP	BFA	A	B	B	A	B(e)	B	B	B(f)	A	a	C	A	73
ADF/RDA	BFA	A	C(i)	A	A	B(e)	D	C	C(a)	C	b	D	B	14
UPR-BF	BFA	C(f)	D	B	D*	D	N	A	B(f)	D	b	B	B	5
UNIR/MS	BFA	B(p)	B	D	A+	C	b/n	D	A	D	d	C	A	4
PDP/PS	BFA	B(p)	B	A	B+	C	C	C	C(f)	D	d	A	C	2
PAI	BFA	D	D	A	C	O	d*	B	D	C	o	D	D	1
UNDD	BFA	C(f)	D	C	B+	B(e)	N	A	A	C(r)	d	D	B	0

Anmerkungen: siehe Tabelle 5.1 / Quelle: eigene Darstellung

Die relevanten Parteien Benins sind durchgängig schlecht organisatorisch vernetzt. Dies gilt sowohl für nationale Verbindungen zu zivilgesellschaftlichen Organisationen als auch für strukturierte internationale Kontakte.[243] Das Merkmal kann mithin nicht zur Erklärung der Erfolgsvarianz beitragen.

---

243 Die Partei mit den strukturiertesten internationalen Kontakten (PNE) konnte sich, seitdem sie nach einem Führungsstreit aus der in den ersten beiden Legislaturperioden sehr erfolgreichen NCC hervorgegangen ist, nicht mehr unter den relevanten Parteien des beninischen Parteiensystems etablieren. Ihre Bedeutung behält sie allein über das hohe Ansehen ihres Vorsitzenden Albert Tévoèdjre, der bei vielen Präsidentschaftswahlen als Königsmacher galt und inzwischen sein Mediationsgeschick als nationaler Ombudsmann unter Beweis stellt. Die PNE profitiert von der bilateralen Kooperation mit der Konrad-Adenauer-Stiftung und im regionalen Verbund UPADD, der von der Europäischen Volkspartei ebenfalls über die Konrad-Adenauer-Stiftung gefördert wird.

Das Bündnisverhalten der beninischen Parteien ist ebenfalls sehr homogen. Die einzige Partei, die noch keine hochgradige Flexibilität bei der Wahl der Bündnispartner unter Beweis stellen konnte, ist die neu gegründete UPR-BJ. Es gibt jedoch einige Gründe, es als plausibel zu erachten, dass auch diese Partei keine günstige Kooperationsmöglichkeit ausschlagen würde. Schließlich war es die UPR-BJ, die bald nach den Parlamentswahlen 2007 in einen Schlingerkurs zu Staatspräsident Yayi geriet. Einerseits stieg sie 2008 aus dem präsidentiellen Bündnis im Parlament aus und gründete mit einigen weiteren Abgeordneten die regierungskritische Fraktion G13. Andererseits wollte sie sich vor den Präsidentschaftswahlen im März 2011 nicht auf eine konzertierte Aktion mit den anderen Oppositionsparteien einlassen; vermutlich, um größere Handlungsspielräume nach den Wahlen zu behalten. Insgesamt spricht also vieles dafür, das allgemeine Bündnisverhalten der Parteien als generell sehr flexibel zu bezeichnen. Auch dieses Merkmal scheidet mithin im beninischen Kontext zur Erklärung einer Erfolgsvarianz aus.

Dauer und Bedeutung der Regierungsbeteiligung trennen in Burkina Faso scharf zwischen der dominanten CDP und allen anderen Parteien. Diese Unterscheidung ist von hoher Relevanz. Zur Erklärung der Varianz unterhalb dieser Schwelle, also bei allen anderen relevanten Parteien, trägt das Merkmal jedoch nicht bei. Keine Partei außer der CDP kann für sich in Anspruch nehmen, gesicherten Ressourcenzugang über eine ausgeprägte Regierungsbeteiligung im Sinne dieses Merkmals zu besitzen. Durchaus ressourcenträchtige Beteiligungen liegen entweder weit zurück (UNDD)[244] oder sind vom guten Willen der dominanten Regierungspartei CDP abhängig (ADF/RDA). Die Qualitätsgruppeneinteilung des Merkmals berücksichtigt diese längerfristigen Zugänge zu Ressourcen mit. Augenscheinlich ist die Zusatzinformation in Burkina Faso von größerer Bedeutung. Am oberen Ende der Erfolgsmessung nach Sitzen finden sich ausschließlich Parteien, die unmittelbar vor der Wahl 2007 dem Regierungslager angehörten. Regierungsgegner nehmen die hinteren Ränge ein. Allerdings gelingt es diesen Parteien auch nicht, sich mit ansonsten deutlich günstigeren Merkmalen zu profilieren, insbesondere nicht gegenüber der ADF/RDA. Die Annäherung der ADF/RDA an die CDP hat sich offenbar ausgezahlt.

5.1.2   Theoriegeleitete Prüfung von Merkmalsprofilen

Die offene Merkmalsanalyse konnte eine Reihe grundsätzlicher Ergebnisse liefern, die auf eine große Vielfalt der Erfolgswege und eine hohe Bedeutung kurzfristiger Entscheidungen hinweisen. Ausgesprochene Erfolgsmuster

---

244 Der heutige UNDD-Chef Yaméogo war als ADF-Vorsitzender von Februar 1992 bis Juni 1997 als herausgehobener Staatsminister für einen Teil der auswärtigen Angelegenheiten zuständig.

innerhalb der nationalen Parteiensysteme oder gar grenzüberschreitend konnten hingegen nicht identifiziert werden.

Deshalb wird in einem zweiten Analyseschritt die verfügbare Datenbasis genutzt, um fünf vorherrschende theoriegeleitete Thesen auf ihre Wirksamkeit hin zu prüfen. Der erste Schritt legt nahe, dass mehrere oder alle Thesen einen Erklärungsbeitrag liefern. Die Thesen können nämlich auch als mögliches Angebotskonzept der politischen Parteien verstanden werden. Dies sollte jedoch nicht als ein neuer Typologisierungsvorschlag für politische Parteien missverstanden werden. Typen müssten disjunkt sein. Die Thesen dürfen sich in ihrer Konstruktion und im empirischen Einzelfall der untersuchten politischen Parteien überlagern. Es soll nicht ausgeschlossen werden, dass Parteien unterschiedliche Strategien gleichzeitig zu nutzen versuchen.

Die Merkmalsprofile geben die Zustände wieder, so wie sie sich zum Erhebungszeitpunkt – etwa ein halbes Jahr vor den jeweiligen Wahlen – dargestellt haben. Durch die umfangreiche Einbeziehung längerfristiger Faktoren, sind die Merkmalsprofile jedoch mehr als eine Momentaufnahme. Andererseits soll gerade nicht suggeriert werden, die Profile müssten statisch sein. Die Untersuchung betont bewusst die Handlungsfähigkeit der Akteure, ihr Angebot an den Wähler selbst zu bestimmen und mithin auch verändern zu können. Diese dynamische Perspektive soll durch eine Rückkehr zu typologischen Kategorien, die immer eine gewisse Dauerhaftigkeit suggerieren, nicht überlagert werden.

Die Prüfung beginnt mit den Thesen, die stärker auf die theoretischen Ansätze der sogenannten allgemeinen Parteienforschung zurückgreifen, und arbeitet sich zu den stärker Area-spezifischen Thesen vor. Zunächst werden die Organisationsressourcen auf ihre Wirksamkeit geprüft, darauf folgt die normativ-funktionale Performanz. Die Patronage-These hat bereits einen stärkeren Area-Bezug (van de Walle 2007), findet sich aber ebenso in zahlreichen überregionalen und anderen Kontexten (Kitschelt/ Wilkinson 2007; Warner 1997; Mainwaring/ Scully 1995). Der Vorteil des Regierungslagers, der an vierter Stelle untersucht wird, verbindet westliche und afrikaspezifische Konzepte. Der abschließend geprüfte angebotsseitige Ethno-Regionalismus wird intuitiv am stärksten mit Subsahara-Afrika verbunden, ist aber anderen Regionen ebenfalls nicht fremd (Chandra 2004; van Cott 2005; Ishiyama 2011).

Die Prüfung ist – entsprechend der methodologischen Grundentscheidung dieser Arbeit – kein strenger Hypothesentest. Vielmehr schlägt sie nutzen aus der breiten Datenverfügbarkeit und prüft die Plausibilität der Thesen in Anwendung auf konkrete empirische Erkenntnisse, die in ihrem spezifischen Kontext bewertet werden können. Alle Ergebnisse sind vorläufiger Natur und dienen der Identifizierung vielversprechender zukünftiger Wege der fokussierten Forschung zu afrikanischen Parteien. Die Prüfung erfolgt deshalb möglichst anschaulich und greift jeweils die Parteien beider

Länderkontexte heraus, die den Idealanforderungen der jeweiligen These am meisten und am wenigsten entsprechen. Die Determinanten für systematische Unterschiede zwischen den Ländern werden in Abschnitt 5.2 diskutiert.

Organisationsressourcen-These
Organisationstheoretisch kann angenommen werden, dass mit fortschreitender und andauernder Demokratisierung eine organisatorische Stärkung der politischen Wettbewerbsakteure einhergehen sollte, um Wahlerfolge abzusichern oder zu steigern. Dieser Gedanke ist eng mit der Institutionalisierungsdebatte verknüpft (Janda 1980; Kuenzi/ Lambright 2001; Randall/ Svåsand 2002b; Basedau/ Stroh 2008). Diese impliziert, dass stärker institutionalisierte Parteien auch erfolgreicher agieren können. Die Dauerhaftigkeit, der Ausbau und die Professionalisierung der Parteiapparate ist ein Teil dieser strukturellen Institutionalisierung politischer Parteien. Ein weiterer Teil ist der Beweis von organisatorischer Kohärenz, Verfügbarkeit und Zugänglichkeit über eigene Strukturen oder eine gute Vernetzung mit Kollateralorganisationen und anderen gesellschaftlichen Akteuren. Aus dem Kanon der Merkmalsprofile kann zur Prüfung der Organisationsressourcen-These die folgende Merkmalskombination herangezogen werden:

Organisationsressourcen-Vorteil = gute materielle Ausstattung mit Partei-Infrastruktur[245] + große Vernetzung + Genese als Traditionspartei + effiziente zentrale Steuerung + hohes Loyalitätsniveau + geographische Dekonzentration

Wendet man die Organisationsressourcen-These auf die Merkmalsprofile der untersuchten Parteien beider Länder an, ergibt sich ein nach nationalen Kontexten differenziertes Bild. In Benin kommt die PSD einem möglichen Institutionalisierungsvorteil am nächsten. In Burkina Faso ist es die CDP. Am weitesten entfernt von einem Institutionalisierungsvorteil ist die beninische FARD. In Burkina Faso gibt es keine Partei, die einen vergleichbar deutlichen Mangel an Organisationsressourcen aufweist.
Diese Ergebnisse lassen sich in Tabelle 5.3 ablesen. Sie nennt in der ersten Datenzeile die idealtypischen Qualitätsgruppen für einen maximalen Organisationsressourcen-Vorteil entsprechend der oben festgelegten Kombinationsformel. Im konkreten Fall werden in allen ausgewählten Merkmalen A-Kategorien erwartet. Für die Parteigenese gilt, dass die ältesten Parteien im Parteiensystem einen größeren hypothetischen Vorteil haben. Genaue Übereinstimmungen in den Merkmalsprofilen sind dunkel markiert. Hellere Markierungen kennzeichnen eine Annäherung an die idealtypische Erwartung der These. Die Reihenfolge der Parteien richtet sich nach den Gewinnen und Verlusten an Sitzen bei der Parlamentswahl 2007, da sich in den vorstehenden Sortierungen nach Sitzzahlen und Stimmenanteilen keine potentiell

---

245 Parteizentralen und dezentrale Parteibüros.

kausalen Muster herausgebildet haben. Wichtiger ist, dass die Auswertungstabelle nunmehr eine breitere Erfolgsbilanz berichtet, um den hypothetischen Vorteil in Hinblick auf die aktuellen Sitz- und Stimmergebnisse, auf die jüngere Erfolgsdynamik und auf den Gesamttrend prüfen zu können. Gleichermaßen aufgebaute Auswertungstabellen folgen auch für die anderen vier Prüfthesen.

Tabelle 5.3: Auswertung nach der Organisationsressourcen-These

| Abschnitt: | | 1.2 | 1.3 | 2.1 | 3.1 | 3.2 | 3.5 | | | | | | |
Partei	Land	Materielle Ausstattung	Vernetzung	Parteigenese	Innerparteiliche Partizipation	Loyalität	Geographische Dekonzentration	Sitze 2007	Gewinne & Verluste	Gesamttrend	Stimmenanteil 2007	Gewinne & Verluste	Gesamttrend
These:		A(p)	A	"alt"	A	A	A						
UPR-BJ	BEN	C(f)	D	B	D	A	B	3	3	~	4,7%	4,7	neu ⬈
RPR	BEN	D(f)	D	D	(A)	(A)	B	1	0	=	3,5%	-1,7	~
MAP	BEN	D(p)	D	C+	A	A	C	4	-1	~	4,1%	-2,6	~
UDS	BEN	D	D	C+	D	A	C	2	-1	⬊	23,5%	19,3	~
PRD	BEN	B(f)	D	C+	B	A	D	9	-2	⬊	10,7%	-3,8	~
IPD	BEN	B	D	D	C	B(f)	B	0	-2	⬊	3,4%	-1,9	⬊
PSD	BEN	B	C(i)	C+	A	D	D	7	-3	~	5,8%	-13,0	⬊
MADEP	BEN	B	C(n)	B	C	A	C	4	-5	~	5,8%	-6,7	⬊
RB	BEN	B(f)	C(n)	B	B	C(f)	D	8	-7	⬊	5,8%	-8,3	⬊
FARD	BEN	C	D	D	C	D	C	0	-21	⬊	3,5%	-5,6	–
CDP	BFA	A	B	B	B	B(f)	A	73	16	~	58,9%	9,4	~
UPR-BF	BFA	C(f)	D	B	A	B(f)	B	5	5	~	4,3%	4,3	neu ⬈
UNIR/MS	BFA	B(p)	B	D	D	A	A	4	1	⬈	3,9%	1,5	⬈
UNDD	BFA	C(f)	D	C	A	A	B	0	0	⬊	1,9%	1,9	⬊
ADF/RDA	BFA	A	C(i)	A	C	C(a)	B	14	-3	~	10,7%	-2,0	~
PAI	BFA	D	D	A	B	D	C	1	-4	~	0,8%	-2,8	⬊
PDP/PS	BFA	B(p)	B	A	C	C(f)	C	2	-8	⬊	2,5%	-5,0	⬊

Anmerkungen: siehe Tabelle 5.1; + kennzeichnet die ältesten Parteien Benins; ⬈ ansteigender Trend; ⬊ rückläufiger Trend; ~ etwa gleichbleibender Trend

Quelle: eigene Darstellung

Im beninischen Parteiensystem bringen die Organisationsressourcen keinen bedeutenden Wettbewerbsvorteil ein. Die Investitionen der Parteien in die eigene Institutionalisierung sind gemäß der Merkmalsmessung insgesamt gering. Jedoch sind auch die Anreize für Investitionen gering. Die tendenziell

240

am besten organisierte Partei Benins – die PSD – hat ihr längerfristiges Erfolgsniveau gemessen in Parlamentssitzen zwar einigermaßen halten können, musste gegenüber der äußerst positiven Entwicklung bei den Wahlen zur vierten Legislaturperiode im Jahr 2003 jedoch empfindliche Rückschläge hinnehmen. Mit Blick auf das Schicksal der FARD, die von 21 Sitzen, von denen die Partei aufgrund ihres Mangels an innerparteilicher Kohärenz und personeller Loyalität zahlreiche bereits während der Legislaturperiode an andere Parteien verloren hatte, auf null Sitze eingebrochen ist, kann gefolgert werden, dass ein besseres Institutionalisierungsniveau zumindest dem völligen Erfolgseinbruch einer Partei vorbeugen mag. Diese Folgerung wird dadurch unterstützt, dass PSD und FARD bis ein Jahr vor der Wahl in der sehr erfolgreichen Allianz UBF zusammengeschlossen waren. Einschränkend muss gesagt werden, dass Organisationsressourcen hingegen keine Notwendigkeit für ansteigenden Erfolg sind. Von den 2006 als relevant identifizierten politischen Parteien sind die allermeisten bei den Parlamentswahlen 2007 stark eingebrochen. Verloren haben sie gegenüber einem losen Wahlbündnis weitgehend unbekannter Kleinstparteien und unabhängiger Kandidaten, die nur die Unterstützung für den 2006 gewählten, parteilosen Staatspräsidenten Boni Yayi verbunden hat. Einzig die UDS konnte vom Yayi-Bündnis *Forces Cauris pour un Bénin Émergent* (FCBE) profitieren. Zwar büßte selbst sie ein eigenes Parlamentsmandat ein, konnte sich jedoch mit ihrer Erfahrung im Parlamentsgeschäft als tragende Kraft der Regierung Yayi etablieren. Diese Zusammenhänge lenken die Aufmerksamkeit bereits auf die Regierungslager-These und alternative Erfolgsverständnisse. Doch zuvor sollen auch die burkinischen Fälle besprochen werden.

In Burkina Faso ist das Niveau der Organisationsressourcen allgemein höher als in Benin. Die dominante CDP investiert erkennbar in ihre eigene Institutionalisierung. Ihre herausgehobene Stellung im Parteiensystem erleichtert diese Aufgabe. Sie trägt damit aber auch zur Absicherung ihrer Dominanz bei. Alle anderen Parteien fallen hinter ihr zurück. Die junge, aufstrebende Oppositionspartei UNIR/MS setzt ebenfalls auf organisatorisch-institutionalisierende Fortschritte. Sie kommt – mit bescheideneren Mitteln – dem Merkmalsprofil der CDP sehr nahe. Im Vergleich zu den meisten anderen Parteien der Auswahl setzt sie dabei auf ein höheres Maß innerparteilicher Partizipation.[246] Damit gelingt es der radikalen Oppositionspartei engagiertes Personal zu rekrutieren. Zwar wächst die Partei mit diesem Merkmalsprofil, allerdings bleibt sie auf einem bescheidenen absoluten Niveau. Die PDP/PS zeigt zudem, dass man sich nicht auf einem relativ hohen Institutionalisierungsniveau ausruhen kann. Die Traditionspartei brach

---

246 Dies gilt trotz der Aussage des für organisatorische Fragen zuständigen Vorstandsmitglieds, dass die Partei sich noch in der Aufbauphase befinde und deshalb eine stärkere zentrale Steuerung nötig sei. Mittelfristig strebe man jedoch einen basisdemokratischen Aufbau der Partei an. Interview, Malick Sawadogo, UNIR/MS, Ouagadougou, 24.10.2006.

trotz einer vergleichsweise guten infrastrukturellen Ausstattung, nationalen und internationalen Vernetzung empfindlich ein. Innerparteiliche Kritiker machen dafür den zentralistischen Führungsstil seit dem Abtritt der langjährigen Identifikationsfigur Joseph Ki-Zerbo im Jahr 2005 verantwortlich (Traoré et al. 2005). Daraus folgt das Argument: *Organisationsressourcen spielen in Burkina Faso eine gewisse Rolle; insbesondere Oppositionsparteien kommen größere Organisationsressourcen in Kombination mit inklusiver innerparteilich Partizipation tendenziell zu Gute.* Warum dies in Burkina Faso gilt, aber nicht in Benin, kann später mit den intervenierenden Variablen erklärt werden.

Performanz-These

Aus systemtheoretischer Perspektive müssen politische Parteien in modernen demokratischen Systemen eine normativ begründete und funktional eingebettete Leistung erbringen, um das politische System stabil zu halten (Almond 2001; Emminghaus 2002; 2003: 71-76). Unterstellt man dem Medianwähler ein grundsätzliches Interesse an Systemstabilität, müssten Leistungserbringer erfolgreicher sein als „*non-performer*". Die normativ-funktionale Performanz kann angebotsseitig daran gemessen werden, in welchem Maße sich die Parteien um ihre Aufgabe verdient machen, Bindeglied zwischen der Gesellschaft und den staatlichen Akteuren zu sein. Ohne die vielfältigen Funktionskataloge im Einzelnen zu wiederholen (siehe dazu Emminghaus 2003: 81-82; Basedau 2007: 108-109), kann die normativ-funktionale Performanz auf diesen aufbauend an den folgenden Parteimerkmalen festgemacht werden:

Performanz-Vorteil = gute materielle Ausstattung mit Partei-Infrastruktur + präzise Programmatik + inklusive innerparteiliche Partizipationsmöglichkeiten + hohes Loyalitätsniveau + kohärentes Bündnisverhalten

Die infrastrukturelle Präsenz der Parteien und die Partizipation garantieren die Möglichkeit zur Integration in den parteipolitischen Vermittlungsprozess zwischen Staat und Gesellschaft. Eine klare Programmatik bieten eine effiziente Verknüpfung für Bürgerinnen und Bürger, die sich nicht dauerhaft in den Parteistrukturen engagieren wollen und zeigen gegebenenfalls auch demokratische Alternativen auf. Diese Alternativen sind freilich nur dann funktional, wenn das Bündnisverhalten der Parteien einigermaßen berechenbar – also nicht hochflexibel – ist und die Organisation kohärent agieren kann, ohne durch Illoyalität destabilisiert zu sein. Tabelle 5.4 gleicht diese Annahmen zu Performanz-Vorteilen mit der empirischen Realität ab.

Nicht zuletzt aufgrund einiger Überschneidungen bei den ausgewählten Merkmalen kommt es ähnlich wie bei den Organisationsressourcen zu einer tendenziellen Zweiteilung der Fälle nach nationalen Lagern. Erneut sind die Parteien in Burkina Faso in normativ-funktionaler Hinsicht im Allgemeinen besser aufgestellt. Den Anforderungen an die Merkmalsprofile kommt in Benin die MADEP noch am nächsten, während die burkinischen Oppositionsparteien UNIR/MS und PDP/PS fast alles im Sinne der These „richtig" machen. Zu den schlechtesten Performern zählen die beninischen Parteien RPR, RB und FARD sowie die burkinische PAI. Eine systematische Verbindung zur Erfolgsentwicklung ist jedoch nicht erkennbar. MADEP und RB gehörten zu den großen Verlierern der Wahl 2007 in Benin, die UNIR/MS verzeichnete in Burkina Faso einen aufsteigenden Trend während die PDP/PS deutlich abgeben musste.

Tabelle 5.4: Auswertung nach der Performanz-These

Abschnitt:		1.2	2.2	3.1	3.2	3.4						
Partei	Land	Materielle Ausstattung	Programm	Innerparteiliche Partizipation	Loyalität	Bündnisse	Sitze 2007	Gewinne & Verluste	Gesamttrend	Stimmenanteil 2007	Gewinne & Verluste	Gesamttrend
These:		A(p)	A	D	A	A-C						
UPR-BJ	BEN	C(f)	C	D	A	B	3	3	~	4,7%	4,7	neu ↗
RPR	BEN	D(f)	D	(A)	(A)	D	1	0	=	3,5%	-1,7	~
MAP	BEN	D(p)	A	A	A	D	4	-1	~	4,1%	-2,6	~
UDS	BEN	D	C	D	A	C	2	-1	↘	23,5%	19,3	~
PRD	BEN	B(f)	D**	B	A	D	9	-2	↘	10,7%	-3,8	~
IPD	BEN	B	C	C	B(f)	D	0	-2	↘	3,4%	-1,9	↘
PSD	BEN	B	B	A	D	D	7	-3	~	5,8%	-13,0	↘
MADEP	BEN	B	B	C	A	D	4	-5	~	5,8%	-6,7	↘
RB	BEN	B(f)	D*	B	C(f)	C	8	-7	↘	5,8%	-8,3	↘
FARD	BEN	C	D*	C	D	D	0	-21	↘	3,5%	-5,6	~
CDP	BFA	A	A	B	B(f)	C	73	16	~	58,9%	9,4	~
UPR-BF	BFA	C(f)	D*	A	B(f)	B	5	5	~	4,3%	4,3	neu ↗
UNIR/MS	BFA	B(p)	A+	D	A	C	4	1	↗	3,9%	1,5	↗
UNDD	BFA	C(f)	B+	A	A	D	0	0	↘	1,9%	1,9	↘
ADF/RDA	BFA	A	A	C	C(a)	D	14	-3	~	10,7%	-2,0	~
PAI	BFA	D	C	B	D	D	1	-4	~	0,8%	-2,8	↘
PDP/PS	BFA	B(p)	B+	C	C(f)	A	2	-8	↘	2,5%	-5,0	↘

Anmerkungen: siehe Tabelle 5.1; ↗ ansteigender Trend; ↘ rückläufiger Trend; ~ etwa gleichbleibender Trend

Quelle: eigene Darstellung

Auch ein völlig inkohärentes Merkmalsprofil hinsichtlich der normativen Ansprüche scheint beninischen Parteien kaum zu schaden. Die MAP konnte ihr Erfolgsniveau stabilisieren, obwohl die verhältnismäßig präzise Programmatik und ein hohes Maß innerparteilicher Loyalität mit einer sehr zentralistisch-elitären Führungskultur, einer geringen Investitionsbereitschaft in dezentrale Parteibüros nahe bei der Bevölkerung und einem höchst flexiblen Bündnisverhalten einher geht. Bei keiner Partei war die Diskrepanz zwischen intellektuellem Anspruch und tatsächlichem Auftreten gegenüber der Bevölkerung größer. Sonderlichen Schaden fügt dies der Partei jedoch nicht zu.

Am Rande wird bei der normativen Profilbewertung auch der erfolgsbezogen weitgehend wirkungslose Einfluss der internationalen Parteienzusammenarbeit sichtbar. Bei mindestens der Hälfte aller Parteien mit einer Programmatikqualität von A oder B haben internationale Kooperationspartner die Programmentwicklung aktiv unterstützt, wenn nicht sogar angeregt (siehe Tab. 5.5). Bei der ADF/RDA liegt nahe, dass die ausführliche Programmentwicklung mit dem Wunsch zur Aufnahme in die Liberale Internationale in Zusammenhang steht. Noch eindrucksvoller ist, dass keine der Parteien mit einem besonders schwachen Programmatikniveau über eine intensive internationale Vernetzung verfügt. Ein vergleichsweise hohes Programmniveau ist also überwiegend extern induziert und bleibt zugleich für den konkreten Wettbewerb weitgehend unbedeutend. Da programmstarke Parteien ohne Wahlerfolge keinen Einfluss auf Politik ausüben können, handelt es sich folglich um internationale Fehlinvestitionen.

Tabelle 5.5: Internationale Zusammenarbeit und Qualität der Programmatik

	Vernetzung mindestens C(i)	Vernetzung gering
Programmatik mindestens B-Niveau	ADF/RDA, CDP, PDP/PS*, PSD*, UNIR/MS*	MADEP, MAP*, UNDD
Programmatik unter B-Niveau		FARD, IPD, PAI, PRD, RB, RPR, UDS, UPR-BJ, UPR-BF

* Sponsoring der Programmentwicklung durch internationale Partner (Friedrich-Ebert-Stiftung, Konrad-Adenauer-Stiftung, Fondation Jean Jaurès) aufgrund einschlägiger Interviews bekannt, im Fall der MAP indirekt über das Institut Kilimanjaro und Personalüberlappungen. / Quelle: eigene Darstellung

Insgesamt bleibt die Performanz-These für die Erfolgsbilanzen von Parteien überwiegend wirkungslos. Sie ist nicht generalisierungsfähig. Allenfalls sind in Burkina Faso gewisse nationale Mindeststandards erkennbar, denen sich die meisten Parteien anzupassen anstreben. Priorität wird der Programmentwicklung aber auch bei aufstrebenden Parteien wie der UPR-BF nicht eingeräumt. Mit dem Schlagwort, eine liberale Partei zu sein, genügt sich die Partei vorläufig selbst (vgl. UPR-BF 2004). Die möglichen Gründe für die nationalen Unterschiede werden später erörtert (Abschnitt 5.2).

Patronage-These

Klientelismus und Patronage sind nicht nur zentrale Begriffe der Parteien-forschung zu Afrika (Lindberg 2003; van de Walle 2003) sondern der gesamten politischen Systemforschung (Lemarchand 1981; Bayart 1989; Erdmann/ Engel 2007).[247] Die Patronage-These geht davon aus, dass politische Parteien mit einem besonders hohen Patronagepotential auch besonders erfolgreich sind. Unterstützer der Partei versprechen sich persönliche Vorteile vom Erfolg des kollektiven Zweckakteurs, möglichst effizient von einem „Big Man" geführt, der keine unnötigen Ressourcen für programmatische Auseinandersetzungen, inklusive demokratische Partizipationsprozesse oder den Ausbau der Partei-Infrastruktur im Lande verschwendet, sondern sich ganz auf individuelle Ressourcenallokation konzentriert.

Patronagepotential = gute finanzielle Ausstattung + Stabilität an der Parteispitze („Big Man") + Regierungsbeteiligung + flexibles Bündnisverhalten − präzise Programmatik − inklusive innerparteiliche Partizipationsmöglichkeiten

Welches Patronagepotential weisen die Merkmalsprofile der Parteien aus? Stehen diese in einem entscheidenden Zusammenhang mit der jüngeren Erfolgsbilanz der Parteien? Tabelle 5.6 lässt erkennen, dass das Patronagepotential fast aller untersuchten Parteien im beninischen Parteiensystem vor den Wahlen 2007 reduziert war. Die Parteien größerer Finanzausstattung und intensiverer Regierungsbeteiligung sammeln sich tendenziell am unteren Ende der Erfolgsbilanzen. Die Wahl des parteilosen Staatspräsidenten Boni Yayi ein Jahr zuvor hat die meisten Parteien ihres Zugriffs auf Exekutivposten weitgehend beraubt. Aber selbst die IPD, die es in der Vergangenheit verstanden hatte mit einem höchst flexiblem Bündnisverhalten an ganz unterschiedlichen Regierungen beteiligt zu sein und sich auch wieder früh auf die Seite Yayis geschlagen hatte, konnte aus diesem Merkmalsprofil keinen Gewinn schlagen.[248] Sie ist sogar vollständig aus dem Parlament verschwunden. Die UPR-BJ konnte hingegen mit einem der schlechtesten Patronageprofile ihre junge Erfolgsbilanz stabilisieren. Sie hatte sich freilich nie von Präsident Yayi distanziert und gehörte grade als junge Partei nicht zum

---

247 Die uneinheitliche Verwendung der Begriffe Klientelismus und Patronage wurde eingangs ausführlich diskutiert (siehe Abschnitt 2.1.2). Zur Analyse parteipolitischer Erfolgsstrategien erscheint der Patrongebegriff im Sinne von Amts- und Verteilungspatronage für besser geeignet. Mit van de Walle (2003) darf der Klientelismus-Begriff als der umfassendere gelten, in den Patronage eingebunden ist. Das Patronagepotential ist es letztlich, was politische Parteien als attraktivste Gegenleistung im wechselseitigen Verpflichtungsverhältnis des Klientelismus anbieten können.

248 Ein IPD-Spitzenpolitiker hat im Gespräch mit dem Autor ausdrücklich bedauert, dass Staatspräsident Yayi sich nicht erkenntlicher für die Unterstützung seiner Partei gezeigt hat. Im Gegensatz zur UDS wollte die IPD jedoch ihre Eigenständigkeit nicht gefährden und hat sich nicht in die FCBE integriert. Die eigenen Listen sind jedoch alle gescheitert. Die beiden bisherigen Parlamentssitze gingen an die FCBE verloren.

abgewählten politischen Establishment. Ihr kommt mithin ein gewisses Protestpotential zugute, während etablierte beninische Parteien stärker vom Patronagepotential abhängig sind. Der Absturz von FARD und RB deutet jedoch darauf, dass das Patronagepotential eher kurzfristig evaluiert wird. Diese müsste sich in der Wirksamkeit der Regierungslager-These niederschlagen.

In Burkina Faso ist die CDP fest mit dem größten Patronagepotential verbunden, das in Parteiensystemen strukturell denkbar ist. Als permanente und dominante Regierungspartei mit Wurzeln in der Militärdiktatur der 1980er Jahre kann sie patronageorientierte Wähler am besten binden und tut dies auch. Das Lager ihrer Konkurrenten, seien sie aus der kooperativen oder der sogenannten „radikalen" Opposition,[249] ist auf die Kooperationsbereitschaft der CDP angewiesen, um überhaupt politisches Patronagepotential aufzubauen. Dies kann fast nur über die Anbindung an das Regierungslager geschehen, was zur nachfolgenden These überleitet. ADF/RDA und UNDD haben jüngst und in der Vergangenheit schon unter Beweis gestellt, dass sie in günstigen Verhandlungssituationen bereit sind, flexibel zu handeln um klientelismustheoretisch interessante Vorteile zu erreichen. Das Lavieren des UNDD-Parteichefs Yaméogo hat in jüngerer Zeit jedoch eher zum Erfolgsverlust seiner wechselnden politischen Gruppierungen geführt. Am deutlichsten wird der Vorteil von günstigen Patronageperspektiven bei der UPR-BF. Der schnelle Aufstieg der Partei ist offensichtlich auch damit verbunden, dass sie Unterstützern eine Heimat bietet, die sich aus unterschiedlichen Gründen nicht der CDP zuwenden wollen, aber die Nähe zu den Staatsressourcen suchen. Die Patronage-Ferne der UNIR/MS und der PDP/PS begrenzt offenbar deren Erfolgsaussichten. Die Vergleichsergebnisse sind in Tabelle 5.6 abgebildet.

Zusammenfassend kann gesagt werden, *dass Patronagepotential eine günstige Voraussetzung für Parteierfolg ist. Sie ist aber keine Garantie,* insbesondere dann nicht, wenn die aktuellen Aussichten auf eine Regierungsbeteiligung unklar sind und attraktivere Alternativen vorliegen. Besonders schwer hat es die Opposition im weniger demokratisierten und nicht an Machtwechsel gewöhnten System Burkina Fasos. Hier begrenzt das fehlende Patronagepotential der „radikalen" Opposition deren Erfolgsspielraum deutlich. Die Wähler scheinen also keineswegs gesellschaftsstrukturell gefangen, sondern reagieren hochflexibel auf das aktuelle Angebot.

---

249 Der Begriff „radikal" beschreibt lediglich, dass diese Parteien eine Zusammenarbeit mit der CDP für sich ausschließen.

Tabelle 5.6: Auswertung nach der Patronage-These

Partei	Abschnitt: 1.2 Materielle Ausstattung	2.2 Programm	Wechsel des Parteichefs?	3.1 Innerparteiliche Partizipation	3.3 Regierungs-beteiligung	Direkt vor der Wahl?	3.4 Bündnisse	Sitze 2007	Gewinne & Verluste	Gesamttrend	Stimmenanteil 2007 %	Gewinne & Verluste	Gesamttrend
These:	A(f)	D	a	A	A	a	D				%		
UPR-BJ	C(f)	C	n	D	D	d	B	3	3	~	4,7	4,7	neu ↗
RPR	D(f)	D	a	(A)	C	c	D	1	0	=	3,5	-1,7	~
MAP	D(p)	A	a	A	C	c	D	4	-1	~	4,1	-2,6	~
UDS	D	C	a	D	C	b	C	2	-1	↘	23,5	19,3	~
PRD	B(f)	D**	a	B	C	d	D	9	-2	↘	10,7	-3,8	~
IPD	B	C	a	C	B	a	D	0	-2	↘	3,4	-1,9	↘
PSD	B	B	a	A	B	c	D	7	-3	~	5,8	-13,0	↘
MADEP	B	B	a	C	B	c	D	4	-5	~	5,8	-6,7	↘
RB	B(f)	D*	a	B	B(r)	d	C	8	-7	↘	5,8	-8,3	↘
FARD	C	D*	d	C	B	c	D	0	-21	↘	3,5	-5,6	~
CDP	A	A	b	B	A	a	C	73	16	~	58,9	9,4	~
UPR-BF	C(f)	D*	n	A	D	b	B	5	5	~	4,3	4,3	neu ↗
UNIR/MS	B(p)	A+	b/n	D	D	d	C	4	1	↗	3,9	1,5	↗
UNDD	C(f)	B+	n	A	C(r)	d	D	0	0	↘	1,9	1,9	↘
ADF/RDA	A	A	d	C	C	b	D	14	-3	~	10,7	-2,0	~
PAI	D	C	d*	B	C	o	D	1	-4	~	0,8	-2,8	↘
PDP/PS	B(p)	B+	c	C	D	d	A	2	-8	↘	2,5	-5,0	↘

Anmerkungen: siehe Tabelle 5.1; ↗ ansteigender Trend; ↘ rückläufiger Trend; ~ etwa gleichbleibender Trend

Quelle: eigene Darstellung

Regierungslager-These

Die Regierungslager-These geht über die breite Spezialdiskussion um den persönlichen Amtsbonus von Kandidaten bei Wahlen (Erikson 1971; Cox/ Katz 1996; Desposato/ Petrocik 2003: 19-20; Debrah 2004) hinaus. Sie folgt aber der gleichen Logik. Angesichts einer sonst schwachen Profilierung der politischen Parteien und ihrer Kandidaten, die bestrebt sind für alle Wähler grundsätzlich wählbar zu sein (Kirchheimer 1966; Elischer 2010: 57-63),[250] wird ein konservatives Wahlverhalten attraktiv. Mit anderen Worten; in Ermangelung besserer Alternativangebote soll das Bekannte bewahrt werden.

---

250 Hier ist die Verknüpfung zu den typologischen und ökonomischen Ansätzen der Parteien-forschung gegeben.

Dies führt dazu, dass die Parteien des Regierungslagers einen Vorteil besitzen, so lange dem Wähler kein spezifischer Anlass zum Protest gegeben wird. Das gilt insbesondere, wenn die Konkurrenz kein deutlich präziseres Gegenangebot unterbreitet. Die ideale Merkmalskombination im Sinne der Regierungslager-These wird freilich von der Vorwahl-Zugehörigkeit zum Regierungslager dominiert. Formal kann die zentrale Bedeutung der aktuellen machtpolitischen Postition mit einer angedeuteten Multiplikation ausgedrückt werden. Die Sekundärfaktoren können die aktuelle Regierungsnähe nur verstärken, ihr Nicht-Vorhandensein aber nicht ausgleichen:

Regierungslager-Vorteil = aktuelles Regierungslager * (Regierungs-beteiligung der Partei + Regierungserfahrung des Spitzenpersonals + konsistent regierungsseitige Bündnisse + regierungsnahe Genese) − deutlich stärkere Programmatik der Gegner

Im Umkehrschluss zur Regierungslager-These kann das Erfolgspotential von „Dagegen-Parteien" im Sinne einer Protest-These geprüft werden. Unter den Bedingungen eines weniger demokratisierten Regimes kann sich Opposition jedoch auch in andere − außerparlamentarische − Kanäle verlagern (Clapham 1997). Wenn die Bürgerinnen und Bürger kaum darauf vertrauen, dass staatliche Institutionen und Wahlen gut geeignet sind, um die herrschende politische Elite zur Rechenschaft zu ziehen (Chabal 1998), mögen sie weniger Sinn darin erkennen, die Opposition im Parlament mit ihrer Stimme zu stärken. Im konkreten Vergleichsfall ist dies eher in Burkina Faso als in Benin der Fall. Dies weist auf eine unmittelbare Wirkung der intervenierenden Variable Demokratieniveau hin (siehe Abschnitt 5.2.1).

In Burkina Faso ist die Sachlage recht eindeutig. Angehörigkeit zum Regierungslager kann ein Vorteil sein, um als neue Partei den Aufstieg zu schaffen (UPR-BF) oder als Traditionspartei den Abstieg zu vermeiden (ADF/RDA), der in anderen Fällen auf Nachfolgequerelen folgte (PDP/PS). Protestpotential kann ebenfalls − zumindest in begrenztem Maß − aufgenommen werden, wenn das Oppositionsprofil mit der entsprechenden Glaubwürdigkeit verknüpft wird. Dabei konnten die unverbrauchten und geschlossen auftretenden Bewerber der UNIR/MS bei der jungen urbanen Protestwählerschicht besser abschneiden als die überalterte und intern zerstrittene PDP/PS. Die Entwicklung des Stimmenanteils zeigt, dass diese Aussagen trotz des stark intervenierenden Faktors der Wahlrechtsänderungen plausibel bleiben. Die PDP/PS hat kontinuierlich abgebaut während die UNIR/MS kontinuierlich zugelegt hat.

Protest äußert sich im stärker demokratisierten Benin in abweichender Form. Das regierungswechselerprobte Land bietet mit den machtpolitisch wichtigeren Präsidentschaftswahlen (van de Walle 2003) die attraktivere Protestbühne gegen nicht mehr erwünschte Regierungen. Mithin ist das Abrücken der Wähler von den etablierten Parteien im Jahr 2007 eher eine Fortsetzung der Protestwahl 2006, die man auch eine Erneuerungswahl nennen kann. Die Bevölkerung hatte im ersten Wahlgang überraschend deutlich den parteilosen Quereinsteiger Boni Yayi mit gut 35% der Stimmen in Führung gebracht. In rascher Folge entschieden sich daraufhin die unterlegenen Politiker, den Favoriten der Wähler im zweiten Wahlgang zu unterstützen (Mayrargue 2006). Der zweitplazierte Adrien Houngbédji stand praktisch alleine da und konnte nicht mehr darauf hoffen, seine knapp 25% aus dem ersten Wahlgang deutlich auszubauen. Es gelang ihm schließlich rund einen Prozentpunkt zuzulegen. Dennoch wurden die opportunistischen Zweitrundenunterstützer der Allianz *Wologuèdè* (PSD, MADEP, RB) in den Parlamentswahlen wesentlich stärker abgestraft, denn ihre Unterstützung für Yayi im zweiten Wahlgang wurde nicht mit Exekutivposten belohnt. Yayi setzte auf eine neue Mannschaft, die allenfalls einzelne Politiker aus der zweiten Reihe der etablierten Parteien kooptierte, ohne die entsprechenden Parteien aktiv in den politischen Entscheidungsprozess einzubinden.

Der Protest gegen die etablierte politische Elite drückte sich mithin in einem Aufschwung kleinster Parteien aus, die sich in Yayis Wahlallianz FCBE gesammelt hatten, und neuerer Kräfte, die nicht der alten politischen Elite zugerechnet wurden. Paradoxerweise vereinten sich der Regierungslager-Vorteil und das Protestpotential bei der 2007 zuungunsten praktisch aller etablierten Parteien. Nur die Partei der einzigen glaubwürdigen Alternative zu Yayi, Houngbédjis PRD, konnte allzu gravierende Verluste vermeiden. Der kontinuierliche Abstieg der IPD zeigt zugleich, dass es mehr braucht als sich fortlaufenden dem Regierungslager anzubiedern, ohne dort zur Mehrheitsbildung gebraucht zu werden. Die Yayi-Unterstützer der IPD verloren alle Parlamentssitze, die sie trotz Regierungsbeteiligung schon 2003 halbiert hatten.

Die generell bedeutende Erklärungskraft der Regierungslager-These wird nicht nur durch Burkina Fasos Regierungslager und die längeren Erläuterungen zur Spezialsituation in Benin vor der Parlamentswahl 2007 unterstrichen, sondern auch durch einen Blick auf die Parlamentswahl 2003 in Benin. Damals gewannen fast alle Parteien des Regierungslagers hinzu, während die konsequentesten Oppositionsparteien RB und UDS deutliche Verluste einstecken mussten (vgl. „vorige Gewinne und Verluste" in Tab. 5.7). *Im Allgemeinen wirkt sich die Zugehörigkeit zum Regierungslager günstig auf die Erfolgschancen aus. Die Herausbildung eines erfolgreichen Protestprofils ist anspruchsvoller und muss mit weiteren Merkmalen flankiert werden.* Tabelle 5.7 fasst die Merkmalsprofilanalyse für die Regierungslager-These abschließend zusammen.

Tabelle 5.7: Auswertung nach der Regierungslager-These

Abschnitt:		2.1	2.2	2.4	3.3		3.4							
Partei	Land	Parteigenese	Programm	Spitzenpersonal	Regierungsbeteiligung	Direkt vor der Wahl?	Bündnisse	Sitze 2007	Gewinne & Verluste	vorige Gewinne & Verluste	Stimmenanteil 2007	Gewinne & Verluste	vorige Gewinne & Verluste
These:		B	≥	A(e)	A	a/b	D+						
UPR-BJ	BEN	B	C	D	D	d	B	3	3	neu	4,7%	+4,7	neu
RPR	BEN	D	D	C	C	c	D+	1	0	0	3,5%	-1,7	+3,1
MAP	BEN	C	A	B(g)	C	c	D	4	-1	5	4,1%	-2,6	+5,3
UDS	BEN	C	C	B(g)	C	b	C	2	-1	-1	23,5%	+19,3	-4,0
PRD	BEN	C	D**	B(g)	C	d	D	9	-2	0	10,7%	-3,8	+2,3
IPD	BEN	D	C	C	B	a	D+	0	-2	-2	3,4%	-1,9	-2,9
PSD	BEN	C	B	A	B	c	D	7	-3	1	5,8%	-13,0	+9,5
MADEP	BEN	B	B	D	B	c	D	4	-5	3	5,8%	-6,7	+3,3
RB	BEN	B	D*	B(g)	B(r)	d	C	8	-7	-12	5,8%	-8,3	-8,6
FARD	BEN	D	D*	B(e)	B	c	D	0	-21	11	3,5%	-5,6	+3,6
CDP	BFA	B	A	B(e)	A	a	C+	73	16	-44	58,9%	+9,4	-19,1
UPR-BF	BFA	B	D*	D	D	b	B+	5	5	neu	4,3%	+4,3	neu
UNIR/MS	BFA	D	A+	C	D	d	C	4	1	3	3,9%	+1,5	+2,4
UNDD	BFA	C	B+	B(e)	C(r)	d	D	0	0	-2	1,9%	+1,9	-7,4
ADF/RDA	BFA	A	A	B(e)	C	b	D	14	-3	15	10,7%	-2,0	+6,3
PAI	BFA	A	C	O	C	o	D	1	-4	5	0,8%	-2,8	+2,1
PDP/PS	BFA	A	B+	C	D	d	A	2	-8	4	2,5%	-5,0	-2,6

Anmerkungen: siehe Tabelle 5.1; ≥ gibt an, dass die Programmatik der Konkurrenz nicht besser sein sollte; + kennzeichnet systematische Suche nach Regierungsbeteiligung

Quelle: eigene Darstellung

Ethno-Regionalismus-These

Die Ethno-Regionalismus-These, die aus den sozialstrukturellen Ansätzen der Parteienforschung entstanden ist, muss angesichts ihrer Prominenz (Randall 2007; Erdmann 2004a; Mozaffar/ Scarritt/ Galaich 2003; Wallerstein 1967) und der ausführlichen Behandlung im theoretischen Teil dieser Arbeit nicht erneut begründet werden. Allerdings sei daran erinnert, dass diese angebotsorientierte Untersuchung nur das ethno-regionale Profil der Parteiorganisation bewertet und die Nachfrageseite der abhängigen Variable überlässt. Die entscheidenden Merkmale sind somit die folgenden:

Ethno-Regionalismus = gruppenhomogenes Spitzenpersonal + geographische Konzentration auf die entsprechende Region

250

Politische Parteien mit einem eindeutig ethno-regionalen Angebot gibt es nur in Benin. Gleich drei Parteien erfüllen die Idealerwartungen der These: PRD, PSD und RB bieten homogenes Spitzenpersonal und eine zumindest faktische geographische Konzentration ihrer Aktivitäten auf die Gebiete, die als Stammgebiete der ethnischen Gruppen ihres Spitzenpersonals angesehen werden (siehe Tab. 5.8). Ihre Erfolgsbilanz ist uneinheitlich, in ihren Hochburgen haben sie sich jedoch so stark etabliert, dass sie 2007 nicht zu den Parteien gehörten, die völlig in der Bedeutungslosigkeit verschwunden sind.

Tabelle 5.8: Auswertung nach der Ethno-Regionalismus-These

Abschnitt:		2.4	3.5								
Partei	Land	Spitzenpersonal	Geographische Dekonzentration	Sitze 2007	Gewinne & Verluste	vorige Gewinne & Verluste	Gesamttrend	Stimmenanteil 2007	Gewinne & Verluste	vorige Gewinne & Verluste	Gesamttrend
These:		A(g)	D								
UPR-BJ	BEN	D	B	3	3	neu	~	4,7%	4,7%	neu	neu ⁊
RPR	BEN	C	B	1	0	0	=	3,5%	-1,7%	+3,1	~
MAP	BEN	B(g)	C	4	-1	5	~	4,1%	-2,6%	+5,3	~
UDS	BEN	B(g)	C	2	-1	-1	↘	23,5%	19,3%	-4,0	~
PRD	BEN	B(g)	D	9	-2	0	↘	10,7%	-3,8%	+2,3	~
IPD	BEN	C	B	0	-2	-2	↘	3,4%	-1,9%	-2,9	↘
PSD	BEN	A	D	7	-3	1	~	5,8%	-13,0%	+9,5	↘
MADEP	BEN	D	C	4	-5	3	~	5,8%	-6,7%	+3,3	↘
RB	BEN	B(g)	D	8	-7	-12	↘	5,8%	-8,3%	-8,6	↘
FARD	BEN	B(e)	C	0	-21	11	↘	3,5%	-5,6%	+3,6	~
CDP	BFA	B(e)	A	73	16	-44	~	58,9%	9,4%	-19,1	~
UPR-BF	BFA	D	B	5	5	neu	~	4,3%	4,3%	neu	neu ⁊
UNIR/MS	BFA	C	A	4	1	3	⁊	3,9%	1,5%	+2,4	⁊
UNDD	BFA	B(e)	B	0	0	-2	↘	1,9%	1,9%	-7,4	↘
ADF/RDA	BFA	B(e)	B	14	-3	15	~	10,7%	-2,0%	+6,3	~
PAI	BFA	O	C	1	-4	5	~	0,8%	-2,8%	+2,1	↘
PDP/PS	BFA	C	C	2	-8	4	↘	2,5%	-5,0%	-2,6	↘

Anmerkungen: siehe Tabelle 5.1; ⁊ ansteigender Trend; ↘ rückläufiger Trend; ~ etwa gleichbleibender Trend

Quelle: eigene Darstellung

Die schärfste Konkurrenz machen sich ethno-regional profilierte Parteien untereinander, da diese in der Lage sind in die jeweiligen Parteihochburgen der anderen einzubrechen. Offenbar steigt diese Gefahr mit der sinkenden

Wahrscheinlichkeit, das Patronagepotential der Partei aufrecht zu erhalten oder weiter auszubauen. Die schlechteste Erfolgsbilanz der Parteien mit ethno-regionalem Merkmalsprofil hat die RB. Seitdem Ex-Staatspräsident Nicéphore Soglo – der Ehrenvorsitzende der RB – die Altersobergrenze für eine mögliche Rückkehr in das höchste Staatsamt überschritten hat, geht es mit der Partei immer weiter abwärts. Empfindliche Konkurrenz in den Stammgebieten konnte ihr vor allem die MAP machen. Das galt insbesondere für die Zeit der Regierung Kérékou II, an der die junge aufstrebende MAP beteiligt war. Sie konnte der RB vor allem 2003 mit einem sehr ähnlichen ethno-regionalen Profil deutliche Stimmen- und Sitzverluste beibringen.[251] *Ethno-Regionalismus ist also keine Erfolgsgarantie; auch nicht in stark ethno-regionalisierten Wettbewerbskontexten wie in Benin.*

Neben den ethno-regionalen Merkmalsprofilen sind in Benin und insbesondere in Burkina Faso Parteien mit ethnisch heterogenem Spitzenpersonal und einer deutlich erkennbaren geographischen Dekonzentration ihrer Aktivitäten auffindbar. Hierzu gehören in Benin – trotz einer häufig abweichenden externen Zuschreibung – die Parteien IPD, MADEP und UPR-BJ.[252] Keine dieser Parteien gehört zu den ganz großen Gewinnern. Insbesondere durch das Profil der IPD drängt sich die Hypothese auf, *dass eine rein opportunistisch auf Regierungsbeteiligung ausgerichtete Partei, die sonst in jeder Hinsicht – programmatisch und ethno-regional – sich eher durch Profillosigkeit auszeichnet, keine großen Erfolgschancen erwarten darf, wenn das restliche Parteiensystem stark ethno-regional ausgerichtet ist.* Anders steht es um Parteien in Burkina Faso, die in einem Parteiensystem agieren, dass kaum von ethno-regional konzentriertem Parteienwettbewerb gekennzeichnet ist. Dort zeigt die UPR-BF, dass mit ethnisch heterogenem Spitzenpersonal und einer breiten geographischen Streuung der Parteiaktivitäten beachtliche Erfolge eingefahren werden können. Die Partei zeigt, dass geographische Dekonzentration auch gestreut lokale Re-Konzentration sein kann (dazu ausführlich Stroh 2010b). Die UPR-BF passt ihre Arbeit den eigenen Kapazitäten an und konzentriert sich auf die Herkunftsgebiete ihres Spitzenpersonals. Dass die Führungsfunktionäre aus ganz unterschiedlichen Landesteilen stammen, stört offenbar weder die Kohärenz der parteipolitischen Zweckgemeinschaft, noch die Wahlbevölkerung. *In Burkina Faso zählen der Kandidat vor Ort, dessen Herkunft und seine persönlichen Ressourcen mehr als die ethno-regionale Ausrichtung der Partei.* Letztlich betreibt die UPR-BF damit

---

251 Das Beispiel ließe sich mit der PRD oder PSD und kleineren Parteien, die im hoch fragmentierten Parteiensystem Benins außerhalb der Fallauswahl liegen, wiederholen.

252 Der üblichen Interview-Zuschreibung zufolge handelt es sich bei der MADEP um eine Partei des Départements Plateau, die dort vor allem der PRD Konkurrenz machen wolle. Die UPR-BJ wird hingegen als Partei des extremen Nordens von Benin angesehen. Regionale Wahlergebnisse mögen diese Zuschreibungen tendenziell bestätigen, das Angebotsprofil mag es nicht. Das heterogene Profil der IPD wird hingegen allgemein anerkannt.

ein strategisches Modell, mit dem die IPD in Benin gescheitert ist. Die Gründe für die nationale Varianz müssen erneut in den intervenierenden Variablen gesucht werden.

Unterdessen findet das ethno-regionale Erfolgsprofil seine Grenzen in der Gruppengröße. Aus ethno-regionalistischer Sicht müsste eine ethnisch stark homogene Partei, die einen Vertretungsanspruch für ihre gesamte Gruppe impliziert, bereits sehr zufrieden sein, wenn sie einen großen Teil dieser Gruppe für ihren Erfolg mobilisieren kann. Denn die einfachste aller Vermutungen lautet schließlich, dass sich in einem ethnisierten Parteiensystem die Wählerstimmen nach der Gruppengröße verteilen. Gibt es keine Mehrheitsgruppe, kann sich Machtzugang für solche Parteien nur aus Koalitionen ergeben. Damit leitet diese letzte Thesenprüfung bereits zum folgenden Abschnitt über, der alternative Erfolgsverständnisse untersuchen wird.

Von der Prüfung einer postmaterialistischen These, die beispielsweise bestimmte programmatische Inhalte mit innerparteilicher Demokratie verbinden würde (vgl. Inglehart 1997), wurde Abstand genommen. Die ausführliche Merkmalsauswertung zur Qualität der Grundsatzprogrammatik hat bereits gezeigt, dass eine Orientierung hin zur aktiven Schätzung und Einbindung von Mitgliedern sowie eine inhaltliche programmatische Profilierung insgesamt nur sehr schwach ausgeprägt sind.

5.1.3 Prüfung alternativer Erfolgsverständnisse

Die offene Merkmalsprüfung und die strukturierte Thesenprüfung haben kein einheitliches Erklärungsmuster für die Erfolgsbilanzen politischer Parteien in Benin und Burkina Faso identifiziert. Es konnten mithin auch keine starken Generalisierungen für das frankophone Afrika abgeleitet werden. Wichtiger ist es, die Komplexität der Erfolgswege anzuerkennen. Die informationsreichen Merkmalsprofile helfen dabei, für einzelne Parteien unterschiedliche Kausalmechanismen identifizieren zu können und allgemeine Thesen angemessen differenziert zu bewerten. Teilweise ist bereits deutlich geworden, dass die Erfolgsbilanz einer Partei nicht nur in Relation zur deren Gesamtbedeutung im Parteiensystem – gemessen mit den Kernindikatoren der Stimmenanteile und Sitzzahlen – sowie über Gewinn-und-Verlust-Rechnungen über Zeit bewertet werden kann. Der Erfolg kann auch an den selbstgesteckten Zielen der Partei gemessen werden. An diesen Zielen wird die Partei idealerweise auch versuchen, ihr Angebotsprofil auszurichten.

Dieser dritte Schritt des kausalanalytischen Vergleichs greift deshalb die Frage nach der Erfolgsdefinition neu auf. Das zentrale Untersuchungsinteresse galt der jüngeren Erfolgsbilanz im Wettbewerb um Stimmenanteile und Sitze im Parlament. In präsidentiellen Systemen ist die Legislative diejenige politische Arena, in der politische Parteien am stärksten in Erscheinung treten. Wolinetz (2002: 149-159) hat nachdrücklich dafür plädiert, die Zielorientierung stärker zum Gegenstand der international vergleichenden Parteienforschung zu machen und dafür eine intensivere Nutzung von Strøms Trias der Hauptziele vorgeschlagen (*vote, office, policy*; Strøm 1990). Im Sinne dieser Zieltrias setzt das zentrale Untersuchungsinteresse voraus, dass Parteien immer auch *vote-seeking parties* sind, also solche, die ihren Stimmenanteil bei Wahlen maximieren wollen. Obgleich Strøms Kategorien sich gegenseitig nicht ausschließen und teilweise aufeinander aufbauen, ist es möglich, dass bestimmte Parteien *nicht* hauptsächlich *vote-seeking parties* sind und ihre anderen Ziele mit anderen Merkmalsprofilen besser erreichen. Erreichen sie ihre Ziele, kann dies natürlich auch als Erfolg – wenn auch nicht im strengen Sinne der Fragestellung – gewertet werden. Für die Fragestellung dieser Arbeit ist es dennoch höchst relevant, die Zielbestimmung der Parteien mitzuberücksichtigen. Denn das Erfolgskriterium der Partei kann sich auf den objektiven Erfolg bei Parlamentswahlen auswirken.

Wolinetz ist zuzustimmen, dass die Bestimmung der Parteiziele selbst umfassende Forschungsarbeiten rechtfertigen würde. Eine systematische Zielbestimmung für afrikanische Parteien mit Strøms Instrumenten ist dem Verfasser nicht bekannt und wird sogar für stärker erforschte Parteiensysteme als „difficult but possible" bezeichnet (Wolinetz 2002: 158). Der große Vorteil der vorliegenden Untersuchung ist ihre reiche deskriptive Analyse der Einzelparteien. Auf dieser Grundlage kann – auch angesichts des allgemeinen Mangels an Daten zu parteieigenen Merkmalen im frankophonen Afrika – eine zufriedenstellende näherungsweise Einschätzung des angestrebten Erfolgskriteriums der Einzelparteien erfolgen.

Da Strøms Kategorien miteinander verflochten sind, muss es immer um die Identifizierung des vorwiegenden Ziels gehen. Anschließend kann gemessen werden, ob dieses Ziel erreicht wurde und wie sich eine erfolgreiche oder misslungene Zielerreichung auf die objektive Wahlerfolgsbilanz auswirkt.

Praktisch alle interviewten Parteienvertreter haben als vorrangiges Ziel ihrer Partei die Machtübernahme angegeben.[253] Als Kernziel nicht ungewöhnlich ist es jedoch mit unterschiedlichen Ausrichtungen hinsichtlich des Weges zur Macht verbunden. Die Struktur der Parteiensysteme hat sich seit der Rückkehr zum Mehrparteienwettbewerb weder in Burkina Faso (dominantes Parteiensystem) noch in Benin (hoch fragmentiertes Parteiensystem) massiv verändert. Nach 20 Jahren haben die Parteipolitiker aus diesen Umständen gelernt und kennen ihre Erwartungsspielräume. Zudem bestätigt diese Aussage, dass das Hauptaugenmerk auf der Exekutive liegt

---

253 „Arriver au pouvoir" oder „conquérir le pouvoir" – also an die Macht gelangen oder die Macht erobern – waren gängige Interviewaussagen zu den Zielen der Partei. Solche Formulierungen lassen freilich offen, in welchem Umfang man sich Macht(teil)habe wünscht.

und mithin auf den Präsidentschaftswahlen. Diese Arbeit richtet sich aus den genannten Gründen jedoch auf die Erfolgsbilanzen bei Parlamentswahlen, bei denen der Wettbewerb in aller Regel – auch in nicht konsolidiert demokratischen Systemen – freier verläuft (van de Walle 2003).

Die Ausrichtung als *office-seeking parties* kann in den präsidentiellen Regierungssystemen Afrikas also unterschiedliche Bedeutungen für den Wettbewerb der Parteien um das Parlament haben. Die Bedeutung ist eng mit der Beziehung zum amtierenden Präsidenten und Regierungschef verbunden:

1. Parlamentswahlen können die Macht einer amtierenden Regierungspartei absichern. Mehrheiten müssen erreicht, gehalten oder ausgebaut werden. Die regierungsbeteiligten Parteien werden also zu *seat-seeking parties*, die das bereits erreichte *office*-Ziel erhalten wollen. Die Bezeichnung *seat-seeking* ist funktionsäquivalent zum *vote-seeking* zu verstehen, trifft den Sachverhalt in konzentrierenden Wahlsystemen aber besser.[254]

2. Parlamentswahlen können Parteien, die bisher nicht an der Regierung beteiligt waren, interessant für die Regierung machen, wenn sie ihren Parlamentserfolg signifikant ausbauen können. Auch diese Parteien müssten folglich *seat-seeking parties* sein.

3. Parlamentswahlen können auch zur Überlebensfrage werden. Zuvor aus der Exekutive abgetretene Parteien werden insbesondere hohe Verluste vermeiden wollen. Sofern der Wiedereintritt in die Regierung aussichtslos ist, handelt es nicht mehr um *office-seeking parties*, sehr wohl aber weiterhin um *seat-seeking parties* oder sogar *survival-seeking parties*, die sich für eine spätere Rückkehr an die Macht bereit halten wollen.

4. Ist eine Kooperation mit der gegenwärtigen Regierung aus bestimmten Gründen ausgeschlossen, kann eine Partei auch das Interesse an Parlamentssitzen verlieren. Das *office-seeking* bekommt eine *policy-seeking* Komponente (Ablehnung der Regierungspolitik), die bei schlechten Aussichten auf eine Oppositionsmehrheit im Parlament auch zu einer „apathy party" führen kann. Auch Wahlboykotte sind bei oppositionellen *policy-seeking parties* ein denkbares Instrument, das jedoch mit zunehmender Demokratisierung seltener verwendet wird (Lindberg 2006).

Letztlich wird erkennbar, dass die zentrale abhängige Variable dieser Untersuchung – die Erfolgsbilanz insbesondere gemessen in Sitzen und Mandats-

---

254 Stimmenanteile finden bei Parlamentswahlen kaum öffentliches Interesse, wenn sie aufgrund des Wahlsystems nichts oder nicht viel über die Sitzverteilung sagen. *Vote-seeking* wird in den präsidentiellen Systemen Afrikas vor allem bei den Präsidentschaftswahlen interessant. Das gilt insbesondere für absolute Mehrheitswahlsysteme, in denen unterlegene Kandidaten der ersten Runde mit ihrem „Stimmenpaket" in Verhandlungen mit den Stichwahlteilnehmern eintreten können. Diese Art des *vote-seeking* muss in dieser Arbeit jedoch unberücksichtigt bleiben.

entwicklungen – auch die höchste Relevanz für die Parteien selbst hat. Parteien – nicht einzelne Führungspersönlichkeiten! – können ihre Machtposition bei Parlamentswahlen am deutlichsten zum Ausdruck bringen. Die zentrale Bewertungsgröße für ihren Erfolg bleibt die Anzahl der Sitze in Verbindung mit aktuellen Gewinnen und Verlusten.

Da in beiden untersuchten Ländern die Termine der Präsidentschafts- und Parlamentswahlen entkoppelt sind, ergibt sich die Zielbestimmung auch aus der Lage der Wahltermine. Aktuell nicht regierungsbeteiligten Parteien stellt sich die Frage, ob sie sich noch als Partner der amtierenden Regierung empfehlen wollen oder sich bereits auf die nächsten Präsidentschaftswahlen zu bewegen. Insbesondere die Parteien von aussichtsreichen Präsident-schaftskandidaten können ihre Mobilisierungsfähigkeit testen. Sie müssten also auch an der Sicherung oder dem Ausbau des Stimmenergebnisses ein gesteigertes Interesse zeigen (*vote-seeking*). Die unterschiedlichen Logiken und Beteiligungsquoten würden einen direkten Vergleich von Stimmenanteilen stark verzerren. Deshalb ist der Trend gegenüber der jeweils letzten Wahl gleichen Typs von besonderer Bedeutung.

Alle Einschätzungen über die Ziele der politischen Parteien sind mit Vorsicht zu behandeln, da wenig über die Diskussionsprozesse innerhalb der Parteien bekannt ist. Es kann nicht in allen Fällen angenommen werden, dass Ziele überhaupt klar definiert werden, um daraus konkrete Strategien abzuleiten. Am eindeutigsten an einem großen parlamentarischen Erfolg interessiert sein müssten Parteien, die stärker kollektiv geführt werden und keine Regierungsoption haben. Für solche Parteien sind die Parlamentssitze die einzige Möglichkeit zum Zugriff auf den nationalen politischen Apparat – und gegebenenfalls zur Versorgung ihres Spitzenpersonals. Bei den zentral auf den Vorsitzenden ausgerichteten Parteien rücken die persönlichen Bestrebungen das parteipolitischen „Big Man" in den Vordergrund. Gilt der Vorsitzende als chancenreicher Kandidat für das Präsidentenamt, könnte ihm mehr an einem positiven Signal der Mobilisierung (Stimmenanteil) gelegen sein als am tatsächlichen Sitzgewinn. Auch eine Regierungsbeteiligung unter einem anderen Präsidenten wäre eher abwegig. Tabelle 5.9 unternimmt den Versuch, alle Untersuchungsfälle einer solchen Einschätzung zu unterwerfen und mit der Erfolgsbilanz bei Parlamentswahlen abzugleichen.

Der relativ geringe Stellenwert programmatischer Richtungsentscheidungen kann bestätigt werden. *Policy-seeking parties* haben einen entsprechend schweren Stand. Sieht man von bestimmten Einzelthemen in Burkina Faso ab, die eine Kooperation mit der gegenwärtigen Regierung ausschließen, gibt es daneben nur sehr wenige Parteien mit einer ausdifferenzierten Programmatik. Die MAP in Benin kann zwar ein vergleichsweise präzises Grundsatzprogramm vorweisen, stützt ihren relativen Erfolg aber offensichtlich auf andere Qualitäten wie ethno-regionale beziehungsweise lokal fokussierte Konzentration und Koopertionsbereitschaft in Hinblick auf Regierungsbeteiligungen. Das Hauptziel dieser Partei ist es, auf dem ihr möglichen Niveau Stärke zu beweisen und auch unter schwieriger werdenden Umständen Parlamentssitze zu verteidigen. Folgerichtig kann die MAP als *seat-seeking* kategorisiert werden. Ihre eigenen Ziele konnte sie damit – wie Tabelle 5.9 zeigt – in gutem Maße erfüllen. Sie hat sich im Mittelfeld der Parteienlandschaft Benins etablieren können.

Tabelle 5.9: Zieldefinitionen und Erfolgsverständnisse der Parteien

	Status quo ante 2007	Hauptziel 2007	Ergebnis	Regierungs-beteiligung	Sitze 2007	Gewinne & Verluste	Status quo ante 2002/03	Hauptziel 2002/03	Ergebnis	Regierungs-beteiligung	vorige Gewinne & Verluste	Gesamttrend
Benin												
RPR	Amb.	survival	+	nein	1	0	Reg.	office	+	ja	0	=
UDS	Reg.	office	+	ja	2	-1	Oppo.	policy	+	nein	-1	↘
MAP	Amb.	seats	ok	nein	4	-1	Reg.	seats	+	ja	5	~
PRD*	Oppo.	seats	ok	nein	9	-2	Amb.	seats	+	ja	0	↘
PSD	Oppo.	seats	–	nein	7	-3	Reg.	office	+	ja	1	~
MADEP	Oppo.	seats	–	nein	4	-5	Reg.	office	+	ja	3	~
FARD	Amb.	survival	–	nein	0	-21	Reg.	seats	+	ja	11	↘
UPR-BJ	Amb.	seats	ok	nein	3	+3	neu				neu	
IPD	Reg.	office	ok	ja	0	-2	Reg.	office	–	nein	-2	↘
RB*	Oppo.	seats	–	nein	8	-7	Oppo.	seats	–	nein	-12	↘
Burkina												
UNIR/MS	Oppo.	policy	+	nein	4	1	Oppo.	policy	+	nein	3	↗
ADF/RDA	Reg.	seats	ok	ja	14	-3	Amb.	seats	+	**	15	~
CDP*	Reg.	seats	+	ja	73	+16	Reg.	seats	–	ja	-44	~
UPR-BF	Amb.	seats	+	ja	5	+5	neu				neu	
UNDD	Oppo.	apathy	ok	nein	0	0	Amb.	policy	–	nein	-2	↘
PAI	Amb.	survival	–	nein	1	-4	Amb.	survival	+	nein	5	~
PDP/PS	Oppo.	policy	–	nein	2	-8	Oppo.	policy	+	nein	4	↘

Anmerkungen: siehe Tabelle 5.1; * zum Zeitpunkt der Wahl realistische Option auf den Staatspräsidenten; ** Eintritt in die Regierung nach Führungswechsel und Präsidentschaftswahl 2005; Amb. = Ambivalenz: nicht regierungsbeteiligt, aber bereit dazu; Reg. = Regierungsmitglied; Oppo. = Oppositionspartei ↗ ansteigender Trend; ↘ rückläufiger Trend; ~ etwa gleichbleibender Trend. Der Begriff *policy-seeking* wird hier hilfsweise benutzt und soll keine ausgefeilte Programmatik suggerieren. Die UNDD war bei der vorletzten Wahl Teil der ADF/RDA.

Quelle: eigene Darstellung

Ein besonderes Plus der MAP wird zudem im Vergleich mit den anderen – an den eigenen Zielen gemessen – erfolgreichsten und der erfolglosesten Parteien sichtbar: ihre innere Geschlossenheit. Erfolgreich ist auch die UDS. Sie hat über eine zehnjährige Phase die Opposition zu Präsident Kérékou aufrecht erhalten, ihm in seinen Hochburgen im nördlichen Landesteil Konkurrenz gemacht und sich früh und eindeutig für die Unterstützung Boni Yayis entschieden. Ihre Geschlossenheit hat ihr geholfen, sich in der losen Wahlallianz FCBE zum wichtigen organisatorischen Zentrum zu machen, und insbesondere für die Parlamentsarbeit des Präsidenten unerlässlich zu werden. Dafür benötigt die Partei im Übrigen kein ausgefeiltes Parteiprogramm, aber das lange und glaubwürdige Erbe der Kérékou-Gegnerschaft. Die UDS war eine der ersten Parteigründungen nach der Rückkehr zum Mehrparteiensystem in Benin und versammelte von Anfang an Kérékou-Gegner.

Geradezu entgegengesetzt war der Verlauf bei der RB. Von Staatspräsident Soglo unter der Führung seiner Ehefrau gegründet, konnte sie ihre Integrationsleistung nach dem Verlust der Macht nicht mehr lange halten. Die Partei brach ein; nicht zuletzt aufgrund zahlreicher Illoyalitäten. Es waren mithin weniger die Wähler als vielmehr die Parteiangehörigen selbst – insbesondere ihre Parlamentsabgeordneten – die dafür sorgten, dass die RB im Laufe der letzten beiden Legislaturperioden von 27 auf acht Sitze zusammenfiel. Zahlreiche Abspaltungen haben die Partei geschwächt. Ohne einen Integrationsanker – keine thematische Verbindung, ein zentralistisch-familiärer Führungsstil, keine breit ausgebauten Parteistrukturen – konnte die RB diesem Trend nichts entgegen setzen. Der erwünschte Stärkebeweis konnte nicht mehr erbracht werden, obwohl die Partei aufgrund ihrer ethno-regionalen Verwurzelung immer noch zu den größeren im Parlament gehört. Es scheint aber bei gleichbleibendem Angebot nur eine Frage der Zeit, bis sie von anderen ethno-regionalen Angeboten abgelöst wird.

Ähnlich negative Effekte von Loyalitätsproblemen sind in Burkina Faso zu beobachten, wo die PDP/PS über die Nachfolgefrage von Ki-Zerbo und die mangelnde Verjüngung der Parteispitze in einen zentrifugal wirkenden Faktionenstreit geraten ist. Programmatisch und organisationsstrukturell bietet die PDP/PS zwar ein verhältnismäßig gutes Profil, allerdings bieten andere Oppositionsparteien dies auch, ohne von einem zentralistischen Führungsstil der alten Garde geprägt zu sein. Das Protestpotential gegen die Regierung Compaoré hat sich auf jüngere und kohärentere Parteien verlagert, insbesondere auf die UNIR/MS.

Dass geschickte Illoyalität auch sehr zum persönlichen Nutzen sein kann, zeigt der Fall der RPR. Die Partei von Valentin Houdé in Benin hat keinerlei Ambitionen zu einer großen Kraft zu werden. Sie investiert nicht in ihre eigene Institutionalisierung, sondern ausschließlich in ihren Vorsitzenden und Spitzenkandidaten. Sie hat die äußerst lose Wahlallianz AFP nur gegründet, weil sie rechtlich dazu gezwungen ist in allen Wahlkreisen anzutreten. Houdés RPR ist mithin genau das, was als reines Karrierevehikel für eine Einzelperson bezeichnet wurde (Sandbrook 1996; Monga 1999). Versuche dieser Art gibt es in Benin recht viele, doch wenige sind damit so erfolgreich wie Houdé, weil dieser zunächst Erfahrung in einer großen Regierungspartei – der RB – gesammelt hat, um rechtzeitig das sinkende Schiff Soglos zu verlassen und sich dem neuen alten Staatspräsidenten Kérékou zuzuwenden, der ihn mit sieben Jahren in Ministerämtern belohnte. Gegenüber Yayi hielt er sich alle Möglichkeiten offen und reüssierte erneut; verteidigte seinen Parlamentssitz.[255]

Die ADF/RDA konnte ihre Erfolgsbilanz nach einem Faktionenstreit retten, der durch die Fusion von Hermann Yaméogos ADF mit der RDA begann und mit dem Wiederaustritt von Yaméogo und der Gründung der UNDD endete, indem sie sich einerseits auf ihren Bekanntheitsgrad als Traditionspartei stützte und andererseits auf eine Kooperation mit Präsident Compaoré einließ. Nachdem sie 2006 Compaorés Präsidentschaftswahlkampf unterstützt hatte (Stroh 2011), musste sie alles daran setzten, ihre Nützlichkeit mit einem möglichst guten Ergebnis bei den Parlamentswahlen zu unterstreichen. Dies gelang ihr mäßig: im Vergleich zum vorigen Wahlergebnis verlor die ADF/RDA 2007 drei Sitze weniger als ihr während der Legislaturperiode durch die Abspaltung der UNDD abhanden gekommen waren.

Die UNDD scheiterte hingegen mit einer betont oppositionellen Haltung, die dem Vorsitzenden Yaméogo nach mehreren Regierungsbeteiligungen unter Compaoré kaum noch jemand abnahm. Mit seinem zentralistischen Führungsstil entschied sich dieser selbst für den parlamentarischen Untergang seiner neuen Partei: Der Boykott der Präsidentschaftswahl 2005 in letzter Minute, kein ernsthafter Wahlkampf 2007 und die geringe Pflege der Parteistrukturen sind die Pfeiler dieser abwartenden bis apathischen Haltung.[256]

All diese Beispiele unterstreichen die große Relevanz kurzfristigen Verhaltens. Der Wahlerfolg politischer Parteien in den hier ausgewählten

---

255 Die Logik dieses Vergleichs würde die RPR geschwächt sehen, wenn sie die relativ konsequente Oppositionsrolle in der zweiten Hälfte von Staatspräsident Yayis erster Amtsperiode durchgehalten hätte. Das Ziel *survival* hat 2011 allerdings zu einer „rechtzeitigen" Annäherung an das Präsidentenlager und zu einer Wiederwahl Houdés geführt.

256 Möglicherweise wartet Yaméogo auf die Gelegenheit zur Rückkehr auf die ganz große politische Bühne. Er könnte weiter auf die Präsidentschaft spekulieren. Im Jahre 2015, wenn Präsident Compaoré laut gegenwärtiger Verfassung nicht mehr antreten darf, wäre er erst 67 Jahre alt. Er legt zwar keinen Wert auf den Ausbau der physischen Parteistrukturen oder Partizipationsmöglichkeiten, aber auf Kommunikation, zumindest in elitären Medien. Die Internetseite der UNDD wird beispielsweise stetig ausgebaut und hat sich in der außerparlamentarischen Opposition zur bestgepflegten Seite aller burkinischen Parteien entwickelt. In Interviews mit internationalen Medien gibt sich der Sohn des ersten Staatspräsidenten Obervoltas betont staatsmännisch. Parlamentswahlen spielen bei solch einem Politikansatz keine wichtige Rolle.

Fällen hängt in großem Maße von der Fähigkeit der Parteien ab, ihre Merkmalsprofile geziel zu entwickeln und strategisch im Wahlkampf einzusetzen. Gemeint ist also die Fähigkeit einer politischen Parteiorganisation, realistische Ziele zu definieren, Wahlkämpfe strukturiert zu planen und an den definierten Zielen auch über einen längeren Zeitraum hinweg auszurichten und mit der nötigen Flexibilität anzupassen. Es gibt nicht das eine Erfolgsmuster. Der fluide politische Markt in den seit 1990 dynamisch gebliebenen politischen Systemen muss immer neu bewertet werden und mit den zum gegebenen Zeitpunkt geeigneten Merkmalsprofilen bedient werden. Größere parteipolitische Akteure dürfen sich nicht auf einem Weg zum Erfolg ausruhen und von einzelnen günstigen Merkmalsausprägungen zehren. Sie können sonst schnell von frischen Alternativen bedroht werden, die in der richtigen Nische angreifen. In beiden Ländern warten über 100 registrierte Parteien auf ihre Chance. Strategische Wahlkampfplanung rückt mithin ins Zentrum des Interesses. Leider handelt es sich bei letzterem um ein fast unerforschtes Feld im frankophonen Afrika.

5.2 Intervenierende Wirkung von nationalen Faktoren

Die intervenierende Wirkung nationaler Faktoren hat die Analyse durchgehend begleitet. Sie ist in zahlreichen Einzelfällen und spezifischen Wirkumständen dargelegt worden. An dieser Stelle sollen die unmittelbaren und mittelbaren Wirkungen der in Kapitel drei entwickelten Variablencluster systematisch zusammengefasst werden. Bei den Variablenclustern handelt es sich um den Stand der Demokratisierung, das institutionelle Arrangement und nationale Spezifika historischer oder sozialstruktureller Art. Nationale Faktoren können sowohl unmittelbar auf das Wahlergebnis einwirken, beispielsweise indem Wahlrechtsänderungen zu einer starken Veränderung der Transformation von Stimmen in Mandate führen, als auch mittelbar, indem sie auf die Erfolgschancen bestimmter Merkmalsprofile Einfluss nehmen, beispielsweise der ethno-regionalen Komponente.

5.2.1 Stand der Demokratisierung

Das Demokratisierungsniveau ist in Benin gegenüber der Situation in Burkina Faso deutlich fortgeschritten (siehe Abschnitt 3.1). Wie bei allen intervenierenden Variablen, war diese Varianz im Forschungsdesign erwünscht, um die Bedeutung nationaler Faktoren bestimmen zu können. Die unterschiedliche Regimequalität wirkt sich in unmittelbarer Form auf die Erfolgschancen der Parteien aus. Die geringeren Kontrollkapazitäten gegenüber dem Exekutivapparat von Burkina Faso geben der staatsnahen Partei des Präsidenten, CDP, im dominanten Parteiensystem des Landes einen besonderen Vorteil. Die Parlamentswahlen gelten zwar in ihrer Durchführung als nach internationalen Standards akzeptabel, aber die Wettbewerbsvorteile der CDP durch die große Nähe zum Staatsapparat sind eindeutig: Das Verwaltungspersonal gehört weitgehend der CDP an, die Verwendung staatlicher Ressourcen wird nicht adäquat kontrolliert und die Kontrollfähigkeit der Opposition über parlamentarische Arbeit steht in Frage. Es gibt also eine unmittelbar wirkende Verzerrung des Wettbewerbs, in der die Wahl der CDP aufgrund des Demokratisierungsgrades attraktiver wird und Protest sich tendenziell stärker in Wahlenthaltungen kanalisiert als in einer aktiven Unterstützung der mutmaßlich aussichtslosen Opposition.

Diese Grundbedingungen haben zugleich einen mittelbaren Einfluss auf die Erfolgswahrscheinlichkeiten der Parteien. Zunächst einmal ist das Verhältnis zwischen Regierung und Opposition klar strukturiert. Die permanenten Regierungsparteien stehen der „radikalen" Opposition gegenüber, die eine Kooperation mit dem amtierenden Präsidenten ausschließt. Unter den gegebenen Wettbewerbsbedingungen verlangt diese Polarisierung der Opposition ein attraktiveres Merkmalsprofil ab als es beispielsweise in Benin erforderlich ist, um trotz mangelnder Machtübernahmeaussichten eine erfolgreiche Wahlalternative zu sein. Zumal auch die parlamentarischen Kontrollrechte der Minderheit in besonderem Maße unter dem hybriden Regimecharakter leiden. Das Demokratieniveau wirkt jedoch auch auf die Merkmalsanforderungen an die Quasi-Staatspartei CDP.

Es gibt starke Hinweise darauf, dass die CDP unter den Bedingungen weiter fortschreitender Demokratisierung unter größeren Druck geraten wird. Solche Fortschritte werden international angemahnt und können aufgrund der hohen Außenabhängigkeit Burkina Fasos von der Regierung nicht ignoriert werden. So prägt diese intervenierende Variable einerseits die Bemühungen der CDP selbst, nach innen zu wirken, indem organisatorische Kapazitäten gestärkt und Illoyalität bestraft wird. Andererseits prägen die Demokratisierungsdefizite auch das Verhältnis zu den anderen Parteien. Die Kooptationsbereitschaft ist groß, obwohl bislang immer eine eigene parlamentarische Mehrheit gehalten werden konnte und auch keine ernsthaften Konkurrenten um das höchste Staatsamt in Erscheinung getreten sind. Dennoch hat die CDP-Vorgängerpartei ODP/MT schon in der ersten Legislaturperiode auf die verpasste absolute Mehrheit beim Stimmenanteil und die strukturelle Schwäche (geringe Wahlbeteiligung, geringe Mobilisierung der jungen urbanen Wählerschichten) ihres Parlamentswahlergebnisses mit der Integration williger Kooperationspartner reagiert. Das strukturelle Defizit hat sich trotzdem bei den kommenden Wahlen fortgesetzt und führte 2002 – unter Mithilfe von Wahlrechtsänderungen und Popularitätsverlusten – fast zum Verlust der eigenen Parlamentsmehrheit (siehe Santiso/ Loada 2003). nun reagierte der Staatspräsident selbst mit Kooptationsangeboten und konnte schließlich die Unterstützung durch die größte Oppositionspartei ADF/RDA gewinnen.

Solange sich die Regimequalität von Burkina Faso nicht deutlich in Richtung Demokratie weiterentwickelt ist die Frage nach den Erfolgsbedingungen bestimmter Parteien vor allem jeweils innerhalb des Regierungs- und des Oppositionslagers interessant. Im Regierungslager konnte insbesondere die UPR-BF als zusätzliche Kraft beachtliche Erfolge erzielen. Sie musste dazu kaum Anstrengungen unternehmen, sich als politische Partei zu institutionalisieren. Ihr steiler Aufstieg beruht maßgeblich auf drei Faktoren: Erstens auf der zweifelsfreien Verortung ihrer Kandidaten im Regierungslager, zweitens auf einer strategischen Ressourcenallokation im Wahlkampf, die sich auf besonders aussichtsreiche Wahlkreise konzentriert, und drittens darauf, dass die UPR eine verlässliche Nische für CDP-Kritiker anbietet, die dennoch den Staatspräsidenten unterstützen wollen.

Im Oppositionslager ist es ungleich schwerer, ein attraktives Angebot bereit zu stellen. Investitionen in die Organisationsressourcen der Partei sind eine unschädliche Maßnahme, genügen aber den Dynamiken des politischen Wettbewerbs auf der Seite der Regierungsgegner nicht. Auch ein institutionalisiertes Protestangebot wie dasjenige der PDP/PS nutzt sich ab, wenn die Partei nicht zu Erneuerungsprozessen in der Lage ist. Das Protestpotential muss strategisch bewertet und gezielt umworben werden. Der Oppositionswähler in Burkina Faso ist jung, urban und besser gebildet als die Masse der Bevölkerung (Basedau/ Stroh 2012). Der demographische Kontext, der für alle afrikanischen Staaten gilt, sorgt mit seiner pyramidalen Altersstruktur für einen großen Neuwähleranteil bei jeder Wahl. Parteien, die ganz auf ihre Tradition und die normativ-funktionale Performanz setzten, können unter diesen Bedingungen nicht erfolgreich sein. Jüngere Alternativen wie die UNIR/MS haben die besseren Erfolgschancen im Rahmen des für die Opposition möglichen. Mithin stehen die Parteien der „radikalen" Opposition Burkina Fasos stärker miteinander in Konkurrenz als zur regierenden CDP.

In Benin ist eine derartige Polarisierung zwischen permanenten Regierungsparteien und permanenten Oppositionsparteien nicht gegeben. In dem stärker demokratisierten Regime ist der Wahlprozess als Modus zur Bestimmung der Herrschaftsträger und ihrer parlamentarischen Kontrolleure weitgehend akzeptiert. Regierungsübergaben liefen bislang reibungslos – auch wenn es im Vorfeld der Wahlen zu scharfen verbalen Auseinandersetzungen gekommen war.

Auf die Erfolgsbilanz der politischen Parteien wirkt sich die Regimequalität in Benin daher eher mittelbar aus. Offenbar genügt es im kompetitiveren Umfeld des Landes sich auf die Nähe zur Regierung oder den klaren Willen zur Machtbeteiligung zu konzentrieren, ohne sich mit normativ-funktionaler Performanz aufzuhalten. Ethno-regionale Konzentration kann dabei offenbar besser integrieren als Institutionalisierungsbemühungen oder gar programmatische Präzision. Sie genügt jedoch nicht zum Wahlerfolg und ist natürlich durch die Größe der angesprochenen Gruppe begrenzt. Dies ist in einem ethnisch stark fragmentierten Kontext ungünstig für großen Erfolg.[257] Die Machtoption und eine dynamische Anpassung an die Tagespolitik müssen hinzukommen. Dieser Anpassungsdruck verhindert tendenziell Investitionen in mittel- bis langfristig ausgerichtete programmatische und parteiorganisatorische Merkmale.

5.2.2 Institutionelles Arrangement

Die zentralen Institutionen des zweiten Variablenclusters, namentlich das Regierungssystem und das Wahlsystem, sind eng mit dem Demokratisierungsniveau verbunden. Der Hauptunterschied besteht in den beiden Länderfällen in der manipulativen Handhabe des institutionellen Arrangements in Burkina Faso. Hingegen hat sich in Benin aufgrund der erfolgreichen Transformation durch Aushandlung in der Nationalkonferenz ein gewisser Verfassungspatriotismus herausgebildet, der alle relevanten Akteure stark an den Konsens der frühen Entscheidungen bindet.[258]

Die burkinische Exekutive hat ihre herausgehobene und vom dominanten Parteiensystem gestützte Machtposition seit der Rückkehr zum Mehrparteienwettbewerb immer wieder dazu genutzt, den eigenen Vorteil abzusichern. Das gilt insbesondere für das Wahlrecht. Technische Elemente des Wahlsystems – insbesondere die Steuerung des Proportionalitätsgrades über die Wahlkreiseinteilung – wurden vor jeder Wahl verändert, um sich der aktuellen politischen Situation anzupassen. Dies hatte unmittelbare Folgen für die Erfolgsbilanz der politischen Parteien. Einerseits bewirkte die veränderte Wahlkreiseinteilung im Jahr 2002 eine proportionalere Transformation von Stimmenanteilen in Sitze. Die vorigen Verzerrungseffekte kamen immer der größten Partei zugute.[259] Obwohl die PDP/PS größere Einbußen bei der absoluten Stimmenzahl (-48,4% von 1997 auf 2002) als die CDP (-36,5%) zu verzeichnen hatte, konnte sie die Zahl ihrer Parlamentssitze von sechs auf

---

257 Die ethno-regionale Fragmentierung ist freilich zu einem gewissen Maß machtpolitisch konstruiert (siehe Posner 2004a). Ferree (2010) hat erst jüngst gezeigt, wie wichtig die unterschiedlichen ethno-regionalen Schichtungen von mobilisierbaren Gruppen für die Struktur des Parteiensystems sein können – unter anderem am Beispiel Benins.

258 Einschlägige Aktionen der Zivilgesellschaft (siehe Madougou 2008) und Verfassungsgerichtsentscheidungen (insbesondere DCC 06-074 vom 8. Juli 2006) belegen dies.

259 Bei der Parlamentswahl von 1997 erreichte die CDP mit 68,6% der Stimmen 91,0% der Sitze. Nach der Wahlrechtsreform kam sie mit 49,5% der Stimmen auf nur 51,4% der Sitze. Die Verzerrung verringerte sich von 22,4 Prozentpunkten auf 2,3 Prozentpunkte.

zehn ausbauen.[260] Andererseits räumte die Wahlrechtsänderung in Kombination mit der deutlich gesunkenen absoluten Wahlbeteiligung[261] den kleineren Oppositionsparteien erstmals eine realistische Chance ein in die Nationalversammlung einzuziehen, was auch vielen gelang. Ein Viertel der Sitze fiel an Parteien, die zuvor nicht im Parlament vertreten waren.

Für die Merkmalsanalyse besonders interessant sind solche Fälle, die sich gegen den institutionell induzierten Trend entwickelt haben. Ein solcher Fall ist unter den untersuchten Parteien hinsichtlich der Sitzzahlen jedoch nicht eingetreten. Bei der Betrachtung der Stimmenanteile und – noch stärker hinsichtlich der absoluten Stimmenzahlen – hatte sich der Abstieg der PDP/PS bereits früher angekündigt. Die größten Sprünge in der Unterstützerbasis erlaubte das modifizierte Wahlrecht der UNIR/MS, die als neue unbelastete Oppositionskraft in pointierter Distanz zur CDP-Regierung erstmals ins Parlament einzog.

Nach der 2002 fast verlorenen Wahl beeilte sich die Regierung, das Wahlsystem erneut zu verändern. Die Elemente mit proportionalen Effekten wurden erneut stark abgeschwächt. Die erwünschte Wirkung trat 2007 ein: Die Opposition verlor zahlreiche Sitze und auch Stimmenanteile, da die Wählerschaft von den manipulativen Eingriffen der CDP abgeschreckt wurde überhaupt an der Wahl teilzunehmen.

In Benin trägt das in seinen allgemeinen Effekten weitgehend unveränderte Wahlsystem nicht zur Entwicklung der Erfolgsbilanz der politischen Parteien bei. Ein technisches Element erschwert allerdings sowohl die wissenschaftliche Datenanalyse als auch die mögliche Evaluierung der Merkmalsprofile durch die Wahlbevölkerung. Alle Parteien müssen in allen Wahlkreisen des Landes antreten, sie dürfen dies jedoch auch in losen Wahlallianzen realisieren. Diese Vorschrift sollte der Bildung regionalistischer Parteien vorbeugen, hat durch die Erlaubnis von losen Bündnissen jedoch teilweise zu reinen Zweckallianzen regionaler – nicht unbedingt regionalistischer – Parteien geführt.[262] Bei den Wahlen lassen sich die Einzelparteien

---

260 Die absolute Beteiligung ging zugleich um 15,8% zurück, d.h. beide Parteien haben deutlich überproportional verloren und dennoch hat sich die Sitzzahl der CDP nahezu halbiert während sich die Sitze der PDP/PS fast verdoppelt haben. Der Berechnung liegen die Angaben in Santiso/ Loada 2003 und Grotz 1999 zugrunde. Der Vergleichswert der absoluten Stimmenzahl der PDP/PS für 1997 ergibt sich aus der Summe der Stimmen für PDP und PSB, die im Laufe der Legislaturperiode zur PDP/PS fusionierten haben.

261 Der Rückgang der absoluten Wahlbeteiligung lässt sich mit zwei Faktoren plausibel erklären. Einerseits hatten Wahlen in der Vergangenheit kaum Auswirkungen auf die Herrschaftsbedingungen und machten die Beteiligung in schlecht informierten Bevölkerungsschichten mithin unattraktiver. Andererseits brachte die Unruhe der Massenproteste gegen die Regierung infolge der Zongo-Ermordung (siehe Abschnitt 5.2.3) eine Unsicherheit in die politische Arena, die in informierten Kreisen zu einer abwartenden Haltung geführt haben und mit Wahlabstinenz einher gegangen sein kann.

262 Unter regionalistischen Parteien wären solche Gruppen zu verstehen, die offen Autonomie oder sogar Separatismus für diejenige Region fordern, die sich zu vertreten berufen fühlen

nicht mehr unterscheiden, obwohl sie ihre Eigenständigkeit bewahren. Wahlergebnisse lassen sich nicht eindeutig nach Parteien getrennt verrechnen, wodurch sich Verzerrungen in der Bewertung von Stimmenergebnissen, aber auch Unschärfen bei der Sitzzuordnung ergeben.[263] In einigen Wahlallianzen ist es auch für den Wähler schwer, das Profil der Partei zu erkennen. Das Bündnisverhalten fördert bei den Allianzparteien (FARD, MAP, RPR, UDS) die Personalisierung im lokalen Raum und erschwert gegebenenfalls ihre Wiedererkennbarkeit im Falle eines Allianzwechsels.[264] Die insgesamt stabilste Einzelpartei Benins ist die PRD. Sie hat Wahlbündnisse durchgängig vermieden. Die RB hingegen ist aus der Fusion einer Regierungskoalition entstanden, die sich nach dem Wegfall des Machtzugangs allmählich wieder auflöste. Eine Allianzbildung mit anderen größeren Parteien (PSD, MADEP) zu den Parlamentswahlen 2007 hat die RB tendenziell weiter geschwächt, da sie entsprechend der Arbeitsteilung im Bündnis *Alliance pour une Dynamique Démocratique* (ADD) regional auf ihre Hochburgen im zentralen Süden reduziert wurde. Zudem wurde der Wahlerfolg des neuen Staatspräsidenten Yayi 2007 erst durch die wahlrechtliche Option einer Allianzbildung möglich. Unter dem Namen FCBE traten mehr Kleinstparteien an als es realistisch gesehen Sitze zu gewinnen gab. Gerade die Tatsache nicht zu den etablierten Parteien zu gehören, stärkte die Allianz des parteilosen Präsidenten, die auf der Protestwelle gegen das parteipolitische Establishment von null auf 35 Sitze kommen konnte, was im beninischen 83-Sitze-Parlament zuvor noch keine Gruppierung geschafft hatte.[265]

Die nationalen Wirkungsunterschiede der ersten institutionellen Variable sind also sehr groß. Der intervenierende Effekt des Wahlrechts – insbesondere seiner politisch motivierten Veränderungen – darf also zu Recht als stark bezeichnet werden.

Ebenfalls unterschiedlich, aber nicht im gleichen Maße, wirken sich die nationalen Regierungssysteme aus. Die stärkeren *checks and balances* im beninischen Regierungssystem haben keinen unmittelbaren Einfluss auf die Erfolgsbilanzen der Parteien. Die Varianz der Regierungssysteme lässt

---

(De Winter/ Türsan 1998). Regionalistische Parteien sind in Benin und Burkina Faso verboten (Moroff 2010).

263 Soweit die Informationslage es erlaubte, erfolgte die Sitzzuordnung deshalb in individueller Anschauung der Abgeordneten und ihrer persönlichen Parteizugehörigkeit zum Zeitpunkt der Wahl.

264 So geschehen bei der FARD, die 2007 in einer Allianz mit der PNE angetreten ist, nachdem sie zuvor in der Präsidentenallianz UBF mit der PSD zusammengeschlossen war. Der neue Name *Alliance Ensemble pour le Changement* (AEC) war zudem stärker auf die PNE ausgerichtet. Die FARD wurde – auch angesichts der zahlreichen Illoyalitäten nach dem Ende ihrer Regierungszeit unter Kérékou – für den Wähler völlig profillos.

265 Die besten Einzelergebnisse erreichten zuvor die UBF 2003 aus sicherer Regierungsverantwortung heraus mit 31 Sitzen und die RB als noch relativ geschlossene Opposition zur Regierung Kérékou II im Jahr 1999 mit 27 Sitzen.

jedoch erkennen, dass die Anreize für politisch motivierte Manipulationen am institutionellen Arrangement auch unabhängig vom Demokratisierungsniveau in Benin geringer sind als in Burkina Faso. Beninische Staatspräsidenten mussten sehr häufig mit abweichenden Mehrheiten regieren. Das stärker gewaltenteilige Regierungssystem des Landes und die autoritativ vermittelnde Rolle des Verfassungsgerichts ermöglichen dies jedoch, ohne die Handlungsfähigkeit der Exekutive stark zu gefährden.

In Burkina Faso drohen der Regierung durch das semipräsidentielle Element des Regierungssystems mehr Schwierigkeiten, wenn die parlamentarische Mehrheit der Opposition zufallen sollte. Eine Oppositionsmehrheit wäre in der Lage den Premierminister und mit ihm die gesamte Regierung zu stürzen. Alle unilateralen Gegenmaßnahmen des Präsidenten (Parlamentsauflösung, Ernennung immer neuer Premierminister) wären mit einem hohen politischen Risiko behaftet und könnten zu schweren Legitimitätsverlusten führen. Die unerwarteten Verluste bei der Parlamentswahl 2002 haben die CDP deshalb unmittelbar veranlasst, nach übergroßen Mehrheiten im Parlament zu suchen und durch Kooptation abzusichern. Auf dieser Grundlage konnte insbesondere die UPR-BF ihren Aufstieg aufbauen. Auch die ADF/RDA konnte von dieser Entwicklung nach der UNDD-Abspaltung profitieren, ohne ihr Merkmalsprofil gravierend anpassen zu müssen.

Mittelbar haben die wechselnden Mehrheiten in Benin bei den dortigen Parteien das Flexibilitätsniveau in ihrem Bündnisverhalten erhöht, während die sogenannten „radikalen" Oppositionsparteien im stärker polarisierten System von Burkina Faso weiterhin klar über ihr Bündnisverhalten erkennbar sind. Einzig die UDS konnte in Benin durch ihr kohärentes Bündnisverhalten in den letzten zwei Jahrzehnten ihre machtpolitische Rolle nach dem Ende der Regierung Kérékou II deutlich ausbauen. Ihre eigene parlamentarische Präsenz ist zwar leicht zurückgegangen, dafür ist aber der Einfluss auf das wichtige Parlamentspräsidium enorm angewachsen. Alle anderen Parteien haben 2007 unter ihrem hoch flexiblen Bündnisverhalten tendenziell gelitten.

5.2.3 Historische und sozialstrukturelle Besonderheiten

Beide Länder haben nationale Spezifika, die sich in plausibler Form auf den Parteienwettbewerb auswirken können. Sie wurden im dritten Cluster der intervenierenden Variablen zusammengefasst. Für Benin sind insbesondere die Implikationen der erfolgreichen Nationalkonferenz, der politischen Dreiteilung des Landes in der unmittelbaren Nachunabhängigkeitszeit und die langfristige intellektuelle Vorreiterposition des Landes in Französisch-Westafrika zu nennen. Im Falle Burkina Fasos besitzen die entspannten interethnischen Beziehungen, die Nachwirkungen des Revolutionsregimes von Thomas Sankara und die Wiederbelebung der zivilgesellschaftlich organisierten Protestkultur infolge der Ermordung des Journalisten Norbert Zongo eine herausragende Bedeutung (siehe Abschnitt 3.3).[266] Lange galt Benin als das „Quartier Latin de l'Afrique". Dieser Ruf klingt heute noch nach. Die damit verbunden Erwartungen werden nach zwei Dekaden des *renouveau démocratique* jedoch weitgehend enttäuscht.[267] Nachdem die erste Nationalversammlung einen der weltweit höchsten Promoviertenanteile vorweisen konnte (Fondation Friedrich Naumann 1995), war die Hoffnung geboren, an frühere Zeiten des Bildungsvorsprungs anknüpfen zu können. Eine mittelbare Wirkung auf die Merkmalsprofile der Parteien wäre zu erwarten gewesen. Insbesondere eine Entwicklung hin zu normativ-funktionaler Performanz. Diese Entwicklung ist nicht eingetreten. Betrachtet man beispielsweise die Parteien, die in der frühen Phase des Mehrparteienwettbewerbs noch verhältnismäßig präzise Grundsatzprogramme vorgelegt haben (PSD, MAP), ist festzustellen, dass sie im späteren Wahlwettbewerb immer mehr auf ein geographisch konzentriertes, ethno-regional bis lokal geprägtes Angebot gesetzt haben. Die PSD ist gleichzeitig Mitglied der Sozialistischen Internationalen und die am stärksten ethno-regionalisierte Partei des Landes.

Eine nachhaltigere Wirkung hatte die politische Dreiteilung des Landes, die für die lange Phase der politischen Instabilität nach der Unabhängigkeit und infolgedessen auch für die Kérékou-Diktatur verantwortlich gemacht wird. Eine erneute Regionalisierung in drei große Blöcke (Norden, zentraler Süden, Südosten) sollte nach 1990 um jeden Preis verhindert werden und kam doch zurück. Allerdings haben die Demokratisierung des politischen Systems und die Struktur der Nationalkonferenz bewirkt, dass die ethno-regionalen Profile zahlreicher Parteien in einem Wettbewerb stehen, der überregionale Allianzen attraktiv macht. Zudem hat die regionale Proporzpolitik in möglichst allen Gesellschaftsbereichen während der autokratischen Herrschaft Kérékous dazu beigetragen, den *Winner-takes-all*-Gedanken zu mindern. Zwei mittelbare Wirkungen dieses Spezifikums sind folglich zu verzeichnen. Einerseits ist ethno-regionaler Wettbewerb weiterhin stark im Parteiensystem Benins verankert, andererseits wird ein flexibles Bündnisverhalten tendenziell begrüßt. Der Wettbewerb mehrerer geographisch konzentrierter Parteien in ein und derselben Region führt dazu, dass lokale Faktoren noch wichtiger werden als das ethno-regionale Gesamtprofil der Partei. Mit wem die aus lokalen Interessen gewählten Abgeordneten in nationalen Ent-

---

266 Im Übrigen sei daran erinnert, dass beide Länder verhältnismäßig ressourcenarm sind. Ressourcenreichtum ist also keine intervenierende Variable. Die Goldproduktion von Burkina Faso hat sich erst in allerjüngster Zeit – nach den Wahlen 2007 – zu einem Wirtschaftsfaktor von nationaler Bedeutung entwickelt.

267 Entsprechende Aussagen finden sich in zahlreichen Zeitungsbeiträgen, politischen Kommentaren im Internet, bei Konferenzdiskussionen und in zahlreichen Interviews mit dem Verfasser. Statt vieler sei hier nur exemplarisch auf einen Blog-Eintrag von Roger Gbegnonvi (2011) verwiesen.

scheidungsprozessen letztlich kooperieren, kümmert die Wählbevölkerung wenig. Interregionale Bündnisse werden tendenziell begrüßt, wenn sie den Zugang zu Regierungsressourcen absichern.

Die unmittelbare Konsequenz der beninischen Nationalkonferenz war die Fragmentierung des Parteiensystems. Einerseits sorgten die Entscheidungen der Konferenz dafür, dass eine Rückkehr zur politischen Dreiteilung des Landes erschwert wurde. Den ehemaligen Präsidenten der Nationalkonferenz, die diese Dreiteilung repräsentierten, wurde die politische Perspektive entzogen.[268] Andererseits zeichnete schon die Struktur der Nationalkonferenz das hoch fragmentierte Parteiensystem vor. Der sogenannte Quotenkrieg führte dazu, dass praktisch alle politischen Organisationen eingeladen wurden, die sich informell in kürzester Zeit gegründet hatten oder aus den seit 1985 zulässigen lokalen Entwicklungsvereinen hervorgegangen waren. Neben den Neugründungen von Exilpolitikern entstanden mithin zahlreiche Protoparteien, die sich auf Vereine stützen, die einerseits nie programmatisch tätig werden durften und deren Handlungsspielraum immer auf eine Kommune begrenzt war. Dies hatte einen wichtigen Einfluss auf die Merkmalsprofile der entstehenden Parteien, da es die Fragmentierung des Parteiensystems beförderte und die Erfolgsspielräume durch viele relevante Akteure enger machte.

In Burkina Faso spielen ethno-regionale Merkmalsprofile hingegen keine herausragende Rolle, da die interethnischen Beziehungen nicht vorbelastet sind. Ganz im Gegenteil können kulturelle Kommunikationsmechanismen – die sogenannten Scherzbeziehung – dazu beigetragen, dass es trotz einer strukturellen Mehrheit der Mossi nicht zu einer politischen Marginalisierung der anderen Gruppen gekommen ist. Dieses nationale Spezifikum hat somit einen mittelbaren Einfluss auf den Parteienerfolg. Ethno-regionale Parteien bildeten sich nicht heraus. Deshalb müssen andere Angebote gemacht werden. Allerdings fangen die Demokratiedefizite das mangelnde ethno-regionale Differenzierungspotential im Mehrparteienwettbewerb teilweise auf. Das Angebot der dominanten Regierungspartei heißt: klare Kontinuität. Als Angebot der Opposition bleibt möglichst seriös organisierter Protest.

Die materielle Schwäche der Opposition – die wiederum vom Mangel an Zugriff auf staatliche Ressourcen mitbestimmt wird und schon dadurch zur Selbstreproduktion des dominanten Parteiensystems beiträgt – ermöglicht der zudem fragmentierten Opposition keine flächendeckende Präsenz. Diese

---

268 Sourou-Migan Apithy starb bereits vor der Nationalkonferenz, Justin Ahomadegbe konnte trotz einer Parteigründung nicht zu alter Stärke zurück finden, zumal mit Nicéphore Soglo ein Präsident aus der gleichen Region (Fon-Kernland um den alten Königssitz Abomey) an die Macht kam, Emile-Derlin Zinsous neue Partei konnte angesichts starker Konkurrenz von den Parteien Adrien Houngbédjis und Albert Tévoèdjrès in der gleichen Goun-Yoruba-Region (Südosten) nur in eine Nebenrolle finden und Hubert Maga wurde mit einem Posten als Verfassungsrichter abgefunden.

Tatsache führt dazu, dass die seriösesten Gegner der CDP in bestimmten Regionen CDP-Kooperationspartner auf nationaler parlamentarischer Ebene sind. Ein Beispiel ist die RDB.[269] Parteien setzen in Ermangelung anderer Abgrenzungsmöglichkeiten zunehmend auf ein ethno-regionales Profil und beginnen damit – freilich regional begrenzt – erfolgreich zu sein. Dies beschreibt jedoch eine neuere Entwicklung, die noch zur Ausnahme gehört. Zugleich unterstreicht sie, dass auch in Burkina Faso die lokale Konkurrenzsituation im Wahlkreis die wichtigste Rolle spielt, während es keine negativen Auswirkungen hat, wenn eine Partei auf nationaler Ebene die Zusammenarbeit mit nicht-regionalen Parteien oder anderen Regionalparteien sucht. Auch im Fall der RDB kann vermutet werden, dass die Zusammenarbeit mit der CDP eher zum Erfolg beigetragen hat, da der Ressourcenzugriff für die kooperationswilligen Vertreter der Regionalinteressen wahrscheinlicher ist. Dass eine strategische geographische Konzentration von begrenzten Wahlkampfressourcen einen positiven Effekt hat, zeigen zudem die Beispiele der UPR-BF und teilweise der UNIR/MS (ausführlicher Stroh 2010b). Diese können regional oder lokal ethnisch konnotiert sein, müssen es aber nicht; insbesondere nicht unter den entspannten interethnischen Beziehungen in Burkina Faso.

Ein weiteres Spezifikum Burkina Fasos ist der Sankarismus. Das Revolutionsregime Sankaras hat ein linksideologisches Moment in die burkinische Politik gebracht, das insbesondere in jüngeren urbanen Gesellschaftsschichten – im Gegensatz zum Marxismus-Leninismus in Benin – positiv konnotiert blieb.[270] Das Konzept des Sankarismus dürfte mit populistischem Linksidealismus hinreichend ungenau beschrieben sein. Präzise ausformuliert wurde es nie und auch heutige sankaristische Parteien können die Kernkonzepte nicht klar benennen.[271] Dennoch bleibt der Bezug auf Sankara in bestimmten Bevölkerungsgruppen populär. Sankaristische Parteien können davon profitieren. Für die junge Generation in den Städten, die Sankara allenfalls als Kinder selbst erlebt hat, ist die UNIR/MS dabei besonders glaubwürdig. Sie kann für die positiven Prinzipen stehen, die Sankara zuge-

---

269 Sie gehört der Mouvance Présidentielle an und ist 2007 erstmals bei Wahlen in Erscheinung getreten. Mit ihrem stark geographisch konzentrierten und ethnisch auf Nicht-Mossi ausgerichteten Angebot, konnte sie in den Provinzen *Cascades* und *Sud-Ouest* an der ivorischen Grenze – und damit außerhalb des zentralen Mossi-Hochlandes – auf Anhieb mit weitem Abstand zur Konkurrenz zur zweitstärksten Partei nach der CDP aufsteigen und dieser zwei Parlamentssitze abnehmen.

270 Die marxistisch-leninistischen Ideologen Benins, die Ligueurs, werden in Benin tendenziell mit wirtschaftlichen Fehlentscheidungen und Repression in Verbindung gebracht. Anfang der 1980er wurde das Ende der kurzen, nie gesellschaftlich akzeptierten Ideologisierungsphase (1975-79) allgemein begrüßt, konnte die wirtschaftliche Misere des Landes aber nicht mehr aufhalten.

271 In aller Regel wird auf die programmatische Rede Sankaras im ersten Jahr seiner Präsidentschaft verwiesen (Gakunzi 1991: 46-68).

schrieben werden,[272] ohne mit den Zwangsmitteln der Diktatur Sankaras in unmittelbare Verbindung gebracht zu werden, und positioniert sich dabei in klarer Opposition zu Compaorés Regierung. Für eine unmittelbare Verbindung zu Sankaras Regime sind die Protagonisten der UNIR/MS in der Mehrzahl zu jung. Der Grund dafür, dass die UNIR/MS jede Kooperation mit der CDP kategorisch ausschließt, liegt jedoch auch ohne persönliche Verbindungen[273] in der mutmaßlichen Verwicklung Compaorés in die Ermordung seines Vorgängers, der damit für das gewaltsame Ende der positiven Elemente des Sankarismus verantwortlich gemacht wird.[274] Die Masse der Landbevölkerung ist auf demokratischem Wege freilich schwieriger vom Sankarismus zu überzeugen, solange dieser die traditionellen, berechenbaren und gewohnten Gesellschaftsstrukturen in Frage stellt. Ein intervenierender Einfluss der Sankara-Variable ist mithin mittelbar gegeben, da Merkmalsprofile, die „sankaristische" Elemente aufnehmen, in der Opposition zu relativen Erfolgssteigerungen beitragen. Der direkte Bezug auf Sankara – wie ihn die UNIR/MS betreibt – ist dabei offenbar erfolgversprechender als der abstrakte Bezug auf politische Konzepte wie die autozentrierte Entwicklung, den die PDP/PS-Vorgängerparteien schon lange vor Sankaras Putsch vertreten haben. Der Effekt des Sankarismus findet seine Begrenzung jedoch in der geringen historischen Kenntnis und den tradierten Wertvorstellungen eines Großteils der Wahlbevölkerung.

Als letztes Spezifikum wurde ein Einzelereignis benannt, dass als intervenierende Variable sowohl direkte als auch indirekte Wirkungen auf den Wahlerfolg bestimmter politischer Parteien hatte. Die kausale Wirkungskette beginnt mit einem Jahrzehnt steigender Unzufriedenheit mit der Regierung Compaoré, an dessen Ende, im November 1998, sich der Mord am regimekritischen Journalisten Norbert Zongo ereignet. Dieser Mord, die mutmaßliche Verwicklung des jüngeren Bruders von Staatspräsident Compaoré sowie die defizitäre Strafverfolgung durch Polizei und Justiz führten zu Massenprotesten, die auch die allgemeine Unzufriedenheit der Bevölkerung zum Ausdruck brachte. Der direkte Einfluss auf die Erfolgschancen der Parteien besteht darin, dass die „radikale" Opposition zur CDP attraktiver

---

272 Bescheidenheit, Armutsbekämpfung, autozentrierte Entwicklung, sozialistisch geprägte Fürsorgesysteme und eine afrikanischen Moderne, die die Wurzeln der Gesellschaft nicht vergisst, aber traditionell-feudalistische Strukturen abschaffen will, sind die von der kleinen Bildungsschicht meistgenannten Elemente.

273 Der Parteivorsitzende der UNIR/MS, Bénéwendé Sankara, ist trotz Namensgleichheit nicht mit Thomas Sankara verwandt.

274 Die revolutionären Prinzipien schlagen sich tendenziell auch im demokratisch-sozialistisch formulierten Grundsatzprogramm der UNIR/MS nieder. Die Aufzählung nennt freilich nur Konnotationen, nicht reale Errungenschaften des Revolutionsregimes. Das Revolutionsregime unter Sankara wirkte nur drei Jahre, bevor Compaoré nach der Ermordung seines Vorgängers die „Berichtigung der Revolution" einleitete, die sozialistische Orientierung relativierte und vor allem den traditionellen Autoritäten ihre Rechte zurück gab (Wilkins 1989).

wurde. Der spätere UNIR/MS-Vorsitzende Sankara übernahm in dieser Zeit als Anwalt in der Protestbewegung eine wichtige Rolle.

Der indirekte Einfluss ist die Wiederbelebung einer in Burkina Faso wohlbekannten Protestkultur (siehe Wise 1998). Das Land hat zwar noch nie einen Wechsel der Staatschefs durch Wahlen erreicht, aber Massenproteste haben den Sturz des ersten Präsidenten bewirkt und den zweiten zu erheblichen politischen Reformen gezwungen, an deren Ende auch dieser abgesetzt wurde. Im Bewusstsein dieser Vorgänge hat Compaoré insbesondere nach dem Journalistenmord an Norbert Zongo 1998 auf schwere Repression verzichtet und stattdessen Zugeständnisse an die Opposition angeboten. Die fortan als wankelmütig betrachtete ADF/RDA mit ihrem damaligen Vorsitzenden Yaméogo ließ sich davon überzeugen, in eine Regierung der nationalen Einheit einzutreten, die vom Rest der Opposition boykottiert wurde (Santiso/ Loada 2003: 398-404). Ob aus Opportunismus – wie Kritiker behaupten – oder aus konstruktivem inneren Reformwillen – wie Yamoéogo zu Protokoll gibt[275] – gehandelt wurde, kann nicht mit Sicherheit gesagt werden. Ein indirekter Effekt auf die Erfolgschancen der erfolgreichsten Oppositionspartei über deren Merkmalsprofiländerung ist jedenfalls gegeben. Darüber hinaus sind insbesondere die Veränderungen im Wahlrecht eine wesentliche Folge der Massenproteste. Die positiven Auswirkungen dieser Reformen wurden bereits besprochen. Nachdem sich die Machtverhältnisse trotzdem nicht verändert hatten und sich die gesellschaftliche Lage zugunsten Compaorés wieder entspannte, wurden diese Wahlrechtsreformen weitgehend zurückgenommen.

---

275 Interview mit Hermann Yaméogo, Ouagadougou, 26.10.2006.

6. Schlussbetrachtungen

Ziel dieser Arbeit war es unter der Nutzung eines komparativen Forschungs-designs mit qualitativ-explorativer Ausrichtung einen Beitrag an der Schnitt-stelle von drei Forschungsgebieten der Politikwissenschaft zu leisten, indem die Fragen nach den Erfolgsbedingungen politischer Parteien im franko-phonen Afrika aus einer bislang vernachlässigten Perspektive beantwortet wird: Welchen Einfluss haben die angebotsseitigen Merkmale politischer Parteien auf deren Wahlerfolg bei Parlamentswahlen und wie stark inter-venieren dabei nationale Faktoren?

Die kurze Antwort lautet: Der Einfluss von Merkmalsprofilen auf den Parteierfolg wurde bisher unterschätzt. Merkmalsprofile sind eine wichtige Komponente innerhalb komplexer Wirkmechanismen zur Erklärung des Wahlerfolgs von individuellen Parteien in Afrika. Die intensive Merkmals-analyse auf Einzelparteienebene belegt, dass die Wähler eine deutlich größere Beweglichkeit an den Tag legen als insbesondere sozialstrukturelle Erklärungsansätze implizieren. Die noch immer jungen Parteiensysteme, die gerade erst vier oder fünf Parlamentswahlen erlebt haben, sind weit davon entfernt, klare Konfliktlinien abzubilden, die sich in geschriebener Program-matik eindeutig wiederfinden ließen. Dennoch entscheidet die Genese einer Partei mit über ihre Erfolgsbilanz, jedoch meist vermittelt über Personen. Letztlich richten sich viele Aspekte der klassischen Parteienforschung in der untersuchten Region an Personen aus, ohne dabei ihre eigene Bedeutung zu verlieren. Organisationstheoretische, ökonomische oder auch systemtheore-tisch-funktionalistische Ansätze, die dem Analyserahmen dieser Arbeit zugrunde liegen, sollten für Afrika nicht vollständig verworfen werden. Sie müssen jedoch anders gedacht werden, wenn die Rolle der Führungspersonen einer Partei allgemein viel höher ist als beispielsweise im europäischen Kontext. Personen können aufgrund historischer Einzelereignisse und veränderter politischer Ressourcenzugänge in ihre Wirkung auf den Partei-erfolg variieren. Abstrakte programmatische Anker gibt es kaum. So entsteht Dynamik. Aber wohin mit der eigenen Stimme, wenn der angestammte Kandidat an Attraktivität verliert? Hier kommen nun Merkmale der Parteien zu tragen, die sonst stärker im Hintergrund stehen und machen Parteien-wettbewerb in Afrika zu einem sehr viel komplexeren Spiel als dem von Stimmenkauf und ethno-regionalen Identitäten.

Die intervenierende Wirkung nationaler Faktoren ist in beiden Unter-suchungsländern groß. Sie strukturieren die Wahlchancen einzelner Parteien erheblich vor. Letztlich zeigt die Untersuchung aber, dass auch sehr kurz-fristige Ereignisse, Regeländerungen und Verhaltensweisen einen nicht zu vernachlässigenden Einfluss ausüben. Erst eine komplexe, empirisch reich unterfütterte Zusammenschau aller Elemente von Angebotsmerkmalen über

Nachfragestrukturen bis hin zu kurzfristigen Effekten kann den dynamischen Prozessen des Parteienwettbewerbs im frankophonen Afrika gerecht werden.

6.1   Der Mehrwert der Einzelparteienebene

Die allgemeine Transitions- und Demokratisierungsforschung hat durch den schnellen und weltweiten Schub von Regimewandel und Systemwechsel zu Beginn der 1990er Jahre einen herausgehobenen Stellenwert in der vergleichenden Politikforschung eingenommen (Merkel 2010). Neben Osteuropa war Afrika schon aufgrund der seiner zahlreichen Staaten der Kontinent mit den meisten Regimewandelprozessen. Infolgedessen haben auch die Area-Spezialisten für Subsahara-Afrika das Demokratisierungsthema aufgegriffen. Nachdem viele Jahre verdienstvoll nach den Gründen für erfolgreiche, weniger erfolgreiche und gescheiterte Transitionen geforscht wurde (Bratton/ van de Walle 1997), wurde es im neuen Jahrtausend Zeit, sich auch den Auswirkungen der Demokratisierungsprozesse stärker zu widmen.

In diesem Zusammenhang erlebte die stark westeuropäisch geprägte Parteienforschung eine Renaissance in Afrika (Erdmann 1999; 2004a). Ihre Konzepte sind nur selten und ausschnittsweise auf afrikanische Fälle angewendet worden. Die vorliegende Arbeit hat erstmals eine breite, komparative Merkmalsanalyse einer mittleren Fallzahl politischer Parteien des frankophonen Afrika vorgelegt. Das Vergleichsdesign hat durch die Einbeziehung zweier kontrastreicher Länderbeispiele – der in ihrer Demokratisierung fortgeschrittenen Republik Benin und dem hybriden Regime Burkina Faso – die allgemeine Parteienforschung mit den Spezialkenntnissen der Area-Forschung und den neoinstitutionalistischen Ansätzen der Demokratisierungsforschung verbunden.

Die Fragestellung wurde bewusst so gewählt, dass sie sich an der direktesten aller Konsequenzen des Mehrparteienwettbewerbs orientieren kann: dem Wahlerfolg politischer Parteien. Damit wurde einerseits eine für politische Parteien höchst relevante Frage aufgeworfen, die Aufgabenstellung aber zugleich auch nicht überlastet, denn die empirische Datenverfügbarkeit war von Beginn an als große Herausforderung bekannt. Die schwache Datenlage hat ein intensives deskriptives Vorgehen notwendig gemacht, für das zunächst die passenden Konzepte und Operationalisierungen aus den Ansätzen der allgemeinen und der afrikaspezifischen Parteienforschung herausgefiltert oder neu entwickelt werden musste. Am Ende dieser empirischen Anstrengungen standen Merkmalsprofile der Parteien, die nun mit dem Wahlerfolg in kausale Zusammenhänge gestellt werden konnten.

Das Hauptaugenmerk wurde aus zwei Gründen auf die Einzelparteiebene gerichtet. Erstens aufgrund des defizitären wissenschaftlichen Kenntnisstandes über die unterschiedlichen Merkmalsprofile individueller Parteien in Afrika (Burnell 2007: 80). Zweitens aufgrund der praktischen Relevanz für die maßgeblichen Akteure im Mehrparteiwettbewerb von politischen Systemen, die sich noch im Prozess der Demokratisierung befinden. In diesem Zusammenhang darf es als höchst relevant gelten, was Parteien selbst leisten können, um ihren Erfolg zu beeinflussen.

Der Beitrag geht damit einen deutlichen Schritt über die Frage hinaus, warum sich Parteienwettbewerb generell entwickelt und welche abstrakten Eigenschaften der Parteiensysteme sich günstiger oder ungünstiger auf die politische Entwicklung des gesamten Landes auswirken mögen. Solche Fragen sind zweifelsfrei sehr wichtig. Insbesondere für die politischen Akteure und deren Motivation zur Unterstützung demokratischer Verfahren ist es jedoch nicht minder wichtig zu beantworten, welche Partei mit welchen Merkmalen sich im Mehrparteienwettbewerb erfolgreich durchsetzen kann. Die bisherige Tiefe empirischer Daten – insbesondere zum aktuellen Zustand von politischen Parteien im frankophonen Afrika – war für einen systematischen Vergleich zu gering.

6.2 Fortschritt für die systematisch-vergleichende Deskription

Eine angemessen dichte und dennoch systematisch-komparative Deskription ist aufwendig, aber möglich. In westlichen Parteiensystemen wird sie unhinterfragt betrieben. Nicht zuletzt, weil die Parteien selbst ein Interesse an derartigen Daten und Analysen zeigen und gegebenenfalls auch bereit sind, materielle Unterstützung für einschlägige Forschungsarbeiten zu leisten. Dieser Umstand bleibt in Afrika aus. Zudem sind westliche Parteiensysteme in aller Regel stärker institutionalisiert als afrikanische (vgl. Lindberg 2007). Die genaue Merkmalsuntersuchung politischer Parteien hat also zusätzlich mit einer fluiden Dynamik zu kämpfen, die schon Sartori (1976: 244-272) für Afrika beschrieben hat. Mozaffar und Scarritt (2005) haben die hohe Volatilität der Parteiensysteme bestätigt. Bogaards (2008) hat zurecht kritisiert, dass Mozaffar und Scarritts globale Untersuchung nur scheinbar eine verwirrende Kombination von geringer Fragmentierung und hoher Volatilität der afrikanischen Parteiensysteme aufdeckt. Tatsächlich ist die Wechselwahlbereitschaft mindestens nach Regimetypen auszudifferenzieren.[276]

---

276 Bogaards (2008) klassifiziert unumstritten autoritäre Regime wie Äquatorialguinea, Djibouti und Zimbabwe gleich mit deutlich stärker demokratisierten Regimen wie Sambia, Senegal und eben Burkina Faso. Er beruft sich dabei in sehr systematischer Form auf Doorenspleet (2005) und Freedom House, was ihm im Ergebnis eine dichotome Momentaufnahme beschert, die für die Zwecke der hier vorliegenden Arbeit nicht ausreicht. Mit dieser Klassifizierungsschwäche kann auch das Ergebnis zusammenhängen, dass Burkina Faso

Für einzelne Parteien heißt dies, dass meistens eine Kombination aus überlebensfähigeren beziehungsweise etablierten Parteien und neuen Parteien vorliegt. Diese Unterscheidung geht unter, wenn ausschließlich die Parteiensystemebene betrachtet wird. Dabei geht auch unter, dass neue Parteien sich von etablierten Parteien in ihren Merkmalsprofilen unterscheiden können. Andererseits haben neue Parteien – das Beispiel der Parteien UPR-BJ und UPR-BF wurde im kausalanalytischen Teil ausführlich diskutiert – grenzüberschreitend ähnliche Profile, die zu einer kurzfristig äußerst positiven Erfolgsbilanz führen können.

Um die Dynamiken – und damit auch die Merkmalsprofile und Erfolgsbilanzen – überhaupt richtig bewerten zu können, ist ein komplexes Hintergrundwissen über die Entwicklung der relevanten Parteien unerlässlich. Die zahlreich aufgezeigten Kontinuitäten und Brüche in der Parteiengeschichte, die eher mit Namensänderungen als mit Personalwechseln einhergehen, zeichnen erst das ganze Bild der parteieigenen Merkmale. Die breite Deskription in dieser Arbeit hat Kontinuitäten aufgedeckt, die leicht unerkannt bleiben können, wenn lediglich Wahlergebnisübersichten herangezogen würden. Die Historie der PDP/PS qualifiziert die erst 1996 formal gegründete burkinische Partei beispielsweise als Traditionspartei der Unabhängigkeitszeit und nicht als oppositionelle posttransitorische Neugründung. Ihre politische Ausrichtung, ihr Kernpersonal und die organisatorischen Netzwerke der Partei gehen in direkter Linie über mehrere Zwischenetappen auf das *Mouvement de la Libération Nationale* (MLN) zurück.

Insgesamt hat die Deskription von zwölf Haupt- und 28 Teilmerkmalen eine große Vielfalt an Merkmalsprofilen aufgedeckt. Nur sehr wenige Parteiprofile sind sich ähnlich. Nur zwei Merkmale konnten als grenzübergreifend homogen beschrieben werden. Erstens folgt der Parteiaufbau einem einheitlichen Muster, das keine formal-organisatorische Differenzierung der Parteien zulässt. Als zweites Merkmal wurde die Mitgliederorientierung ausgeschlossen. Mitglieder spielen in beiden untersuchten Ländern keine Rolle für die Differenzierung der Parteien. Die Ebene zwischen Parteifunktionären und einfachen Wahlanhängern findet praktisch bei keiner Partei Beachtung. Die Merkmalsanalyse hat ergeben, dass die Parteien entweder auf die Wahlunterstützerkreise oder auf die Summe der Funktionsträger verweisen, wenn Mitgliederzahlen erfragt werden. Es gab keine Anhaltspunkte, dass Mitglieder im Sinne von Beitragszahlern eine Rolle für die relevanten politischen Parteien spielen.

Für die gängigen organisationstheoretischen Ansätze bedeutet dies, dass einschlägige Organisationsmodelle der Parteienforschung nur bedingt anwendbar sind. Modelle, die in Parteimitgliedern und organisierten Interessen

---

von den allgemeinen Ergebnissen abweicht (Bogaards 2008: 123). Es sollte aber auch festgehalten werden, dass die notwendige Kritik an den viel zu groben Generalisierungen von Mozaffar und Scarritt (2005) dadurch in keiner Weise beschädigt wird.

jenseits der reinen Machthabe zentrale Akteure Akteure der Parteiorganisation sehen, scheiden für die untersuchten afrikanischen Parteien aus. Massenparteien als Kampforganisationen (Michels 1970; Duverger 1951; Wiesendahl 1998), weniger homogene Stratarchien (Eldersveld 1964) oder gar organisierte Anarchien (Wiesendahl 2010: 42-44) sind in Benin und Burkina Faso nicht zu finden. Am weitesten führt das Unternehmensmodell (Wiesendahl 2010: 39-41). Jedoch weniger in seiner klassisch-rationalen Variante in Sinne der Parteimaschine nach Schumpeter (1942) oder Downs (1957) und auch nicht im professionalisierten Sinne der elektoralen Catch-all-Partei im Sinne von Kirchheimer (1966). All diese Organisationsmodelle verbindet die Konzentration auf einen funktionierenden, geordneten und dadurch schlagkräftigen Parteiapparat, der sich rational mit aller Kraft auf den Wahlkampf konzentriert. Mitglieder spielen hier wie in den afrikanischen Untersuchungsfällen eine geringe Rolle. Allerdings sind die Parteiapparate in aller Regel zu ungeordnet, um den klassisch-rationalen Organisationsmodellen zu genügen. Einzige Ausnahme mag die burkinische CDP sein, die ihre organisatorische Stärke maßgeblich aus der jahrzehntelangen Verflechtung mit dem Staat bezieht. Aber selbst bei dieser vom geringeren Demokratisierungsstandes Burkina Fasos profitierenden, langjährigen Regierungspartei ist die Abhängigkeit von einzelnen ressourcenstarken Personen – namentlich Staatspräsident Blaise Compaoré und enge Familienangehörige wie insbesondere sein jüngerer Bruder François Compaoré – sichtbar (Hilgers 2010). Wäre die Partei als Organisation stärker institutionalisiert, hätte jüngst beispielsweise der radikale Umbau der Parteiführung gegen etablierte Parteibarone und zugunsten des „François-Lagers" auf sichtbare Gegenwehr und viel geringere Akzeptanz treffen müssen (Stroh 2013).

Insgesamt spricht Vieles für eine organisationstheoretische Orientierung am neueren „business firm" Modell. Krouwel (2006) hat dieses Modell zurecht als eigenes Cluster vom Modell der Kartellparteien (Katz/ Mair 1995; Krouwel 2003) getrennt. Während das Parteien-Staat-Kartell schon begrifflich den Staat als zentralen Akteur betont, hängen Wohl und Wehe der Parteiorganisation im „business firm" Modell meist einem einzelnen zentralen ressourcenstarken Unternehmer ab, der sich damit Zugriff auf staatliche Ressourcen zu sichern sucht (Hopkin/ Paolucci 1999). Solche Parteien sind nicht darauf angelegt, den Parteigründer zu überleben und damit beispielsweise LaPalombaras (2007) Parteiendefinition zu entsprechen. Silvio Berlusconis Parteien *Forza Italia* und *Popolo della Libertà* wurden als „business firm" charakterisiert, da es sich nicht nur um personalisierte („personalized") Parteien, sondern seine persönlichen („personal") Parteien gehandelt habe (McDonnell 2013: 231). Der Parteiapparat ist somit ohne den führenden Unternehmer nicht überlebensfähig. Der persönliche Führungsanspruch des Parteichefs mindert dessen Interesse an einem starken und schlagkräftigen Parteiapparat. Dieser bleibt im „business firm" Modell deshalb „schlank" (Hopkin/ Paolucci 1999: 324) und äußerst kompetenzarm. Charakteristisch für dieses Modell sind vielmehr eine zentralisierte Kontrolle über die Besetzung politischer Ämter im Namen der Partei (Hopkin/ Paolucci 1999: 313) und der anlassgebundene, zentrale Einkauf von professionellen externen Fähigkeiten zur Ausführung von Parteiaufgaben („contracting out", Hopkin/ Paolucci 1999: 333). Die Parteiorganisation bleibt mithin minimalistisch und letztlich irrelevant für politische Entscheidungen (Krouwel 2006: 251).

Die Abhängigkeit von Einzelpersonen und die Vernachlässigung von Organisationsstrukturen entspricht in hohem Maße auch der kritischen Kommentierung der untersuchten afrikanischen Parteiensysteme. Besonders deutlich wird dies immer wieder in Benin formuliert (statt vieler Kougniazondé 2008: 48-49). Die größte Abweichung vom „business firm" Modell besteht im Fehlen hochprofessioneller Kommunikation inklusive der zentralisiert-professionellen Nutzung von Massenmedien, insbesondere des Fernsehens (Hopkin/ Paolucci 1999; Krouwel 2006). Davon abgesehen entspricht die systematische Beschreibung der spanischen und italienischen „business firm parties" *Unión de Centro Democrático* (UDC) und *Forza Italia* durch Hopkin und Paolucci (1999) in zahlreichen charakteristischen Punkten den in dieser Studie beschriebenen Organisationsstrukturen der afrikanischen Parteien. Zusammenfassend sprechen die vorgenannten Autoren gar von „the party as a vehicle for acquiring political positions [i.e. jobs and political power]" (Hopkin/ Paolucci 1999: 333). Damit schließt sich der Kreis zur Afrika-spezifischen Litertur, in der das Bild von der politischen Partei als persönliches Machtvehikel einzelner Elitenmitglieder weit verbreitet ist (Sandbrook 1996; Manning 2005; Scarritt 2006; Chabal/Daloz 1999: 151; Monga 1999). Bei aller deskriptiven Nützlichkeit des „business party" Modells bleibt jedoch das analytische Problem erhalten, dass auf dieser Ebene allein afrikanische Parteien kaum unterscheidbar sind, insbesondere wenn Machtvehikel mit zentral dominierten Netzwerken in das Modell der „persönlichen Partei" einbezogen wird (Daloz 1999; Mwenda 2007; entsprechend Hopkin/ Paolucci 1999: 328). Selbst wenn Parteien eine Führungswechsel überleben, wird die Zentralisierung zumeist auf den neuen Parteichef übertragen, nicht selten ein Familienmitglied (z.B. ADF/RDA in Burkina Faso, RB in Benin, augenscheinlich geplant für die CDP in Burkina Faso). Gelingt die Übertragung des Organisationsmodells nicht, stellt dies eine vitale Gefahr für die Erfolg der Partei dar (vgl. FARD in Benin, PDP/PS in Burkina Faso). Insofern deutet die Gleichförmigkeit der Organisation auf eine Grundbedingung für Relevant hin. Die Frage nach der Erfolgsvarianz hingegen ist über organisationstheoretische Ansätze letztlich nicht lösbar. Unternehmer-Parteien können sich nicht, wie für Italien beschrieben (Hopkin/Paolucci 1999: 329; McDonnell 2013), als effizientes Gegenmodell zu einer diskreditierten politischen Klasse traditioneller Mitgliederparteien profilieren. Dennoch weisen die organisationstheoretischen Erkenntnisse in Richtung auf die auch in dieser Studie festgestellten Hauptunterscheidungs-merkmale und dadurch zentralen Erfolgsbedingungen: situationsgebundene, kurzfristige Mobilisierung sowie Patronage- und Netzwerkkapazitäten.

Für andere Merkmale konnte eine starke, nationale Homogenität beobachtet werden, die durch den Vergleich von Parteien aus zwei unter-schiedlichen Länderkontexten besonders sichtbar wurde. Beninische Parteien legen offensichtlich keinen Wert auf nationale oder internationale Ver-netzung. Dem hingegen hält die Vermutung, die Grundsatzprogrammatik der Parteien würde sich nicht unterscheiden, einer genauen Prüfung nicht stand. Insbesondere die Genauigkeit und Zukunftsorientierung der Programme variiert deutlich, auch innerhalb der Länderkontexte. Eine inhaltliche Betrachtung der konkreten Aussagen relativiert die Differenz einerseits, lässt aber andererseits erkennen, welche zentrale Rolle die Demokratisierungs-debatte in beiden Ländern einnimmt. Große Teile der politischen Grundsatz-programme beschäftigen sich mit dem Bekenntnis zu demokratischen Werten und der Stärkung demokratischer Verfahren. Politische Parteien im franko-phonen Afrika sind durchaus in der Lage, sich auf grundlegende program-matische Aussagen zu einigen, an denen sie theoretisch auch gemessen werden könnten. Aber nicht alle unterziehen sich dieser Anstrengung.

Eine andere weit verbreitete Vermutung kann mit der ausdifferenzierten Merkmalsanalyse ebenfalls relativiert werden: Das parteipolitische Angebot ist nicht in allen Fällen ethno-regional konzentriert. Immerhin ein Drittel der Parteien verfügt über ethno-regional heterogenes Spitzenpersonal. Nur drei Parteien kombinieren eine personell stark ethno-regionale Repräsentation mit einer starken Konzentration ihrer Aktivitäten auf die entsprechende Region. Alle drei Parteien sind im Süden Benins zu finden.

Aus der breiten Varianz der Merkmalsprofile ergibt sich auch, dass die Interdependenz der Merkmale eher gering ist. Allerdings ist die Interdepen-denz der Merkmalsprofile groß. Offensichtlich haben zwei Parteien mit gleichen Merkmalsprofilen kaum eine Chance sich nebeneinander auf dem Wählermarkt als relevante Parteien durchzusetzen. Große Profilähnlichkeiten sind nur in Einzelfällen und dann grenzüberschreitend aufgefallen. Dies gilt, obwohl die Merkmalsprofile weder konkrete programmatische Inhalte, noch konkrete ethno-regionale Zusammensetzungen abgebildet haben, sondern immer nur den Grad an Programmatisierung und Ethno-Regionalisierung. Dies legt nahe, dass viele unterschiedliche und komplexe Wege zum Erfolg identifiziert werden müssen, um die Zusammensetzung der Parteiensysteme tatsächlich erklären zu können.

6.3 Die Erklärungskraft komplexer Merkmalsprofile

Die Erfolgsbilanzen der politischen Parteien im frankophonen Afrika erklären sich nicht über einfache Automatismen. Auch nachfrageseitige Analysen sprechen heute nicht mehr von einem ethnischen Zensus. Die Parteiensystemperspektive streicht aber Ethnizität in vielen Fällen als wichtigste Determinante des Parteienwettbewerbs heraus und suggeriert damit eine Anwendbarkeit des Erklärungsmusters auf alle individuellen Parteien. Das kann der Parteiensystemforschung freilich nicht zum Vorwurf gemacht werden. Es unterstreicht aber die Nützlichkeit der Einzelparteianalyse und der Offenlegung einer – angesichts des dominanten Wissenschaftsdiskurses – unerwarteten Varianz der Merkmalsprofile.

Die komplexen Merkmalsprofile der Parteien verdeutlichen, dass es nicht den einen Weg zum Wahlerfolg gibt. Keine der theoriegeleiteten Thesen kann einen allgemeinen Kausalzusammenhang zwischen Merkmalsqualität und Wahlerfolg herstellen. Ethno-Regionalismus, Patronagepotential, die Zugehörigkeit zum Regierungslager, Organisationsressourcen sowie die normativ-funktionale Performanz können immer nur Teile der Erfolgsbilanzen einiger Parteien gut erklären. Konkrete materielle Merkmale oder solche die materielle Vorteile für bestimmte Gruppen erwarten lassen sind insgesamt wirkungsmächtiger als andere, aber nicht für eine zufriedenstellende Generalisierung dienlich. Die Untersuchungsergebnisse geben im Allgemeinen keinen Anlass zu vermuten, dass größere Mitgliederorientierung oder Formen von – moderner – Bürgerbeteiligung dem Parteierfolg dienen könnten. Stattdessen haben sich Parteien etabliert, die dem Typ der „business firm" (Hopkin/Paolucci 1999) zuneigen und sich eher durch ihre persönliche Positionierung, ihr Patronagepotential und ihre regional-lokale Verankerung unterscheiden. Eine Rückbindung an Mitgliederstrukturen fällt selbst solchen Parteien schwer, die sich einem sozialistischen Gesellschaftsbild verschrieben haben und die Nichteinbindung der Bevölkerung in politische Entscheidungen beklagen (z.B. UNIR/MS in Burkina Faso).

Demhingegen kann das so vermittelte Image der Partei unter bestimmten nationalen Bedingungen durchaus eine Wirkung auf die Erfolgschancen haben. Zu diesen nationalen Faktoren zählen die Struktur des Regierungssystems, das Wahlsystem, das allgemeine Demokratieniveau oder historische Spezifika. Sie haben einerseits eine unmittelbar intervenierende Wirkung auf den Wahlerfolg – z.B. durch bewusste politische Inszenierung des starken Staatspräsidenten, bevorzugten Zugriff auf den staatlichen Rundfunk oder die generell begünstigende Wirkung historischer Einzelereignisse für bestimmte parteiliche Lager – aber andererseits und insbesondere eine mittelbare Wirkung auf die Erfolgsaussichten bestimmter Merkmalsprofile.

Die historisch entspannten inter-ethnischen Beziehungen in Burkina Faso führen beispielsweise zu einer Minderung der Bedeutung von ethno-regional ausgerichteten Parteiprofilen. Kurzfristige Änderungen im Wahlsystem können entweder breit national aufgestellte Parteien oder regionale Hochburgenparteien begünstigen. Die Amtszeitenbeschränkung des Präsidenten nahm der beninischen FARD die Leitfigur Mathieu Kérékou und machte die FARD als dessen hauptsächliche Unterstützerpartei geradezu überflüssig.

Die Wirkung der nationalen intervenierenden Faktoren wird in Burkina Faso besonders sichtbar. Im dortigen hybriden Regime nutzt die Regierung aktiv ihre Entscheidungsmacht, um die Wettbewerbsregeln in ihrem Sinne zu verändern. In einer gesellschaftlichen Krisensituation wurde beispielsweise die Wahlkreiseinteilung verändert und damit ein deutlich proportionalerer Effekt für die Verrechnung von Stimmen in Mandate erzielt. Die Wahlrechtsänderung stand im Kontext eines Journalistenmordes, der die CDP-Regierung politisch unter Druck gesetzt hatte. Unter dem Eindruck der Ereignisse und den für kleinere Parteien günstigeren institutionellen Bedingungen gelang es der Opposition massiv an Sitzen hinzuzugewinnen.

In Benin sorgt das höhere Demokratisierungsniveau dafür, dass die intervenierenden Faktoren passiver bleiben. Ähnlich passiv wie die kulturell moderierten und daher entspannten interethnischen Beziehungen in Burkina Faso für eine Bedeutungsminderung von Ethnizität im Parteienwettbewerb gesorgt haben, konnte der erfolgreiche Konsens, der auf Benins Nationalkonferenz erreicht wurde, den institutionellen Rahmen dort weitgehend stabil halten. Demokratischer Parteienwettbewerb ist als Modus der Machtzuteilung von allen relevanten Akteuren anerkannt. Die Parteien konnten mithin unter weniger vorstrukturierenden Veränderungen ihre Merkmalsprofile wirken lassen.

Folgerichtig setzen in Benin Parteien häufiger auf ethno-regional konzentrierte Merkmalsprofile. Parteien mit einem ausgeprägt ethno-regionalen Angebot müssen allerdings nicht ausschließlich auf die so suggerierte Zielgruppe festgelegt sein. Andere Merkmale im Profil der gleichen Parteien können Wähler jenseits der entsprechenden ethno-regionalen Gruppe mobilisieren. Das erhöht die Gesamterfolgschancen. Ohne solche zusätzlichen Merkmale beschränkt sich die Partei in ihrem Erfolg nach oben, nicht jedoch nach unten. Gerade in stärker demokratisierten Kontexten ärmerer Länder sind die Kosten für ethno-regionale Angebotsprofile gering (Chandra 2005). Es kommt daher leichter zu intraregionaler Konkurrenz, die wiederum andere Merkmale der Partei für den Erfolg relevant werden lässt. Umgekehrt lässt sich für keines der beiden Länder isolieren, dass ein nicht ethno-regionales Angebotsprofil zu weniger Erfolg führen muss. Oppositionsparteien in Burkina Faso haben viel geringere Aussichten auf Machtübernahme und auf ein daraus folgendes Patronagepotential. Sie werden sich auch über den Hauptgegner schneller einig. Ein ethno-regionales Profil erscheint unter diesen

Umständen – insbesondere angesichts der entspannten interethnischen Beziehungen im Lande – wenig erfolgversprechend, schon gar nicht wenn man sich damit unter Oppositionsparteien gegenseitig Konkurrenz macht.

Hinsichtlich sozialstruktureller Theorieansätze – insbesondere solcher, die ethno-regionales Wahlverhalten in Ländern des globalen Südens betrachten – verstärken diese Befunde die auch an anderer Stelle herausgehobene Erkenntnis, dass Angebot und Nachfrage keinesfalls konvergieren und dadurch einen mechanischen ethno-regionalen „Zensuseffekt" auslösen würden (Basedau/ Stroh 2012). Nicht jedes ethno-regionale Interesse produziert seine homogene politische Partei, was mit der organisationstheoretischen Erkenntnis starker top-down-Modelle stimmig einhergeht. Und nicht jedes ethno-regionale Angebot einer Partei mobilisiert das vermeintliche ethno-regionale Potential. Andere Parteimerkmale bestimmen letztlich darüber, ob und von wem ein solches ethno-regionales Angebot angenommen wird. Den Ergebnissen dieser Untersuchung zufolge reichen häufig lokal verankerte Kandidaten, um dem ethno-regionalen Aspekt zu genügen. Wie auch im anglophonen Afrika (Elischer 2013) haben Parteien im frankophonen Afrika durchaus große Erfolgschancen, wenn sie ethnische Linkages zugunsten einer stärkeren Catch-all-Strategie nicht überbetonen. Ausgefeilte programmatische Linkages sind hingegen im Allgemeinen keine erfolgversprechende Alternative.

Die Kosten für normativ-funktionale Profile sind vergleichsweise sehr hoch. Umfangreiche Investitionen in die Programmatik oder eine inhaltlich arbeitende Organisation dürfen in beiden Ländern als Hochrisikogeschäfte gelten. Es gibt keine Anhaltspunkte, dass sie sich sicher auszahlen. Es ist daher besonders plausibel, hinter der Kovarianz von internationalen Kontakten, die im Bereich Parteienförderung aktiv sind, und einer präzisen Programmatik einen kausalen Zusammenhang zu vermuten. Die Existenz von Parteiprogrammen könnte nun als Erfolg der externen Parteienförderung gewertet werden. Sie macht für die Parteien selbst derweil wenig Unterschied, was im Allgemeinen mit einer geringen Pflege oder Weiterentwicklung von Programmen aus eigenen Kräften einhergeht. Wichtiger für die Erfolgsbilanz der Parteien erscheint die Befriedigung von Interessen im Innern der Organisation, um Loyalität zu garantieren. Denn Illoyalität hat einen vorstrukturierenden Effekt auf die Erfolgsbilanz. Politikern, die Abspaltungen organisieren, gelingt es meist, ihren „persönlichen" Beitrag zum Erfolg der Ursprungspartei in ihre neue Partei „mitzunehmen". Dies weist nicht nur auf eine organisatorische Schwäche der von Abspaltungen betroffenen Parteien hin, sondern auch auf die Erfolgsbedingung, dass Parteien auf die lokale Perspektive der Wähler eingehen müssen. Der konkrete Kandidat und sein Ressourcenangebot zählen im Zweifel mehr als die Parteiorganisation. Normativ-funktionale Performanz zählt offenbar nicht zu den attraktiven Angeboten. Führungsstärke ist im Allgemeinen attraktiver, so dass Faktionalismus den Parteien schadet, während Abspaltungen kaum unter einem denkbaren Imageschaden der Illoyalität leiden. Der innerparteiliche Streit in PDP/PS und PAI hat die Wähler eher abgeschreckt und allen Beteiligten geschadet.

Wichtig für innerparteiliche Loyalität kann das Patronagepotential – insbesondere durch direkte Regierungsbeteiligung oder zumindest sehr gute Aussichten darauf – sein, da dieses eine unmittelbare materielle Interessenbefriedigung ermöglicht. Das Beispiel der beninischen IPD hat jedoch auch gezeigt, dass eine rein opportunistisch auf Regierungsbeteiligung ausgerichtete Partei, die sich sonst in jeder Hinsicht – inhaltlich und ethno-regional – durch Profillosigkeit auszeichnet, keine großen Erfolgschancen erwarten darf. Sobald ein ethno-regionales oder inhaltliches Angebot zur Teilhabe am Exekutivapparat hinzu tritt, werden solche Profile attraktiver. Im Allgemeinen wirkt sich die Zugehörigkeit zum Regierungslager günstig auf die Erfolgsbilanz aus. Die Herausbildung eines erfolgreichen Oppositionsprofils ist anspruchsvoller. Die beninsche RB ist an der Oppositionsrolle beispielsweise gescheitert und speist ihre Relevanz nur noch aus früherer Stärke und einem immer stärker ethno-regionalen Angebot. Aber selbst in ihrer Hochburg verliert sie zunehmend an ethno-regional verankerte Alternativen wie die MAP.

In Burkina Faso sind auch ideelle Motive geeignet, Loyalität zu stärken. Dies lässt sich alleine auf den geringeren Demokratisierungsgrad des Landes zurückführen, da die ideellen Gründe sich letztlich in der Gegnerschaft zur amtierenden Herrschaftselite ausdrücken. Auch in solchen Fällen gilt aber das Konkurrenzprinzip, in dem bei gleichem ideellen Angebot andere Faktoren in den Vordergrund treten, beispielsweise die Bereitschaft zur personellen Erneuerung, die bei der PDP/PS fehlte und die Erfolgsbilanz nachhaltig beschädigt hat.

Innerhalb der nationalen Parteiensysteme hängt der parlamentarische Aufstieg stark davon ab, ob sich die Partei marktgerecht in der richtigen Nische ansiedeln kann. Parlamentarische Stabilität wiederum erfordert ein breites Angebotspaket, das zumindest die nationalen Mindeststandards erfüllt, insbesondere jedoch Ressourcenzugang durch Regierungsbeteiligung. Welche Merkmalsprofile genau positiv oder negativ wirken können, hängt von den spezifischen nationalen und zeitgebundenen Umständen ab. Dieser Umstand trägt insbesondere in fortgeschritten demokratisierten politischen Systemen dazu bei, dass die Parteiensysteme im frankophonen Afrika auch nach zwanzig Jahren Mehrparteienwettbewerb von großer Dynamik und hoher Fluidität gekennzeichnet sind.

6.4 Die Zukunft der vergleichenden Parteienforschung in Afrika

In ihrer theoretisch-methodischen Dimension hat diese Arbeit gezeigt, dass die Parteienforschung zu Subsahara-Afrika wichtiger Ergänzung bedarf. Die empirisch fundierten Ergebnisse der Kausalanalyse haben unterstrichen, dass die Parteiensystemforschung – insbesondere in ihrer für Generalisierungen höchst verdienstvollen quantitativen methodischen Ausrichtung – unzureichend mit der qualitativen politikwissenschaftlichen Demokratisierungsforschung oder auch der an politischen Strukturen interessierten Ethnologie verknüpft ist. Die verwendeten Datensätze sind nicht selten lücken- und gelegentlich auch fehlerhaft. Diese Defizite sind in erster Linie der oben resümierten komplexen und dynamischen Entwicklung zahlreicher Parteiensysteme im frankophonen Afrika anzulasten. Die einzige Lösung ist empirisch gesättigte Forschung auf der Einzelparteienebene.

Der empirisch-analytische Vergleich mit mittlerer Fallzahl war besonders gut geeignet, qualitative Daten in geeigneter Weise zu systematisieren und dabei Messinstrumente weiterzuentwickeln, die später auch der quantitativen Forschung zugute kommen können. Die Vertiefung der qualitativ-systematisierenden Erhebung empirischer Daten zu politischen Parteien ist aller Mühe wert. Das gilt insbesondere für Datenbereiche, die bislang vernachlässigt wurden, weil die Hauptaufmerksamkeit von der Ethno-Regionalismus-These absorbiert wurde.

Die Ergebnisse dieser Untersuchung legen nahe, dass sich die künftige Parteienforschung in höherem Maße von den konkreten Bedürfnissen der politischen Parteien leiten lassen sollte. Die Ziele der Parteien blieben bislang weitgehend unberücksichtigt. Programmatische Schwäche wurde unterstellt, meist ohne sie systematisch zu untersuchen (anders Elischer 2012). Ethnoregionale Repräsentationsinteressen wurden unterstellt, ohne die Motive für eine ethno-regionale Ausrichtung von Parteien genau zu erfassen. Auch die Frage nach den Gründen für die Ethno-Regionalisierung der Wahlergebnisse, insbesondere aber ihre Dynamik unter fortschreitender und länger andauernder Demokratisierung, wurden erst spärlich behandelt. Nur wenige Ausnahmen berücksichtigen die Einzelparteiebene stärker (Elischer 2013; Ishiyama 2009; 2005; Basedau und Stroh 2012).

Diese Arbeit hat nun gezeigt, dass die Wahlergebnisse in nicht unerheblichem Maße auch von den selbstgesteckten Zielen der Parteien beeinflusst werden. Die Fähigkeit zur realistischen Zieleinschätzung und einer entsprechend ausgerichteten Wahlkampagne – inklusive einer geschickten Bündnispolitik – dürften von großer Bedeutung zur Erklärung der häufigen Verschiebungen in den Parteiensystemen des frankophonen Afrikas sein. Bei diesen Verschiebungen sollte mehr als bisher die personelle Kontinuität von der parteilichen Kontinuität getrennt werden und ethno-regionale Ausrichtungen auf ihre Funktion hin untersucht werden. Zudem wäre ein Interesse an den Gründen für die Varianz oder Homogenität bestimmter Merkmale angebracht. Dabei konnte diese Arbeit dazu beitragen, die besonders relevanten Merkmale hervorzuheben. Das aktuelle Verhältnis zu den Regierenden, die längerfristige Bündnispolitik, die Fähigkeit innere Kohärenz herzustellen und die Frage nach dem strategischen Einsatz der ethno-regionalen Personalstruktur und die geographische Konzentration der Parteiaktivitäten sind die wichtigsten.

Die Bedeutung von Grundsatzprogrammen konnte bereits dadurch weiter relativiert werden, dass sie durch die Merkmalsanalyse überzeugend mit internationalen Fördermaßnahmen in Verbindung gebracht werden können. Die Präzision der Programmatik schlägt sich weder direkt noch indirekt in der Erfolgsbilanz der Parteien wieder. Die Vorstellung der externen Förderer, mit Programmentwicklung zu mehr innerer Kohärenz und besserer Regierungspolitik beizutragen, lässt sich nicht bestätigen. Grundsatzprogramme werden im frankophonen Afrika kaum publik gemacht, sind nicht selten schwer erhältlich und schnell vergessen. Auf die mühsame Erstellung von Wahlprogrammen wird in der Regel ganz verzichtet, zumindest bei Parlamentswahlen, die organisatorisch und terminlich in den meisten frankophonen Ländern von den Präsidentschaftswahlen getrennt sind. Das Besetzen einzelner prägnanter Themen kann insbesondere unter polarisierten Wettbewerbsbedingungen wie in Burkina Faso sehr viel wahrscheinlicher eine positive Wirkung auf die Erfolgsbilanz einer Partei entfalten. Im stärker kooperations- und konsensorientierten Benin könnten starke thematische Positionen hingegen eher hinderlich wirken, da sie machtpolitisch und materiell interessante Bündnismöglichkeiten ausschließen könnten. Jedenfalls ist keine relevante beninische Partei bemüht, pointiert bestimmte Einzelthemen zu besetzen.

Eine wichtige Aufgabe der künftigen Parteienforschung zu Afrika wird es angesichts der besprochenen Ergebnisse sein, die Wirkung der Merkmalsprofile in die Frage der Strategiefähigkeit von Parteien einzubetten: Welche Wahlkampfstrategien werden von politischen Parteien entwickelt und umgesetzt? Welche Strategien versprechen den größten Wahlerfolg? Welche Parteien sind überhaupt strategiefähig, entwickeln also umsetzbare Wahlkampfpläne und formulieren dabei realistische Ziele? Welche Merkmalsprofile bieten die beste Grundlage für strategisches Handeln? Die vorliegende Merkmalsanalyse konnte an zahlreichen Stellen die hohe Bedeutung von zeitgebundenen und kurzfristigen Wirkfaktoren herausarbeiten und erste Hinweise auf die erhöhte Strategiefähigkeit einzelner Parteien – wie beispielsweise der MAP oder der UPR-BF – geben, die mit relativ guten Erfolgsbilanzen einher gehen. Wie oben bereits diskutiert wurde, wäre eine solche Herangehensweise über das Modell der Unternehmer-Partei

(Hopkin/Paolucci 1999; Krouwel 2006) an die allgemeine, vornehmlich westlich ausgerichtete Parteienforschung anschlussfähig. Hauptdifferenz zwischen vielen afrikanischen Parteien und dem europäischen „business firm" Modell ist gerade die Wahlkampfstrategie. Bislang lässt sich vor allem im ländlichen Afrika kein schlank organisierter, professionalisierter Medienwahlkampf realisieren. Noch dominieren Klientel- und Patronagenetzwerke sowie die persönliche Ansprache auf lokaler Ebene das Wahlkampfgeschehen. Insofern bleibt die schlanke „business firm" Partei in Afrika ohne die effiziente Massenkommunikation noch stärker von den materiellen Möglichkeiten des Parteiführers und den intervenierenden Effekten des politischen Systems abhängig.

Angesichts des hohen Anteils junger Wähler, könnte Mit der rasanten Ausbreitung moderner Medien könnte sich dies jedoch rasch wandeln. Noch sind Parteiunternehmer nicht bereit, systematisch in professionelle Medienkampagnen zu investieren. Oft genügt den Amtsinhabern die dominante Berichterstattung im öffentlichen Rundfunk, während Oppositionsparteien keine eigenen Medienstrategien entwickeln. Andere Nutzungsformen moderner Medien könnten den Parteienwettbewerb in Afrika angesichts des großen Anteils junger Wahlberechtiger, der schnellen Urbanisierung und der rapiden Ausbreitung moderner Medien neu strukturieren. Dadurch könnte Afrika den evolutionären Schritt der organisationsstarken Catch all oder elektoralen Partei (Kirchheimer 1966; Panebianco 1988; Krouwel 2006) überspringen und auch künftig keine stabilen Parteien und institutionalisierten Parteiensysteme entwickeln. Eine weiter abnehmende Bedeutung ethno-regionaler Loyalitäten könnte diese Entwicklung verstärken. Jedenfalls hilft eine Fokussierung auf die ethno-regionale Frage der afrikanischen Parteienforschung zumindest in Ländern mit einer gewissen demokratischen Erfahrung kaum noch weiter.

Gegenwärtig gibt die lokale Ausrichtung der beobachteten erfolgreichen Wahlkampfstrategien guten Grund zu der Annahme, dass Bienens (1971: 200) vor vierzig Jahren geäußerte Überzeugung unter veränderten historischen Rahmenbedingungen noch immer von höchster Bedeutung in der Area frankophones Afrika ist: Für den Parteienwettbewerb sind parochiale Interessen bedeutender als tribale. Das unmittelbar Materielle ist bedeutender als das abstrakt Identitäre. Dies gilt besonders für Parlamentswahlen in präsidentiellen Regierungssystemen, bei denen regionale Bezüge durch Wahlkreise greifbar werden und zugleich nicht die Kontrolle über die exekutive Gewalt in Rede steht. Es gilt ferner insbesondere in den zahlreichen afrikanischen Gesellschaften, die nicht von der historischen Last interethnischer Gewalt mit ivorischen, kenianischen oder gar ruandischen Ausmaßen betroffen sind.

Diese Erkenntnisse fordern einen Perspektivwechsel und eine genaue Evaluierung der Wahlkampfstrategie von einzelnen politischen Parteien. Die intensive Merkmalsanalyse bildet die notwendige Grundlage für diesen erstrebenswerten nächsten Schritt der demokratietheoretisch eingebetteten Parteienforschung zu Subsahara-Afrika.

7. Anhang

Im Folgenden finden Sie grundlegende Wahldaten aus Anhang 1. Die Inhalte der weiteren Anhänge, auf die im Text Bezug genommen wird, sind nachfolgend aufgelistet. Alle hier genannten Anhänge – Anhang 1 eingeschlossen – finden Sie online unter folgender Adresse:

www.budrich-verlag.de/
(DOI Online-Anhang:10.3224/84740118A)

Anhang 1: Erfolgsbilanz und Fallauswahl

Anhang 1.1:   Wahlergebnisse in der Republik Benin
Anhang 1.2:   Wahlergebnisse in Burkina Faso
Anhang 1.3:   Fraktionen und Franktionsgemeinschaften (Mitte 2006)
Anhang 1.4:   Auswahlkriterien auf Länderebene (2006)

Anhang 2: Formale Organisationsstrukturen im Überblick

Anhang 2.1:   Formale Organisationsstrukturen in Benin
Anhang 2.2:   Formale Organisationsstrukturen in Burkina Faso

Anhang 3: Messdetails und Werteermittlung des QPZ

Anhang 3.1:   Besuchsprotokoll mit Punktwerten
Anhang 3.2:   QPZ-Messung

Anhang 4: Gruppenbildung zur materiellen Ausstattung der Parteien

Anhang 5: Beitragssätze für unterschiedliche Mitgliedergruppen

Anhang 6: Kodierung der Grundsatzprogrammatik

Anhang 7: Korrelation einzelner Messwerte der Programmanalyse

Anhang 8: Identifikationspersonen der politischen Parteien

Anhang 8.1:   Eigenschaften von Parteivorsitzenden und führenden Identifikationspersonen in Benin
Anhang 8.2:   Eigenschaften von Parteivorsitzenden und führenden Identifikationspersonen in Burkina Faso

Anhang 1: Erfolgsbilanz und Fallauswahl

Anhang 1.1: Wahlergebnisse in der Republik Benin

Partei	Stimmenanteile bei den Parlamentswahlen					Sitze im Parlament nach den Parlamentswahlen				Präsidentschaftswahl	
	2007	2003	1999	1995	1991	2007	2003	1999	1995	Kandidat	2006
FARD	3,5% (AEC)	9,1% (UBF)	5,5%	6,2%	x	0	21	10	10	Tawéma	0,6%
IPD	3,4%	5,3%	8,2%	2,7%	x	0	2	4	3		
MADEP	5,8% (ADD)	12,5%	9,2%	x	x	4	9	6	x	Idji	3,2%
MAP	4,1%	6,7%	1,4%	x	x	4	5	0	x	Séhouèto	2,1%
PRD	10,7%	14,5%	12,2%	15,4%	11,7%	9	11	11	19	Houngbédji	24,2%
PSD	5,8% (ADD)	18,8% (UBF)	9,3%	7,7%	9,8%	7	10	9	8	Amoussou	16,5%
RB	5,8% (ADD)	14,1%	22,7%	14,6%	x	8	15	27	21	Soglo	8,7%
RPR	3,5%	5,2%	2,1%	x	x	1	1	1	x		
UDS	23,5% (FCBE)	4,2%	8,2%	4,9%	7,1%	2	3	4	5		
UPR-BJ	4,7%	x	x	x	x	3	x	x	x		
CAR	x	x	6,2%	x	x	x	x	3	x		
MERCI	x	x	4,1%	x	x	x	x	2	x		
NCC-PNE	AEC	4,0%	2,1%	5,7%	10,1%	0	2	1	3		
PCB	0,6%	x	x	3,3%	x	0	x	x	1		
RDL	2,4%	x	x	4,3%	5,6%	0	x	x	3	Adjovi	1,8%
RND	x	x	x	1,9%	12,1%	x	x	0	7		
UNDP	2,8%	x	x	2,6%	3,1%	2	x	x	1		
Andere*	23,4%	5,6%	8,8%	30,7%	40,5%	43	4	5	2	u.a. Yayi	42,9%
ADD	17,4%					20					
AEC	3,5%					0					
FCBE	23,5%					35					
UBF		27,9%					31				
UTRD					18,9%						

* Summe der Parteien, die bei keiner Wahl mindestens 3% der Stimmen erreicht haben.

Anmerkung: Die effektive Zahl der elektoralen Parteien im Jahr 2003 betrug 6,7; die effektive Zahl der Präsidentschaftskandidaten 2006 lag bei 4,5. Die Fallauswahl ist hellgrau unterlegt. Die dunkelgrauen Zeilen berichten Wahlbündnisergebnisse, die zuvor bereits auf die beteiligten Parteien aufgeteilt wurden.

Quelle: eigene Zusammenstellung auf der Grundlage der Wahlkommissionsberichte und Hartmann 1999a.

Anhang 1.2: Wahlergebnisse in Burkina Faso

	Stimmenanteile bei den Parlamentswahlen				Sitze im Parlament nach den Parlamentswahlen				Präsidentschaftswahl	
	2007	2002	1997	1992	2007	2002	1997	1992	Kandidat	2005
ADF/RDA	10,7%	12,7%	RDA	RDA	14	17				
UNDD	1,9%	ADF/RDA	ADF	ADF	0				Yaméogo**	0,8%
ADF	UNDD	ADF/RDA	7,4%	8,7%			2	4		
RDA	ADF/RDA	ADF/RDA	6,4%	11,3%			2	6		
CDP	58,9%	49,5%	68,6%	x	73	57	101	x	Compaoré	80,3%
CNPP/PSD	CDP	CDP	CDP	12,0%				12		
ODP/MT	CDP	CDP	CDP	48,5%				78		
PAI	0,8%	3,6%	1,5%	4,1%	1	5	0	2	Touré	1,1%
PDS	2,4%	1,7%	x	x					Ouédraogo	2,3%
PDP/PS	2,5%	7,5%	10,1%	x	2	10	6	x	Lankoandé	1,7%
UNIR/MS	3,9%	2,4%	x	x	4	3	x	x	Sankara	4,9%
UPR-BF	4,3%	x	x	x	5	x	x	x		
Andere*	14,6%	22,6%	6,0%	15,4%	12	19	0	5		8,9%

* Summe der Parteien, die bei keiner Wahl mindestens 3% der Stimmen erreicht haben.

** Yaméogo hat seine Kandidatur zurückgezogen und zum Wahlboykott aufgerufen, nachdem die Stimmzettel bereits gedruckt waren. Formal blieb er wählbar. Die Fallauswahl ist hellgrau unterlegt.

Anmerkung: Die effektive Zahl der elektoralen Parteien im Jahr 2002 betrug 3,7; die effektive Zahl der Präsidentschaftskandidaten 2006 lag bei 1,5.

Quelle: eigene Zusammenstellung auf der Grundlage der Wahlkommissionsberichte und Grotz 1999.

Anhang 1.3: Fraktionen und Fraktionsgemeinschaften (Mitte 2006)

	Fraktionen und Fraktionsgemeinschaften	Sitze	führende Partei(en)
Benin	Démocratie & Progrès	10	MADEP
	Paix & Développement	11	PSD
	PRD	11	PRD
	RB	15	RB
	Relève de Qualité	11	UPR-BJ
	Solidarité & Progrès	11	FARD
	Unité Nationale	14	MAP, UDS
Burkina Faso	ADF/RDA	13	ADF/RDA
	CDP	57	CDP
	Convention des Forces Républicaines	14	UPR-BF, PAI
	Justice & Démocratie	15	UNDD
	PDP/PS	11	PDP/PS

Quelle: Assemblée Nationale du Bénin, Internetseite „Groupes parlementaires", www.assembleebenin.org/interne.phop?menu=groupes (31.01.2006); Assemblée Nationale du Burkina Faso, Internetseite „Groupes parlementaires", www.an.bf/presentation/groupes-parlementaires.htm (13.01.2006); sowie einschlägige Interviews zur Kontrolle.

8. Bibliographie

Abbott, Andrew 1990: Conceptions of Time and Events in Social Science Methods, in: Historical Methods 23 (4): 140-150.

Adamon, Afise D. 1995: Le Renouveau démocratique au Bénin, Paris: L'Harmattan.

Adejumobi, S. 2000: Elections in Africa: A Fading Shadow of Democracy?, in: International Political Science Review 21 (1): 59-73.

Alliance pour la Démocratie et la Fédération/Rassemblement Démocratique Africain [ADF/RDA] 2005a, "Programme politique et de gouvernement: Pour un avenir Radieux du Burkina Faso", 13ème Congrès Ordinaire, Ouagadougou, Juillet 2005.

Alliance pour la Démocratie et la Fédération/Rassemblement Démocratique Africain [ADF/RDA] 2005b, "Règlement intérieur", 13ème Congrès Ordinaire, Ouagadougou, 02.07.2005.

Alliance pour la Démocratie et la Fédération/Rassemblement Démocratique Africain [ADF/RDA] 2005c, "Statuts", 13ème Congrès Ordinaire, Ouagadougou, 02.07.2005.

ADF/RDA 2008: "Le point de vue de l'ADF/RDA sur la vie chère", in: Sidwaya (Ouagadougou), 27.02.2008.

Adjovi, Emmanuel V. 1998: Une élection libre en Afrique: la présidentielle du Bénin (1996), Paris: Karthala.

Adoun, Wilfrid Hervé und François K. Awoudo 2008: Bénin: une démocratie prisonnière de la corruption, Cotonou: Friedrich-Ebert-Stiftung.

Afrikinfo.com 2008, "Liste des partis politiques enrégistrés depuis 1990", République du Bénin, "Le Matinal" (Cotonou), 02.12.1998.

Afrobarometer 2004: Democracy and Electoral Alternation: Evolving African Attitudes, Afrobarometer Briefing Paper 9, http://www.afrobarometer.org/papers/AfrobriefNo9.pdf

Ake, Claude 1996: Democracy and Development in Africa, Washington: Brookings.

Akindès, Francis 1996: Les mirages de la démocratisation en Afrique subsaharienne francophone, Paris: Karthala.

Akindès, Francis und Victor Topanou 2005: Le contrôle parlementaire de l'action gouvernementale en République du Bénin. Une lecture sociologique, Genf: United Nations Research Institute for Social Development.

Akpovo, Virgile 1996: Funding Political Parties in the Young African Democracies – The Benin Experience, in: Kofi Kumado (Hg.): Funding Political Parties in West Africa, Accra: Gold Type Press, 63-73.

Alemann, Ulrich von und Erhard Forndran 2002: Methodik der Politikwissenschaft, Stuttgart: Kohlhammer.

Alesina, Alberto et al. 2003: Fractionalization, in: Journal of Economic Growth 8 (2): 155-194.

Allen, Chris 1988: Benin: Economics, Politics and Society, in: Bogdan Szajkowski (Hg.): Marxist Regimes Series: Benin, The Congo and Burkina Faso, London/New York: Pinter Publishers, 1-144.

Allen, Chris 1992: Restructuring an Authoritarian State: 'Democratic Renewal' in Benin, in: Review of African Political Economy (54): 42-58.

Almond, Gabriel 2001: Comparative Politics: A Theoretical Framework, New York et al.: Longman.

Alokpon, Jean Benoît 2006: "1er congrès ordinaire du Rpr: Valentin Aditi Houdé reconduit à la tête du parti", in: Le Matinal (Cotonou), 24.10.2006.

Aminou, Taofiki Wabi 1996: The Financing of Political Parties and the Success of Multi-Party Democracy: The Case of Francophone Africa, in: Kofi Kumado (Hg.): Funding Political Parties in West Africa, Accra: Gold Type Press, 45-62.

Amouzouvi, Hippolyte 2000: Le chic, le choc et le chèque d'une élection démocratique: Mots et maux des présidentielles de 2001 au Bénin, in: Afrika Spectrum 35 (3): 359-370.

Anckar, Dag 1997: Dominating Smallness: Big Parties in Lilliput States, in: Party Politics 3 (2): 243-263.

Anckar, Dag und Carsten Anckar 2000: Democracies Without Parties, in: Comparative Political Studies 33 (2): 225-247.

Anyang' Nyong'o, Peter 1992: Africa: The failure of one-party rule, in: Journal of Democracy 3 (1): 90-96.

African Peer Review Secretariate 2008a, "APRM Country Review Report: Burkina Faso", APRM Report No. 9, Mai 2008.

African Peer Review Secretariate 2008b, "APRM Country Review Report: Republic of Benin", APRM Report No. 6, January 2008.

Apter, David E. 1965: The Politics of Modernization, Chicago/London: University of Chicago Press.

Association des Ancien Détenus Politiques et Victimes de la Répression au Bénin [ASSANDEP], 1990, "Le livre blanc sur la torture au Bénin 1972-1990", Cotonou.

Augé, Marc, Georges Balandier und Joseph Tubiana (Hg.) 2006: Parentés, plaisanteries et politique, Cahiers d'études africaines 184: 16 (4).

Awoudo, François K. 2004: Le mal transhumant. Les infidélités politiques dans le Bénin démocratique, Cotonou: Editions Tunde.

Badet, Gilles 2000: Cour constitutionnelle et régularité des élections au Bénin, Cotonou: Friedrich-Ebert-Stiftung.

Badini, Amadé 1996: Les relations de parenté à plaisanterie: élément des mécanismes de régulation sociale et principe de résolution des conflits sociaux au Burkina Faso, in: René Otayek, Filiga Michel Sawadogo und Jean-Pierre Guingané (Hg.): Le Burkina entre révolution et démocratie, Paris: Karthala, 101-116.

Bado, Laurent 1999: La crise de la démocratie occidentale en Afrique noire, in: Revue juridique et politique, indépendance et coopération 53 (1): 28-49.

Bailey, Frederick G. 1963: Politics and Social Change. Orissa in 1959, Berkeley/Los Angeles: University of California Press.

Bako-Arifari, Nassirou 1995: Démocratie et logiques du terroir au Bénin, in: Politique africaine (59): 7-24.

Bama, Philippe 2008: "Salifo Tiemtoré (Député CDP du Kadiogo) – 'Il faut réfléchir sur le long terme'", in: Le Pays (Ouagadougou), 13.03.2008.

Banégas, Richard 1997: Retour sur une 'transition modèle': les dynamiques du dedans et du dehors de la démocratisation béninoise, in: Jean-Pascal Daloz und Patrick Quantin (Hg.): Transitions démocratiques africaines, Paris: Karthala, 23-94.

Banégas, Richard 1998: Marchandisation du vote, citoyenneté et consolidation démocratique au Bénin, in: Politique africaine (69): 75-87.

Banégas, Richard 2003: La démocratie à pas de caméléon, Paris: Karthala.

Bara, Judith und James Manor 1987: Sri Lanka 1947-1977: Elite Programmes and Campaign Strategies, in: Ian Budge, David Robertson und Derek Hearl (Hg.): Ideology, Strategy and Party Change: Spatial Analyses of Post-War Election Programmes in 19 Democracies, Cambridge et al.: Cambridge University Press, 95-110.

Barkan, Joel D. 2000: Protracted Transitions Among Africa's New Democracies, in: Democratization 7 (3): 227-243.

Barkan, Joel D. und John J. Okumu 1978: 'Semi-Competitive' Elections, Clientelism, and Political Recruitment in a No-Party State: The Kenyan Experience, in: Guy Hermet, Richard Rose und Alain Rouquié (Hg.): Elections Without Choice, London/Basingstoke: Macmillan, 88-107.

Barnea, Shlomit und Gideon Rahat 2011: "Out with the old, in with the 'new'": What constitutes a new party?, in: Party Politics 17 (3): 303-320.

Basedau, Matthias 2002: Zum Zusammenhang von Wahlsystem, Parteiensystem und Demokratiestabilität in Afrika. Kritische Anmerkungen zum Potenzial von Electoral Engineering, in: Afrika Spectrum 37 (3): 311-333.

Basedau, Matthias 2003: Erfolgsbedingungen von Demokratie im subsaharischen Afrika, Opladen: Leske und Budrich.

Basedau, Matthias 2007: Do Party Systems Matter for Democracy?, in: Matthias Basedau, Gero Erdmann und Andreas Mehler (Hg.): Votes, Money and Violence. Political Parties and Elections in Africa, Uppsala: Nordic Africa Institute, 105-143.

Basedau, Matthias et al. 2011: Ethnicity and Party Preference in Sub-Saharan Africa, in: Democratization 18 (2): 462-489.

Basedau, Matthias, Gero Erdmann und Andreas Mehler (Hg.) 2007: Votes, Money and Violence. Political Parties and Elections in Africa, Uppsala: Nordic Africa Institute.

Basedau, Matthias und Patrick Köllner 2007: Area Studies, Comparative Area Studies, and the Study of Politics: Context, Substance, and Methodological Challenges, in: Zeitschrift für Vergleichende Politikwissenschaft 1 (1): 105-124.

Basedau, Matthias und Alexander Stroh 2008: Measuring Party Institutionalization in Developing Countries: A New Research Instrument Applied to 28 African Political Parties, GIGA Working Papers 69, Hamburg: GIGA, www.giga-hamburg.de/workingpapers (01.07.08).

Basedau, Matthias und Alexander Stroh 2011: Do Party Systems Make Democracy Work? A Comparative Test of Party System Characteristics and Democatization in Francophone Africa, in: Zeitschrift für Vergleichende Politikwissenschaft Special Issue (1): 173-199.

Basedau, Matthias und Alexander Stroh 2012: How Ethnic are African Parties Really? Evidence from Four Francophone Countries, in: International Political Science Review 33 (1): 5-24.

Basedau, Matthias, Alexander Stroh und Gero Erdmann 2006: Die Institutionalisierung von politischen Parteien im anglophonen Afrika, in: KAS Auslandsinformationen (11): 25-45.

Batoko, Ousmane 2006: "Aprés son 4ème congrès national ordinaire: Le FARD-Alafia consolide ses bases", in: Le Matinal (Cotonou), 28.12.2006.

Baudais, Virgine und Grégory Chauzal 2006: Les partis politiques et l'"indépendance partisane" d'Amadou Toumani Touré, in: Politique africaine (104): 61-80.

Baxter, Joan und Keith Somerville 1988: Burkina Faso: Economics, Politics and Society, in: Bogdan Szajkowski (Hg.): Marxist Regimes Series: Benin, The Congo and Burkina Faso, London/New York: Pinter Publishers, 237-286.

Bayart, Jean-François 1978: Clientelism, Elections and Systems of Inequality and Domination in Cameroun: A Reconsideration of the Notion of Political and Social Control, in: Guy Hermet, Richard Rose und Alain Rouquié (Hg.): Elections Without Choice, London/Basingstoke: Macmillan, 66-87.

Bayart, Jean-François 1989: L'Etat en Afrique. La politique du ventre, Paris: Fayart.

Beller, Dennis C. und Frank P. Belloni 1978: Party and Faction: Modes of Political Competition, in: Frank P. Belloni und Dennis C. Beller (Hg.): Faction Politics: Political Parties and Factionalism in Comparative Perspective, Santa Barbara/Oxford: ABC-Clio, 417-450.

Bendel, Petra, Aurel Croissant und Friedbert W. Rüb (Hg.) 2002: Zwischen Demokratie und Diktatur: zur Konzeption und Empirie demokratischer Grauzonen, Opladen: Leske und Budrich.

Benoit, Kenneth 2002: The Endogeneity Problem in Electoral Studies: a Critical Re-examination of Duverger's Mechanical Effect, in: Electoral Studies 21 35-46.

Berg-Schlosser, Dirk 1997: Makro-qualitative vergleichende Methoden, in: Dirk Berg-Schlosser und Ferdinand Müller-Rommel (Hg.): Vergleichende Politikwissenschaft, Opladen: Leske und Budrich, 67-87.

Bertelsmann Stiftung 2009: BTI 2010: Benin Country Report, Gütersloh: Bertelsmann Stiftung.

Betz, Joachim 1997: Der Prozess der Verfassungsgebung und die Grenzen von Verfassung in Ländern der Dritten Welt, in: Joachim Betz (Hg.): Verfassungs-gebung in der Dritten Welt, Hamburg: Deutsches Übersee-Institut, 9-31.

Betz, Joachim 2006: Die Institutionalisierung indischer Parteien, in: Politische Vierteljahresschrift 47 (4): 618-640.

Beyme, Klaus von 1975: A Comparative View of Democratic Centralism, in: Government and Opposition 10 (3): 259-277.

Beyme, Klaus von 1984: Parteien in westlichen Demokratien, München: Piper.

Beyme, Klaus von 2009: Parteien und Parteiengesetzgebung – Grenzen der rechtlichen Regulierung als Mittel gegen Parteienverdrossenheit, in: Fabian Schalt et al. (Hg.): Neuanfang statt Niedergang – Die Zukunft der Mitgliederparteien, Berlin: Lit, 25-38.

Burkina Faso [BF] 1992, "Ordonnance No. 92-018/PRES portant code électoral", Le Président du Faso, Ouagadougou, 25.03.1992.

Burkina Faso [BF] 2000, "Loi No. 012-2000/AN portant financement des activités des partis politiques et des campagnes électorales", Assemblée Nationale, Ouagadougou, 02.05.2000.

Burkina Faso [BF] 2001a, "Loi No. 014-2001/AN portant code électoral", Assemblée Nationale, Ouagadougou, 03.07.2001.

Burkina Faso [BF] 2001b, "Loi No. 032-2001/AN portant charte des partis et formations politiques au Burkina Faso", Assemblée Nationale, Ouagadougou, 29.11.2001.

Burkina Faso [BF] 2002, "Loi No. 002-2002/AN modifiant la loi 014-2001/AN portant code électoral", Assemblée Nationale, Ouagadougou, 23.01.2002.

Burkina Faso [BF] 2004, "Loi No. 013-2004/AN modifiant la loi 014-2001/AN portant code électoral", Assemblée Nationale, Ouagadougou, 27.04.2004.

Burkina Faso [BF] 2005a, "Liste des organisations et partis politiques légalement reconnus", Ministère de l'Administration Territoriale et de la Décentralisation (M.A.T.D.), Ouagadougou, 27.04.2005.

Burkina Faso [BF] 2005b, "Loi No. 024-2005/AN modifiant la loi 014-2001/AN portant code électoral", Assemblée Nationale, Ouagadougou, 25.05.2005.

Burkina Faso [BF] 2006, "Projection de la repartition des sièges de conseillers régionaux", Ministère de l'Administration Territoriale et de la Décentralisation (M.A.T.D.), Ouagadougou.

Burkina Faso [BF] 2008, "Exposé des motifs du projet de loi de finances pour l'exécution du budget de l'État, gestion 2009", Ministère de l'Economie et des Finances (M.E.F.), Ouagadougou, Septembre 2008.

Bienen, Henry 1970: One-Party Systems in Africa, in: Samuel Huntington und C. Moore (Hg.): Authoritarian Politics in Modern Societies, New York: Basic,

Bienen, Henry 1971: Political Parties and Political Machines in Africa, in: Michael Lofchie (Hg.): The State of the Nations: Constraints on Development in Independent Africa, Berkeley: University of California Press, 195-213.

Bierschenk, Thomas 2006: The Local Appropriation of Democracy: An Analysis of the Municipal Elections in Parakou, Republic of Benin, 2002-03, in: Journal of Modern African Studies 44 (4): 543-571.

Bierschenk, Thomas 2009: Democratization without Development: Benin 1989-2009, in: International Journal of Politics, Culture, and Society 22 (3): 337-357.

Bille, Lars 2001: Democratizing a Democratic Procedure: Myth or Reality? Candidate Selection in Western European Parties, 1960-1990, in: Party Politics 7 (3): 363-380.

Bobbio, Noberto 1994: Rechts und Links. Gründe und Bedeutungen einer politischen Unterscheidung, Berlin: Wagenbach.

Bogaards, Matthijs 2000: Crafting Competitive Party Systems: Electoral Laws and the Opposition in Africa, in: Democratization 7 (4): 163-190.

Bogaards, Matthijs 2004: Counting Parties and Identifying Dominant Party Systems in Africa, in: European Journal of Political Research 43 173-197.

Bogaards, Matthijs 2007: Electoral Systems, Party Systems and Ethnicity in Africa, in: Matthias Basedau, Gero Erdmann und Andreas Mehler (Hg.): Votes, Money and Violence. Political Parties and Elections in Africa, Uppsala: Nordic Africa Institute, 168-193.

Bogaards, Matthijs 2008: Dominant Party Systems and Electoral Volatility in Africa. A Comment on Mozaffar and Scarritt, in: Party Politics 14 (1): 113-130.

Bogaards, Matthijs 2009: How to classify hybrid regimes? Defective democracy and electoral authoritarianism, in: Democratization 16 (2): 399-423.

Bogaards, Matthijs, Matthias Basedau und Christof Hartmann 2010: Ethnic party bans in Africa: an introduction, in: Democratization 17 (4): 599-617.

Bogner, Alexander und Wolfgang Menz 2005: Das theoriegeleitete Experteninterview: Erkenntnisinteresse, Wissensformen, Interaktion, in: Alexander Bogner, Beate Littig und Wolfgang Menz (Hg.): Das Experteninterview: Theorie, Methode, Anwendung, Wiesbaden: VS Verlag, 33-70.

Bollen, Kenneth A., Barbara Entwisle und Arthur S. Alderson 1993: Macrocomparative Research Methods, in: Annual Review of Sociology 19 (1): 321-351.

Boly, Moussa 1996: Political Parties and Democracy. The Role of Financing Rules and Regulations for the Success of Multi-Party Democracy. The Experience of Burkina Faso, in: Kofi Kumado (Hg.): Funding Political Parties in West Africa, Accra: Gold Type Press, 74-80.

Boudon, Laura E. 1997: Burkina Faso: The 'Rectification' of the Revolution, in: John F. Clark und David E. Gardinier (Hg.): Political Reform in Francophone Africa, Boulder: Westview, 127-144.

Brady, Henry E. und David Collier (Hg.) 2010: Rethinking Social Inquiry, Lanham et al.: Rowman & Littlefield.

Brambor, Thomas, William Roberts Clark und Matt Golder 2007: Are African Party Systems Different?, in: Electoral Studies 26 (2): 315-323.

Bratton, Michael 2004: The "Alternation Effect" in Africa, in: Journal of Democracy 14 (4): 147-158.

Bratton, Michael 2007: Formal Versus Informal Institutions in Africa, in: Journal of Democracy 18 (3): 96-110.

Bratton, Michael und Eric C.C. Chang 2006: State Building and Democratization in Sub-Saharan Africa, in: Comparative Political Studies 39 (9): 1059-1083.

Bratton, Michael und Mwangi S. Kimenyi 2008: Voting in Kenya: Putting Ethnicity in Perspective, in: Journal of Eastern African Studies 2 (2): 272-289.

Bratton, Michael, Robert Mattes und Emmanuel Gyimah-Boadi 2005: Public Opinion, Democracy, and Market Reform in Africa, New York: Cambridge University Press.

Bratton, Michael und Nicolas van de Walle 1997: Democratic Experiments in Africa: Regime Transitions in Comparative Perspective, Cambridge: Cambridge University Press.

Brettschneider, Frank 2002: Spitzenkandidaten und Wahlerfolg: Personalisierung, Kompetenz, Parteien. Ein internationaler Vergleich, Wiesbaden: Westdeutscher Verlag.

Bryan, Shari und Denise Baer 2005: A Study of Party Financing Practices in 22 Countries, Washington: NDI.

Bryceson, Deborah Fahy 2009: The Urban Melting Pot in East Africa: Ethnicity and Urban Growth in Kampala and Dar es Salaam, in: Francesca Locatelli und Paul Nugent (Hg.): African Cities: Competing Claims on Urban Space, Leiden: Brill, 241-260.

Budge, Ian und Judith Bara 2001: Introduction: Content Analysis and Political Texts, in: Ian Budge et al. (Hg.): Mapping Policy Preferences, Oxford: Oxford University Press, 1-16.

Budge, Ian et al. 2001: Mapping Policy Preferences: Estimates for Parties, Electors, and Governments 1945-1998, Oxford: Oxford University Press.

Budge, Ian und Michael D. McDonald 2006: Choices Parties Define: Policy Alternatives in Representative Elections, 17 Countries 1945-1998, in: Party Politics 12 (4): 451-466.

Budge, Ian, David Robertson und Derek Hearl (Hg.) 1987: Ideology, strategy and party change: spatial analyses of post-war election programmes in 19 democracies, Cambridge et al.: Cambridge University Press.

Buijtenhuijs, Robert 1994: Les partis politiques africains ont-ils des projets de société? L'exemple du Tchad, in: Politique africaine (56): 119-135.

Bunce, Valerie J. und Sharon L. Wolchik 2010: Defeating Dictators: Electoral Change and Stability in Competitive Authoritarian Regimes, in: World Politics 62 (1): 43-86.

Burnell, Peter (Hg.) 2006: Globalizing Democracy: Party Politics in Emerging Democracies, Milton Park et al.: Routledge.

Burnell, Peter 2007: Political Parties in Africa: Different, Functional and Dynamic?, in: Matthias Basedau, Gero Erdmann und Andreas Mehler (Hg.): Votes, Money and Violence. Political Parties and Elections in Sub-Saharan Africa, Uppsala: Nordic Africa Institute, 65-81.

Butler, Anthony 2005: How democratic is the African National Congress?, in: Journal of Southern African Studies 31 (4): 719-736.

Calhoun, Craig 1993: Nationalism and Ethnicity, in: Annual Review of Sociology 19 (1): 211-239.

Carbone, Giovanni M. 2006: Comprendre les partis et les systèmes de partis africains: entre modèles et recherches empiriques, in: Politique africaine (104): 18-27.

Carbone, Giovanni M. 2007: Political Parties and Party Systems in Africa: Themes and Research Perspectives, in: World Political Science Review 3 (3): Art. 1.

Carey, Sabine C. 2002: A Comparative Analysis of Political Parties in Kenya, Zambia and the Democratic Republic of Congo, in: Democratization 9 (3): 53-71.

Congres pour la Démocratie et le Progrès [CDP] 2003a, "Règlement intérieur", Deuxième Congrès Ordinaire, Ouagadougou, 03.08.2003.

Congres pour la Démocratie et le Progrès [CDP] 2003b, "Statuts", Deuxième Congrès Ordinaire, Ouagadougou, 03.08.2003.

Congrès pour la Démocratie et le Progrès [CDP] o.D., "Programme du parti: démocratie, progrès, justice", Secrétariat Exécutif National, Ouagadougou, date inconnue.

Chabal, Patrick 1998: A Few Considerations on Democracy in Africa, in: International Affairs 74 (2): 289-303.

Chabal, Patrick 2009: Africa: The Politics of Suffering and Smiling, London/New York/Pietermaritzburg: Zed Books/University of KwaZulu-Natal Press.

Chabal, Patrick und Jean-Pascal Daloz 1999: Africa Works. Disorder as Political Instrument, Oxford: James Currey.

Chabal, Patrick und Jean-Pascal Daloz 2006: Culture Troubles. Politics and the Interpretation of Meaning, Chicago: University of Chicago Press.

Chandra, Kanchan 2004: Why Ethnic Parties Succeed: Patronage and Ethnic Head Count in India, Cambridge: Cambridge University Press.

Chandra, Kanchan 2005: Ethnic Parties and Democratic Stability, in: Perspectives on Politics 3 (2): 235-252.

Charles, Bernard 1962: Un parti politique africain: le Parti Démocratique de Guinée, in: Revue française de science politique 12 (2): 312-359.

Charles, Bernard 1965: Le socialisme africain: mythes et réalités, in: Revue française de science politique 15 (5): 856-884.

Cheeseman, Nic und Robert Ford 2007: Ethnicity as a Political Cleavage, Afrobarometer Paper 83, www.afrobarometer.org/papers/AfropaperNo83.pdf (01.02.2008).

Chhibber, Predeep, Francesca R. Jensenuis und Pavithra Suryanarayan 2012: Party organization and party proliferation in India, in: Party Politics (online first): 1-27.

Chikulo, Bornwell C. 1988: The Impact of Elections in Zambia's One Party Second Republic, in: Africa Today 35 (2): 37-49.

Cho, Wonbin 2007: Ethnic Fractionalization, Electoral Institutions, and Africans' Political Attitudes, Afrobarometer Paper 66, www.afrobarometer.org/papers/afropaperno66.pdf (06.02.2007).

Clapham, Christopher 1997: Opposition in Tropical Africa, in: Government and Opposition 32 (4): 541-556.

Cole, Alistair 1993: The presidential party and the fifth republic, in: West European Politics 16 (2): 49-66.

Coleman, James S. 1956: The Emergence of African Political Parties, in: C. Grove Haines (Hg.): Africa Today, Baltimore: Johns Hopkins Press, 225-256.

Coleman, James S. und Carl G. Rosberg 1964a: Conclusions, in: James S. Coleman und Carl G. Rosberg (Hg.): Political Parties and National Integration in Tropical Africa, Berkeley: University of California Press, 655-691.

Coleman, James S. und Carl G. Rosberg (Hg.) 1964b: Political Parties and National Integration in Tropical Africa, Berkeley: University of California Press.

Collier, David und Steven Levitsky 1997: Democracy with Adjectives. Conceptual Innovation in Comparative Research, in: World Politics 49 (3): 430-451.

Commission d'enquête 2008, "Rapport de la commission d'enquête parlementaire sur les activités et la gestion du Président de l'Assemblée Nationale du 29 décembre 2008", Assemblée Nationale, "Le Matinal" (Cotonou), 30.12.2008.

Coulibaly, Toussaint Abel 2008: "Manifestations contre la vie chère", in: L'Observateurs Paalga (Ouagadougou), 25.02.2008.

Cox, Gary W. und Jonathan N. Katz 1996: Why Did the Incumbency Advantage in U.S. House Elections Grow?, in: American Journal of Political Science 40 (2): 478-497.

Creevey, Lucy, Paul Ngomo und Richard Vengroff 2005: Party Politics and Different Paths to Democratic Transitions. A Comparison of Benin and Senegal, in: Party Politics 11 (4): 471-493.

Crotty, W.J. 1971: Party Effort and its Impact on the Vote, in: American Political Science Review 65 (2): 439-450.

Cruise O'Brien, Donal B. 1999: Does Democracy Require an Opposition Party? Implications of Some Recent African Experience, in: Hermann Giliomee und Charles E.W. Simkins (Hg.): The Awkward Embrace: One-Party Domination and Democracy, Amsterdam: Harwood Academic Publishers, 319-336.

d'Africk, Hervé 2007: "Législatives 2007, l'UNDD prépare des campagnes de protestation", in: Le Pays (Ouagadougou), 12.02.2007.

Dahl, Robert A. 1971: Polyarchy. Participation and Opposition, New Haven/ London: Yale University Press.

Dahl, Robert A. 1998: On Democracy, New Haven/ London: Yale University Press.

Dahl, Robert A. 2005: What Political Institutions Does Large-Scale Democracy Require?, in: Political Science Quarterly 120 (2): 187-197.

Dahl, Robert A. und Edward R. Tufte 1973: Size and Democracy, Stanford: Stanford University Press.

Daloz, Jean-Pascal 1992: L'initeraire du pionnier: sur l'évaluation politique béninoise, in: Politique africaine (46): 132-137.

Daloz, Jean-Pascal (Hg.) 1999: Le (Non-)Renouvellement des Élites en Afrique Subsaharienne, Bordeaux: CEAN.

Darracq, Vincent 2008: The African National Congress (ANC) organization at the grassroots, in: African Affairs 107 (429): 589-609.

De Winter, Lieven und Margarita Gomez-Reino Cachafeiro 2002: European Intergration and Ethnoregionalist Parties, in: Party Politics 8 (4): 483-503.

De Winter, Lieven und Huri Türsan (Hg.) 1998: Regionalist Parties in Western Europe, London: Routledge.

Debrah, Emmanuel 2004: The Politics of Elections. Opposition and Imcumbency in Ghana's 2000 Elections, in: Africa Insight (Pretoria) 34 (2/3): 3-15.

Decalo, Samuel 1973: Regionalism, Politics, and the Military in Dahomey, in: The Journal of Developing Areas 7 (3): 449-478.

Decalo, Samuel 1990: Coups and Army Rule in Africa: Motivations and Constraints, New Haven/London: Yale University Press.

Decalo, Samuel 1997: Benin: First of the New Democracies, in: John F. Clark und David E. Gardinier (Hg.): Political Reform in Francophone Africa, Boulder: Westview, 43-61.

Desposato, Scott W. 2006: Parties for Rent? Ambition, Ideology, and Party Switching in Brazil's Chamber of Deputies, in: American Journal of Political Science 50 (1): 62-80.

Desposato, Scott W. und John R. Petrocik 2003: The Variable Incumbency Advantage: New Voters, Redistricting, and the Personal Vote, in: American Journal of Political Science 47 (1): 18-32.

Diallo, Hamidou 1996: Gauche marxiste et pouvoir militaire de 1983 à 1991, in: René Otayek, Filiga Michel Sawadogo und Jean-Pierre Guingané (Hg.): Le Burkina Faso entre révolution et démocratie (1983-1993), Paris: Karthala, 299-310.

Diamond, Larry 1988: Introduction: Roots of Failure, Seeds of Hope, in: Larry Diamond, Juan J. Linz und Seymour Martin Lipset (Hg.): Democracy in Developing Countries: Africa, Boulder and London: Westview, 1-32.

Diamond, Larry 2002: Thinking About Hybrid Regimes, in: Journal of Democracy 13 (2): 21-35.

Dickovick, J. Tyler 2008: Legacies of Leftism: ideology, ethnicity and democracy in Benin, Ghana and Mali, in: Third World Quarterly 29 (6): 1119-1137.

Diop, El Hadji Omar 2006: Partis politiques et processus de transition démocratique en Afrique noire, Paris: Publibook.

Diwakar, Rekha 2007: Duverger's Law and the Size of the Indian Party System, in: Party Politics 13 (5): 539-561.

Dix, Robert H. 1992: Democratization and the Institutionalization of Latin American Political Parties, in: Comparative Political Studies 24 (4): 488-511.

Doorenspleet, Renske 2003: Political Parties, Party Systems and Democracy in Sub-Saharan Africa, in: M. A. Mohamed Salih (Hg.): African Political Parties. Evolution, Institutionalisation and Governance, London: Pluto, 169-187.

Doorenspleet, Renske 2005: Electoral Systems and Good Governance in Divided Countries, in: Ethnopolitics 4 (4): 365-380.

Dossou, Robert 1993: Le Bénin: du monolithisme à la démocratie pluraliste, un témoignage, in: Gérard Conac (Hg.): L'Afrique en transition vers le pluralisme politique, Colloque à Paris, les 12 et 13 décembre 1990, Paris: Economica, 179-197.

Dowd, Robert A. und Michael Driessen 2007: Ethnically Dominated Party Systems and the Quality of Democracy: Evidence from Sub-Saharan Africa, Afrobarometer Paper 92,

Downs, Anthony 1957: An Economic Theory of Democracy, New York: Harper and Row.

Dunning, Thad und Lauren Harrison 2010: Cross-cutting Cleavages and Ethnic Voting: An Experimental Study of Cousinage in Mali, in: American Political Science Review 104 (1): 21-39.

Duverger, Maurice 1951: Les partis politiques, Paris: Armand Colin.

Duverger, Maurice 1980: A New Political System Model: Semi-Presidential Government, in: European Journal of Political Research 8 (1): 165-187.

Duverger, Maurice 1986: Duverger's Law: Fourty Years Later, in: Bernard Grofman und Arend Lijphart (Hg.): Electoral Laws and Their Political Consequences, New York: Agathon Press, 69-84.

Easton, David 1965: A systems analysis of political life, New York: Wiley.

Eith, Ulrich 2008: Gesellschaftliche Konflikte und politischer Wettbewerb, in: Karsten Grabow und Patrick Köllner (Hg.): Parteien und ihre Wähler, St.Augustin/Berlin: Konrad-Adenauer-Stiftung, 23-34.

Eldersveld, Samuel J. 1964: Political Parties. A Behavioural Analysis, Chicago: Rand McNelly.

Elischer, Sebastian 2008: Do African parties contribute to democracy? Some findings from Kenya, Ghana and Nigeria, in: Afrika Spectrum 43 (2): 175-201.

Elischer, Sebastian 2010: Ethnic Parties in Africa: A Comparative Study of Kenya, Namibia and Ghana, Bremen: Jacobs University (unpublished PhD thesis).

Elischer, Sebastian 2012: Measuring and comparing party ideology in nonindustrialized societies: taking party manifesto research to Africa, in: Democratization 19 (4): 642-667.

Elischer, Sebastian 2013: Political Parties in Africa: Ethnicity and Party Formation, Cambridge: Cambridge University Press.

Emerson, Rupert 1966: Parties and National Integration in Africa, in: Joseph LaPalombara und Myron Weiner (Hg.): Political Parties and Political Development, Princeton: Princeton University Press, 267-301.

Emminghaus, Christoph 2002: Politische Parteien und ihre Funktionen in afrikanischen Demokratien, in: Afrika Spectrum 37 (3): 287-309.

Emminghaus, Christoph 2003: Politische Parteien im Demokratisierungsprozess. Struktur und Funktion afrikanischer Parteiensysteme, Opladen: Leske und Budrich.

Englebert, Pierre 1998: Burkina Faso: Unsteady Statehood in West Africa, Boulder: Westview.

Enyedi, Zsolt 2005: The Role of Agency in Cleavage Formation, in: European Journal of Political Research 44 (5): 697-720.

Erdmann, Gero 1999: Parteien in Afrika. Versuch eines Neuanfangs in der Parteienforschung, in: Afrika Spectrum 34 (3): 375-393.

Erdmann, Gero 2002a: Neopatrimoniale Herrschaft – oder: Warum es in Afrika so viele Hybridregime gibt, in: Petra Bendel, Aurel Croissant und Friedbert W. Rüb (Hg.): Zwischen Demokratie und Diktatur: zur Konzeption und Empirie demokratischer Grauzonen, Opladen: Leske und Budrich, 323-341.

Erdmann, Gero 2002b: Zur Typologie politischer Parteien in Afrika, in: Afrika Spectrum 37 (3): 259-285.

Erdmann, Gero 2004a: Party Research: Western European Bias and the 'African Labyrinth', in: Democratization 11 (3): 63-87.

Erdmann, Gero 2004b: Tansania: Informelle und formelle gesellschaftliche Verankerung politischer Parteien in Afrika, in: Joachim Betz, Gero Erdmann und Patrick Köllner (Hg.): Die gesellschaftliche Verankerung politischer Parteien: Formale und informelle Dimensionen im internationalen Vergleich, Wiesbaden: VS Verlag, 89-117.

Erdmann, Gero 2007a: Demokratie in Afrika, GIGA Focus Afrika, Nr. 10, Hamburg: GIGA.

Erdmann, Gero 2007b: Demokratisierung in Afrika und das Problem hybrider Regime, in: Hertha Däubler-Gmelin, Ekkehard Münzing und Christian Walther (Hg.): Afrika – Europas verkannter Nachbar, Frankfurt: Peter Lang, 127-144.

Erdmann, Gero 2007c: Ethnicity, Voter Alignment and Political Party Affiliation – an African Case: Zambia, GIGA Working Papers 45, Hamburg: GIGA, www.giga-hamburg.de/workingpapers (01.07.08).

Erdmann, Gero 2007d: Social Cleavages, Ethnicity and Voter Alignment in Africa – Conceptual and Methodological Problems Revisited, in: Siri Gloppen und Lise Rakner (Hg.): Globalization and Democratization: Challenges for Political Parties, Bergen: Fagbokforlaget, 111-131.

Erdmann, Gero 2010: Political party assistance and political party research: towards a closer encounter?, in: Democratization 17 (6): 1275-1296.

Erdmann, Gero und Matthias Basedau 2008: Party Systems in Africa: Problems of Categorizing and Explaining Political Party Systems, in: Journal of Contemporary African Studies 26 (3): 241-258.

Erdmann, Gero, Sebastian Elischer und Alexander Stroh 2011: Can Historical Institutionalism be Applied to Africa?, GIGA Working Papers 166, Hamburg: GIGA, www.giga-hamburg.de/workingpapers (01.01.2012).

Erdmann, Gero und Ulf Engel 2007: Neopatrimonialism Reconsidered: Critical Review and Elaboration of an Elusive Concept, in: Journal of Commonwealth and Comparative Studies 45 (1): 95-119.

Erdmann, Gero und Marianne Kneuer (Hg.) 2008: Externe Faktoren der Demokratisierung, Baden-Baden: Nomos.

Erdmann, Gero, Patrick Köllner und Joachim Betz 2004: Die gesellschaftliche Verankerung politischer Parteien in nichtwestlichen Demokratien als Forschungsproblem, in: Joachim Betz, Gero Erdmann und Patrick Köllner (Hg.): Die gesellschaftliche Verankerung politischer Parteien: Formale und informelle Dimensionen im internationalen Vergleich, Wiesbaden: VS Verlag, 7-33.

Erdmann, Gero und Heribert Weiland 2001: Gesellschaftliche Konfliktlinien, Ethnizität und Parteienformation in Afrika, in: Ulrich Eith und Gerd Mielke (Hg.): Gesellschaftliche Konflikte und Parteiensysteme, Wiesbaden: Westdeutscher Verlag, 246-262.

Erikson, Robert S. 1971: The Advantage of Incumbency in Congressional Elections, in: Polity 3 (3): 395-405.

Front d'Action pour le Renouveau, le Démocratie et le Développement-Alafia [FARD-Alafia] 2006a, "Règlement intérieur", Congrès Extraordinaire, Parakou, 25.11.2006.

Front d'Action pour le Renouveau, le Démocratie et le Développement-Alafia [FARD-Alafia] 2006b, "Statuts", Congrès Extraordinaire, Parakou, 26.11.2006.

Ferree, Karen E. 2010: The Social Origins of Electoral Volatility in Africa, in: British Journal of Political Science 40 759-779.

FES und Réseau-JEB 2006: Election présidentielle 2006 au Bénin. Les candidats face aux enjeux du développement, Cotonou: Friedrich-Ebert-Stiftung (FES).

Fish, M. Steven und Matthew Kroenig 2009: The Handbook of National Legislatures: A Global Survey, Cambridge: Cambridge University Press.

Fleischhacker, Helga 2010: Parteiensystem und Verfassung in Afrika. Strukturen, Funktionen, Typen, Wiesbaden: VS Verlag.

Fomunyoh, Christopher 2001: Francophone Africa in Flux. Democratization in Fits and Starts, in: Journal of Democracy 12 (3): 36-50.

Fondation Friedrich Naumann (Hg.) 1994: Les actes de la conférence nationale. Cotonou, du 19 au 28 Février 1990, Cotonou: ONEPI.

Fondation Friedrich Naumann (Hg.) 1995: Assemblée nationale du Bénin: Première et deuxième législatures (1991-1999), Cotonou: ONEPI.

Fraenkel, Jon und Bernard Grofman 2007: The mertis of of Neo-Downsian modeling of the alternative vote: A reply to Horowitz, in: Public Choice 133 (1-2): 1-11.

Frère, Marie-Soleil 2000: Presse et démocratie en Afrique francophone. Les mots et les maux de la transition a Bénin et au Niger, Paris: Karthala.

Fridy, Kevin S. 2007: The Elephant, Umbrella, and Quarrelling Cocks: Disaggregating Partisanship in Ghana's Fourth Republic, in: African Affairs 106 (423): 281-305.

Gakunzi, David (Hg.) 1991: "Oser inventer l'avenir": la parole de Sankara (1983-1897), New York: Pathfinder.

Gandhi, Jennifer und Ellen Lust-Okar 2009: Elections Under Authoritarianism, in: Annual Review of Political Science 12 403-422.

Gazibo, Mamoudou 2006: Pour une réhabilitation de l'analyse des partis en Afrique, in: Politique africaine (104): 5-17.

Gbegnonvi, Roger 2011: Comment construire le Bénin où nous vivons ensemble, Blog "Chroniques" Internet: http://chronique.blesshnet.com/index.php?blog=10& p=1207&more=1&c=1&tb=1&pb=1#more1207 (28.03.11).

Geddes, Barbara 1990: How the Cases You Choose Affect the Answers You Get: Selection Bias in Comparative Politics, in: James A. Stimson (Hg.): Political Analysis (2), Ann Arbor: University of Michigan Press, 131-150.

George, Alexander L. und Andrew Bennett 2005: Case Studies and Theory Development in the Social Sciences, Cambridge/London: BCSIA/MIT Press.

Geys, Benny 2006: District Magnitude, Social Heterogeneity and Local Party System Fragmentation, in: Party Politics 12 (2): 281-297.

Gibson, Rachel und Robert Harmel 1998: Party Families and Democratic Performance: Extraparliamentary vs. Parliamentary Group Power, in: Political Studies 46 (3): 633-650.

Gisselquist, Rachel M. 2008: Democratic Transition and Democratic Survival in Benin, in: Democratization 15 (4): 789-814.

Glèlè, Maurice A. 1969: Naissance d'un État noir, Paris: Pichon et Durand-Auzias.

Glèlè, Maurice A. 1993: Le Bénin, in: Gérard Conac (Hg.): L'Afrique en transition vers le pluralisme politique, Paris: Economica, 173-177.

Glickman, Harvey 1995: Conclusion: Managing Democratic Ethnic Competition, in: Harvey Glickman (Hg.): Ethnic Conflict and Democratization in Africa, Atlanta: ASA, 381-411.

Goeke, Martin 2010: Parteien, Parteiensysteme und Gewaltkonflikte, Marburg: Tectum.

Golosov, Grigorii V. 1998: Party Organization, Ideological Change, and Electoral Success. A Comparative Study of Postauthoritarian Parties, Working Paper 258, Notre Dame: Helen Kellogg Institute for International Studies, www.nd.edu/ %7Ekellogg/WPS/258.pdf (13.02.06).

Grotz, Florian 1999: Burkina Faso, in: Dieter Nohlen, Michael Krennerich und Bernhard Thibaut (Hg.): Elections in Africa, Oxford: Oxford University Press, 123-152.

Grotz, Florian 2000: Politische Institutionen und post-sozialistische Parteiensysteme in Ostmitteleuropa, Opladen: Leske und Budrich.

Groupe du 14 février, G14 2008: "Flambée des prix – l'analyse du Groupe du 14 février", in: Sidwaya (Ouagadougou), 05.03.2008.

Guissou, Baslie Laetare 1995: Militaires et militarisme en Afrique: le cas du Burkina Faso, in: Africa Development 20 (2): 55-75.

Gunther, Richard und Larry Diamond 2001: Types and functions of parties, in: Larry Diamond und Richard Gunther (Hg.): Political Parties and Democracy, London: John's Hopkins University Press, 3-39.

Gunther, Richard und Larry Diamond 2003: Species of Political Parties. A New Typology, in: Party Politics 9 (2): 167-199.

Gyimah-Boadi, Emmanuel 1998: The Rebirth of African Liberalism, in: Journal of Democracy 9 (2): 18-31.

Hadenius, Axel und Jan Teorell 2007: Pathways from Authoritarianism, in: Journal of Democracy 18 (1): 143-156.

Hagberg, Sten 2006: "It was the Satan that Took the People": The Making of Public Authority in Burkina Faso, in: Development and Change 37 (4): 779-797.

Hällhag, Roger 2008: Political Party Internationals as Guardians of Democracy – Their Untapped Potential, in: Internationale Politik und Gesellschaft (1): 100-115.

Hartmann, Christof 1996: Benin: Die Rückkehr des Chamäleons. Bekommen Afrikas gestürzte Diktatoren eine zweite Chance?, in: iz3w (218): 4-6.

Hartmann, Christof 1999a: Benin, in: Dieter Nohlen, Michael Krennerich und Bernhard Thibaut (Hg.): Elections in Africa. A Data Handbook, Oxford: Oxford University Press, 78-102.

Hartmann, Christof 1999b: Côte d'Ivoire, in: Dieter Nohlen, Michael Krennerich und Bernhard Thibaut (Hg.): Elections in Africa, Oxford: Oxford University Press, 301-314.

Hartmann, Christof 1999c: Externe Faktoren im Demokratisierungsprozeß. Eine vergleichende Untersuchung afrikanischer Länder, Opladen: Leske und Budrich.

Hazan, Reuven Y. und Gideon Rahat 2006: Candidate Selection: Methods and Consequences, in: Richard S. Katz und William Crotty (Hg.): Handbook of Party Politics, London et al.: Sage, 109-121.

Heidar, Knut 2006: Party Membership and Participation, in: Richard S. Katz und William Crotty (Hg.): Handbook of Party Politics, London et al.: Sage, 301-315.

Heilbrunn, John R. 1993: Social Origins of National Conferences in Benin and Togo, in: The Journal of Modern African Studies 31 (2): 277-299.

Helmke, Gretchen und Steven Levitsky 2006: Introduction, in: Gretchen Helmke und Steven Levitsky (Hg.): Informal Institutions and Democracy: Lessons from Latin America, Baltimore: Johns Hopkins University Press, 1-30.

Hennings, Werner 2007: 'Big Man' or Businessman? The Impact of Global Development on the Nature of Samoan Chieftainship, in: Sociologus 57 (2): 157-175.

Hilgers, Mathieu 2010: Evolution of political regime and evolution of popular political representations in Burkina Faso, in: African Journal of Political Science and International Relations 4 (9): 350-359.

Hirschman, Albert O. 1970: Exit, Voice and Loyalty: Responses to Decline in Firms, Organizations and States, Cambridge: Harvard University Press.

Hodgkin, Thomas 1961: African Political Parties: An Introductory Guide, Harmondsworth: Penguin.

Hofferbert, Richard I. 1998: Introduction: Party Structure and Performance in New and Old Democracies, in: Political Studies 46 (3): 423-431.

Hoffmann, Barak D. und James D. Long 2013: Parties, Ethnicity, and Voting in African Elections, in: Comparative Politics 45 (2): 127-146.

Hopkin, Jonathan und Caterina Paolucci 1999: The Business Firm Model of Party Organisation: Cases from Spain and Italy, in: European Journal of Political Research 35 (3): 307-339.

Horowitz, Donald L. 1985: Ethnic Groups in Conflict, Berkeley et al.: University of California Press.

Horowitz, Donald L. 1991: A Democratic South Africa? Constitutional Engineering in a Divided Society, Berkeley: University of California Press.

Horowitz, Donald L. 1993: Democracy in Divided Societies, in: Journal of Democracy 4 (4): 18-38.

Horowitz, Donald L. 2000: Ethnic Groups in Conflict, Berkeley et al.: University of California Press.

Horowitz, Donald L. 2007: Where have all the parties gone? Fraenkel and Grofman on the alternative vote - yet again, in: Public Choice 133 (1-2): 13-23.

Houngbédji, Adrien 2005: Il n'y a de richesse que d'hommes, Paris: Archipel.

Houngbédji, Adrien 2006: Le Monde Change... Changeons le Bénin. La vision politique et programme de gouvernement du Président Adrien Houngbédji, Cotonou:

Houngbo, Jean-Christophe 2006: "2ème congrès ordinaire du Prd: Houngbédji réitère ses idées de Lokossa", in: Le Matinal (Cotonou), 18.12.2006.

Houngnikpo, Mathurin 2001: Determinants of Democratization in Africa: A Comparative Study of Benin and Togo, Lanham: UP of America.

Huntington, Samuel 1968: Political Order in Changing Societies, New Haven: Yale University Press.

Huntington, Samuel 1991: The Third Wave, Norman: University of Oklahoma Press.

Inglehart, Ronald 1981: Post-Materialism in an Environment of Insecurity, in: The American Political Science Review 75 (4): 880-900.

Inglehart, Ronald 1997: Modernization and postmodernization: cultural, economic, and political change in 43 societies, Princeton: Princeton University Press.

Implusion pour le Progrès et la Démocratie [IPD] 2004a, "Règlement intérieur", Congrès Ordinaire, Lokossa, 29.08.2004.

Implusion pour le Progrès et la Démocratie [IPD] 2004b, "Statuts", Congrès Ordinaire, Lokossa, 29.08.2004.

Implusion pour le Progrès et la Démocratie [IPD] o.D., "Projet de Société", Cotonou, date inconnue.

Ishiyama, John 2005: The Former Marxist Leninist Parties in Africa after the End of the Cold War, in: Acta Politica 40 (4): 459-479.

Ishiyama, John 2009: Explaining 'Minor' Party Nominations in Sub-Saharan Africa, in: Journal of Asian and African Studies 44 (3): 319-339.

Ishiyama, John 2011: Ethnic parties: Their emergence and political impact, in: Party Politics 17 (2): 147-149.

Ishiyama, John und John James Quinn 2006: African Phoenix? Explaining the Electoral Performance of the Formerly Dominant Parties in Africa, in: Party Politics 12 (3): 317-340.

Islam, M. Rafiqul 1985: Secessionist Self-Determination: Some Lessons from Katanga, Biafra and Bangladesh, in: Journal of Peace Research 22 (3): 211-221

Jahn, Detlef 2006: Einführung in der vergleichende Politikwissenschaft, Wiesbaden: VS Verlag.

Jakobeit, Cord 1998: Timing, Taktik, Kontrolle "von oben" und externe Einflußnahme: Blockierte Demokratisierung in der Côte d'Ivoire, in: Gunter Schubert und Rainer Tetzlaff (Hg.): Blockierte Demokratien in der Dritten Welt, Opladen: Leske und Budrich, 135-163.

Janda, Kenneth 1980: Political Parties: A Cross-National Survey, New York: Free Press.

Janda, Kenneth 1983: Cross-National Measures of Party Organizations and Organizational Theory, in: European Journal of Political Research 11 319-332.

Janda, Kenneth 1993: Comparative Political Parties: Research and Theory, in: Ada W. Finifter (Hg.): Political Science: The State of the Discipline II, Washington DC: American Political Science Association, 163-192.

Janda, Kenneth und Tyler Colman 1998: Effects of Party Organization on Performance during the 'Golden Age' of Parties, in: Political Studies 46 (3): 611-632.

Janda, Kenneth und Desmond S. King 1985: Formalizing and Testing Duverger's Theories on Political Parties, in: Comparative Political Studies 18 (2): 139-169.

Jones, Mark P. und Scott Mainwaring 2003: The Nationalization of Parties and Party Systems. An Empirical Measure and an Application to the Americas, in: Party Politics 9 (2): 139-166.

Jun, Uwe 2008: Professionalisierung der politischen Kommunikation in Großbritannien, in: Karsten Grabow und Patrick Köllner (Hg.): Parteien und ihre Wähler, Sankt Augustin/Berlin: Konrad-Adenauer-Stiftung, 177-206.

Kaboré, Roger Bila 2002: Histoire politique du Burkina Faso 1919-2000, Paris: L'Harmattan.

Karl, Terry Lynn 1995: The Hybrid Regimes of Central America, in: Journal of Democracy 7 (2): 3-14.

Kasfir, Nelson 1976: The Shrinking Political Arena. Participation and Ethnicity in African Politics with a Case Study of Uganda, Berkeley: University of California Press.

Kaspin, Deborah 1995: The Politics of Ethnicity in Malawi's Democratic Transition, in: The Journal of Modern African Studies 33 (4): 595-620.

Katz, Richard S. und William Crotty (Hg.) 2006: Handbook of Party Politics, London et al.: Sage.

Katz, Richard S. und Peter Mair 1995: Changing Models of Party Organization and Party Democracy, in: Party Politics 1 (1): 5-28.

Kéko, Ismail 2006: "2e congrès ordinaire du Prd: Me Adrien Houngbédji confirme les réformes au sein de son parti", in: La Nouvelle Tribune (Cotonou), 18.12.2006.

Kesselman, Mark 1970: Overinstitutionalization and Political Constraint: The Case of France, in: Comparative Politics 3 (1): 21-44.

Kiéma, Arzouma 2006a: "Deuxième Congrès de l'UNIR/MS. Les dix apôtres Me Stanislas Sankara", in: L'Indépendant (Ouagadougou), 14.11.2006.

Kiéma, Arzouma 2006b: "IIIè Congrès Ordinaire du CDP. Les indisciplinés hors du jeu en 2007", in: L'Indépendant (Ouagadougou), 14.11.2006.

King, Gary, Robert O. Keohane und Sidney Verba 1994: Designing Social Inquiry: Scientific Inference in Qualitative Research, Princeton: Princeton University Press.

Kinhoun, Ernest 2007: "Vie des Partis politiques: Dénis Hodonou désormais à la tête du Prpb", in: Le Challenge (Cotonou), 12.06.2007.

Kino, Enok 2006: "ADF-RDA: des transfuges politiques présentés aux militants", in: Sidwaya (Ouagadougou), 31.01.2006.

Kirchheimer, Otto 1966: The Transformation of the Western European Party Systems, in: Joseph LaPalombara und Myron Weiner (Hg.): Political Parties and Political Development, Princeton: Princeton University Press, 177-200.

Kitschelt, Hans 2000: Linkages between citizens and politicians in democratic policies, in: Comparative Political Studies 33 (6-7): 845-879.

Kitschelt, Herbert und Steven Wilkinson 2007: Citizen-politician linkages: an introduction, in: Herbert Kitschelt und Steven Wilkinson (Hg.): Patrons, Clients, and Policies: Patterns of Democratic Accountability and Political Competition, Cambridge et al.: Cambridge University Press, 1-49.

Kohnert, Dirk 1997: Verfassung und Rechtsstaatlichkeit im Demokratisierungsprozeß Benins 1989-1996, in: Joachim Betz (Hg.): Verfassungsgebung in der Dritten Welt, Hamburg: Deutsches Übersee-Institut, 169-195.

Köllner, Patrick und Matthias Basedau 2006: Faktionalismus in politischen Parteien: Eine Einführung, in: Patrick Köllner, Matthias Basedau und Gero Erdmann (Hg.): Innerparteiliche Machtgruppen. Faktionalismus im internationalen Vergleich, Frankfurt a.M./New York: Campus, 7-37.

Konrad-Adenauer-Stiftung 2003: Benin: Nach Geburtswehen – Neues Kabinett steht fest, Cotonou: Regionalprogramm Politischer Dialog Westafrika, www.kas.de/ proj/home/pub/20/1/year-2003/dokument_id-2002/index_print.html

Kougniazondé, Christophe Codjo 2008: Historique des parti politiques au Bénin des indépendances à nos jours, in: Jan N. Engels, Alexander Stroh und Léonard Wantchékon (Hg.): Le fonctionnement des partis politiques au Bénin, Cotonou: Friedrich-Ebert-Stiftung, 23-52.

Koui, Théophile 2006: Multipartisme et idéologie en Côte d'Ivoire. Droite, Centre, Gauche, Paris: Harmattan.

Kouyaté, Siriman 2003: Le Cousinage à Plaisanterie: Notre Héritage Commun, Conakry: Editions Ganndal.

Krennerich, Michael 1999: Im Graubereich zwischen Demokratie und Diktatur. Methodische Ansätze und Probleme, in: Nord-Süd-Aktuell 13 (2): 229-237.

Krennerich, Michael und Martin Lauga 1996: Reißbrett versus Politik: Anmerkungen zur internationalen Debatte um Wahlsysteme und Wahlsystemreformen, in: Rolf Hanisch (Hg.): Demokratieexport in die Länder des Südens?, Hamburg: Deutsches Übersee-Institut, 515-539.

Krouwel, André 2003: Otto Kirchheimer and the catch-all party, in: West European Politics 26 (2): 23-40.

Krouwel, André 2006: Party Models, in: Richard S. Katz und William Crotty (Hg.): Handbook of Party Politics, London et al.: Sage, 249-269.

Kuenzi, Michelle und Gina Lambright 2001: Party System Institutionalization in 30 African Countries, in: Party Politics 7 (4): 437-468.

Kuenzi, Michelle und Gina Lambright 2005: Party Systems and Democratic Consolidation in Africa's Electoral Regimes, in: Party Politics 11 (4): 423-446.

Laakso, Markku und Rein Taagepera 1979: Effective Number of Parties: A Measure with Applications to West Europe, in: Comparative Political Studies 12 (1): 3-27.

Lankoandé, Ali 2008: "Le PDP/PS propose un Observatoire national (Communiqué)", in: Le Pays (Ouagadougou), 13.03.2008.

LaPalombara, Joseph 2007: Reflections on Political Parties and Political Development, Four Decades Later, in: Party Politics 13 (2): 141-154.

LaPalombara, Joseph und Myron Weiner 1966: The Origine and Development of Political Parties, in: Joseph LaPalombara und Myron Weiner (Hg.): Political Parties and Political Development, Princeton: Princeton University Press, 3-42.

Lauth, Hans-Joachim 2004: Demokratie und Demokratiemessung, Wiesbaden: VS Verlag.

Lauth, Hans-Joachim und Jürgen Winkler 2002: Methoden der Vergleichenden Politikwissenschaft, in: Hans-Joachim Lauth (Hg.): Vergleichende Regierungs-lehre, Wiesbaden: Westdeutscher Verlag, 44-78.

Laver, Michael und Kenneth Benoît 2003: The Evolution of Party Systems between Elections, in: American Journal of Political Science 47 (2): 215-233.

Lawson, Kay 1976: The Comparative Study of Political Parties, New York: St. Martin's Press.

Lawson, Stepahnie 1993: Conceptual Issues in the Comparative Study of Regime Change and Democratization, in: Comparative Politics 25 (2): 183-205.

Lazarsfeld, Paul F., Bernard Berelson und Hazel Gaudet 1968: The People's Choice. How the Voter Makes Up His Mind in a Presidential Campaign, New York: Columbia University Press.

Lejeal, Frédéric 2002: Le Burkina Faso, Paris: Karthala.

Lejeal, Frédéric 2008: "François Compaoré à l'ombre du grand frère", in: Jeune Afrique 06.-12.07.2008.

Lemarchand, René 1972: Political Clientelism and Ethnicity in Tropical Africa: Competing Solidarities in Nation-Building, in: American Political Science Review 66 (1): 68-90.

Lemarchand, René 1981: Comparative Political Clientelism: Structure, Process and Optic, in: Shmuel N. Eisenstadt und René Lemarchand (Hg.): Political Clientelism, Patronage and Development, Beverly Hills/London: Sage, 7-32.

Lentz, Carola 1995: 'Tribalism' and ethnicity in Africa. A review of four decades of anglophone research, in: Cahiers des Sciences humaines 31 (2): 303-328.

Levitsky, Steven und Lucan A. Way 2002: The Rise of Competitive Authoritarianism, in: Journal of Democracy 13 (2): 51-65.

Levitsky, Steven und Lucan A. Way 2010: Competitive Authoritarianism: Hybrid Regimes After the Cold War, Cambridge: Cambridge University Press.

Lieberman, Evan S. 2005: Nested Analysis as a Mixed-Method Strategy for Comparative Research, in: American Political Science Review 99 (3): 435-452.

Lijphart, Arend 1971: Comparative Polititcs and the Comparative Method, in: American Political Science Review 65 (3): 682-693.

Lijphart, Arend 1975: The Comparable-Cases Strategy in Comparative Politics, in: Comparative Political Studies 8 (2): 158-175.

Lijphart, Arend 2004: Constitutional Design for Divided Societies, in: Journal of Democracy 15 (2): 96-109.

Lindberg, Staffan 2003: "It's Our Time to 'Chop'": Do Elections in Africa Feed Neo-Patrimonialism rather than Counteract it?, in: Democratization 10 (2): 121-140.

Lindberg, Staffan 2006: Opposition parties and democratization in Sub-Saharan Africa, in: Journal of Contemporary African Studies 24 (1): 123-138.

Lindberg, Staffan 2007: Institutionalization of party systems? Stability and fluidity among legislative parties in Africa's democracies, in: Government and Opposition 42 (2): 215-241.

Lindberg, Staffan (Hg.) 2009: Democratization by Elections: A New Mode of Transition, Baltimore: Johns Hopkins UP.

Lindberg, Staffan 2012: Have the Cake and Eat It: The Rational Voter in Africa, in: Party Politics (online first): 1-17.

Lindberg, Staffan und Minion K. C. Morrison 2008: Are African Voters Really Ethnic or Clientelistic? Survey Evidence from Ghana, in: Political Science Quarterly 123 (1): 95-122.

Linz, Juan J. 2002: Parties in Contemporary Democracies: Problems and Perspectives, in: Richard Gunther, Rosé Ramón Montero und Juan J. Linz (Hg.): Political Parties. Old Concepts and New Challenges, Oxford: Oxford University Press, 291-317.

Lipset, Seymour Martin 1959: Some Social Requisites of Democracy: Economic Development and Political Legitimacy, in: American Political Science Review 53 (1): 69-105.

Lipset, Seymour Martin 2000: The Indispensability of Political Parties, in: Journal of Democracy 11 (1): 48-55.

Lipset, Seymour Martin und Stein Rokkan 1967a: Cleavage Structures, Party Systems, and Voter Alignments: An Introduction, in: Seymour Martin Lipset und Stein Rokkan (Hg.): Party Systems and Voter Alignments. Cross-National Perspectives, New York: Free Press, 1-63.

Lipset, Seymour Martin und Stein Rokkan (Hg.) 1967b: Party Systems and Voter Alignments. Cross National-Perspectives, New York: Free Press.

Loada, Augustin 1996: Blaise Compaoré ou l'architecte d'un nouvel ordre politique, in: René Otayek, Filiga Michel Sawadogo und Jean-Pierre Guingané (Hg.): Le Burkina entre révolution et démocratie (1983-1993), Paris: Karthala, 277-310.

Loada, Augustin 1998: Les élections législatives burkinabè du 11 mai 1997: des "élections pas comme les autres"?, in: Politique africaine (69): 62-74.

Loada, Augustin 1999: Réflexions sur la société civile en Afrique: Le Burkina de l'après-Zongo, in: Politique africaine (76): 136-151.

Loada, Augustin 2006: L'élection présidentielle du 13 novembre 2005: un plébiscite par défaut, in: Politique africaine (101): 19-41.

Lodge, Tom 2004: The ANC and the development of party politics in modern South Africa, in: Journal of Modern African Studies 42 (2): 189-219.

Lösche, Peter 1993: "Lose verkoppelte Anarchie." Zur aktuellen Situation von Volksparteien am Beispiel der SPD, in: Aus Politik und Zeitgeschichte B43: 20-28.

Lumumba-Kasongo, Tukumbi 2005: The Problematics of Liberal Democracy and Democratic Process: Lessons for Deconstructing and Building African Democracies, in: Tukumbi Lumumba-Kasongo (Hg.): Liberal Democracy and Its Critics in Africa, Dakar: CODESIRA, 1-25.

Mouvement Africain pour la Démocratie et la Progrès [MADEP] 1997, "Documents fondamentaux", Congrès Constitutif, Cotonou, 16.11.1997.

Mouvement Africain pour la Démocratie et le Progrès [MADEP] 2004a, "Règlement intérieur", Premier Congrès Ordinaire, Cotonou, 22.02.2004.

Mouvement Africain pour la Démocratie et le Progrès [MADEP] 2004b, "Statuts", Premier Congrès Ordinaire, Cotonou, 22.02.2004.

Madougou, Reckya 2008: Mon combat pour la parole. Les défis d'une mobilisation citoyenne pour la promotion de la gouvernance démocratique, Paris: L'Harmattan.

Magnusson, Bruce A. 2001: Democratization and Domestic Insecurity: Navigating the Transition in Benin, in: Comparative Politics 33 (2): 211-230.

Mahoney, James und Gary Goertz 2006: A Tale of Two Cultures: Contrasting Quantitative and Qualitative Research, in: Political Analysis 14 (2): 227-249.

Mainwaring, Scott 1998: Party Systems in the Third Wave, in: Journal of Democracy 9 (3): 57-81.

Mainwaring, Scott und Timothy Scully 1995: Introduction: Party Systems in Latin America, in: Scott Mainwaring und Timothy Scully (Hg.): Building Democratic Institutions: Party Systems in Latin America, Stanford: Stanford University Press, 1-34.

Mair, Peter und Richard S. Katz 1997: Party Organization, Party Democracy, and the Emergence of the Cartel Party, in: Peter Mair (Hg.): Party System Change: Approaches and Interpretations, Oxford: Oxford University Press, 93-119.

Makinda, Samuel M. 1996: Democracy and Multi-Party Politics in Africa, in: Journal of Modern African Studies 34 (4): 555-573.

Manning, Carrie 2005: Assessing African Party Systems After the Third Wave, in: Party Politics 11 (6): 707-727.

Maoussi, Jules Yaovi 2008: "Transhumance à l'Assemblée nationale: Le malheur traditionnel des Soglo", in: La Nouvelle Tribune (Cotonou), 29.09.2008.

Mouvement pour une Alternative du Peuple [MAP] 2003a, "Orientation programmatique", Premier Congrès Ordinaire, Cotonou, 30.11.2003.

Mouvement pour une Alternative du Peuple [MAP] 2003b, "Règlement intérieur", Premier Congrès Ordinaire, Cotonou, 30.11.2003.

Mouvement pour une Alternative du Peuple [MAP] 2003c, "Statuts", Premier Congrès Ordinaire, Cotonou, 30.11.2003.

Marcus, Richard R. und Adrien M. Ratsimbaharison 2005: Political Parties in Madagascar: Neopatrimonial Tools or Democratic Instruments?, in: Party Politics 11 (5): 495-512.

Marty, Marianne 2002: Mauritania: Political Parties, Neo-Patrimonialism and Democracy, in: Democratization 9 (1): 92-108.

Mayrargue, Cédric 1996: "Le caméléon est remonté en haut de l'arbre": le retour au pouvoir de M. Kérékou au Bénin, in: Politique africaine (62): 124-130.

Mayrargue, Cédric 1999: Les élites politiques béninoises au temps du Renouveau démocratique. Entre continuité et transformation, in: Jean-Pascal Daloz (Hg.): Le (non-)renouvellement des élites en Afrique subsaharienne, Bordeaux: CEAN, 33-56.

Mayrargue, Cédric 2006: Yayi Boni, un président inattendu?, in: Politique africaine (102): 155-172.

McCain, James A. 1975: Ideology in Africa: Some Perceptual Types, in: African Studies Review 18 (1): 61-87.

McDonnell, Duncan 2013: Silvio Berlusconi's Personal Parties: From Forza Italia to the Popolo Della Libertà, in: Political Studies 61 (S1): 217-233.

McLaughlin, Eric S. 2007: Beyond the Racial Census. The Political Salience of Ethnoliguistic Cleavages in South Africa, in: Comparative Political Studies 40 (4): 435-456.

McMahon, Edward R. 2004: Catching the 'Third Wave' of Democratization?: Debating Political Party Effectiveness in Africa Since 1980, in: African and Asian Studies 3 (3-4): 295-319.

Médard, Jean-François 1992: Le 'big man' en Afrique. Du politicien entrepreneur, in: L'Année sociologique 42 167-192.

Médard, Jean-François 2007: Nouveaux acteurs sociaux, permanence et renouvellement du clientélisme politique en Afrique sub-saharienne, in: Cadernos de Estudos Africanos (13/14): 9-26.

Medding, Peter Y. 1970: A Framework for the Analysis of Power in Political Parties, in: Political Studies 18 (2): 1-17.

Mehler, Andreas 2009: Introduction: Power-Sharing in Africa, in: Africa Spectrum 44 (3): 2-10.

Merkel, Wolfgang 1999: Defekte Demokratien, in: Wolfgang Merkel und Andreas Busch (Hg.): Demokratie in Ost und West, Frankfurt am Main: Suhrkamp, 361-381.

Merkel, Wolfgang 2004: Embedded and Defective Democracies, in: Democratization 11 (5): 33-58.

Merkel, Wolfgang 2010: Systemtransformation, Wiesbaden: VS Verlag.

Merkel, Wolfgang et al. 2003: Defekte Demokratie. Band 1: Theorie, Opladen: Leske und Budrich.

Mershon, Carol und Olga Shvetsova 2008: Parliamentary Cycles and Party Switching in Legislatures, in: Comparative Political Studies 41 (1): 99-127.

Metcalf, Lee Kendall 2000: Measuring Presidential Power, in: Comparative Political Studies 33 (5): 660-685.

Mêtinhoué, Pierre G. 2004: Répertoire des membres des gouvernements du Dahomey et du Bénin: mai 1957 - avril 2001, Cotonou: ATG.

Meuser, Michael und Ulrike Nagel 2005: ExpertInneninterviews – vielfach erprobt, wenig bedacht, in: Alexander Bogner, Beate Littig und Wolfgang Menz (Hg.): Das Experteninterview: Theorie, Methode, Anwendung, Wiesbaden: VS Verlag, 71-93.

Michels, Robert 1970 [1911]: Zur Soziologie des Parteiwesens in der modernen Demokratie, Stuttgart: Körner.

Mines, Mattison und Vijayalakshmi Gourishankar 1990: Leadership and Individuality in South Asia: The Case of the South Indian Big-man, in: The Journal of Asian Studies 49 (4): 761-786.

Moegenburg, Ilka 2002: Die Parteienlandschaft im Senegal – Tragfähige Grundlage der Demokratisierung?, Münster: Lit.

Møller, Jørgen und Svend-Erik Skaaning 2010: Beyond the Radial Delusion: Conceptualizing and Measuring Democracy and Non-democracy, in: International Political Science Review 31 (3): 261-283.

Monga, Celestin 1999: Eight problems with African politics, in: Larry Diamond und Marc F. Plattner (Hg.): Democratization in Africa, Baltimore: Johns Hopkins University Press, 48-62.

Montero, Rosé Ramón und Richard Gunther 2002: Introduction: Reviewing and Reassessing Parties, in: Richard Gunther, José Ramón-Montero und Juan J. Linz (Hg.): Political Parties: Old Concepts and New Challenges, Oxford/New York: Oxford University Press, 1-35.

Morgenstern, Scott, Juan Javier Negri und Aníbal Pérez-Liñán 2008: Parliamentary Opposition in Non-Parliamentary Regimes: Latin America, in: The Journal of Legislative Studies 14 (1/2): 160-189.

Morgenthau, Ruth S. 1964: Political Parties in French-Speaking West Africa, Oxford: Clarendon.

Morlino, Leonardo 2009: Are there hybrid regimes? Or are they just an optical illusion?, in: European Political Science Review 1 (2): 273-296.

Moroff, Anika 2010: Party bans in Africa – an empirical overview, in: Democratization 17 (4): 618-641.

Mozaffar, Shaheen und James R. Scarritt 2005: The Puzzle of African Party Systems, in: Party Politics 11 (4): 399-421.

Mozaffar, Shaheen, James R. Scarritt und Glen Galaich 2003: Electoral Institutions, Ethnopolitical Cleavages, and Party Systems in Africa's Emerging Democracies, in: American Political Science Review 97 (3): 379-390.

Mudde, Cas 1999: The single-issue party thesis: Extreme right parties and the immigration issue, in: West European Politics 22 (3): 182-197.

Müller-Rommel, Ferdinand 1993: Grüne Parteien in Westeuropa: Entwicklungsphasen und Erfolgsbedingungen, Opladen: Westdeutscher Verlag.

Müller, Thomas und Susanne Pickel 2007: Wie lässt sich Demokratie am besten messen? Zur Konzeptqualität von Demokratie-Indizes, in: Politische Vierteljahresschrift 48 (3): 511-539.

Müller, Wolfgang C. und Barbara Steininger 1994: Party Organisation and Party Competitiveness: The Case of the Austrian People's Party, 1945-1992, in: European Journal of Political Research 26 (1): 1-29.

Munck, Gerardo L. und Richard Snyder 2007: Debating the Direction of Comparative Politics, in: Comparative Political Studies 40 (1): 5-31.

Munck, Gerardo L. und Jay Verkuilen 2002: Conceptualizing and Measuring Democracy. Evaluating Alternative Indices, in: Comparative Political Studies 35 (1): 5-34.

Munslow, Barry 1983: Why has the Westminster Model Failed in Africa?, in: Parliamentiary Affairs 36 (2): 218-228.

Murison, Katharine und Pierre Englebert 2009a: Benin: Recent History, in: Ian Frame (Hg.): Africa South of the Sahara 2010, London/New York: Routledge, 105-109.

Murison, Katharine und Pierre Englebert 2009b: Burkina Faso: Recent History, in: Ian Frame (Hg.): Africa South of the Sahara 2010, London/New York: Routledge, 154-159.

Mustapha, A. Raufu 2004: Ethnicity and the Politics of Democratization in Nigeria, in: Bruce Berman (Hg.): Ethnicity and Democracy in Africa, Oxford: Currey, 257-275.

Mwenda, Andrew M. 2007: Personalizing Power in Uganda, in: Journal of Democracy 18 (3): 23-37.

N'Diaye, Boubacar, Abdoulaye Saine und Mathurin Houngnikpo 2005: Not yet democracy: West Africa's slow farewell to authoritarianism, Durham: Carolina Academic Press.

N'Diaye, Mama Adamou 1998: Discours d'ouverture du congrès, in: Union pour la Démocratie et la Solidarité nationale [UDS] (Hg.): Deuxième Congrès Ordinaire. Documents Fondamentaux, Cotonou: UDS, 3-5.

N'Do, Mathieu 2007: "Retour sur la marche de l'UNDD à Dano (Communiqué)", in: San Finna (Ouagadougou), 26.02.2007.

Nagel, Joane und Susan Olzak 1982: Ethnic Mobilization in New and Old States: An Extension of the Competition Model, in: Social Problems 30 (2): 127-143.

Nama, Germain B. 2007: "CDP: Retour à la logique des clans", in: Evénement (Ouagadougou), 26.03.2007.

Natielsé, Julien K. 2009: The APRM Process in Burkina Faso, Johannesburg/Dakar: AfriMAP/OSIWA.

Neumann, Sigmund 1956: Toward a Comparative Study of Political Parties, in: Sigmund Neumann (Hg.): Modern Political Parties, Chicago: University of Chicago Press, 395-421.

Ngande, Samori 2008: "Salif Diallo, ambassadeur en Autriche", in: Le Pays (Ouagadougou), 18.07.2008.

Ngoma-Binda, Elie P. 2010: Pensée et pratique de la démocratie en Afrique postcoloniale, in: Congo-Afrique 49 (448): 693-708.

Nohlen, Dieter 2004a: Area Approach, in: Dieter Nohlen und Rainer-Olaf Schultze (Hg.): Lexikon der Politikwissenschaft, München: Beck, 35-36.

Nohlen, Dieter 2004b: Deduktion/Deduktive Methode, in: Dieter Nohlen und Rainer-Olaf Schultze (Hg.): Lexikon der Politikwissenschaft, München: C.H.Beck, 114-115.

Nohlen, Dieter 2004c: Induktion/Induktive Methode, in: Dieter Nohlen und Rainer-Olaf Schultze (Hg.): Lexikon der Politikwissenschaft, München: C.H.Beck, 346-347.

Nohlen, Dieter 2004d: Vergleichende Methode, in: Dieter Nohlen und Rainer-Olaf Schultze (Hg.): Lexikon der Politikwissenschaft, München: C.H. Beck, 1042-1052.

Nohlen, Dieter 2007: Wahlrecht und Parteiensystem, Opladen: Barbara Budrich.

Nohlen, Dieter und Mirjana Kasapovic 1996: Wahlsysteme und Systemwechsel in Osteuropa, Opladen: Leske und Budrich.

Nohlen, Dieter, Michael Krennerich und Bernhard Thibaut 1999: Elections and Electoral Systems in Africa, in: dies. (Hg.): Elections in Africa, Oxford: Oxford University Press, 1-37.

Norris, Pippa 1997: Introduction: Theories of Recruitment, in: Pippa Norris (Hg.): Passages to Power: Legislative Recruitment in Advanced Democracies, Cambridge: Cambridge University Press, 1-14.

Norris, Pippa 2004: Electoral Engineering: Voting Rules and Political Beheviour, Cambridge: Cambridge University Press.

Norris, Pippa und Robert Mattes 2003: Does Ethnicity Determine Support for the Governing Party?, Afrobarometer Paper 26, www.afrobarometer.org/papers/afropaperno26.pdf (19.09.2007).

North, Douglas 1990: Institutions, Institutional Change and Economic Performance, Cambridge: Cambridge University Press.

Nugent, Paul 2001: Winners, losers and also rans: Money, moral authority and voting patterns in the Ghana 2000 elections, in: African Affairs 100: 405-428.

Nuscheler, Franz und Klaus Ziemer 1978: Politische Organisation und Repräsentation in Afrika. Einleitung, in: Dolf Sternberger, Bernhard Vogel und Dieter Nohlen (Hg.): Die Wahl der Parlamente und anderer Staatsorgane. Ein Handbuch, Band 2 "Afrika", Berlin/New York: De Gruyter, 1-225.

Nwajiaku, Kathryn 1994: The National Conferences in Benin and Togo Revisited, in: Journal of Modern African Studies 32 (3): 429-447.

Nwokedi, Emeka 1993: Democratic Transition and Democratization in Francophone Africa, in: Verfassung und Recht in Übersee 26 (4): 399-437.

O'Donnell, Guillermo 1994: Delegative Democracy, in: Journal of Democracy 5 (1): 55-69.

Oettler, Anika 2008: Do Qualitative Data Help in Addressing Central American Violence? Research Note on Data Collection, GIGA Working Papers 76, Hamburg: GIGA, www.giga-hamburg.de/workingpapers (01.06.08).

Okè, Mathias Finagnon 1968: Réflexions sur les partis politiques dahoméens, in: Revue française d'études politiques africaines (28): 95-102.

Osei, Anja 2006: La connexion entre les partis et les électeurs en Afrique: le cas ghanéen, in: Politique africaine (104): 38-60.

Ostrogorskij, Mosej 1903: La démocratie et les partis politiques, Paris: Calmann-Lévy.

Ottaway, Marina 1999: Ethnic Politics in Africa: Change and Continuity, in: Richard Joseph (Hg.): State, Conflict, and Democracy in Africa, Boulder/London: Lynne Rienner, 299-317.

Parti Africain de l'Indépendance [PAI] 2001a, "Règlement intérieur", Deuxième Congrès Extraordinaire, Ouagadougou, 02.09.2001.

Parti Africain de l'Indépendance [PAI] 2001b, "Statuts", Deuxième Congrès Extraordinaire, Ouagadougou, 02.09.2001.

Parti Africain de l'Indépendence [PAI] 2003, "Programme pour le Développement Economique, Social et Culturel du Burkina Faso", Ouagadougou, Août 2003.

Parti Africain de l'Indépendence [PAI] o.D., "Programme du P.A.I.", Ouagadougou.

Panebianco, Angelo 1988: Political Parties: Organization and Power, Cambridge: Cambridge University Press.

Patzelt, Werner J. 2004: Qualitative Politikforschung, in: Dieter Nohlen und Rainer-Olaf Schultze (Hg.): Lexikon der Politikwissenschaft, München: Beck, 773-776.

Pazoté, A. 2006: "IIIe Congrès CDP. Entre passions et principes", in: Journal du Jeudi (Ouagadougou), 16.-22.11.2006.

Parti pour la Démocratie et le Progrès/Parti Socialiste [PDP/PS] 2005a, "Pour quel projet de société lutte le PDP/PS?", 3ème Congrès Ordinaire, Ouagadougou, 05.02.2005.

Parti pour la Démocratie et le Progrès/Parti Socialiste [PDP/PS] 2005b, "Règlement intérieur", 3ème Congrès Ordinaire, Ouagadougou, 05.02.2005.

Parti pour la Démocratie et le Progrès/Parti Socialiste [PDP/PS] 2005c, "Statuts", 3ème Congrès Ordinaire, Ouagadougou, 05.02.2005.

Pennings, Paul und Reuven Y. Hazan 2001: Democratizing Candidate Selection: Causes and Consequences, in: Party Politics 7 (3): 267-275.

Peters, B. Guy 1998: Comparative Politics: Theory and Methods, Basingstoke: Macmillan.

Pfadenhauer, Michaela 2005: Auf gleicher Augenhöhe reden. Das Experteninterview – ein Gespräch zwischen Experte und Quasi-Experte, in: Alexander Bogner, Beate Littig und Wolfgang Menz (Hg.): Das Experteninterview: Theorie, Methode, Anwendung, Wiesbaden: VS Verlag, 113-130.

Poguntke, Thomas 2000: Parteiorganisation im Wandel. Gesellschaftliche Verankerung und organisatorische Anpassung im europäischen Vergleich, Wiesbaden: Westdeutscher Verlag.

Poguntke, Thomas 2006: Political Parties and other Organizations, in: Richard S. Katz und William Crotty (Hg.): Handbook of Party Politics, London et al.: Sage, 396-405.

Pomper, Gerald M. 1990: Party Organization and Electoral Success, in: Polity 23 (2): 187-206.

Pomper, Gerald M. und Susan S. Lederman 1980: Elections in America: Control and influence in democratic politics, New York et al.: Longman.

Posner, Daniel N. 2004a: Measuring Ethnic Fractionalization in Africa, in: American Journal of Political Science 48 (4): 2004.

Posner, Daniel N. 2004b: The Political Salience of Cultural Difference: Why Chewas and Tumbukas Are Allies in Zambia and Adversaries in Malawi, in: American Political Science Review 98 (4): 529-545.

Posner, Daniel N. 2005: Institutions and Ethnic Politics in Africa, Cambridge: Cambridge University Press.

Posner, Daniel N. 2007: Regime Change and Ethnic Cleavages in Africa, in: Comparative Political Studies 40 (11): 1302-1327.

Parti du Renouveau Démocratique [PRD] 2000a, "Règlement intérieur", Premier Congrès Ordinaire, Porto Novo, 16.04.2000.

Parti du Renouveau Démocratique [PRD] 2000b, "Statuts modifiés", Premier Congrès Ordinaire, Porto Novo, 16.04.2000.

Price, Robert 1974: Politics and Culture in Contemporary Ghana: The Big-Man Small-Boy Syndrome, in: Journal of African Studies 1 (2): 173-204.

Przeworski, Adam und Fernando Limongi 1997: Modernization: Theories and Facts, in: World Politics 49 (2): 155-183.

317

Przeworski, Adam und Henry Teune 1982: The Logic of Comparative Social Inquiry, Malabar: Krieger.

Parti Social Démocrate [PSD] 1990, "Document d'orientation", Comité Directeur, Cotonou, 01.08.1990.

Parti Social Démocrate [PSD] 2000a, "Règlement intérieur", Cotonou, 30.01.2000.

Parti Social Démocrate [PSD] 2000b, "Statuts", Cotonou, 30.01.2000.

Rae, Nicol C. 2006: Exceptionalism in the United States, in: Richard S. Katz und William Crotty (Hg.): Handbook of Party Politics, London et al.: Sage, 196-203.

Ragin, Charles 1987: The Comparative Method: Moving Beyond Qualitative and Quantitative Strategies, Berkeley: University of California Press.

Rahat, Gideon und Reuven Y. Hazan 2001: Candidate Selection Methods: An Analytical Framework, in: Party Politics 7 (3): 297-322.

Rakner, Lise und Lars Svåsand 2004: From Dominant to Competitive Party System: The Zambian Experience 1991-2001, in: Party Politics 10 (1): 49-68.

Rakner, Lise und Lars Svåsand 2005: Stuck in transition: electoral processes in Zambia 1991-2001, in: Democratization 12 (1): 85-105.

Randall, Vicky 2001: Party Systems and Voter Alignments in the New Democracies of the Third World, in: Lauri Karvonen und Stein Kohnle (Hg.): Party Systems and Voter Alignments Revisited, London: Routledge, 238-260.

Randall, Vicky 2006: Political Parties and Social Structure in the Developing World, in: Richard S. Katz und William Crotty (Hg.): Handbook of Party Politics, London et al.: Sage, 387-395.

Randall, Vicky 2007: Political Parties in Africa and the Representation of Social Groups, in: Matthias Basedau, Gero Erdmann und Andreas Mehler (Hg.): Votes, Money and Violence. Political Parties and Elections in Sub-Saharan Africa, Uppsala/Scottsville: Nordiska Afrikainstitutet/University of KwaZulu-Natal Press, 82-104.

Randall, Vicky und Lars Svåsand 2002a: Introduction: The Contribution of Parties to Democracy and Democratic Consolidation, in: Democratization 9 (3): 1-10.

Randall, Vicky und Lars Svåsand 2002b: Party Institutionalization in New Democracies, in: Party Politics 8 (1): 5-29.

République du Bénin [RB] 1990, "Loi No. 90-035 définissant les règles particulières pour l'élections des membres de l'assemblée nationale", Président de la République, Cotonou, 31.12.1990.

République du Bénin [RB] 1995, "Loi No. 94-015 définissant les règles particulières pour l'élections des membres de l'assemblée nationale", Président de la République, Cotonou, 27.01.1995.

République du Bénin [RB] 1999, "Loi No. 99-016 modifiant et complétant la loi no. 98-036 du 15 janvier 1999 définissant les règles particulières pour l'élections des membres de l'assemblée nationale", Président de la République, Cotonou, 12.03.1999.

République du Bénin [RB] 2001, "Loi No. 2001-24 portant charte des partis politiques", Assemblée Nationale, Porto Novo, 24.07.2001.

République du Bénin [RB] 2007, "Liste des partis politiques régulièrement enrégistrés à la date du 14 juin 2007", Direction des Affaires Intérieurs (D.A.I.), Cotonou, 14.06.2007.

Renaissance du Bénin [RB] 2005a, "Règlement intérieur", Assemblée Génèrale Extraordinaire, Cotonou, 06.08.2005.

Renaissance du Bénin [RB] 2005b, "Statuts", Assemblée Génèrale Extraordinaire, Cotonou, 06.08.2005.

Reuke, Ludger 1972: Die Eingriffe des dahomeischen Militärs in die Politik, in: Vierteljahresberichte (48): 141-155.

Reynal, Jean-Jacques 1991: Le renouveau démocratique béninois: modèle ou mirage?, in: Afrique contemporaine (160): 3-26.

Reynal, Jean-Jacques 1994: Les conférences nationales en Afrique: au-délà du mythe, la démocratie, in: Pénant (816): 310-321.

Reynolds, Andrew (Hg.) 2002: The Architecture of Democracy: Constitutional Design, Conflict Management, and Democracy, Oxford/New York: Oxford University Press.

Roamba, Paul-Miki 2008: "Bénéwendé Sankara – 'Il faut redistribuer les fruits de la croissance économique'", in: Le Pays (Ouagadougou), 13.03.2008.

Robinson, Pearl T. 1994: The National Conference Phenomenon in Francophone Africa, in: Comparative Studies in Society and History 36 (3): 575-610.

Ronen, Dov 1987: People's Republic of Benin: The Military, Marxist Ideology, and the Politics of Ethnicity, in: John W. Harbeson (Hg.): The Military in African Politics, New York et al.: Praeger, 93-122.

Roth, Dieter 1998: Empirische Wahlforschung. Ursprung, Theorien, Instrumente und Methoden, Opladen: Leske und Budrich.

Rotman, Anna 2004: Benin's Constitutional Court: An Institutional Model for Guaranteeing Human Rights, in: Harvard Human Rights Journal 17, 281-314.

Rueschemeyer, Dietrich und John D. Stephens 1997: Comparing Historical Sequences: A powerful tool for causal analysis, in: Comparative Social Research 16, 55-72.

Saffu, Yaw 2003: The Funding of Political Parties and Elections Campaigns in Africa, in: Reginald Austin und Maja Tjernström (Hg.): Funding of Political Parties and Election Campaigns, Stockholm: International IDEA, 21-30.

Samuels, David 2002: Presidentialized Parties. The Separation of Powers and Party Organization and Behavior, in: Comparative Political Studies 35 (4): 461-483.

Sandbrook, Richard 1996: Transitions without consolidation: democratization in six African cases, in: Third World Quarterly 17 (1): 69-87.

Santiso, Carlos und Augustin Loada 2003: Explaining the unexpected: electoral reform and democratic governance in Burkina Faso, in: Journal of Modern African Studies 41 (3): 395-419.

Sartori, Giovanni 1970: Concept Misinformation and Comparative Politics, in: American Political Science Review 64: 1033-1041.

Sartori, Giovanni 1976: Parties and Party Systems: A Framework for Analysis, Cambridge: Cambridge University Press.

Sartori, Giovanni 1986: The Influence of Electoral Systems. Faulty Laws or Faulty Method?, in: Bernard Grofman und Arend Lijphart (Hg.): Electoral Laws and Their Political Consequences, New York: Agathon Press, 43-68.

Sartori, Giovanni 1991: Comparing and Miscomparing, in: Journal of Theoretical Politics 3 (3): 243-257.

Sartori, Giovanni 2005: Party Types, Organisations and Functions, in: West European Politics 28 (1): 5-32.

Sartori, Giovanni 2005 [1976]: Parties and Party Systems, Colchester: ECPR.

Sawadogo, Abdou Karim 2008: "Mesures gouvernementales contre la vie chère", in: L'Observateur Paalga (Ouagadougou), 14.05.2008.

Sawadogo, Filiga Michel 1996: L'élaboration de la Constitution de la Quatrième République, in: René Otayek, Filiga Michel Sawadogo und Jean-Pierre Guingané (Hg.): Le Burkina entre révolution et démocratie (1983-1993), Paris: Karthala, 311-323.

Scarritt, James R. 2006: The Strategic Choice of Multiethnic Parties in Zambia's Dominant and Personalist Party System, in: Commonwealth & Comparative Politics 44 (2): 234-256.

Scarrow, Susan E. 2000: Parties without Members? Party Organization in a Changing Electoral Environment, in: Russell Dalton und Martin Wattenberg (Hg.): Parties withour Partisans. Political Change in Advanced Industrial Democracies, Oxford: Oxford University Press, 79-101.

Scarrow, Susan E., Paul D. Webb und David M. Farell 2000: From Social Integration to Electoral Contestation. The Changing Pattern of Power within Political Parties, in: Russell Dalton und Martin Wattenberg (Hg.): Parties without Partisans. Political Change in Advanced Industrial Democracies, Oxford: Oxford University Press, 129-153.

Schachter, Ruth 1961: Single-Party Systems in West Africa, in: American Political Science Review 55 (2): 294-307.

Schattschneider, Elmer Eric 1942: Party Government, New York: Rinehart.

Schedler, Andreas 1995: Under- and Overinstitutionalization: Some Ideal Typical Propositions Concerning New and Old Party Systems, Working Paper 213, Notre Dame: Helen Kellogg Institute for International Studies, www.nd.edu/%7Ekellogg/WPS/213.pdf (13.01.07).

Schedler, Andreas 2002: The Menu of Manipulation, in: Journal of Democracy 13 (2): 36-50.

Schedler, Andreas (Hg.) 2006: Electoral Authoritarianism. The Dynamics of Unfree Competition, Boulder/London: Lynne Rienner.

Schlesinger, Joseph A. 1984: On the Theory of Party Organization, in: Journal of Politics 46 (2): 369-400.

Schmidt, Elizabeth 2007: Cold War in Guinea: The Rassemblement Démocratique Africain and the Struggle Over Communism, 1950-1958, in: Journal of African History 48 (1): 95-121.

Schmidt, Siegmar 1996: Widerstand gegen Demokratie- und Menschrechts-intervention: Afrika, in: Rolf Hanisch (Hg.): Demokratieexport in die Länder des Südens?, Hamburg: Deutsches Übersee-Institut, 297-337.

Schmitter, Philippe C. 1999: Critical Reflections on the "Functions" of Political Parties and their Performance in Neo-Democracies, in: Wolfgang Merkel und Andreas Busch (Hg.): Demokartie in Ost und West, Frankfurt a.M.: Suhrkamp, 475-495.

Schneckener, Ulrich 2004: Ethnie/Ethnische Konflikte, in: Dieter Nohlen und Rainer-Olaf Schultze (Hg.): Lexikon der Politikwissenschaft, München: C.H. Beck, 206.

Schneider, Carsten Q. und Claudius Wagemann 2007: Qualitative Comparative Analysis und Fuzzy Sets, Opladen: Budrich.

Schneider, Carsten Q. und Claudius Wagemann 2009: Standards guter Praxis in Qualitative Comparative Analysis (QCA) und Fuzzy-Sets, in: Susanne Pickel et al. (Hg.): Methoden der vergleichenden Politik- und Sozialwissenschaft, Wiesbaden: VS Verlag für Sozialwissenschaften, 387-412.

Schnell, Rainer, Paul B. Hill und Elke Esser 2005: Methoden der empirischen Sozialforschung, München: Oldenbourg.

Schumpeter, Joseph A. 1942: Capitalism, Socialism and Democracy, New York: Harper & Row.

Schüttemeyer, Suzanne S. 2004a: Amt, in: Dieter Nohlen und Rainer-Olaf Schultze (Hg.): Lexikon der Politikwissenschaft, München: Beck, 16.

Schüttemeyer, Suzanne S. 2004b: Mandat, in: Dieter Nohlen und Rainer-Olaf Schultze (Hg.): Lexikon der Politikwissenschaft, München: Beck, 507.

Schüttemeyer, Suzanne S. 2004c: Parlamentarisches Regierungssystem, in: Dieter Nohlen und Rainer-Olaf Schultze (Hg.): Lexikon der Politikwissenschaft, München: Beck, 623-624.

Seely, Jennifer C. 2005: The legacies of transition governments: post-transition dynamics in Benin and Togo, in: Democratization 12 (3): 357-377.

Séhouèto, Lazare Maurice 1999: La démocratie commence à la maison... La question de la démocratie au sein des partis et des associations au Bénin, Cotonou: Friedrich-Ebert-Stiftung.

Senigaglia, Cristiana 1995: Analysen zur Entstehung der Massenparteien und zu ihrem Einfluß auf das Parlament: Ostrogorski, Michels, Weber, in: Parliaments, Estates and Representation 15 159-184.

Shugart, Matthew S. und John M. Carey 1992: Presidents and Assemblies: Constitutional Design and Electoral Dynamics, Cambridge: Cambridge University Press.

Sil, Narasingha P. 1987: Rhetoric and Reality of Socialism in the Third World: A Review of African Experience, in: Africa Quarterly 27 (1-2): 43-56.

Silga, Dayang-ne-Wendé P. 2011: "Séjour de Hermann Yaméogo en Côte d'Ivoire: "Personne n'a le monopole du patriotisme"", in: Le Pays (Ouagadougou), 21.02.2011.

Singer, Matthew M. und Laura B. Stephenson 2009: The political context and Duverger's theory: Evidence at the district level, in: Electoral Studies 28: 480-491.

Skinner, Elliott P. 1988: Sankara and the Burkinabé Revolution: Charisma and Power, Local and External Dimensions, in: Journal of Modern African Studies 26 (3): 437-455.

Sklar, Richard L. 1988: Beyond Capitalism and Socialism in Africa, in: The Journal of Modern African Studies 26 (1): 1-21.

Skurnik, W.A.E. 1970: The Military and Politics: Dahomey and Upper Volta, in: Claude E. Welch (Hg.): Soldier and State in Africa: a comparative analysis of military interventions and political change, Evanston: Northwestern University Press, 62-121.

Soest, Christian von 2007: How does neopatrimonialism affect the African state's revenues? The case of tax collection in Zambia, in: Journal of Modern African Studies 45 (4): 621-645.

Soglo, Léhady Vinagnon *2006*, "Programme du candidat", Renaissance du Bénin (RB), Cotonou, date estimée.

Spieß, Clemens und Malte Pehl 2004: Floor Crossing and Nascent Democracies – a Neglected Aspect of Electoral Systems? The Current South African Debate in the Light of the Indian Experience, in: Verfassung und Recht in Übersee 37 (2): 195-224.

Staniland, Martin 1973: The three-party system in Dahomey, in: Journal of African History 14 (2/3): 291-312/491-504.

Stokes, Susan C. 1999: Political Parties and Democracy, in: Annual Review of Political Science 2: 243-267.

Stroh, Alexander 2007: Crafting Political Institutions in Africa: Electoral Systems and Systems of Government in Rwanda and Zambia Compared, in: Verfassung und Recht in Übersee 40 (4): 449-470.

Stroh, Alexander 2008: Dynamiques et constantes du système de partis béninois, in: Jan N. Engels, Alexander Stroh und Léonard Wantchékon (Hg.): Le fonctionnement des partis politiques au Bénin, Cotonou: Friedrich-Ebert-Stiftung, 53-79.

Stroh, Alexander 2010a: Interne Machtdynamiken in afrikanischen Parteiorganisationen. Erste Befunde einer vergleichenden Studie, in: Uwe Jun und Benjamin Höhne (Hg.): Parteien als fragmentierte Organisationen, Opladen: Barbara Budrich, 153-177.

Stroh, Alexander 2010b: The power of proximity: A concept of political party strategies applied to Burkina Faso, in: Journal of Contemporary African Studies 28 (1): 1-29.

Stroh, Alexander 2011: Some Competition, Little Change: The 2005 Presidential Election in Burkina Faso, in: Abdoulaye Saine, Boubacar N'Diaye und Mathurin Houngnikpo (Hg.): Elections and Democratization in West Africa, 1990-2009, Trenton: Africa World Press, 273-302.

Stroh, Alexander 2013: Burkina Faso, in: Andreas Mehler, Henning Melber und Klaas van Walraven (Hg.): Africa Yearbook 9, Leiden: Brill, 67-74.

Strøm, Kaare 1990: A Behavioral Theory of Competitive Political Parties, in: American Journal of Political Science 34 (2): 565-598.

Taalé, Passek 2004: "Une lettre pour Laye", in: L'Observateur Paalga (Ouagadougou), 25.06.2004.

Tetzlaff, Rainer 1997: Demokratisierungshilfe statt Wahlinszenierung! Gesellschaftliche und institutionelle Voraussetzungen für Demokratisierung in den Ländern des Südens, in: Jahrbuch Dritte Welt 1998, 24-46.

Tetzlaff, Rainer 2004: Demokratisierung und Demokratien – eine Zwischenbilanz nach einem Jahrzehnt großer Schwierigkeiten, in: Mir A. Ferdowsi (Hg.): Afrika – ein verlorener Kontinent?, München: Fink, 153-188.

Tetzlaff, Rainer und Cord Jakobeit 2005: Das nachkoloniale Afrika, Wiesbaden: VS Verlag.

Thibaut, Bernhard 1997: Präsidentielle, parlamentarische oder hybride Regierungssysteme? Institutionen und Demokratieentwicklung in der Dritten

Welt und in den Transformationsstaaten Osteuropas, in: Zeitschrift für Politikwissenschaft 8 (4): 5-37.

Touré, Djibril 2006: "Dossier. Les Amis de Blaise Compaoré (ABC)", in: L'hebdomadaire (Ouagadougou), 17.03.2006.

Traoré, Etienne, Jean Claude Kambire und Benjamin Ouédraogo 2005: Lettre d'information au Président National du PDP/PS du 11 septembre 2005, Bobo-Dioulasso: Courant de la Rénovation du Parti.

Tull, Dennis M. 2011: Separatismus in Afrika, SWP-Aktuell 6, Berlin: SWP.

Union pour la Démocratie et la Solidarité nationale [UDS] 1998a, "Déclaration de politique générale", Deuxième Congrès Ordinaire, Ndali, 16.08.1998.

Union pour la Démocratie et la Solidarité nationale [UDS] 1998b, "Règlement intérieur", Deuxième Congrès Ordinaire, Ndali, 16.08.1998.

Union pour la Démocratie et la Solidarité nationale [UDS] 1998c, "Statuts", Deuxième Congrès Ordinaire, Ndali, 16.08.1998.

Union Nationale pour la Démocratie et le Développement [UNDD] 2003a, "Manifeste", Assemblée Générale Constitutive, Ouagadougou, 12.07.2003.

Union Nationale pour la Démocratie et le Développement [UNDD] 2003b, "Règlement intérieur", Assemblée Générale Constitutive, Ouagadougou, 12.07.2003.

Union Nationale pour la Démocratie et le Développement [UNDD] 2003c, "Statuts", Assemblée Générale Constitutive, Koudougou, 12.07.2003.

Union Nationale pour la Démocratie et le Développement [UNDD] 2010, "Déclaration de l'UNDD sur la Côte d'Ivoire", Secrétaire général aux Relations Extérieures Deval Milogo, Ouagadougou, 11.12.2010.

UNDP 2005: Human Development Report 2005. International cooperation at a crossroads. Aid, trade and security in an unequal world, New York: United Nations Development Programm.

UNDP 2007: Human Development Report 2007/2008. Fighting climate change: Human solidarity in a divided world, New York: Palgrave Macmillan.

Union pour la Renaissance/Mouvement Sankariste [UNIR/MS] 2002a, "Règlement intérieur", Premier Congrès Ordinaire, Ouagadougou, 22.12.2002.

Union pour la Renaissance/Mouvement Sankariste [UNIR/MS] 2002b, "Statuts", Premier Congrès Ordinaire, Ouagadougou, 22.12.2002.

Union pour la renaissance/ Mouvement sankariste [UNIR/MS] 2004, "Le programme alternatif sankariste", Ouagadougou, date estimée.

UNIR/MS 2006: "2e congrès ordinaire de l'UNIR/MS", in: L'Observateur Paalga (Ouagadougou), 16.11.2006.

Union pour la République [UPR-BF] 2004, "Manifeste", Assemblée Générale Constitutive, Ouagadougou, 20.07.2004.

Union Pour la République [UPR] 2005a, "Règlement intérieur", Congrès Constitutif, Ouagadougou, 04.06.2005.

Union Pour la République [UPR] 2005b, "Statut", Congrès Constitutif, Ouagadougou, 04.06.2005.

Union pour la Relève [UPR] 2004a, "Notre Projet de Société", Assemblée Constitutive, Cotonou, 19.04.2004.

Union pour la Relève [UPR] 2004b, "Règlement intérieur", Assemblée Constitutive, Cotonou, 19.04.2004.

Union pour la Relève [UPR] 2004c, "Statuts", Assemblée Constitutive, Cotonou, 19.04.2004.

Usherwood, Simon 2008: The dilemmas of a single-issue party – The UK Independence Party, in: Representation 44 (3): 255-264.

van Cott, Donna Lee 2005: From Movements to Parties in Latin America: The Evolution of Ethnic Politics, New York: Cambridge University Press.

van Cranenburgh, Oda 2003: Power and Competition: The Institutional Context of African Multi-Party Politics, in: M. A. Mohamed Salih (Hg.): African Political Parties. Evolution, Institutionalisation and Governance, London: Pluto,

van de Walle, Nicolas 2002: Elections Without Democracy. Africa's Range of Regimes, in: Journal of Democracy 13 (2): 66-80.

van de Walle, Nicolas 2003: Presidentialism and Clientelism in Africa's Emerging Party Systems, in: Journal of Modern African Studies 41 (2): 297-321.

van de Walle, Nicolas 2007: Meet the new boss, same as the old boss? The evolution of political clientelism in Africa, in: Herbert Kitschelt und Steven Wilkinson (Hg.): Patrons, Clients, and Policies: Patterns of Democratic Accountability and Political Competition, Cambridge et al.: Cambridge University Press, 50-67.

van de Walle, Nicolas und Kimberly S. Butler 1999: Political Parties and Party Systems in Africa's Illiberal Democracies, in: Cambridge Review of International Affairs 13 (1): 14-28.

Vengroff, Richard und Lucy Creevey 1997: Senegal: The Evolution of a Quasi-Democracy, in: John F. Clark und David E. Gardinier (Hg.): Political Reform in Francophone Africa, Boulder: Westview, 204-220.

Viljoen, Frans 1999: Application of the African Charter on Human and People's Rights by Domestic Courts in Africa, in: Journal of African Law 43 (1): 1-17.

Villalón, Leonard A. und Peter VonDoepp (Hg.) 2005: The Fate of Africa's Democratic Experiments. Elites and Institutions, Bloomington: Indiana University Press.

Vittin, Théophile E. 1992: Crise, renouveau démocratique et mutations du paysage médiatique au Bénin, in: Afrique 2000 (9): 37-57.

Volkens, Andrea 2002: Handbuch zur Inhaltsanalyse programmatischer Dokumente von Parteien und Regierungen in der Bundesrepublik Deutschland, Discussion Paper FS III 02-203, Berlin: Wissenschaftszentrum Berlin für Sozialforschung (WZB),

Wallerstein, Immanuel 1961: The Politics of Independence, New York: Vintage.

Wallerstein, Immanuel 1966: The Decline of the Party in Single-Party African States, in: Joseph LaPalombara und Myron Weiner (Hg.): Political Parties and Political Development, Princeton: Princeton University Press, 201-214.

Wallerstein, Immanuel 1967: Class, Tribe, and Party in West African Politics, in: Seymour Martin Lipset und Stein Rokkan (Hg.): Party Systems and Voter Alignments. Cross-National Perspectives, New York: Free Press, 497-522.

Wamala, Edward 2006: Government by Consensus: An Analysis of a Traditional Form of Democracy, in: Kwasi Wiredu (Hg.): A Companinon to African Philosophy, Malden et al.: Blackwell, 435-442.

Wanjohi, Nick G. 2003: Sustainability of Political Parties in Kenya, in: M. A. Mohamed Salih (Hg.): African Political Parties. Evolution, Institutionalisation and Governance, London: Pluto, 239-256.

Wantchékon, Léonard 2003: Clientelism and Voting Behaviour. Evidence from a Field Experiment in Benin, in: World Politics 55 (3): 399-422.

Ware, Alan 1996: Political Parties and Party Systems, Oxford: Oxford University Press.

Ware, Alan 2006: American exceptionalism, in: Richard S. Katz und William Crotty (Hg.): Handbook of Party Politics, London et al.: Sage, 270-277.

Warner, Carolyn M. 1997: Political Parties and the Opportunity Costs of Patronage, in: Party Politics 3 (4): 533-548.

Weber, Max 2005 [1922]: Wirtschaft und Gesellschaft, Neu Isenburg: Melzer.

Weiner, Myron 1978: Sons of the Soil. Migration and Ethnic Conflict in India, Princeton: Princeton University Press.

Weingrod, Alex 1968: Patrons, Patronage, and Political Parties, in: Comparative Studies in Society and History 10 (4): 377-400.

Widner, Jennifer A. 1997: Political Parties and Civil Societies in Sub-Saharan Africa, in: Marina Ottaway (Hg.): Democracy in Africa. The Hard Road Ahead, Boulder: Lynne Rienner, 65-81.

Wiesendahl, Elmar 1998: Parteien in Perspektive. Theoretische Ansichten der Organisationswirklichkeit politischer Parteien, Opladen/Wiesbaden: Westdeutscher Verlag.

Wiesendahl, Elmar 2004: Parteientheorie, in: Dieter Nohlen und Rainer-Olaf Schultze (Hg.): Lexikon der Politikwissenschaft, München: Beck, 637-642.

Wiesendahl, Elmar 2010: Der Organisationswandel politischer Parteien, in: Uwe Jun und Benjamin Höhne (Hg.): Parteien als fragmentierte Organisationen, Opladen & Farmington Hills: Barbara Budrich, 35-61.

Wilkins, Michael 1989: The death of Thomas Sankara and the rectification of the people's revolution in Burkina Faso, in: African Affairs 88 (352): 375-388.

Wiredu, Kwasi 1998: Democracy and Consensus in African Traditional Politics: A Plea for a Non-Party Polity, in: Pieter H. Coetzee und A.P. Roux (Hg.): The African Philosophy Reader, London: Routledge, 374-382.

Wise, Christopher 1998: Chronicle of a Student Strike in Africa: The Case of Burkina Faso, 1996-1997, in: African Studies Review 41 (2): 19-36.

Wiseman, John A. 1997: The Rise and Fall and Rise (and Fall?) of Democracy in Sub-Saharan Africa, in: David Potter et al. (Hg.): Democratization, London: Polity, 272-293.

Wolinetz, Steven B. 2002: Beyond the Catch-All Party: Approaches to the Study of Parties and Party Organization in Comtemporary Democracies, in: Richard Gunther, José Ramón-Montero und Juan J. Linz (Hg.): Political Parties: Old Concepts and New Challenges, Oxford/New York: Oxford University Press, 136-165.

Yaméogo, Hermann 1993: Repenser l'État africain: Ses dimensions et prérogatives, Paris: Harmattan.

Young, Daniel J. 2012: An initial look into pary switching in Africa: Evidence from Malawi, in: Party Politics (online first): 1-17.

Zakaria, Fareed 1997: The Rise of Illiberal Democracy, in: Foreign Affairs 76 (6): 22-43.

Zangré, Bernard 2008: "Courant CNPP/PSD du CDP - Le réveil d'une branche morte", in: Observateur Paalga (Ouagadougou), 28.04.2008.

Ziemer, Klaus 1978a: Benin (Dahomey), in: Dolf Sternberger, Franz Nuscheler und Klaus Ziemer (Hg.): Die Wahl der Parlamente und anderer Staatsorgane 2, Politische Organisation und Repräsentation in Afrika, Berlin/New York: de Gruyter, 491-542.

Ziemer, Klaus 1978b: Politische Parteien im frankophonen Afrika, Meisenheim: Hain.

Zinecker, Heidrun 2009: Regime-Hybridity in Developing Countries: Achievements and Limitations of New Research on Transitions, in: International Studies Review 11, 302-331.

Zolberg, Aristide 1966: Creating Political Order: The Party-States of West Africa, Chicago: Rand McNally.